KB203933

이슈&미래

이슈&미래

초판 1쇄 발행	2015년 4월 17일
초판 2쇄 발행	2015년 5월 15일
엮은이	미래목회포럼
펴낸이	원성삼
책임편집	조소연
펴낸곳	예영커뮤니케이션

주소	136~825 서울시 성북구 성북로6가길 31
전화·	(02) 766~8931
팩스	(02) 766~8934
홈페이지	www.jeyoung.com
이메일	jeyoung@chol.com
등록일	1992년 3월 1일 제2-1349호

ISBN 978-89-8350-912-3 (93230)

책값 35,000원

저자와의 협의에 따라 인지는 붙이지 않습니다.
저자와 출판사의 허락 없이 내용의 일부를 인용하거나 발췌하는 것을 금합니다.

이 도서의 국립중앙도서관 출판예정도서목록(CIP)은 서지정보유통지원시스템 홈페이지
(http://seoji.nl.go.kr)와 국가자료공동목록시스템(http://www.nl.go.kr/kolisnet)에서 이용
하실 수 있습니다.(CIP제어번호: CIP2015010497)

모든 인간은 하나님의 형상을 닮은 존엄한 존재입니다. 전 세계의 모든 사람들은 인종, 민족, 피
부색, 문화, 언어에 관계없이 존귀합니다. 예영커뮤니케이션은 이러한 정신에 근거해 모든 인간
이 존귀한 삶을 사는 데 필요한 지식과 문화를 예수 그리스도의 사랑으로 보급함으로써 우리가
속한 사회에 기여하고자 합니다.

이슈&미래

엮은이 미래목회포럼

예영커뮤니케이션

혼돈의 시대를 슬기롭게 헤쳐 나가는 지혜

이윤재 목사(한신교회 담임목사/미래목회포럼 대표)

한국 기독교 선교 130주년과 광복 70주년을 맞이한 2015년, 갈 길은 멀고 산적한 과제도 많이 널려 있습니다. 어찌 보면 벼랑 끝 절벽에 서 있다는 표현이 맞을지도 모릅니다. 잘못 대응하면 혼돈의 시대에서 빠져 나오기 힘들게 되어 있습니다.

그래서 나온 말이 "구멍 난 보트"입니다. 바다 위 구명보트에 올라탔다고 좋아하지만 구멍이 나면 어떻게 될까요? 보트에 구멍이 나 있으니 가라앉을 수밖에 없습니다. 계속 공기를 주입해 봐야 소용이 없습니다. 거기에 우리가 타고 있다고 가정해 봅니다. 우리는 미래를 예측할 수 없는 상황에 놓여 있습니다. 구멍 난 보트에서 안전하게 구조될 수 있는 해법을 찾기 위해 출간한 책이 『이슈&미래』입니다.

한국 교회가 무엇을 고민해야 할까요? 중요한 것은 속도보다 방향을 바로 잡는 것입니다. 한국 교회를 사랑하며, 미래목회포럼에 애정을 가지고 집필에 참여해 주신 각계 전문가 여러분들께 축하와 감사를 드립니다.

미래목회포럼은 2003년 '주님의 가슴에 품고 있는 교회는 어떤 교회일까?', '우리가 꿈꾸는 미래의 교회는 과연 어떤 모습일까?'라는 물음에서 출범하였습니다. 한국 교회의 미래를 걱정하며 기도하는 차세대 중견목회자를 중심으로 12년간 줄기차게 일관된 신념을 가지고 달려왔으며, 현재는 교파를 초월하여 한국 교회의 일치와 연합운동의 산실이 되고 있습니다. 그러면서 총회정치를 도모하는 정치 모임이 아니라 매번 이슈에 대한 포럼을 통하여 한국 사회와 한국 교회가 고민하는 한국 교회의 대안을 만드는 싱크탱크로서 자리매김하려고 노력했습니다.

『이슈&미래』는 10년 후 한국 교회의 모습을 생각하며 한국 교회의 대안세력으로 새로운 연합운동을 통해 이 세상 속에 교회의 교회다움을 회복하며 빛과 소금이 되는 교회의 영광을 다시 회복하고자 노력한 결과물입니다. 지난 일 년간 70여 명의 전문가들이 매달 모여서 토론하며 집필하고 수정하면서 한국 기독교 선교 130주년과 광복 70주년이 함께 어우러지는 금년에 발간된 것은 매우 뜻 깊은 일이라고 여겨집니다.

우리는 지금 시대의 새벽에 서 있습니다. 새벽 미명에 가보지 않은 길을 떠나는 순례자의 심정으로 걸음을 내딛고 있습니다. '앞으로 다가오는 한국의 미래가 세계 전체에 미치는 영향이 어떠할 것인가' 하는 진지한 고민들을 가지고 미래에 대안과 희망을 주는 집필 작업에 헌신하신 분들이 있었기에 오늘의 한국 교회가 있습니다.

소금 3%가 바닷물을 썩지 않게 하듯 미래목회포럼이 한국 교회의 허리 역할을 감당하며 한국 교회와 목회자들 그리고 성도들의 소중한 목소리에 귀를 기울이겠습니다. 앞으로도 미래목회포럼은 사회에서 제기되는 제반 현안에 대해 진지하게 연구하고 대안을 계속 만들고 제시하려고 합니다. 『이슈&미래』가 혼돈의 시대를 슬기롭게 헤쳐 나가는 지혜가 되었으면 하는 바람입니다.

각 분야 전문가들의 쉽고 깊이 있는 분석

오정호 목사(새로남교회 담임목사/미래목회포럼 이사장)

미래목회포럼에 속한 신실한 동역자들과 각계 전문가 그룹이 힘을 합쳐 『이슈& 미래』를 발간하게 된 것을 주님께 감사와 찬양을 올려드립니다.

주님의 뜻을 이루는 도구로 쓰임을 받는다는 자체가 얼마나 황홀한 일인지요. 영계가 혼란스럽고 세속화의 물결이 범람하고 있지만 주님 사랑과 주님께 순종함을 생명같이 소중하게 여기는 사역자가 있는 한 주님의 나라는 쉼 없이 행진할 것입니다.

은혜로우신 하나님께서 한국 교회를 새롭게 하시기 위해서 우리를 부르시고 사용하신 줄 믿습니다. 아무리 시대가 어렵더라도 주님의 눈에 발견되어 쓰임 받는 목회자가 있는 한 절망할 필요가 없습니다. 그러나 태평성대를 구가한다 할지라도 하나님의 마음에 합한 종을 찾을 수 없다면 그 시대를 가리켜 비극의 시대라 부를 것입니다.

다가올 미래를 제대로 진단하고, 예측하며, 준비한다면 기회는 미래를 바로 볼 수 있는 사람에게 열려 있는 법이라고 믿습니다. 각 분야에서 최고의 싱크탱크로 꼽히는 70명의 전문가그룹이 직접 진단하고 예측한 핫이슈를 통해 지혜로운 미래를 선택하기를 기대합니다.

미래목회포럼은 출범 초창기부터 한국 교회의 대안을 제시하고자 주력해 왔으며 연합정신을 구현하는 데 힘을 쏟아 왔습니다. 어느덧 12주년을 맞으며, 새로운 12년을 준비하며 다시 한 번 핫이슈들을 정리하는 작업을 가졌습니다.

한국 기독교 선교 13주년과 광복 70주년을 맞아 『이슈& 미래』를 통하여 한국 교회와 한국 사회의 변화와 변동의 진폭을 읽을 수 있는 눈을 갖게 된다면 '전문가' 수준에 이르렀다고 말할 수 있을 것입니다. 『이슈& 미래』가 교회와 세상을 보는 '새로운 창'으로서의 역할을 잘 감당했는지에 대한 평가는 독자들의 몫이겠지만, 이 책의 발간이 시대의 어둠에 진리의 등불을 높이 들어 새벽을 알리는 횃불이 되기를 바라며, 또한 그런 계기가 되리라 믿습니다.

그동안 한국 기독교 선교 130주년 대회장으로 섬겨 주신 정성진 목사님과 많은 땀과 시간, 정성을 다하여 집필하신 여러 교수님, 이 책이 출판되도록 후원하여 주신 미래목회포럼 동역자님들께 감사드립니다. 한국 교회의 미래는 미래를 고민하는 건강한 목회자와 동역자들에게 달려 있습니다. 미래목회포럼은 전국 각지에 흩어져 있는 목회자들께 격려와 희망의 대명사가 되며 성도들에게 소망을 불러일으키는 시대의 영적 파수꾼으로 계속 서 있기를 다짐해 봅니다.

『이슈&미래』는 시대를 읽어내는 영적 통찰력으로 이 불통(不通)의 시대를 영통(靈通)의 시대로 전환시키는 열쇠가 되리라 믿습니다.

오직 하나님께 영광을! Soli Deo Gloria!

목차

이·슈·&·미·래

이·슈·&·미·래

01
기독교의
공공성과
공공정책

01-1 한국 근대문화와 기독교의 역할

한국의 역사에서 종교의 역할은 매우 중요하다. 삼국 시대 이후부터 고려 시대까지 한국은 불교 사회였다. 그리고 조선시대는 유교 사회였고, 조선 후기에 들어서 천주교와 동학이 등장하였다. 기독교가 이 땅에 들어온 것은 1882년 한미조약 이후였다. 1876년 강화도조약 이후 조선은 굳게 닫았던 문을 열기 시작하였고, 1882년 미국과의 조약 이후 이런 개방은 본격적으로 이루어졌다. 이후 한국 사회는 급격하게 변화하기 시작하였다. 서양문물이 들어오고, 여성이 해방되며, 민족의식이 형성되고, 결국 대한민국이라는 민주주의 국가가 만들어졌다. 이 대한민국은 제2차 세계대전 이후 세계에서 가장 성공적인 나라 중 하나로 평가받고 있다.

대한민국이 이렇게 성공하는 데 가장 중요한 역할을 한 종교는 무엇일까? 그것은 기독교이다. 불교와 유교는 오래전에 이 땅에 훌륭한 문화를 전해 주었지만 대한민국이라는 근대국가를 만드는 데 기여할 수는 없었다. 천주교는 조선 후기부터 오랫동안 박해를 받았기 때문에 사회와 담을 쌓고 지냈다. 천도교는 대중의 지지를 받았지만 한국 사회가 가장 필요로 하는 근대의식을 갖지 못했다. 기독교는 오늘의 대한민국을 만드는 데 가장 중요한 역할을 했다.

개항 이후 한국사의 굽이굽이마다 가장 중요한 역할을 한 종교가 바로 기독교라고 생각한다. 한국 교회가 지키는 절기에는 한국사의 중요한 역사적인 사건들이 있다. 한국 교회는 3·1절, 6·25, 광복절 등 한국사의 중요한 날마다 신자들이 함께 모여서 이 나라를 지켜 주신 하나님께 예배를 드린다. 이것은 한국의 기독교가 이 민족의 고통의 순간에 참여하였기 때문이다. 이 글에서 한국 근대사 가운데에서 기독교의 역할이 무엇인가를 간단하게 설명하고자 한다.

한국 근대사에서 기독교의 역할

한국 근대사 가운데 기독교의 역할은 무엇이었는가?

첫째로, 기독교는 근대화의 통로였다. 구한말 한국 사회의 가장 큰 과제는 근대화였다. 19세기 후반 서구 문명이 새롭게 등장하자 더 이상 과거의 중화사상은 통하지 않게 되었다. 서구 문명의 힘을 일찍이 깨달은 일본은 서구 문명을 받아들여 중국을 이기고 (중일전쟁), 러시아를 이겼다(러일전쟁). 과거에 생각하지도 못했던 일이 벌어진 것이다. 이런 상황에서 한국인들도 서구 문명의 힘을 깨닫게 되었다. 이제 한국인의 가장 큰 과제는 '어떻게 근대화를 할 것인가?'였다.

기독교는 한국의 근대화 과정에서 매우 중요한 역할을 하였다. 일부 지도자들은 일본을 통해서 서양문물을 도입할 것을 주장하였다. 하지만 대부분의 사람들은 일본을 통한 근대화는 일본에 예속되는 것이라는 것을 알았기 때문에 일본을 통한 근대화보다는 미국 기독교를 통해서 근대화를 이룩하기를 원했다. 미국 선교사들이 이런 일들을 감당해 주었다. 선교사들은 서양 의술을 통하여 서양문명의 위력을 보여 주었고, 서구식 교육을 통하여 근대적인 인물을 양성하였다. 특별히 미국에서 온 선교사들과 한국의 선각자들은 하나가 되어 이 나라의 근대화를 위해 노력하였다. 이것은 한국 사회에서 기독교의 위치를 한없이 높게 만들어 주었다.

둘째로, 기독교는 독립운동의 센터였다. 일제 시대 한국 사회의 가장 큰 소원은 독립이었다. 특별히 섬나라 일본에게 짓밟혔다는 것은 한국인들의 자존심을 말할 수 없을 정도로 손상시켰다. 식민지 시대에 일본은 한국의 모든 분야를 장악했다. 정치, 경제,

문화 모든 것이 일본에 예속되었다. 이런 가운데 상대적으로 자유로웠던 장소가 교회였다. 기독교는 국제 사회와 연결되었기 때문이다. 그래서 어떤 학자들은 교회를 '식민지 시대의 해방구'라고 부른다.

일제 강점기 시대에 한국 교회는 독립운동의 중심에 있었다. 한일 합병 이후 일제의 무단통치 기간 동안에 대부분의 독립운동가들은 기독교인이었고, 이것을 안 일본은 105인 사건을 조작하여 기독교를 탄압하였다. 3·1 운동의 33인 가운데 16명이 기독교인이었고, 독립운동은 기독교를 통하여 전국적으로 확산되었다. 일제 말 신사참배에 반대했던 유일한 종교가 바로 기독교였다. 선교사들은 당시 한국 사회에서 일어나는 일들을 국제 사회에 알렸고, 이것은 일본에 큰 도전이 되었다.

셋째로, 기독교는 건국운동의 중심이었다. 제2차 세계대전이 끝나고 한국인의 가장 중요한 과제는 '이제 어떤 나라를 건설할 것인가?'였다. 불행하게도 새로 건국될 나라에 대한 국민적인 동의가 존재하지 않았다. 여기에 두 가지 가능성이 있었다. 하나는 공산국가요, 다른 하나는 민주국가이다. 공산주의는 토지 분배를 내세워서 농민들의 민심을 얻었고, 민주주의는 자유를 내세워서 자유시민의 호감을 샀다. 이런 상황에서 자유민주주의에 대한 확고한 신념을 가진 집단은 바로 기독교였다.

한반도 남쪽에 자유민주주의 국가가 건설될 수 있었던 가장 중요한 이유는 민주주의 국가인 미국 군대의 진주와 분명한 민주주의 지도자인 이승만 덕분일 것이다. 그러나 이에 못지않게 중요한 것이 바로 기독교 세력이다. 기독교는 미국과 이승만을 지지했고, 미국 유학을 다녀온 인재들을 중심으로 해방 정국을 이끌어 갔다. 특별히 이북에서 내려온 기독교인들은 남한 사회에 공산주의의 실체를 알려 주었고, 각 지역의 교회들은 반공의 중심이 되어 남한에 자유민주주의 국가를 건설하는 데 기여했다.

넷째로, 기독교는 산업화의 기초를 마련해 주었다. 5·16 군사혁명 이후 박정희 대통령은 "조국 근대화"의 기치 아래 산업화에 매진하였다. 도시에서는 중공업을 일으키고, 농촌에서는 새마을운동을 전개하였다. 이런 상황 가운데서 많은 사람들이 도시로 몰려들어 공장에 다녔고, 농촌에서는 농촌개조운동이 일어났다. 이 같은 조국근대화운동에서 가장 큰 장애물은 바로 자신감의 결여였다. 오랫동안 식민지 시대를 경험했던 한국인들은 매사에 부정적이고, 비관적이었다. 이런 상황에서 박정희 대통령의 "잘살아 보세! 잘살아 보세! 우리도 한 번 잘살아 보세!"라는 구호는 한국의 정신구조를 개혁하는데 기여하였다.

박정희 대통령의 조국근대화운동과 함께 일어났던 기독교운동은 전국복음화운동이었고, 강력한 성령운동이었다. 전국복음화운동은 복음을 통해서 민족을 구원하자는 운동으로서 한국인들을 과거의 봉건적인 사고에서 해방시켜 주었다. 성령운동은 당시 미국에서 들어온 적극적인 사고방식과 함께 성령의 능력을 통해서 모든 것을 할 수 있다고 강조하였다. 이 같은 기독교운동은 김용기 장로의 가나안농군학교와 함께 한국 사회를 새롭게 만들고, 산업화를 이룩하는 데 결정적인 기여를 했다. 이 당시 한국 교회는 유래 없는 부흥을 경험하였다.

다섯째로, 기독교는 민주화의 요람이었다. 산업화와 더불어서 불어 닥친 것이 민주화이다. 사실 박정희 시대에 한국의 진보적인 기독교는 민주화시대를 이끌어갔다. 교회는 한국 사회에서 민주주의를 경험한 유일한 집단이었다. 기독교인들이 북한에서 월남한 이유는 민주주의 때문이었다. 하지만 남한에서는 반공을 이유로 민주주의를 실행하지 않았다. 한국 기독교는 세계 교회와 협력하여 반독재 투쟁에 앞장섰다. 한국 교회는 많은 민주인사들을 보호하고, 격려하여 대한민국을 민주국가로 만드는 데 중요한 기여를 하였다.

하지만 한국의 기독교는 교회의 민주화를 실현하는 데 실패하였다. 60년대와 70년대를 거치면서 대형 교회들이 출현하기 시작하였고, 이들은 대부분 강력한 카리스마를 지니고 있었다. 특히 일부 대형 교회는 담임목사의 전횡으로 인해 많은 문제를 야기시켰고, 이것은 언론을 통해서 한국 교회의 모습으로 전달되었다. 한국 사회는 강력한 민주적인 열망을 갖고 있었다. 이런 상황에서 한국 교회의 반민주적인 모습은 지성인들로 하여금 기독교에 대한 호감을 갖지 못하도록 만들었다.

여섯째로, 기독교는 한국 사회의 국제화에 기여하였다. 한국인은 일찍이 만주, 러시아, 일본, 미국 등에 이주하여 살았다. 그중에서도 미국 이민은 60년대부터 본격적으로 이루어졌고, 그 다음에 전 세계로 확산되었다. 특별히 한국 경제의 발전으로 세계 구석구석까지 한국인들이 없는 곳이 없었다. 그런데 해방 이후 이루어진 한국 이민사회의 중심에는 기독교가 있었고, 해외 한국인들은 교회를 중심으로 이민생활을 전개해 나갔다. 해외 기독교인들은 한국의 세계화의 통로 역할을 감당하고 있다.

90년대부터 한국은 전 세계에 선교사를 파송하기 시작했다. 88올림픽과 함께 소위 여행의 자유화가 이루어지게 되었다. 이 여행의 자유화는 한국의 경제발전과 더불어 이루어졌다. 60년대부터 엄청난 성장을 경험한 한국 교회는 풍부한 인적, 경제적 자원과 함께 온 세계에 선교사를 파송하였다. 해외에 파송된 한국선교사들은 복음만을 전한 것이 아니라 해당 지역에 한국 문화를 전파하기도 하였다. 현재 한국은 미국과 더불어 세계 최대의 선교사 파송국이며, 선교사들과 함께 한국은 세계화되고 있다.

일곱째로, 한국의 기독교는 지방자치시대에 성공적으로 대처하지 못했다. 90년대에 들어서면서부터 지방자치제가 실시되게 되었고, 각 지방자치단체들은 자기 지역공동체의 정체성을 찾는 데 열심히 노력하였다. 이런 상황 가운데서 각급 지방자치단체장들은 자기 지역의 전통과 문화를 찾기 시작했고, 각 지역의 정체성을 지역공동체의 전통축제에서 찾기 시작하였다. 따라서 은산별신굿, 강릉단오제 등과 같은 수많은 지역마을 축제가 정부의 지원으로 열리기 시작하였다.

원래 한국의 주요 도시들에는 주요 교단들의 선교부가 있었고, 선교부를 중심으로 학교, 병원, 복지시설, 교회, 시민단체들이 자리 잡고 있었다. 사실 기독교는 지방의 주요 도시에 근대문화를 전파한 주역이었다. 최근에 들어서서 각 지역마다 그 지역의 기독교 근대문화 보존에 관심을 갖는 것은 다행한 일이다. 원래 한국의 지역교회들은 신문화운동, 3·1 운동, 그리고 건국운동 등으로 지역사회의 중심에 있었다. 하지만 이런 기독교의 역할은 제대로 소개되고 있지 못했다.

한국 근대문화와 기독교: 성공과 실패

결론적으로 말한다면 한국의 기독교는 70년대까지는 한국 사회의 흐름에 맞추어서 한국 사회의 중심에 서 있었고, 근대화, 독립운동, 건국운동, 산업화, 세계화 등에서 중요한 기여를 했다. 하지만 80년대 이후에 불어 닥친 민주화, 지역문화 등에서는 뚜렷한 기여를 하지 못하고 있다. 과거의 기독교는 사회의 여타 기관과 비교할 수 없을 만큼의 우월한 문화 인프라를 갖고 있었지만, 80년대 이후 한국 사회가 발전함에 따라 기독교는 과거와 같은 우월적인 입장에 설 수 없게 되었다. 우리 한국 기독교는 80년대 이후 변화하는 한국 사회에서 제대로 적응하지 못하고 있다고 말할 수 있다. 이것은 한국 기독교의 쇠퇴로 이어지고 있다. 한국 기독교는 사회의 변화에 맞추어 교회 구조를 민주화해야 하고, 아울러 지역사회에 깊숙이 뿌리내려야 할 것이다.

참고자료

이은선 엮음, 『한국 근대화와 기독교의 역할』 (서울: 두란노아카데미, 2011)
박창훈 엮음, 『한국 정치와 기독교 공공정책』 (서울: 두란노아카데미, 2012)

글쓴이   박명수 교수는 서울신학대학교 교회사 교수이며, 한국기독교공공정책협의회 정책위원장을 맡고 있다.

01-2 역사교과서의 기술과 기독교

현재 중·고등학교의 국사교과서와 고등학교의 근현대사교과서는 검인정제도로 발행되고 있다. 역사교과서에 검인정제도를 도입한 취지는 국정교과서에 의해 단일한 사관으로 교육하는 편협성을 극복하기 위한 것이었다. 지금까지 역사교과서들은 주로 진보좌파나 중도적인 입장의 학자들에 의해 저술되었는데, 올해 처음으로 보수우파를 표방한 교학사 근현대사교과서가 출판되었다. 처음에는 20여 개 고등학교가 교학사 근현대사교과서를 채택했다가 진보좌파들의 비난과 항의에 밀려 부산부성고 1개교만 채택하는 결과를 가져왔다. 이와 같이 현재 한국의 역사교육 현장은 특정 세력의 입맛에 맞지 않는 것은 교육할 수 없는 획일성이 지배하고 있다. 그리고 이렇게 역사교육 현장을 지배하며 획일성을 강요하는 진보좌파 세력들은 민족주의를 바탕으로 기독교가 외래 종교임을 내세우며 기독교에 대해서도 대단히 부정적인 평가를 하고 있다. 따라서 현재 중·고등학교의 국사교과서와 고등학교의 근현대사 검인정교과서들에서 기독교는 상당히 왜곡·축소되어 서술되고 있다. 기독교는 이러한 왜곡을 바로 잡아야 할 중대한 시점에 있다.

구체적인 기독교 서술의 수정작업

역사교과서의 기독교 서술 관련 내용에 대한 수정작업을 요구하게 된 발단은 2007년 금성교과서의 한국 근현대사의 기독교에 대한 서술이었다. 박명수 교수는 금성교과서의 기독교 관련 내용 가운데 "서양 종교의 이념은 전통적 가치관과 충돌하여 민중의 반발을 불러일으키기도 하였다. 특히 지나치게 복음주의를 강조하여 제국주의 열강과 일제의 침략을 옹호하기도 하였다"(134쪽)라고 서술한 내용은 너무나 편향되어 있다는 것을 발견하게 되었다. 박 교수는 2008년 3월에 "한국 근현대사교과서(금성출판사)의 기독교 서술의 문제점"이라는 논문을 통해 조선 후기의 천주교와 동학 등은 사회 변화의 주역으로 설명하고 있으나 기독교가 한국 사회에 미친 영향에 대해서는 거의 서술하지 않아 편향되었다고 지적하였다. 이와 함께 이러한 왜곡·축소 현상이 일어난 가장 중요한 이유는 내재적 발전론에 입각한 민족주의 사관 때문임을 지적하였다.

이때 교과서 수정작업에 대한 여론 형성에 크게 기여한 것은 국민일보 백상현 기자였다. 그는 3월 27일부터 4월 10일까지 "외면당하는 한국 교회사"라는 제목의 5차례에 걸친 기획기사를 국민일보에 게재하여 기독교계와 한국 사회의 여론을 환기시켰다. 박명수 교수가 금성출판사의 교과서를 중심으로 한국 근현대사교과서들이 기독교를 왜곡한 내용을 발표한 후에 한국 교회사 학계는 이 문제를 심각하게 받아들이고, 같은 해 7월 교과부에 정식으로 공문을 보내 이 부분을 비롯한 기독교와 관련된 왜곡·축소된 내용들을 수정해 줄 것을 요청하였다. 같은 해 10월 한국기독교총연합회(한기총)는 금성출판사 교과서의 기독교 왜곡에 대해 강력하게 대처하기로 결의하고 정부에 개선을 촉구하였다. 결국 이러한 노력은 결실을 맺어 금성출판사 교과서는 이 부분을 삭제하였다.

2009년에는 박명수, 이은선 교수를 중심으로 고등학교 국사교과서, 금성출판사 이외의 5종의 고등학교 근현대사교과서를 분석하였다. 이러한 분석을 통해 역사교과서들의 문제점들을 인식한 후에 한기총은 역사교과서들의 기독교 서술에 대한 왜곡·축소의 심각성을 인식하고 4월에 '한국교회역사바로알리기운동본부'(가칭)를 조직하여 적극 대응하기로 결정하였다. 백종구 교수는 초등학교 교과서, 이은선 교수는 중학교 국사교과서에 나타난 기독교 서술 분석과 개선방향을 연구하여 박명수 교수의 고등학교 국사교과서 발표 논문과 함께 8월에 발표하였다. 한기총은 9월에 역사교과서 분석 내용들을 취합하여 '개정교과서의 역사 부분 수정 요청 건의안'을 정부와 국회 등에 제출했다. 그리고 역사교과서에 관련된 논문들을 모아 2010년 4월에 『역사교과서와 기독교, 공정하게 서술되었는가?』(쿰란출판사, 2010)라는 책을 출판하였다. 이와 함께 2010년부터 매년 역사교과서와 지리부도가 출판되면 기독교 관련 내용이 제대로 서술되어 있는지를 검토하여 잘못된 부분들에 대해서는 계속 수정을 요구하고 있다.

역사교과서 집필 지침의 개정

역사교과서에 나타난 기독교의 왜곡·축소의 문제를 가장 근본적으로 해결하는 방안은 국사교과서와 한국 근현대사교과서 제작을 위한 교육과정과 집필 기준을 바꾸는 문제였다. 교과서를 제작하는 가장 중요한 항목들을 정하는 것이 교육과정이고, 그 정해진 항목들을 어떻게 집필할 것인지를 정하는 것이 집필 기준이다. 그런데 2009년 당시 교과서 교육과정은 이미 정해진 상태였고, 새로운 집필 기준을 정하는 상황이었다. 교육과정에 천주교와 동학 등은 들어가 있었으나 기독교는 전혀 들어가 있지 않았다. 따라서 기독교에 관련된 내용이 들어갈 수 있도록 명시할 수 있는 방안은 집필 기준에 개항 이후 기독교의 수용과 근대화와 관련된 항목을 삽입하는 것이었다. 그래서 2009년 이후에는 기독교 집필 기준을 개정하는 데 총력을 기울였다.

한국교회역사바로알리기운동본부와 한국교회사학회가 공동 주관하여 10월 8일 국회에서 역사교과서 집필 지침 변경을 위한 공청회를 가졌다. 10월 23일 국정감사에서 김영진 의원이 '풍수지리설, 정감록, 무속신앙까지 다루면서 대한민국 독립과 근대화, 민주화에 기여한 기독교만 언급이 없다'고 역사교과서의 종교 편향을 지적하고 '교과서 집필 기준'의 개선 등 적극적인 시정과 대책 마련을 요구했다.

10월 29일에는 의회선교연합과 역사바로알리기운동본부가 국회에서 '역사교과서의 기독교 왜곡·축소에 대한 특별 기자회견'을 열어 '2009년 개정 교육과정의 역사 부분에 기독교에 관한 항목을 분명하게 삽입해 줄 것'을 요청했다. 당시 정부는 2007년 개정 교육과정을 통하여 교과서 개편 작업을 하고 있었는데, 역사교과서에 대해 이들은 집필 지침에서 기독교에 관한 단 하나의 항목도 배정하지 않고 있다고 강조했다. 또한 "집필 지침에 개항 이후의 시대를 서술함에는 특정종교에 편향이 없도록 하라는 지침을 만들어 기독교를 원천적으로 설명할 수 없도록 만들었다"고 지적하면서, "기독교에 대해 불리한 집필 지침은 삭제되어야 한다"고 촉구했다.

2011년 1월 교과부는 교육과정 개정을 시작하면서 국가 및 사회적 요구사항의 반영이라는 측면에서 "국가정체성"을 교육시켜야 한다고 하였다. 그와 같은 방침에 따라 2월에는 '역사교육과정개발추진위원회'(이하 추진위)가 만들어지고, 이어서 3월에는 '역사교육과정개발정책연구위원회'(이하 연구위)가 만들어졌다. 국사편찬위원회(이하 국편)에서는 국가 정체성의 교육과 관련하여 "올바른 역사관과 국가의 정체성 제고"라는 항목으로 교육내용을 구조화하여야 한다고 하였다. 그리고 그것은 좀 더 구체적으로 "자랑스러운 대한민국 국민이자 세계를 선도하는 글로벌 인재 육성을 위한 기준과 내용 개선 필요"라고 제시되었다. 특히 이와 밀접한 관계가 있는 한국사의 근현대 관계 부분에서는 "논란의 대상이 되는 사안"이 많기 때문에 그것들을 다룰 때에는 "헌법과 헌법정신"에 입각해야 한다고 하였다.

2009년 교육과정 개정과정에 대해 2011년 6월 30일에 공청회를 열었는데, 이은선 교수가 공청회 과정에서 기독교가 교과서 서술에 들어가지 않은 이유를 질문했다. 오수창 교수(연구위 위원장)는 이에 대한 답변으로, 첫째, 천주교와 동학은 한국 사회에 미친 영향이 크기 때문에 교과서에 들어갔지만 기독교가 과연 그런 역할을 했는가에 대해서는 미지수이며, 둘째, 기독교가 한국 사회에 미친 영향에 대한 학계의 연구가 축적되지 않았다고 답변했다. 공청회 중간에 개별적으로 이태진 국편위원장을 만나 기독교의 한국 근대화에 대한 공헌을 이야기했더니 이태진 국편위원장은 기독교의 공헌에 대해 공감을 표시하였다. 7월 4일 박명수 교수는 국민일보에 "역사교과서 교육과정 개정안에 대한 특별기고"를 통해 오수창 교수 의견에 대한 반박의 견해를 발표하였다. 박 교수는 천주교와 동학이 19세기와 한말에 우리나라의 사회 변화에 큰 영향을 미쳤지만, 개항 이후 기독교도 그에 못지않게 근대화와 민주화에 공헌하였다고 지적하였다. 그리고 일반 역사학계와의 공동연구나 학문적 교류가 활발하지 못하지만 백락준 교수를 필두로 이광린, 민경배, 이만열 교수들의 연구업적이 충분히 객관성을 확보하여 교과서에 반영될 수 있다고 지적하였다. 그리고 7월 28일에는 역추위의 이배용 위원장을 만나 집필 기준의 개정의 필요성을 역설하였다. 그리고 9월 2일에는 집필 기준의 개정에 대한 의견을 교과부와 국사편찬위원회 등에 발송하였다.

그후 역사교육과정의 결정과정에서 우리나라의 정치제도를 민주주의로 명명할 것인지 아니면 자유민주주의로 명명할 것인지를 둘러싸고 격렬한 논쟁이 일어났다. 정부가 자유민주주의로 명명할 것을 결정하자 9월 20일에 역추위원 9명 전원이 사퇴하는 사태가 일어났다. 이러한 우여곡절 끝에 2011년 12월 30일에 결정된 2009년 역사 교육과정 집필 기준에서 기독교가 한 항목으로 배정받기에 이르렀다.

'2009 개정 교육과정에 따른 고등학교 한국사 교과서 집필 기준'은 '신 문물 유입으로 인한 사회 변화' 부분에서 '개항 이후 개신교의 수용과 각 종교의 활동에 대해 역사적 사실에 근거하여 서술하도록 유의한다'고 규정했다. 이에 따라 고등학생은 2014년부터 한국사 수업 때 기독교의 수용과정을 배울 수 있게 되었다.

그리고 이 집필 기준에 따라서 제정된 한국사 교과서가 2014년 3월 신학기부터 고등학교 학생들에게 보급되어 사용되게 되었다. 2013년 10월에 교과서 시안이 나와서 교과서 내용을 검토했는데 아직도 많은 교과서들이 개신교에 대해 아주 간략하게 서술하여 집필 기준 개정의 취지가 제대로 반영되지 못하고 있다.

앞으로의 과제

기독교가 개항 이후 한국의 근대화와 자주독립에 기여한 내용이 교육과정에 반영되어야 하는데, 이를 위해서는 첫째로, 민족사관에 따른 내재적 발전론을 넘어 문명교류사관이 정립되도록 해야 한다. 그래야 우리나라 역사 발전의 내부적인 요인과 함께 외부적인 요인이 균형 있게 고려되어 공정한 역사로 기술될 수 있을 것이다. 그리하여 집필 기준에서의 기독교 서술이 아니라 교육과정에서 다른 종교에 못지않게 기독교가 개항 이후에 한국의 근대화와 자주독립에 기여한 역할을 인정받아야 할 것이다. 자주독립과 관련하여 현재 역사교과서들이 무장독립투쟁만을 지나치게 강조하고 있는데, 앞으로는 기독교가 교육과 문화활동 등을 통하여 가장 크게 기여한 실력양성론이 한국 사회의 발전에서 수행한 역할도 공정하고 균형 있게 평가되도록 해야 할 것이다. 이를 위해서는 가장 근원적으로는 일반 역사학계와의 학문적인 공동연구 내지는 학문적인 대화가 진행되어 기독교 학계를 넘어 일반 학계에서까지 인정하는 기독교의 한국사 발전에 기여한 공헌들이 깊이 있게 연구되어야 할 것이다.

둘째로, 교과서 개정 작업이 현장에서 영향력을 미치기 위해서는 초·중·고등학교 교사들과의 연계작업이 진행되어야 할 것이다. 현재 교과서 채택 작업은 기본적으로 담당교사들의 권한에 속한다. 그러므로 일차적으로 미션스쿨에서라도 기독교에 대해 긍정적으로 서술된 교과서가 사용되도록 중·고등학교 역사교사들과 협력해야 할 것이다. 그리고 초·중·고등학교 교사들과 연계하여 교과서의 전체적인 내용들을 평가하고 수정하도록 해야 할 것이다.

셋째로, 이러한 교과서 개정 작업을 한국 교회와 연계해서 추진해야 할 것이다. 한국 교회의 구성원들이 한국 교회의 한국 사회에 대한 공헌을 인식하게 할 뿐만 아니라 교과서들이 기독교에 대해 어떤 내용을 서술하고 있는지를 알리고, 더 나아가 미션스쿨이 있는 교단에서는 미션스쿨에 대한 관심을 갖게 하고, 학생들에게는 좌편향된 역사교육도 바로 잡는 작업도 아울러 진행되어야 할 것이다.

| 글쓴이 | 이은선 교수는 안양대학교 기독교 문화학과 교수로 재직하고 있고, 교목실장과 신대원장과 신학대학장을 역임하였다. |

01-3 종교인에 대한 소득세 과세 여부

종교인이 종교단체로부터 받는 재산에 대해 소득세를 과세해야 하는가, 현행 규정만으로도 소득세가 과세될 수 있는가에 대한 찬반 견해가 있고, 소득세가 과세된다면 어떠한 소득으로 과세할 것인가에 대해서도 근로소득, 기타소득, 사업소득에 대해다툼이 있다. 종교인의 세금문제는 단순히 종교인 개인의 세금문제로 그치는 것이 아니라 종교단체에 대한 여러 세제상 혜택의 타당성 여부, 재정투명성 문제로까지 확대될 가능성이 높다.

왜 종교인 세금문제가 이슈가 되었는가?

2013년 8월 9일 정부는 종교인 사례비를 기타소득으로 과세하는 소득세법시행령 개정안을 공고한 바 있다. 종교인이 종교활동 등을 통해 종교단체로부터 받는 금품에 대한 소득세 과세에 대한 논의는 이전부터 있어 왔지만, 구체적으로 정부가 법령 개정까지 진척한 것은 이번이 처음이라 할 수 있다. 박근혜 정부 초기 과세 형평성이 강조되면서 이루어진 것이다.

개인의 소득에 대한 과세 근거된 「소득세법」이 1949년 제정된 이후 종교인의 활동으로 인하여 발생한 소득에 대해 실제로 과세 여부가 다루어진 것은 1968년 초대 국세청장이 목사, 신부 등 성직자에게도 갑종근로소득세를 부과하겠다고 말할 때부터 거슬러 올라간다. 1992년 목회자와 대학교수 간 지상논쟁과 이를 계기로 한 공개토론, 2006년 종교비판자유실현시민연대의 국세청장에 대한 직무유기 및 직권 남용의 검찰 고발, 2012년 3월 19일의 기획재정부장관의 방송 인터뷰 등도 종교인 과세 논의를 뜨겁게 달군 한 예이다.

1968년의 근로소득세 논의는 종교계의 반발로 무산되었고, 2006년 국세청장 고발사건에 대해서 서울중앙지법은 "종교인에 대한 과세 의무가 명문화 되어 있지 않다"며 무혐의 처리했다. 2012년의 과세 논의는 정부가 바뀌기는 했지만 소득세법시행령 개정안 공고로 기타소득 과세쪽으로 구체화되었다. 그렇지만 그 이후에도 해당 법령에 대해 학계와 종교계의 논쟁이 계속되어 과세를 명확하게 법령 시행이 계속 미루어지고 있다.

종교인 과세 논의는 종교인의 소득세문제에만 국한된 것은 아니다. 1967년 11월 29일 "종교단체도 수익이 있는 이상 세금을 부과해야 한다"는 취지의 법인세법시행령이 공포되어 종교단체에 대한 법인세가 과세되는 과정에서도 종교활동의 자유에 대한 제한으로까지 비추어져 반대여론이 있었다. 현재는 종교단체라도 비영리법인으로서 수익사업을 하는 경우에는 법인세의 부담을 지는 것이 정착화되어 이 논란은 현재로서는 크게 다루어지지 않는다. 그렇지만 종교단체에는 부가가치세, 취득세, 재산세 등 과세상 여러 혜택이 주어지는데 그 타당성에 대해서는 여전히 논란이 지속되고 있다.

가톨릭은 1994년 천주교 주교회의 결정에 따라 자발적으로 소득세를 내기로 하였고, 천주교 서울대교구는 1996년부터 사제들의 급여에 소득세를 원천징수하고 있다. 개신교의 경우에는 1960년대 영락교회, 1980년대 여의도순복음교회에서 목회자 근로소득세 원천징수를 하기 시작해서 2013년 11월 현재 적어도 46개 교회가 동참하는 것이 확인된 바 있다. 종교인 소득세 과세 여부에 대해 법령상 논란이 계속되고 있지만, 이미 자발적으로 근로소득세 원천징수를 하는 종교단체가 존재함을 볼 수 있다.

종교인의 과세 여부에 대한 쟁점

종교인의 소득에 대한 과세 논란에 대해서는 ① 헌법 제20조의 종교의 자유 및 정교 분리의 원칙 위배 여부, ② 세법상 근거 유무, ③ 이중과세 여부, ④ 성직자의 근로자 취급에 대한 논란, ⑤ 종교인에 대한 반감과의 연결 여부, ⑥ 종교단체에 대한 정치적 탄압의 가능성, ⑦ 외국의 입법례의 유사 여부, ⑧ 비과세 관행의 존중 여부 등이 쟁점이 되고 있다. 각 쟁점별로 구체적인 내용을 살펴보면 다음과 같다.

① 과세부정론은 헌법 제20조의 정교 분리의 헌법적 가치는 종교가 가진 특수성과 역사성을 고려하여 국가가 종교의 고유 영역을 침해하지 않고 인정하였고 이에 따라 관습법적으로 종교인 과세 문제를 소득세법의 테두리 안에 다루지 않았다고 주장한다. 이에 대해 과세긍정론은 종교인에 대한 소득세 과세로 종교단체의 존립이 어려워져 사실상 종교활동이 어려울 정도라면 몰라도 그 자체만으로 헌법 제20조의 위배라 보기 어렵고, 오히려 헌법 제11조의 조세평등의 원칙에 비추어 과세가 되는 것이 더 타당하다고 본다.

② 과세부정론은 종교인 소득에 과세한다는 명시적인 세법 규정이 없다고 주장한다. 이에 대해 과세긍정론은 기존의 소득세법상 근로소득, 사업소득의 규정만으로도 과세 근거가 될 수 있고 이미 근로소득으로 세금을 내는 종교인이 있다고 주장한다.

③ 과세부정론은 교인들에게 이미 과세한 소득으로 형성된 사례비에 대하여 다시 과세하는 것은 이중과세라고 주장한다. 이에 대해 과세긍정론은 이중과세 문제는 동일한 소득에 대해 같은 자에게 두 번 과세되는 것을 의미하는 것으로 교인과 종교인 각각의 세금문제에 대해 적용할 것은 아니라고 주장한다.

④ 과세부정론은 종교인 과세는 목회자를 대가를 목적으로 일하는 근로자로 간주하여 대가성 없는 봉사로 경쟁 일변도인 이익사회에서 지치고 소외된 사람들에게 안식과 생명과 희망을 주는 종교인의 성직봉사의 직무수행의 특수성을 고려하지 못하고 있다고 주장한다. 이에 대해 과세긍정론은 세법상 근로소득을 매긴다고 해서 일상적으로 사용하는 근로자의 의미로 낙인하는 것은 아니라고 주장한다. 기존의 근로소득과 차이를 두기 위해 근로소득 내 별도의 소득유형이나 기타소득의 새로운 유형으로 신설할 수도 있는 것이라고 한다. 근로소득을 과세된다고 목회자의 노조 결성의 근거가 될 노동관계

법상 근로자로 인정되는 것도 아니라고 한다.

⑤ 과세부정론은 종교인 과세운동은 반기독교적 정서 확산이라는 순수하지 못한 의도에서 출발되었다고 주장한다. 이에 대해 과세긍정론은 재정투명성, 과세 공평성, 과세 논란에서 촉발된 불필요한 기독교에 대한 반감에 대응 등을 이유로 기독교 자체에서도 찬성하는 입장이 있고, 종교인 과세 문제는 기독교뿐만 아니라 불교 등 종교 전체에 해당하는 문제라는 점을 지적하고 있다.

⑥ 과세부정론은 목회자에 대한 과세는 교회가 정치의 간섭을 받게 되고 탄압에 악용될 수 있다는 점을 지적한다. 이에 대해 과세긍정론은 현재에도 종교단체가 법인세, 부가가치세 부담을 지는 경우, 기부금영수증을 발급하는 경우 과세관청이 세무조사를 할 여지가 있기 때문에 종교인 과세가 되지 않는다고 해서 세무조사에서 자유로운 것은 아니라고 주장한다.

⑦ 과세부정론은 외국의 사례는 국가로부터 많은 보조를 받아 세금을 내는 것이고 우리나라의 교회와 목회자는 국가로부터 지원을 받는 것이 없어 상황이 다르다고 주장한다. 이에 반해 과세긍정론은 우리나라를 제외한 OECD 소속 국가들은 성직자의 보수에 대해 근로자와 동일하게 과세하고 있다고 근거를 제시하고 있다.

⑧ 과세부정론은 우리나라의 경우 관습법적으로 종교인 과세 문제를 다루지 않았고 비과세되어 오던 것은 존중되어야 한다고 주장한다. 이에 반해 과세긍정론은 오랫동안 종교인의 소득에 대해 적극적으로 과세관청이 과세를 하지 않은 것은 사실이지만 현행법상으로 과세가 가능하였던 것을 과세행정상 여러 이유로 과세를 못했다는 것만으로 비과세가 하나의 권리로 인정되어야 하는 것은 아니라고 주장한다.

종교인 소득과세 긍정 시 소득의 종류

종교인 과세 여부에 대해서 찬반 격론이 있지만, 과세를 인정하더라도 그 소득에 대해 근로소득, 사업소득, 기타소득 어느 것으로 과세할 것인가에 대해서도 다툼이 있다. 외국의 경우, 종교인 소득에 대해 사업소득으로 과세하는 경우가 있기는 하지만, 종교인

과세가 종교인의 활동이 대가를 받는 통상의 근로자로 비추어지는 것에 반론이 강한 상황에서 종교행위를 장사로 비추어질 사업소득으로 과세하는 부분은 널리 주장되는 상황은 아니다. 사업소득은 계속 반복적으로 업으로 하는 사업에 해당해야 하고, 법령에 정해진 사업의 종류에 포함되어야 한다는 점에서 종교인 과세소득의 종류로 인정하기 더욱 어렵다 할 수 있다.

한편 기타소득으로 과세하는 입장은 종교인의 활동에 대해 특별한 의미를 부여하여 별도의 규정 신설을 통해 과세 근거를 마련하자는 것이다. 기타소득은 80% 필요경비를 인정하는 것과 그렇지 않은 것으로 나눌 수 있는데 전자는 급격한 세 부담을 줄이거나 필요경비 입증의 어려움을 고려한 것이라 할 수 있다. 근로소득으로 과세하는 입장은 노무를 제공하고 대가를 받는 근로소득의 특성에 부합한다는 점, 근로소득장려세제의 적용을 받아 세금을 내는 것뿐만 아니라 일정 소득 이하의 경우에는 국가로부터 돈을 지급받을 수 있는 점, 기존 근로소득으로 납부하는 사람들과 형평성을 고려해야 한다는 점 등을 근거로 제시하고 있다.

종교인의 소득에 대한 과세에 대해서는 한국 교회의 교단, 성도의 각자의 처한 입장에 따라 찬반의견이 갈리고 있다. 한국 교회는 비교적 다른 종교단체의 경우보다 적극적으로 찬반의견을 개진하고 있는 상황이고, 그 과정에서 종교인 과세부정론은 교회 내부나 외부에서 기존의 세금을 내지 않았던 것을 계속 유지하려는 기득권의 한 모습으로 잘못 비추어지기도 한다.

과세부정론은 목회자는 직업을 가진 다른 사람들과 구별되는 성직자임을 강조하면서 반기독교적 정서에 깃댄 과세긍정론에 우려를 강하게 표시하고 있다. 루터의 만인제사장직, 두 왕국사상, 칼빈의 영적인 정부와 정치적 정부의 구분론 등은 과세긍정론에 연결되는 점이 있다고 이야기하는 견해도 있다. 성경의 해석을 통해 과세찬반론을 명쾌하게 결론내리기는 어려운 점이 있다.

그렇지만 현재 한국 교회의 세습 문제, 교회 재산을 둘러싼 분쟁 등은 한국 교회에 대한 부정적인 여론을 야기시키고, 이에 터 잡아 한국 교회에 불이익한 여러 조치들이 이야기되고 있다. 종교인 소득과세 여부의 문제는 단순히 종전에 내지 않았던 세금을 이제는 내야 한다는 그 이상의 의미를 갖는다. 물론 종교인 과세 문제는 개신교만의 문제는 아니다. 그러나 교회가 본연의 사명을 다하기 위해 과세를 둘러싼 불필요한 오해를 줄이기 위해 적극적인 대응도 필요하다. 그동안 교회의 사역의 결과, 교회의 특수성을 알리면서 세금을 적게 내기 위한 주장이 아님을 보여 주면서도 여러 세상의 시각을 끌어 안는 지혜도 필요하다.

종교인 과세 문제는 결국 종교단체에 모여진 기부금 등 재산의 사용과 연결되고 종교단체의 재정투명성의 논의와도 관련성을 가질 수 있다. 종교단체 내 분쟁은 내부고발자를 통한 세무조사의 빌미가 될 수 있고, 그 과정에서 종교단체의 순수성, 사역의 중요성이 훼손될 가능성도 있다. 종교단체의 부동산, 현금 등의 소유권을 명확하게 하고 돈의 흐름을 명확하게 해 놓지 않는다면 차명재산의 문제, 추가적인 세금문제, 소유권 분쟁 등의 문제에 휩싸이게 될 수도 있다. 종교단체의 역할에 대해 종교계 이외에서도 계속적으로 좋지 않은 시각으로 보고서 재정의 문제를 틈으로 해서 종교단체를 흔들 우려가 있는 것이다. 종교단체의 경우 종전의 관행대로 재산을 관리하는 방식을 벗어날 이유도 여기에 있다.

참고자료

교회재정건강성운동, "가이사의 것을 하나님에게", 『2013년 교회재정세미나 자료집』(2013.11.15)

황호찬·박훈·고재길·최호윤·이천화·정종섭, 『종교인 및 종교단체 과세연구보고서-한국 개신교를 중심으로』(사단법인 기독경영연구원, 2013.12)

허원, "종교인에 대한 과세 논의와 그 의의", 「이슈와 논점」 제423호(국회입법조사처, 2012.4.2)

글쓴이	박 훈 교수는 서울시립대학교 법학전문대학원 및 세무학과의 세법 교수이며, 조세심판원 비상임심판관, 기획재정부 세제발전심의위원, 국세청 납세자보호관(국장) 등을 역임했다.

01-4 한국 정부의 종교문화정책과 기독교

한국 사회는 다양한 종교단체들이 혼재되어 있는 다종교 사회이다.[1] 전통적으로 우리나라의 종교정책은 종교관련법을 시행, 감독하고 또 종교활동을 지원하는 것이다. 종교활동 지원 중 대표적인 것은 종교문화 관련 활동에 대한 지원이다. 정부는 1960년대 종교문화(특히 유교와 불교문화)의 관리를 위하여 제도적 법적 장치를 마련하고, 1970년대부터 종교문화를 연차적으로 그리고 체계적으로 보호·관리하였다. 그리고 1990년대 대·내외 여건(세계화, 여가문화의 확산 등)을 고려하여 문화정책의 기조를 보호에서 활용으로 확대하였다. 정부 문화정책의 변화는 종교계의 문화유산 관리에 일대 전환을 가져왔다. 이 글은 먼저 한국 정부의 종교문화정책과 종교문화 관리 현황을 살펴보고, 이어 정부와 기독교 관련 단체들의 기독교 문화유산 관리 현황을 서술한다. 마지막으로 기독교계가 앞으로 기독교 문화유산을 효과적으로 관리할 수 있는 방안을 제시한다.[2]

정부의 종교문화정책

종교문화정책은 종교 관련 문화재의 관리를 위해 형성하고 결정한 행동방침을 말한다. 우리나라에서 종교문화정책은 정부에 의해 주도되었다. 해방 후 미군정청과 정부는 구황실사무청(1955년 구황실재산사무청국으로 개편)을 두어 구황실유산을 관리하였다. 그리고 1960년대 초부터 정부는 문화재 보존에 주목하고 문화재관리국의 직제를 만들고 관련 법령을 제정하였다. 1962년 문화재보호법의 제정을 시작으로 고도보존에 관한 법, 전통사찰법, 향교재산법, 박물관 및 미술관 진흥법, 지방자치단체의 문화재 보호 조례를 제정하였다. 정부는 문화재 관리를 위해 중앙에 문교부 외국 산하에 문화재관리국(현 문화재청)을 두고 지방의 각 시, 도 및 시, 군, 구에 문화재과 또는 문화예술과를 두었다. 특별히 1968년 문화공보부 산하 문화국에 종무과(현 문화체육관광부 종무실)를 신설하여 사찰과 향교의 관리 등 종교관련 행정업무를 수행하게 했다.

1962년 문화재보호법을 제정한 이후 정부는 문화재 보호를 위해 '지정문화재'제도를 도입하였다. '지정문화재'제도란 문화유산 중 특히 중요하다고 생각되는 보호 대상을 지정하고, 그 소유자에 관계없이 그 대상의 보존을 목적으로 법적으로 제한을 가하는 제도이다.[3] 문화재는 그 대상을 지정하는 행정 주체의 여부에 따라 국가(문화재청)가 지정하는 국가 지정문화재와 지방자치단체(특별시장, 광역시장, 도지사)가 지정하는 시·도 지정문화재로 분류한다. 2014년 6월 30일 현재 지정문화재는 11,536건으로 국가가 지정한 국가 지정문화재는 3,556건, 지방자치단체가 지정한 시·도 지정문화재는 7,980건이다. 이 중 종교 관련 문화재는 1,427건이며, 종교별로 보면 불교 1,331건, 유교 86건, 천주교 7건, 기독교 2건 등으로 불교, 유교가 현저히 우세하다.[4]

정부는 2001년 3월 문화재보호법을 개정하여 '등록문화재'제도를 도입하였다.[5] '등록문화재'란 근대문화유산 중에서 국가 또는 시·도 지정문화재가 아닌 문화재로 보존과 관리, 활용을 위하여 특별한 조치가 필요한 문화재로 법이 정한 절차에 따라 등록한 문화재를 말한다.[6] '등록문화재'제도가 보호하는 주 대상은 건설·제작·형성된 이후 50년이 지난 건조물 또는 기념이 될 만한 시설물이다. 등록문화재의 소유자는 등록 이후에도 (지정문화재와 달리) 외관을 크게 변경시키지 않는 범위 내에서 내부를 일상생활에 맞게 활용할 수 있다. 소유자는 문화재의 관리, 보호, 수리 등에 국가보조금(5:5)을 지원 받고, 재산세 및 종합토지세 50% 감면, 주택 양도 시 1세대 1주택 특례 적용, 상속세 징수 유예 등의 세제 혜택을 받을 수 있다.

정부는 2005년 1월 문화재보호법을 재개정하여[7] 등록문화재의 대상을 건조물과 시설에서 미술작품, 공예품 등의 동산문화재로 확대시키고, 건조물의 경우 건물의 건폐율 및 용적률에 특례를 적용하는 인센티브를 주었다. 또 문화재의 대상을 돌담, 옛길 등으로 다양화하고 면적 단위의 보호에도 노력하고 있다. 2014년 6월 30일 현재 등록된 문화재는 599건으로 이 중 종교시설이 59건이다. 이를 종교별로 보면 불교 6건, 유교 4건, 천주교 24건, 기독교 23건 등으로 천주교와 기독교가 우세하다.[8]

정부의 전통종교문화재 관리

정부에 의해 지정이나 등록된 문화재는 건조물, 동산, 무형, 사적 등 문화재의 특성에 따라 다양한 방법으로 보호·관리되고 있다.[9] 건조물의 경우 원형을 보존하기 위해 정비보수를 지원하고, 소실될 경우 복원자료로 사용하기 위해 정밀(기록 혹은 영상)실측 사업, 또 건조물의 보호를 위해 방재처리 사업을 한다. 정부는 문화재 관리를 위해 수리기술자(6개 직종) 1,660명, 수리기능자(20개 직종) 7,289명, 수리업자(10개 직종) 417명을 고용하고 있다. 또 2009년부터 한국전통문화대학을 설립하여 6개 학과에 매년 560명을 모집하여 문화재 전문인력으로 양성하고 있다. 정부는 전통종교문화재의 보존을 위해 매년 200억 이상을 지원하고 있다.

〈표 1〉 정부의 전통종교문화재 보존 지원현황(2012-2014)

년도	종교별 예산					총예산
	불교	유교	천주교	기독교	민종협	
2012	22,342	500		200		23,042
2013	25,642	700				26,342
2014	25,883	500				26,383

출처: 2013년도 종무실 예산 현황; 2014년도 종무실 예산 현황(단위: 백만 원)

2005년을 기점으로 정부는 문화재의 보존과 함께 그 활용을 중요시하였다. 문화재 활용이란 문화재가 가진 가치, 즉, 역사적, 예술적, 학술적, 경관적 가치나 기능 또는 능력을 살려 효율적으로 사용하는 행위이다. 문화재청은 2005년 8월, 변하는 사회·문화적 환경에 대응하기 위해 문화재정책국에 문화재 활용을 전담하는 행정기관으로 문화재활용과를 신설하여 문화재 활용을 적극적으로 모색하고, 문화재를 교육, 관광, 산업자원으로 활용하는 사업을 지원하고 있다.

〈표 2〉 정부의 종교별 종교문화활동 지원 현황(2012-2014)

년도	종교별 예산					총예산
	불교	유교	천주교	기독교	민종협	
2012	3,010	2,639	500			6,149
2013	3,360	2,489	500		888	7,237
2014	3,460	1,689	300	300	1,278	7,027

출처: 2013년도 종무실 예산 현황; 2014년도 종무실 예산 현황(단위: 백만 원)

기독교 문화유산의 관리

개화기에 한반도에 들어온 기독교의 문화유산은 근대문화유산에 속한다. 근대문화유산 지정제도는 1962년 문화재보호법 제정 이후부터 실시되었으나 1970년대 이전까지는 보호의 시급성이 없었고, 또 전통문화유산에 대한 지정과 보호에 주력하느라 관심이 없었다. 이런 가운데 1970년대 이후 대규모 경제개발 추진으로 근대 건물이 멸실되는 상황에 이르자, 이에 대처하기 위해 정부는 1910년 이전의 개화기 건물 위주로 약 40건을 지정하였고, 1990년대 국토개발의 가속화와 재개발의 여파로 1930년 전후 건물까지 확대하여 53건을 지정하였다.[10] 2009년 5월 현재 종교 관련 근대문화유산(건축물) 지정, 등록문화재는 〈표 3〉과 같다. 전통문화재(불교와 유교가 현저히 우세)와 달리 근대문화재의 경우, 천주교와 기독교가 현저히 우세하다.[11]

<표 3> 종교 관련 근대문화유산(건축물) 현황

	불교	유교	천주교	기독교	기타	계
지정문화재	6	1	36	23		66
등록문화재	1	6	18	27		52

지정 혹은 등록된 기독교 문화재의 멸실·훼손을 대비하여 문화재를 보존하려는 노력은 기독교 내에는 아직 눈에 띄지 않는다. 대신 정부에서는 1999년부터 근대문화유산 건축물에 대하여 정밀실측(기록 및 영상) 사업을 실시해 왔는데 2014년 현재 실측이 완료된 문화재는 총 1,844건이다.[12] 정부는 최근 문화재자원을 발굴하여 문화재 등록 검토자료로 사용하기 위해 근대문화유산 목록화 사업을 추진하고 있다. 현재 문학, 음악, 신문, 잡지, 의료, 군사, 종교, 건축 등 8개 분야의 목록화 사업이 완료되었다. 이들 목록에는 기독교 문화재로 지정 혹은 등록될 수 있는 항목들이 소수 들어 있다. 기독교 문화유산을 발굴, 보존, 활용하려는 노력은 중앙정부를 위시하여 기독교연합단체, 교단, 혹은 개교회, 지방자치단체에 의해 이루어지고 있다.[13]

기독교 문화유산의 보호 관리 방안

성경의 첫 장 창세기(창 1:26)는 하나님이 창조하신 자연을 경작하는 것, 즉, 문화발전을 창조질서의 기초로 명령한다. 기독교인에게 문화의 핵심은 기독교 문화이며, 기독교 문화를 발굴, 보존, 발전시키는 것은 소명이며 사명이다. 한국 정부의 종교문화정책은 당분간 한국에 고유한 문화적 정체성을 살리면서도 다양한 분야에 활용할 수 있는 종교문화원형을 발굴하고, 보존, 활용하는 데 역점을 둘 것으로 보인다. 기독교 문화유산은 모두 개화기 이후 건립된 근대문화유산으로 기독교계가 문화유산 영역에서 타종교들과 대등하게 경쟁하는 길은 근대문화유산에 주목하고 동 문화유산을 다음과 같이 효과적으로 관리하는 것이다.

- 근대문화유산 가운데 기독교 문화재 자원이 될 수 있는 기독교 문화원형을 발굴하여 체계적으로 목록화하는 사업을 추진한다.

- 기존 기독교 문화재를 문화재의 특성에 맞는 보존 방법으로 본래 모습(원형)을 유지하는 한편 교육, 관광, 산업자원으로 활용할 수 있는 방안을 모색해야 한다. 특히 기독교 관련 기록물을 전산화하는 작업이 시급하다.

- 기독교 문화유산의 가치에 대한 의식을 깨울 수 있는 프로그램(강좌나 답사 프로그램)을 개발해야 한다. 또 기독교대학은 기독교 문화유산에 대한 교과목을 개설하고 기독교 문화재 전문인력을 양성해야 한다.

- 미래에 기독교 문화재가 될 기독교 문화원형을 창조해야 한다. 창조할 기독교 문화원형은 한반도의 국경을 넘어 전 세계적으로 향유될 수 있는 글로벌문화원형이 되어야 할 것이다.

- 기독교 문화유산을 발굴하고, 보존, 활용하는 사업은 기독교계 내의 노력이 우선시되어야 하지만 중앙정부와 지방자치단체, 민간인, 산업계 등 외부 단체의 지원도 필요하다.

주

1   2005년 종교현황은 불교 22.8% 유교 0.2% 천주교 10.9% 기독교 18.3% 원불교 0.3% 무종교가
    46.9%였다. 문화관광부, 『2005문화정책 백서』(서울: 문화관광부, 2006), p.361.

2   이 글에서는 문화유산을 인간활동의 소산으로서 보존할 만한 가치가 있는 것으로, 문화재를 "인
    위적·자연적으로 형성된 국가적·민족적·세계적 유산으로서 역사적·예술적·학술적 가치가 있는
    것"으로 이해한다.

3   「문화재보호법」 제2조 제2항.

4   문화재청, 『주요업무통계자료집』(문화재청, 2014.06.30), p.11.

5   문화재보호법은 2001년 3월 28일 개정; 문화재보호법시행규칙은 2001년 9월 8일 개정.

6   근대문화유산은 "개화기를 기점으로 하여 한국전쟁 전후까지의 기간에 축조된 건조물 및 시설물
    형태의 문화재"를 의미하며 "그 이후 형성된 것일지라도 멸실 훼손의 위험이 커 긴급한 보호조치
    가 필요한 경우 포함될 수 있다." 문화재청 보존정책과(2011.5.21), 문화유산정보: 문화재알기:
    종류. http://www.cha.go.kr/korea/heritage/knowledge/kind_01.jsp?mc=NS_04_02_02.

7   『문화재보호법』 법률 제 7365호, 제42조 제1항

8   문화재청, 『주요업무통계자료집』, p.11.

9   백종구, "한국정부의 종교문화정책과 기독교," 『長神論壇』 제41집(장로회신학대학교2011), pp.118-
    119; 문화재청, 『주요업무통계자료집』, pp.12-14, 61, 73.

10 김정신, "교회 건축 문화재의 보존 현황과 과제," 『教會史研究』 제19집(한국 교회사연구소2002,
    12), p.233.

11 문화재청, 『2010 문화재연감』(서울: 문화재청, 2010), pp.618-638.

12 문화재청, 『주요업무통계자료집』, p.12.

13 백종구, "한국정부의 종교문화정책과 기독교," pp.124-127.

참고자료

김정신, "교회 건축 문화재의 보존 현황과 과제." 『教會史研究』 제19집(2002, 12), pp.231-52.

문화관광부, 『2005문화정책 백서』(서울: 문화관광부, 2006)

문화재청 보존정책과, (2011.5.21), 문화유산정보: 문화재 알기: 종류. http://www.cha.go.kr/korea/
        heritage/knowledge/kind_01.jsp?mc=NS_04_02_02.

문화재청, 『주요업무통계자료집』(문화재청, 2014. 6. 30.)

백종구, "한국정부의 종교문화정책과 기독교," 『長神論壇』 제41집(장로회신학대학교, 2011), pp.113-136.

글쓴이   백종구 교수는 서울기독대학교 신학전문대학원 부교수(교회사)로 신학전문대학원
         장, 학생처장, 아시아기독교사학회 기획이사를 맡고 있다.

건국절 논쟁과 '기독교 입국론'
: 한경직 목사의 『건국과 기독교』를 중심으로

건국절 논쟁은 최근 10년간 떠오른 대한민국 최대의 이슈 중 하나이다. 2006년 7월 서울대 이영훈 교수는 동아일보에 "우리도 건국절을 만들자"라는 글을 기고하였고, 그로 인해 건국절 논쟁이 처음으로 공론화되었다. 2007년 9월 한나라당 정갑윤 의원은 광복절을 건국절로 개칭하는 내용을 담은 "국경일에 관한 법률 개정안"을 국회에 제출했다. 광복절과 대한민국정부수립일이 같아 지금까지 일제로부터 해방된 1945년 8월 15일이 중요시되고 건국일인 1948년 8월 15일의 의미는 축소되어 왔기에 개칭해야 한다는 것이다. 2008년 8월 건국일에 대한 논쟁이 있었고, 여당인 한나라당을 제외한 대부분 야당인사들은 이명박 정부가 추진하는 건국절 기념행사에 불참했다. 2008년 8월 7일 대한민국임시정부기념사업회 등 55개 단체와 야당의원 74명은 대한민국 건국 60주년 기념사업위원회와 이 위원회가 준비하고 있는 건국 60주년 기념행사에 대해 헌법소원 심판을 청구하고 효력 정지 가처분을 신청했다. 2008년 9월 12일 논쟁이 격심해지자 한나라당 정갑윤 의원이 "국경일에 관한 법률 개정안"을 철회하였다. 대한민국 임시정부와 대한민국 정부의 관계를 어떻게 보느냐에 따라 건국일은 달리 인식될 수도 있다.

특히 건국절 논쟁과 더불어 어떤 나라를 세우느냐 하는 것은 대단히 중요한 과제였다. 1945년 8월 6일, 히로시마와 나가사키의 원폭 투하와 뒤이은 일제의 '무조건 항복'

으로 촉발된 한반도에서의 일제 통치 종결은 통상적으로 한민족에게 '해방'이라는 이름으로 찾아왔다. 그 감격을 만끽했던 짧은 시간 후, 해방된 우리 민족은 '건국'이라는 보다 시급한 과제를 안게 되었다. 당면 과제 앞에서 전대미문의 절박한 각양의 논의가 우후죽순처럼 제기되는 '해방정국'의 소용돌이가 기다리고 있었다. 해방 이후 건국에 대한 그림을 그리기에는 턱없이 부족했던 당시의 한민족에게 해방은 '선물'인 동시에 커다란 '짐'이기도 했다. 다양한 세력과 분파들은 나름대로 자신들이 처한 입지와 그간의 일제에 맞서 투쟁하였던 전력들에 기반한 다양한 방책들을 제기했다.

1945년 8월 15일부터 1948년 5월 10일, 총선거를 실시하여 제헌국회가 구성되고 8월 15일 정부가 수립되기까지의 3년은 향후 민족의 행로를 결정짓는 가장 중요한 역사적 시기였다. 38도선 이북은 소련, 이남은 미국의 군정체제가 되었고, 미군정은 일정 기간의 통치를 마치면 한국인에 의한 자치독립 정부 수립을 지향하고 있었다.

'기독교 입국론'의 기초

한경직 목사는 해방 후 3년간 건국을 위해 주창했던 내용을 정리해서『건국과 기독교』(서울: 보린원, 1949)를 출간한다.『건국과 기독교』는 초기 대한민국의 정신적 기초를 형성하는 데 크게 기여하였다. 때로 정치와 종교의 분리에 대한 논란을 일으키기도 했지만, 근본적으로 그는 일제에서 해방된 한반도에 어떤 형태의 국가가 세워져야 하는지에 대하여 열정적 설교로 방향을 제시하였고, 그를 따르는 이들은 정치 참여로 그의 주장에 동조하며 선한 영향을 끼쳤다.

한 목사는 영락교회를 설립하고 대한민국 정부 수립 시 미군정 시절과 이후 제1공화국에서부터 제3공화국에 이르기까지 기독교계의 목소리를 대변하면서 직·간접적으로 대한민국의 해방과 탄생에 지대한 영향을 끼쳤다.

한 목사는『건국과 기독교』에서 성경에 입각한 세계관을 토대로 '기독교 입국론'을 주창한다. 한 목사는 근·현대사를 열어가는 대한민국 새 나라의 머릿돌은 반드시 기독교 정신 위에 건설되어야 마땅하다는 점을 강조했다. 그 이유로는 기독교가 지향하는 개인 인격 존중사상, 개인의 자유사상, 만인 평등사상을 꼽았다. 전통적으로 삼국시대에는 불교, 조선시대에는 유교가 나라의 근간이 되었으나, 이제 유·불 양 종교는 그 시대적 사명을 다하여 쇠진하였다는 것이다. 한 목사는 유교는 형식과 인습만 남아 있고 대중은 미신에 빠져 있다는 인식을 갖고, 민족적으로 망국의 절망적 비애 중에 위안을 얻고 사회적 부활의 희망을 갖게 하는 유일한 현실적 원천은 바로 기독교라고 역설했다.

또 한 목사는 "악은 먼저 사람의 마음에 있다. 만약 인간의 본성 안에 악이 없으면 무정부주의의 실현이 가능하겠다. 그러나 인간사의 현실은 그렇지 않다. 산상보훈대로 누구나 다 할 수 있다면 정부는 필요치 않겠다. 그러나 이것은 어디까지나 우리의 이상이요. 현실은 아니다. 그러므로 정부는 성경말씀대로 '악을 행하는 자를 벌하기 위하여 세운 것'이다. 즉, 죄가 있으므로 관헌을 임명하여 인간생활에 필요한 질서를 유지하는 것"이라며, 인간은 본성상 악한 존재이기에 자신과 타인을 포함하는 인간관계는 서로의 욕망이 상충되는 불협화음을 연출하기 일쑤이며, 이를 통제하고 조정할 상위의 권위체가 필요하고 이것이 인류의 역사를 통해 발전해 나온 결과가 바로 '정부'(政府)라는 것이다.

그런데 이 같은 '강제하는 권력'으로서의 정부 주권의 소재는 과연 어디에서 오는가? 이 질문에 대하여 한 목사는 중세 '군주(제왕)가 권위의 출처다'라는 왕권신수설부터 근대의 '민(民)이 곧 권위의 출처다'라는 주권재민사상에 이르기까지 여러 이론들을 소개하면서, 이러한 성찰을 통해 근대 민주주의의 근간을 이루는 '주권재민'사상에도 무신론과 유신론으로 갈음할 수 있다는 점을 적시한다. 당대 앞선 민주주의의 모습을 보여 주고 있는 미국의 경우, 건국의 모태가 되는 헌법과 독립선언서에서 분명히 자연법과 하나님의 법을 함께 거론하며 주권의 근원적 출처가 하나님에게 있다는 점을 강조한다. 즉, "참으로 권세는 하나님께로 나지 않음이 없다. 그러므로 어떤 방법으로든지 다 하나님께 대하여 책임이 있다. 즉, 그 권세가 있는 자는 하나님의 일꾼됨을(롬 13:6) 기억하여야 한다"고 밝히고 있다. 권세의 출처가 근원적으로 하나님에게 유래한다는 성경의 가르침에 따라 모든 권세는 하나님의 뜻에 합당한 통치를 행하여야 한다는 점을 동시에 강조한다. 그리고 "자연에는 자연법이 있고, 인간과 인간 사이에 도덕법이 존재하듯이 정치에도 일관된 원리가 있으니, 그 원리에 의하여 정부를 세워 모든 백성으로 복이 되게 하는 것이다. '공의는 나라를 흥하게 하고'라는 말씀과 같이 공의를 정치의 원리로 주신 것"이라고 밝히고 있다. 그것은 정치가 다름 아닌 만인의 행복을 도모하기 위한 본래의 목적에 충실해야 한다는 점을 강조한 것이다. "하나님께서 이 정치를 실행하는 사람에게 칼, 곧 권세를 주신 것은 악한 사람을 징계하라고 형벌의 칼로 주신 것이다. 그런데 이 칼을 이러한 데 쓰지 아니하고 오히려 선한 사람을 핍박하고 선지자를 죽이며 주기철 목사와 같은 이를 옥사케 하면 이는 법대로 쓰는 공의가 아니다. 의인이 피를 흘리고 옥중에서 죽게 하는 이러한 정치가는 하나님께서 반드시 멸할 수밖에 없는 것이다."

한 목사가 '법대로 쓰는 공의가 아닌' 실질적인 예로 제시하였던 주기철 목사 사건의 경우, 일제의 강압통치의 대표적 사례 중 하나였던 신사참배에 대한 저항과 이어지는 옥사사건을 의미한다. 또 일제의 멸망이 바로 그 대표적인 경우였음을 적시하고 있다. 나아가 올바르게 쓰여진 권세가 아닌 또 다른 예증은 바로 공산주의의 행태였다.

한 목사는 기본적으로 정치와 종교는 서로 별도의 영역에서 분리해 존재하는 것이 합당하다는 주장을 폈다. 과거 역사 속에서 정치와 종교가 서로 분리되지 않고 서로의 영역을 침범했을 때 적지 않은 폐해가 속출했음을 상기시킨다. 과거 서구사회에서 중세의 교권이 막강하여 세속 군주를 자신의 수중에 두었을 때, 인간성의 억압과 신이라는 이름으로 무소불위를 행하던 폐단의 예를 상기시킨다. 반대로 정치 권력이 종교를 억압하거나 아니면 종교의 영역을 자신이 수행한다고 천명하였을 때, 이 또한 다른 형태의 왜곡이 아닐 수 없음을 상기시킨다.

한 목사가 성경에서 제시한 바람직한 국가와 종교의 상관관계는 미국과 화란(네덜란드)의 모델이다. "교회와 국가를 완전 분리하는 미국과 화란(네덜란드) 같은 칼빈주의 제국을 볼 수 있다. 주님께서도 '가이사의 것은 가이사에게로, 하나님의 것은 하나님께로' 하신 바와 같이 이 완전 분리주의는 그리스도의 교훈에도 적합하며, 따라서 교회는 영적 범위 안에서 완전 자유롭고 간접적으로 국가의 정신적 기초가 될 것이다."

교회와 국가의 두 통치 영역이 한쪽은 인간의 영적생활의 올바른 지도와 그를 위한 헌신에, 또 다른 쪽은 인간의 세속적 삶의 제 영역을 위한 강제와 지도 그리고 보호에 각각 헌신하면서 상호 분리하되, 서로의 영역을 서로 존중하면서 그 존재의 목적에 합당하게 자신의 영역을 관리하는 일이 바로 칼빈주의적 교회와 국가의 이론임을 원용하고 있는 것이다.

그렇다고 해서 기독교인의 국가를 위한 개인적 정치 참여를 부정적으로 생각하는 것은 물론 아니었다. 한 목사는 오히려 각계 기독인은 적극적으로 국가를 위한 정치에 참여해야 할 것을 권하였다. "전 대한 민족의 사상을 기독교 사상으로 순화한다면 공의의 나라 기독교 독립 대한이 속히 이루어질 것을 확신한다." 새로운 국가의 건설을 위해 전 국민이 노력하고자 할 때, 마땅히 기독교인들은 이 땅에 하나님의 뜻이 이루어질 수 있도록 구체적인 노력을 기울여야 할 의무가 있다고 생각하고 그것을 적극 권면하고 있다.

한 목사의 '기독교 입국론'은 구체적이다. "옛 나라가 없어진 지 이미 40년, 새 나라가 건설되려는 이 시기에 '이 나라의 정신적 기초를 어디에 두어야 하겠는가' 하는 문제는 우리 3천만의 중대 관심사입니다. 이 새 나라의 정신적 기초는 반드시 기독교가 되어야 하겠고, 또 필연적으로 될 것이라는 것이 우리의 확고한 신념입니다. 첫째, 이 새 나라는 진정한 의미에서 민주주의 국가가 되어야 합니다.…(중략) 둘째, 도덕적 국가가 되어야 하겠습니다."

한 목사의 '기독교 입국론'의 핵심은 그의 자유민주주의에 대한 신념과 그 근원으로서 성경과 기독교 사상이라 말할 수 있다. 그는 해방 공간에서 새로운 나라의 틀을 세울 수 있게 된 것이 '천재일우의 기회'라고 생각했다. 그리고 그 틀은 바로 자유민주주의 국가 건설을 위한 신의 섭리와 경륜이라고 생각했고, 이를 위해 모든 국민이 합심하여 노력해야 한다고 주장했다. 그가 가장 경계하는 건국 시나리오 중 기피대상 1호는 유물론적 독재국가 출현이었다. 그는 당시 상황의 혼미함을 경계하면서 이렇게 일갈한다.

"그러면 우리 신자가 어떻게 이 천부의 사명을 다할 수 있을까? 최선의 의무 이행 방법은 여하하다. 첫째로 우리는 조선의 현실을 직시해야 한다. 참으로 지금은 각 방면이 혼돈한 상태에 빠져 있다. 그 근본 이유는 사상이 혼돈해진 까닭이다. 유신론이냐 무신론이냐, 민주주의냐 독재주의냐, 기독교 사회주의냐 공산주의냐, 건설이냐 파괴냐, 문명이냐 야만이냐, 이러한 사상적 기로에서 청년과 학생, 농민과 소시민, 일반 대중들은 갈팡질팡하고 있다."

"그러나 독립은 하되 기독교 이상에 의하여 건국케 할 의무가 있다. 건국하되 유물론적 독재국이 되면 어찌하랴? 이때는 참으로 천재일우의 기회이다. 우리의 행동 여하가 자손만대에 큰 관계가 있다는 것을 분명히 자각하여, 우리의 의무를 수행하여야 하겠다."

한 목사의 '기독교 입국론'은 한편으로는 유물론에 입각한 공산주의에 대한 비판을 중심으로, 다른 한편으로는 이에 맞서는 성경적 인간론을 주축으로 하고 있다. 새로운 국가의 모습은 어디까지나 자유가 중심 되는 민주국가의 건설을 목표해야 한다고 강조한다. 자유가 언제나 보장될 수 있는 민주주의의 기본 요소는 '첫째로, 민주주의 근본 사상의 철저한 이해와 신념, 둘째로 질서와 법의 존중사상, 셋째로 자유를 바로 쓸 수 있는 국민의 도덕적 품격에서 찾을 수 있다'고 적시한다.

그에게 있어 건국의 초석이 중요한 만큼, 세워진 나라가 번영을 향하여 나아가고자 할 때 개개인이 꼭 갖추어야 하는 덕목도 강조되었다. 또 분단 현실의 극복을 위해 구체적인 행동강령이 필요함을 역설했다.

'기독교 입국론'의 현실적 반영

한 목사는 현실 정치에서 기독교적 이상을 가진 기독교인이 새 나라를 건설하는 주역이 되어야 하며, 그러한 가능성이 엄연히 존재하는 것이 희망이요 기대라는 마음을 숨기지 않고 내보이고 있다.

"기독교는 국가적 견지에서 보면 애국 운동의 중심 세력이 되었다. 3·1 운동 당시의 기독교의 역할이 어떠하였다는 것은 말할 것도 없고, 조국부흥운동에 헌신한 애국지사의 대다수가 기독교 신자였다는 것도 부인할 수 없는 사실이다. 도산 선생, 남강 선생을 비롯하여 지금 생존하여 지도하시는 이승만 박사, 김구 주석, 김규식 박사, 그 외에 국가를 위하여 순국한 허다한 애국지사의 수는 오직 하나님만 아실 것이다."

한 목사는 내심 철저한 반공주의자이며 우익을 대표하는 민족진영의 이승만이 초대 대통령이 된 것을 매우 안도하였다. 비록 북에서는 조만식 선생 등 민족진영 지도자들이 공산주의자들에게 박해를 받아 안타깝게도 그 생사를 알 수 없는 처지가 되었지만, 남한에서의 불확실성을 걷어내고 질서를 확립할 정부가 세워지는 일은 그의 평소 신념과 일치하였기 때문이다.

한 목사의 '기독교 입국론'은 1948년 8월 15일 남한만의 단독정부 수립, 이어 '기독교인이며 투철한 반공주의자' 이승만 대통령의 집권으로 현실에서 어느 정도 실제적인 꽃을 피울 수 있는 발판을 마련했다. 실제로 제1공화국 시절 처음 열렸던 개원 국회는 당시 감리교 목사이기도 했던 이윤영 의원의 기도로 개회됐으며, 간접선거로 대통령에 취임한 이승만 초대 대통령의 취임식도 기독교적 예전으로 집례되었다. 이승만 정부 전반기의 지배적 이데올로기였던 '일민주의'는 기독교적 성격을 근간으로 했다.

이승만은 대통령이 되기 전과 후 기독교를 나라의 기초로 삼아야 한다는 확신을 거듭 표명해 왔으며, 이 점에서 어쩌면 한 목사의 '기독교 입국론'을 현실 정치에서 가장 극적으로 구현한 인물이 된 셈이다. 이승만 대통령은 미 군정기에 도입된 형목제도, 성탄절 공휴일제도 등을 그대로 유지했고, 주요 국가의례들이 기독교식으로 제정되거나 거행되도록 하였다. 이 같은 대한민국의 설립과 이어 등장했던 정부와 국회 그리고 사법기관 등에서 지속적으로 기독교, 특히 개신교적 이념이 반영되는 현상은 다양한 방면에서 꾸준히 그 형태를 볼 수 있다. 한 목사 자신의 생애에서 평생의 과업으로 꿈꾸던 '기독교 입국'이 현실화되고 있다는 생각에 잠길 수 있는 상황이기도 하였다.

그러나 이 같은 상황은 그리 오래가지 않아 전혀 예측할 수 없는 새로운 상황을 낳게 되었으니, 그것은 첫째로 6·25 전쟁의 발발이요, 둘째로 이승만 정권의 부패 스캔들과 이어지는 정권 몰락이었다.

한 목사의 '기독교 입국론'이 당면한 시련은 이승만 정권의 실패와도 직결된다. 새로 건립된 국가에서 기독교 정신을 근간으로 하는 자유민주주의, 법치 그리고 질서에 대한 존중 등의 핵심 가치를 주장하였고, 그 가치를 공유하는 우익 진영의 민주인사, 특히 기독교 인사들의 정부 요직 참여를 반겼지만, 현실에서 정치권력이 강화되는 와중에 그에 기생하는 사이비 신자들이 횡행하고 또한 그로 인해 정권 자체가 붕괴되는 엄청난 충격적 결과를 가져온 사실에 자못 큰 실망을 금치 못하였다. 한 목사의 '기독교 입국론'은 미처 꽃을 피워 보기도 전에 깊은 병으로 상처를 입고 좌절해 버린 형국이 되었다.

민족의식과 신앙의 외연화

한 목사는 기독교의 주도적 건국 참여와 함께 기독교의 정치·문화적 개화운동을 동시에 강조함으로써 해방 이전, 즉, 한반도에서 기독교를 수용했던 복음 1세대가 가졌던 진보·보수의 양대 과제를 동시에 종합적으로 수행하는 양상을 보여 주며 대한민국의 탄생에 기여했다. 한 목사에게 있어 민주주의라는 꽃은 반드시 기독교 문화의 밭에서만 아름답게 필 수 있는 바, 당대의 선진 제국, 곧 화란이나 미국 등이 바로 기독교 문화에서 꽃을 핀 민주주의 국가들의 예증이라고 주장한다.

그의 '기독교 입국론'에서 민족의식과 신앙의 외연화는 해방과 건국에 있어 기독교적 민족의식의 표현이었다. 그의 영향력이 남한인구 1/4에 해당하는 개신교 주류 세력에 끼친 영향을 감안한다면, 당시 한국 기독교의 민족의식이라 보아도 무방할 것이다.

한 목사의 '기독교 입국론'은 진보와 보수 간 절충적 수용의 결과물이다. '기독교 건국론'이 해방 당시에는 기독교인의 적극적 사회 대응이었지만, 시간이 지남에 따라 보수화 경향을 띠게 되고, 특히 정부 수립 후 보국, 안보, 사회 안정이라는 흐름에 따라가다 새로운 비전 제시가 이어지지 못하였다는 점이 아쉽다.

이후 한 목사는 주요 관심을 민족 복음화와 한국 교회 연합운동, 더 나아가 민족 통일에 대한 아젠다로 방향을 돌린다. 한경직의 민족복음화론은 한국 민족에게 복음을 전해 기독교 정신을 바탕으로 민주주의 국가를 건설하고자 한 것이었다고 평가할 수 있다. 정교 분리와 목회자적 정체성에 입각하여 복음화운동에 헌신하므로, 이러한 처음 행적은 시간이 갈수록 정치적 보수성으로 기울었다. 특히 그의 투철한 반공사상과 사회 안정 추구의 열망은 소극적 정치 참여 형태로 나타났다.

그의 삶은 대한민국의 근대사만큼이나 희노애락으로 점철된다. 그러나 분명한 것은 저서 『건국과 기독교』를 통하여 한경직 목사의 신앙, 철학 그리고 삶의 족적은 그의 주변인들뿐 아니라 대한민국의 형성과 그 전개 과정에서 적지 않은 영향력으로 남겨졌다는 것이다.

광복 70주년을 맞아 오늘의 대한민국은 어느 면에서라도 대한민국 탄생 과정에 있어 한 목사의 '기독교 입국론'의 꿈과 삶의 발자취 앞에 그리고 그 실천에 큰 빚을 지고 있다고 하겠다.

| 글쓴이 | 이효상 목사는 기독교서지학 분야의 전문가로 교회건강연구원 원장과 미래목회포럼 사무총장을 12년째 맡고 있다. |

01-6 18대 대통령 선거와 한국 교회

2012년 11월 한국교회연합과 한국기독교교회협의회, 한국장로교총연합회, 미래목회포럼, 한국크리스천기자협회 등 5개 단체는 한국 교회대선후보정책토론준비위원회를 구성하고 대선후보 초청 정책토론회를 기획했다. 이에 준비위원회는 각계 전문가들로 테스크포스팀(task force team)을 구성하고, 한국 교회와 우리 사회의 다양한 현안 가운데 13개 큰 주제를 설정하여 공개 질의하였다. 준비위원회는 기독교적 사상과 신앙을 기반으로 한국 교회가 우리 사회의 현안들을 우선적으로 치유하고 해결한다는 원칙을 가지고, 한국 교회가 대정부 관계에서 해결해야 하는 숙제들을 여야 대선 캠프와 새누리당과 민주통합당에 전달하고 답변을 얻었다.

준비위원회는 "한국 사회의 위험과 혼란을 국민과 함께 지혜롭게 헤쳐 나가야 할 국가 지도자의 자질을 가늠할 수 있다고 판단되는 항목들을 엄선했다"며 "이 질문들은 한국 기독교가 이번 대통령 선거 후보들 중 적임자를 선택하는 중요한 기준이 될 것"이라고 밝혔다.

준비위원회는 기독교 윤리사상에 입각, 생명의 존엄성과 가치를 중시하는 ▲생명, ▲환경, ▲인권, ▲복지, ▲경제정의, ▲한반도 평화, ▲국민소통, ▲식량주권, ▲교육철학 및 ▲공정한 종교정책 방향 등에 대한 주제들에 대해 질의했다.

준비위원회는 질의와 관련하여 각 대선 캠프에서 공식 답변을 받아 선거 한주 전 기자회견과 보도자료를 통해 바로 한국 교회에 전달했다.

다음은 한국 교회가 18대 대선후보에게 질의한 내용의 전문이다. 이 책에서는 질의서에 들어간 도표와 통계 자료가 빠져 있음을 양해 바란다.

■ 생명윤리

모든 현대 민주국가 헌법에서 명시하고 있는 생명권은 인간 생명의 존엄성을 선언하고 있습니다. 이것은 기독교가 생명을 가장 거룩하고 신비한 영역으로 존중하는 것과 같은 맥락 속에 있다고 생각합니다. 모든 윤리의 기초가 되는 생명윤리가 우리 사회의 건강성을 점검하는 출발점이 될 것입니다. 인간은 생명의 창조자가 결코 아니며, 생명은 오직 하나님께 있다고 고백하는 것이 기독교 신앙의 근본입니다. 그러기에 기독교는 생명에 대한 외경이야말로 개인과 사회의 도덕적 기초라고 확신하고 있습니다.

근래 우리 사회는 생명의 신비함과 거룩함이 크게 위협받고 있습니다. 자살이 급증하고 있으며, 낙태는 광범위하게 성행합니다. 인간 배아복제 실험은 생명까지도 상품화하려는 인간 욕망의 결과입니다. 또한 소위 존엄사 문제도 논쟁을 야기하고 있으며, 이미 우리나라는 실질적인 사형폐지국가이지만 사형제에 대한 논란도 수그러들지 않고 있습니다. 이처럼 급변하는 사회에서 생명과 관련된 소위 존엄사, 배아복제, 낙태, 그리고 사형제에 대한 후보의 입장은 무엇인지 말씀해 주시기 바랍니다.

■ 환경윤리

체르노빌(1986년)에 이어 후쿠시마(2011년) 사고는 핵발전소가 인류에게 얼마나 위험한 것인가를 증명했습니다. 그럼에도 밀집도가 세계 최고이며 따라서 사고 발생 가능성이 가장 높은 우리나라는 핵발전소 확대는 물론 해외 수출 정책을 고수하고 있어 국가 안보에 큰 위협이 되고 있습니다. 또한 전국의 골프장과 스키장을 필요 이상으로 늘리면서 난개발로 인한 생태계 파괴와 환경오염이 심각한 상황입니다.

한국 기독교는 창조 세계의 생명 질서를 보전하는 것을 이 시대의 가장 중요한 사명으로 고백하고 있습니다. 핵발전소와 대체 에너지 그리고 골프장과 스키장 등 개발에 대한 후보의 정책을 듣고 싶습니다.

■ 모두에게 동등해야 할 인권 - 장애인, 이주민, 새터민

한국 기독교는 오래 전부터 사회적 약자, 특히 몸이 불편하여 삶의 제약을 받는 장애인들과 다른 역사와 문화 속에서 살아가는 어렵게 살아가는 이주민들, 그리고 목숨 걸고 대한민국을 찾아왔으나 여러 가지 이유로 적응에 어렵고 소외당하고 있는 새터민들의 인권을 보호하기 위해 활동하고 있습니다. 이것은 모든 인간은 하나님의 형상대로 지음 받은 고귀하고 평등한 존재라는 신앙 고백이 전제되어 있기 때문입니다. 학업을 포기한 장애인들 중 75%가 경제적 이유였으며, 이주민 수는 120만 명을 넘어섰고, 새터민도 2만 4천여 명에 이르고 있습니다. 이들은 분명 동등한 권리를 지니고 있으면서 우리와 함께 살고 있는 사람들입니다.

이러한 인권 약자들에 대해서 차기 정부에서도 반드시 관심을 가지고 적극적으로 인권보호 정책을 실행해야 한다고 생각하는데, 이러한 인권 문제로 고통당하고 있는 사람들을 위한 의견을 말씀해 주시기 바랍니다.

■ 복지 정책의 기본 방향과 복지 재정

빈부 격차가 심화되면서 복지사각지대에 놓이는 국민들이 늘어나고 있습니다.

우리는 궁극적으로는 사회 정의에 입각하여 사회적 약자들을 우선적으로 고려하는 적극적 복지를 정책의 큰 틀로 세워야 한다고 생각합니다. 문제는 복지예산 편성인데, 우리나라 복지예산은 92조이지만 실상을 살펴보면 상당액이 공무원, 군인연금 등으로서 실제 어려운 사람들을 위해 사용되는 예산은 얼마 되지 않습니다. 또한 우리나라의 복지비 비중은 OECD 회원국 평균의 1/3 정도에 머무는 수준입니다. 이것은 우리 사회가 약자들에 대한 배려와 공동체성이 현저히 낮은 현실이라는 것을 의미합니다.

한국 기독교는 사회적 약자들을 정책적으로 배려함으로써 함께 사는 사회를 향해 나아가는 것이 신앙에 합치한다고 생각합니다.

후보가 생각하는 복지 정책의 기본 방향은 무엇이며, 복지예산 편성의 불평등에 대한 개선책과 복지예산의 확보 방안에 대해 이야기해 주시기 바랍니다.

■ 경제정의 - 양극화 해소 방안

'경제 양극화'는 우리 사회의 분열을 초래하기에 시급히 해결해야 할 최우선 과제로 떠오르고 있습니다. 2008년 금융위기 이후 소수 대기업은 급성장한 반면 중소기업, 시장, 골목 상권은 급락하고 있습니다. 또한 동일 노동을 하고도 절반 정도의 대우를 받으며, 최대 2년의 불안정 고용상태에서 일하는 비정규직 노동자 현실은 사회에 대한 원망과 불만을 야기하는 원인이 되고 있습니다.

한국 기독교는 양극화의 편차를 줄이고 세상 모든 사람들이 가능하면 골고루 행복하게 사는 것이 창조 세계 본연의 모습이라고 고백합니다.

대기업과 중소기업, 자영업자들이 공생하고, 정규직과 비정규직 노동자의 편차를 줄임으로써 경제 양극화를 해소하는 방안을 제시해 주시기 바랍니다.

■ 이웃 사랑 - 대북 인도적 지원

이웃 사랑은 기독교 정신의 핵심입니다. 이웃을 사랑하지 않고 하나님을 사랑하는 길은 없기 때문입니다. 북한 주민들은 우리의 형제요 이웃입니다. 북한은 오래전부터 식량 사정이 악화된 상황입니다. 특히 어린이와 노약자들이 심각한 배고픔에 고통스럽게 죽어가고 있습니다.

한국 기독교는 북한 형제자매들을 사랑하는 대북 인도적 지원을 적극 실천해 왔습니다. 그러나 근래 들어 여러 가지 이유로 인도적 지원이 중단되었고, 북한 형제자매들의 고통을 지켜보고만 있어야 하는 한국 기독교는 심히 안타까운 마음을 주체할 수 없는 상황입니다. 심각한 식량난에 고통당하는 북한 형제자매들을 돕는 종교계의 대북 인도적 지원에 대한 의견을 듣고 싶습니다.

■ 교육 철학

우리의 미래는 교육 현장에서 배태되고 있습니다. 일찍부터 교육을 중시하고 한국 교육 발전에 중요한 역할을 감당해 온 한국 기독교는 현재의 입시 위주 교육과 그에 따른 부작용을 심히 우려하고 있습니다. 이러한 교육 현장의 위기는 학교폭력과 청소년 자살 등 한국 사회의 미래를 병들게 하고 있습니다.

초·중학생의 10% 이상이 학교 폭력을 경험했으며 이중 30% 이상이 자살 충동을 느꼈습니다. 한국 기독교는 현재의 교육 현실이 우리 다음 세대를 결정하며 전인교육을 실현하기 위한 제도와 방법이 시급하다고 생각합니다. 지금이야말로 지식 교육을 넘어 인성교육의 중요성을 더욱 실현해야 할 때입니다.

어떤 방법으로 위기의 교육 현실을 극복하고 다음 세대를 교육할 것인지 후보의 교육 철학을 듣고 싶습니다.

■ 종립학교의 종교 교육에 대한 견해

입시 위주의 교육으로 인해 청소년들의 인성이 파괴되고 학교에서 각종 부작용이 발생하고 있습니다. 인성교육 강화에 대한 목소리가 높고, 청소년의 정서적 치유가 시급합니다. 이와 같은 역할은 종교가 일정부분 감당할 수 있다고 봅니다. 특히 한국의 기독교는 조선 말기 근대화 과정에서 국가가 감당해야 할 교육과 의료 부분에 헌신적으로 공헌해 왔습니다. 여러 가지로 부작용도 있지만 아직도 종교적 신앙에 따라 시작하고 운영하는 종립학교의 비중은 상당히 크게 나타나고 있습니다. 그러나 아이러니하게도 종립학교의 종교교육은 여러 측면에서 '종교편향'이라는 논리에 압박을 받고 있습니다.

종립학교가 건학이념에 따라 종교교육을 실시할 권리에 대한 후보의 견해를 듣고 싶습니다.

■ 사회 갈등 해소 방안

우리 사회의 갈등이 갈수록 확대되고 첨예화하고 있습니다. 계층 간 갈등은 물론이요 지역 간 갈등, 그리고 이제는 세대 간 갈등도 심각한 현상에 이르고 있습니다. 우리나라는 2011년 OECD 회원국 중 사회적 갈등이 가장 높은 나라에 속해 있습니다. 이러한 사회적 갈등을 신중히 고려하면서 갈등을 해소하려는 정부의 의지와 방안이 매우 중요한 때입니다. 그래서 화평케 하는 자는 하나님의 아들이라고 불릴 것이라는 그리스도의 가르침을 따르는 한국 기독교는 계층 간, 지역 간, 세대 간 갈등 해소가 우리 사회의 시급한 선교 과제라고 고백합니다.

국민 소통을 위해 계층 간, 지역 간, 세대 간 갈등 등 사회 갈등을 해소하기 위한 정부의 역할과 방법에 대해 듣고 싶습니다.

■ 식량 자급 대책

우리나라의 식량 자급률은 갈수록 감소하고 있습니다. 밀과 옥수수는 거의 100% 수입에 의존하고 있고, 쌀 등 주식의 자급률도 점점 낮아지고 있습니다. 한국의 식량자급률은 OECD 국가 중 28위이며, 우리는 '식량 주권'이 위협받고 있는 위급한 상황입니다. 한국 기독교는 우리나라의 생존에 심각한 문제로 대두되는 식량 주권 문제와 농어촌 살리기에 깊이 관심하고 있습니다.

언젠가 강대국에 의해 식량이 무기화될 수 있는 상황에서 식량 주권을 지키기 위한 방안은 있습니까? 더불어 위기에 처한 농어촌을 살리는 정책에 대한 설명도 듣고 싶습니다.

■ 사행산업 규제 대책

성실한 노력과 그에 대한 정당한 대가를 기대하고 추구하는 사회는 건강하지만, 진지한 노력 없이 대박을 꿈꾸는 한탕주의가 만연한 사회는 도덕적으로 이미 붕괴하고 있다고 생각합니다.

지난 10년간 사행산업의 매출은 거의 3배가 늘어났고, 많은 국민들이 운에 의해 하루아침에 거부가 되는 꿈을 꾸고 있습니다. 우리나라는 사행산업의 비중은 다른 선진국에 비해 지나치게 높을 뿐 아니라 사행산업을 통해 벌어들이는 돈으로 복지에 투자하는 어이없는 상황이 벌어지고 있습니다. 한국 기독교는 국민의 건강한 정신생활과 환경을 조성하는 것이 정부의 중요한 역할이라고 생각합니다.

빠르게 증가하는 사행산업의 비중을 줄이고 건강한 국민 정서를 함양하기 위해 세수 감소를 각오하면서도 사행산업 제재에 대한 입장을 밝혀 주시기 바랍니다.

■ 종교평화법

정치권에서는 사회 통합을 위한 종교의 역할과 책임을 자주 강조합니다. 또 한국 근현대사에서 국가적 위기 속에서 종교가 막중한 역할을 수행해 온 것도 부인할 수 없는 사실입니다. 그런데 최근 이런 종교의 역할과 기능을 강제하고 종교 간 소통과 공존의 문제를 법으로 규제하려는 '종교평화법' 제정 움직임이 일고 있습니다. 기독교는 평화를 위해 일하는 종교입니다. 그러나 종교 간의 평화를 법제화할 수 있는 것인지에 대해서는 의문이 많이 남습니다. 오히려 국가의 개입으로 말미암아 종교 간의 평화로운 공존을 해하며, 헌법질서에 모순되는 상황을 유발할 가능성이 있다는 우려가 높습니다.

소통과 화합, 상생과 평화를 만들어가는 종교의 영역을 법으로 제도화하는 것에 대한 입장을 밝혀 주시기 바랍니다.

■ 종교정책에 있어서 국가와 교회와의 바람직한 관계

국가와 종교는 국민의 행복을 추구합니다. 국가는 정책을 통하여, 종교는 신앙을 통한 도덕적 삶을 바탕으로 국민의 행복추구권을 도와주어야 합니다. 그러므로 현대 민주국가에서는 국가와 교회의 상호의 영역을 법률적으로 분리하여 상호 존중하고 있으며, 우리나라 헌법 제20조는 국가와 종교의 영역을 분리하고 있습니다.

국가 종교정책의 일환으로 종단의 보호 및 종교재산의 사유화 방지 등의 공적 목적을 위해서, 문화체육관광부는 적법한 요건을 구비한 정상적인 종교단체에는 종교유지재단 설립을 인가해 주고 있습니다. 그에 따라 그 종단에 소속된 교회나 기관은 소유 부동산을 종교유지재단에 무상 출연하여 등기상 소유권은 유지재단에 소속됩니다. 그리고 해당 부동산의 사용 및 유지관리는 출연한 교회가 하고, 부동산의 처분권은 교인의 총유재산으로서의 성질상 해당 교회의 공동의회(교인총회)의 결의에 귀속됩니다. 교회법과 종교재산의 총유적 성격에 따라 관행상 일종의 명의신탁관계가 성립됩니다.

문민정부에서는 부동산등기제도를 악용한 투기·탈세·탈법행위 등 반사회적 행위를 방지하고, 국민경제의 건전한 발전에 이바지하기 위해 부동산실명제가 도입되었습니다. 부동산실명제에 따라서 명의신탁이 금지되므로 종교유지재단에 편입된 재산의 법적인 성격에 문제가 발생하게 되었습니다. 이런 불일치를 해결하기 위해서 부동산실권리자 명의등기에 관한 법률 제8조(종중 및 배우자에 대한 특례)에 종중의 재산과 유사한 성격을 가지고 있는 총유재산으로서의 교회재산의 특성을 고려해서, 명의신탁금지의 특례대상으로 제8조 제3항에 '종교유지재단 및 종교비법인사단'을 첨가하는 조치를 해주어야만 종교유지재단이 정상적으로 기능할 수 있습니다.

　종교유지재단의 특성을 살펴서 법적인 충돌을 해결해 줌으로써 종교를 보호하는 일에 대해 후보자는 어떤 견해를 가지고 계십니까?

정책 검증 질의의 의의

　한국 교회가 처음으로 대통령 후보자 검증을 위해 연합하고 진보와 보수를 떠나 기독교 가치를 담은 질문에 합의한 것에 큰 의미를 두고 있다. 특히 질문을 작성하는 과정에서 진보와 보수가 기독교적 가치에 공감하고 사회적 약자 보호 문제와 복지, 인권, 환경 등을 기독교 윤리적 관점에서 접근해 냈다는 것은 큰 의미가 있는 것으로 평가된다.

　후보들에게 보낸 정책질문지 서두에는 "구한말부터 기독교는 우리나라가 극도로 혼란한 상황에서 시민의식을 형성하고 국가의 독립과 민주화, 사회적 약자 보호 등에 앞장서 왔다"며 "이번 대통령 선거에서 역시 기독교 윤리사상에 기반한 생명의 존엄성과 가치를 중시하는 대통령, 국민소통과 공정한 종교정책에 힘쓰는 지도자를 선택하는 것이 매우 중요한 상황"이라고 언급하고 있다.

　이러한 관점을 바탕으로 준비위원회는 총 13개 항목의 질문을 만들었다. 특히 환경윤리 측면에서 핵발전소 문제와 골프장 난개발 등에 대해 질의했으며, 장애인과 이주민, 새터민 등 사회적 약자 보호 정책에 대한 후보들의 공약을 물었다.

　진보와 보수가 함께 공감한 복지 정책은 복지 예산 불평등에 초점이 맞춰져 있었으며, 복지예산 확보 방안을 물어 선심성 공약을 남발하지 못하도록 철저한 검증 의지를 드러냈다.

　비정규직 문제 해결에서 교계가 함께 목소리를 높였다. 준비위원회는 "대기업과 중소기업, 자영업자들이 공생하고 정규직과 비정규직 노동자의 편차를 좁힘으로써 경제 양극화를 해소하는 방안을 제시해 달라"고 요청했다.

　그동안 교계 진보권에서만 목소리를 높여왔던 비정규직 해결 문제에 보수권이 합세한 것은 불안정한 고용이 증가하면서 주일성수가 위협받는다는 신앙 주권 차원에서 접근했다. 주일시험 폐지 등을 요구해 온 교계 보수권은 예배를 드릴 수 있는 종교의 권리가 불안정한 비정규직 고용으로 인해 침해받고 있다는 데 공감하고 정부가 고용안정과 경제 양극화 해소에 나서야 한다는 목소리를 모은 것이다.

또 준비위는 기독교계가 가장 활발하게 앞장서서 진행해 온 대북 인도적 지원 문제에 대한 명확한 의견을 요구했으며, 선심성 교육 공약과 반값 등록금 약속이 난무하는 가운데 후보들의 '교육철학'을 공개적으로 질의하기도 했다.

종교 관련 사안으로는 입시 위주의 교육으로 청소년들의 인성이 파괴되고 각종 교육의 부작용이 발생하는 가운데 종립학교가 인성교육의 상당부분을 감당할 수 있다는 점을 전제하며, 종립학교 종교교육 권리보장에 대한 입장이 어떤지 질의했다.

소통과 화합, 상생을 이끌어야 할 종교가 법의 테두리 안에 묶여 평화를 강요당하는 것도 부당하다는 데 교계의 의견이 모아졌다. 준비위는 "종교 간 평화를 법으로 제도화할 수 있는지 의문"이라며 사실상 '종교평화법'에 대한 후보들의 뜻을 물었다.

이밖에도 한국 사회를 좀먹는 사행산업의 제재 입장과 종교와 국가와의 바람직한 관계 등 후보자의 국가관과 민주주의의 가치, 국민에 대한 섬김의식 등을 검증하는 내용으로 채워졌다.

새누리당 박근혜 후보와 민주통합당 문재인 후보 답변

한국장로교총연합회와 한국기독교교회협의회(NCCK), 한국 교회연합, 미래목회포럼 등은 12월 17일 서울 연지동 한국기독교회관 2층에서 기자회견을 갖고 이 같은 취지의 답변서를 공개했다.

새누리당 박근혜 후보와 민주통합당 문재인 후보가 한국 교회가 보낸 13개 항목의 정책 질의서에 대해 성실한 답변을 보내왔다. 두 후보 모두 종교 간 형평성 시비가 일지 않도록 주의하겠다고 밝혔으나 구체적인 실천방법에서는 이견을 보였다.

박 후보는 답변서에서 불교계가 제정을 요구하고 있는 '종교평화법'에 대해 "종교계의 합의가 전제되지 않는다면 이루어질 수 없는 것"이라면서 "정부의 간섭 없이 종교 간에 대화와 신의를 통해 구축하는 것이 바람직하다"며 부정적 입장을 밝혔다.

문 후보는 찬반 여부를 구체적으로 밝히지 않은 채 "헌법에서 규정하고 있는 정교 분리의 원칙은 충실히 지키되, 종교계에서 주시는 의견은 귀담아 듣겠다"는 원론적 입장만 내놓았다. 그는 "이명박 정부에 들어 대통령과 관료들이 특정 종교를 옹호하는 입장을 취하고 관련 인선을 하면서 종교 간 갈등의 골이 깊어졌다"며 "공무원들이 공직을 수행하면서 특정종교를 옹호하는 편향된 입장을 취하지 않도록 복무규정과 교육을 강화할 것"이라고 밝혔다.

교회 재산을 종교유지재단 명의로 등기하는 것은 불법 명의신탁이라는 과세당국의 판단과 관련, 박 후보는 "종교재산의 특성을 고려해 명의신탁금지 특례대상으로 제8조 제3항에 종교유지재단의 첨가를 검토하겠다"고 밝혔다. 문 후보는 "억울하거나 일방적으로 손해 보는 일이 없도록 법 질서를 세우고 관련 법에 미비한 점이 있다면 신중하게 검토하겠다"며 역시 원론적 입장을 밝혔다.

두 후보는 종교사학의 자율성과 관련, 두드러진 입장 차이를 보였다. 박 후보는 "노무현 정권 시절 종교법인의 자율적 운영과 종교교육을 위축시키려는 사학법 개정안을 당시 한나라당이 대여 투쟁을 통해 완화한 적이 있다"며 "종교사학의 투명성과 건강성을 함께 추구해 나간다면 종교교육은 문제되지 않을 것"이라고 답했다. 문 후보는 그러나 "학생들에게 강제적이고 벌칙을 부과하면서까지 이뤄지는 종교교육은 무리가 있다"면서 의무적인 종교교육에 대해 부정적 입장을 밝혔다. 문 후보는 다만 "종교에 따른 건학이념을 기본으로 하고 있는 종립학교에 대해서는 정부 차원에서 존중이 필요하다"며 "학교도 무신앙 또는 타종교 학생들의 불이익을 고려해 대체과목 개설 등 적절한 대안을 마련해야 한다"고 덧붙였다.

대북 지원과 관련, 박 후보는 종교적 차원의 지원을 확대하겠다고 공약했고, 문 후보는 무상지원을 원칙으로 하되 분배의 투명성을 강화하겠다고 밝혔다. 생명 윤리와 관련한 '안락사 및 존엄사' 논란에 대해 박 후보는 대부분의 나라에서 적극적 안락사는 허용되지 않는다며 반대 입장을 밝혔고, 문 후보는 치료 불가능한 말기 환자에 한해 고통을 동반하는 기존의 치료방식이 아닌 호스피스, 완화치료 등의 방안을 선택할 수 있는 권리를 줘야 한다고 주장했다.

낙태 문제에 대해 박 후보는 "사람의 생명은 하늘이 주신 선물"이라며 반대 입장을 분명히 했지만, 문 후보는 "사회적 합의를 거친 뒤 신중히 판단해야 할 문제"라며 유보적 입장을 취했다. 사형제도와 관련, 박 후보는 "이 사회의 법 질서를 세우고 흉악범에 대한 경고를 주기 위해 존치해야 한다"고 주장한 반면, 문 후보는 "사형제가 가장 적절한 방안은 아니다"라면서 "경찰인력의 대폭 증원, 지역별 주민안전시스템 구축 등 예방적 민생치안을 강화하는 게 강력 범죄에 대한 근본적 대책이 될 수 있다"며 사형제 폐지 쪽에 무게를 실었다. 국민일보가 보도한 양 후보자의 공약 비교는 다음과 같다.

〈제18대 주요 대선 후보 기독교정책 공약 비교〉

항목	박근혜(새누리당)	문재인(민주통합당)
존엄사	적극적 안락사는 불허	호스피스 완화치료 등 선택권 인정. 단, 약물 주입 등 인위적 생명 박탈은 반대
배아복제	무응답	교계, 의학계 등의 의견 수렴
낙태	반대. 단, 모체나 태아의 건강상 이유 등 특별한 경우 허용	여성계, 종교계, 의료계 등 사회적 합의 거쳐 판단
사형제	존치	사실상 폐지
대북지원	종교적 차원의 지원 확대, 남북정상회담 개최	무상지원 원칙. 단, 분배 투명성 강화
종립학교 종교교육	종교사학의 투명성과 건강성 함께 추구	강제적 종교교육 반대, 대체과목 등 대안 마련
종교평화법 제정	반대. 대화와 신뢰를 통해 종교 간 평화 구축 바람직	헌법의 정교 분리의 원칙을 지키되 교계 의견 수렴
교회재산 등기문재	종교재산의 특성을 고려. 명의신탁금지의 특례대상으로 제8조 3항에 종교유지재단 첨가 검토	관련법 검토 후 개선

특정 후보 줄서기 이제 그만, 정책 검증 시대 열어

민주적 선거에서 후보자의 정책을 보고 투표하는 것은 지극히 당연한 일이다. 정책이란 그 후보자가 당선되었을 경우에 어떻게 사회를 운영할 것이냐를 보여 주는 약속이다. 이 약속의 내용이 부실하면 차후 사회의 운영도 부실할 것이다. 그러므로 우리는 먼저 후보자의 약속들을 평가하는 객관적 기준을 마련하고 특정 후보자에게 줄서기보다는 후보자를 검증하는 일에 익숙해야 한다.

선거와 정책 공약 검증은 기독교 가치관을 지키고 키우는 매우 중요한 과정이다. 이번에 대선후보초청 정책 검증을 통하여 세운 아름다운 전통을 계속 발전·심화시킴으로써 한국 교회는 한국 사회에 여전히 존경받는 민주적 지도자를 공급하는 원천이 될 것이다. 한국 교회와 성도들은 대통령 선거나 국회의원 선거에서 좋은 정치 지도자를 키워내야 한다.

대선후보정책 검증은 대선 후보들자의 답변이 한국 교회 성도들이 대통령 선거에서 적임자를 선택하는 중요한 기준이 될 것이며 한국 교회는 대선이 끝난 뒤에도 공약대로 기독교 정책을 실행하는지 지켜볼 수 있는 근거가 되는 것으로 중요한 의미를 가진다.

글쓴이   김명일 사무총장은 오랜 군목생활을 마치고, 한국장로교총연합회 사무총장으로 재직하며 한국교회대선후보초청토론회를 준비하고 주도하였다.

02
기독교와
사회 문제

02-1 복음 전도와 사회적 책임

지난 세기, 복음 전도와 사회적 책임은 서로 양분화되어 대립관계에 있었다. 복음주의자들로 대변되는 그룹에서는 개인의 영혼 구원을 강조하며 복음 전도에 초점을 맞추었고, 진보주의자들로 대변되는 그룹에서는 하나님의 선교(Missio Dei)를 바탕으로 사회적 책임에 주력하며 끊임없이 갈등하고 대립해 왔다. 그러나 이러한 갈등 가운데 복음주의자들은 1966년 휘튼대회를 통해 사회 문제에 무관심해 온 사실들을 인정하고 반성하며, 1974년 로잔대회를 통해서 복음 전도와 사회 참여에 대한 관계를 새롭게 정립하게 된다. 그리고 이를 계기로 복음주의 진영에서도 본격적으로 복음 전도와 사회적 책임에 대한 관계와 실천에 대해 다각적으로 모색하고 있다.

이러한 일들은 21세기 포스트모더니즘의 영향 아래 다원주의 사회로 진입하면서 기독교의 내부적인 문제와 함께 외부적인 도전으로 인해 더욱 급격한 관심을 받게 되었다. 이에 본 글에서는 먼저 복음 전도와 사회적 책임이 양분화되어 갈등하게 된 원인을 진단해 보고, "그랜드 래피드즈 보고서"의 내용을 통해 복음 전도와 사회적 책임에 대한 지금까지의 연구를 정리한 다음 한국 사회의 실정에 맞는 복음 전도와 사회적 책임의 관계를 조명해 보고자 한다.

복음 전도와 사회적 책임의 이원화의 배경과 원인

신약성경에 나타난 예수님의 삶과 사역을 보면, 예수님께서는 영혼을 구원하는 일과 소외되고 가난한 이웃을 돌아보는 일에 어떠한 대립적인 입장을 취하신 적도 없으셨을 뿐 아니라 분리하신 적도 없다. 뿐만 아니라 초기 한국 기독교의 역사를 보더라도 우리나라에 들어온 선교사들이 병원을 세우고 학교를 세우며 영혼을 구원하는 일을 병행했다는 사실은 교단마다 조금의 차이가 있을 뿐 누구나 인정할 수 있는 일이다. 그렇다면 언제부터, 어떤 이유에서 복음 전도와 사회적 책임은 이원화되고, 양극화되었는가?

우선 사상적인 원인을 들 수 있다.

김영동은 그의 책『교회를 살리는 선교학』(장로회신학대학교 출판부, 2003)을 통해 이러한 양극화의 원인을 계몽주의 이후 학문적 사고방식과 사회의 변화에 기독교가 영향을 받은 사실에서 찾는다. 계몽주의는 과학에 의해 증명될 수 있는 사실만을 진리로 받아들이는 시대적 사조를 양산하였고, 신학자들 역시 그 시대에 맞는 연결고리를 찾으려는 일환이었지만 이러한 과학적 방법론을 받아들이며 기적과 초자연적 사실을 부인하고 하나님 나라가 이 땅에서 실현될 수 있다는 진화론적 비전을 가지게 되었다. 이러한 신학적인 사조를 추구하던 자유주의자들은 근본주의자들과의 대립 속에 사회참여신학을 태동시켰고, 제2차 세계대전 이후 제3세계를 위한 사회봉사와 제3세계의 독립운동에도 참여하게 되면서 사회 복음을 강조하며 발전시켜 나갔다.

그와 반대로 근본주의자들은 계몽주의의 영향 아래 개인을 강조하며 개인의 영혼 구원에 초점을 맞추게 되었을 뿐만 아니라 제1차 세계대전 이후 비관주의가 만연되면서 세대주의적인 전천년설로 대표되는 종말론적 역사관으로 인해 불타 없어질 이 세상에 미련을 두지 않고 미래적 하나님 나라를 바라보며 오직 복음 전도를 통한 영혼 구원에만 매달리게 되었다.

다음으로 전도신학적 원인이 있다.

윌리암 아브라함은 "*A Theology of Evangelism: The Heart of the Matter*"라는 글을 통해 복음 전도가 사회운동에 반대하게 된 또 하나의 원인으로서 복음 전도의 개념 축소에 대해 이야기한다. 그는 오늘날에는 '교회 성장'과 '복음 선포'가 전도의 중요한 두 가지 측면으로 인식되고 있다고 이야기하면서 복음 전도에 대한 이러한 인식이 전도의 의미를 축소시켰을 뿐만 아니라 사회운동을 반대하는 데 집중하게 만들었다고 주장한다.

복음 전도가 현대에 와서 '선포'에 강조점을 두며 교회의 성장에 치중하게 된 것은 빌리 그레엄의 영향이 크다. 20세기 중반 빌리 그레엄으로 대표되는 복음주의전도운동은 전도의 선포적인 측면을 더욱 강조하며 전 세계 기독교의 외적인 부흥에 커다란 영향을 끼쳤기 때문이다. 그리고 맥가브란에 의한 교회 성장의 개념 또한 그가 본래 목적했던 방향과는 달리 외적인 성장에 초점을 맞추어 전 세계 기독교에 영향을 끼쳤다. 이러한 전도운동과 교회 성장을 통한 복음 전도는 외적인 부흥을 불러일으키는 데에는 큰 영향을 끼쳤지만 내적인 성장이 따라가지 못하며 불균형을 가져오게 되었고, 이와 더불어 교회의 공동체적인 영향력을 약화시켰다는 비난에 직면하게 되었다. 또한 이와 같이 복음 전도가 특정한 주제만을 강조하게 됨으로써 복음 전도와 사회적 책임과의 관계는 더욱 멀어지게 되었다.

그랜드 래피드즈 보고서에 나타난 복음 전도와 사회적 책임과의 관계

이미 앞에서 전술하였듯이, 개인 구원과 사회 구원이라는 두 주제를 통전적으로 접근하지 못하고 양극으로 치닫던 기독교에 화해의 물꼬가 트인 것은 복음주의 진영에서 있었던 1966년 휘튼대회와 1974년의 로잔대회에서부터이다. 특히 1974년 로잔대회는 복음 전도와 사회 참여와의 관계를 새롭게 정립하며 복음 전도와 사회 참여는 그리스도인의 의무의 두 부분임을 인정하였다. 사랑에서 나온 예수님의 전도와 봉사는 이분화되거나 어느 한쪽만 고립될 수 없다는 입장을 천명하며 분명한 방향 전환을 이룬 것이다. 그러나 로잔선언은 성경의 권위와 예수 그리스도의 독특성 그리고 개인을 향한 복음 전도의 우선적인 위치는 계속적으로 지지하였다.

그 이후 1982년 6월 로잔위원회와 세계복음주의협의회는 공동으로 그랜드 래피드즈에서 복음 전도와 사회적 책임 관계에 대한 협의회를 개최하였고, "복음 전파와 사회적 책임: 복음주의적 참여"라는 보고서를 발표하였다. 이 보고서는 총 7장으로 구성되어 있는데 1, 2, 3장은 예배와 감사에 대한 요구, 세계 복음화에 대한 요구, 사회적 책임에 대한 요구를 규정하였고, 4장에서 복음 전도와 사회적 책임과의 관계를 규명하였으며, 5장에서는 하나님 나라의 복음, 6장에서는 역사와 종말론의 정립을 이야기하며 올바른 이론적 토대를 마련한 후에 7장에서 행동을 위한 지침을 제시하고 있다.

그 가운데 주목할 것은 복음 전도와 사회적 책임의 관계를 규명하고 있는 부분이다. 이 보고서에서는 복음 전도와 사회적 책임이 함께 기독교적 의무가 될 수밖에 없는 역사적인 토대를 설명하고, 이 둘이 세 종류의 관계를 가진다는 사실을 밝힌다. 그 첫 번째로, 사회적 활동은 복음 전도의 자연스러운 결과라는 점을 기술하였고, 두 번째로는 사회적 활동은 복음 전도를 위한 다리가 될 수 있다는 점을 밝혔다. 그리고 마지막으로 사회적 활동은 복음 전도의 동반자라는 점을 주장하며 새의 두 날개와 같다고 서술하였다. 그럼에도 불구하고 이 보고서에서 복음 전도는 사회적 책임에 비해 특별한 논리적인 우선권을 갖는다는 점을 분명히 하고, 복음 전도가 사람의 영원한 운명에 관계되는 일이라는 중요성을 강조하고 있다. 하지만 이 보고서는 복음 전도가 논리적 우선권을 갖는다는 점은 분명히 하면서도 복음 전도와 사회적 책임과의 관계를 "동반자"로 규정하였다는 점에서 높이 평가 받고 있다.

복음 전도와 사회적 책임이라는 책무를 수행하기 위한 통전적 전도를 위하여!

한국 교회 안에서는, 비록 오늘날에는 많이 희석되었지만, 보수주의와 진보주의의 대립이라는 구조가 서구사회에 비해 복음 전도와 사회적 책임에 큰 영향을 끼쳐왔다. 그러나 1974년 로잔선언 이후, 한국 교회 안에서도 복음 전도와 사회적 책임과의 관계에 대한 관심이 높아지고 있으며 특별히 복음주의 진영 안에서 복음 전도와 사회적 책임과의 관계를 올바르게 재정립하고자 하는 노력들이 활발히 일어나고 있다. 이에 필자는 올바른 전도신학의 범주 안에서 사회적 책임까지 그 소임을 다할 수 있는 통전적인 복음 전도가 실천되기 위해서 다음의 세 가지가 고려되어져야 함을 주장한다.

먼저는 교회가 세상에 전해야 할 내용으로서의 복음에 관한 부분이다. 흔히 '복음'의 의미를 사도들이 전한 케리그마 안에서 이해하여 '십자가와 부활'을 그 핵심으로 생각하는 경향이 있다. 물론 틀린 말은 아니지만, 예수께서 세상에 전하신 복음의 내용은 '하나님 나라'였다. 이렇게 볼 때, '십자가와 부활'이라는 복음의 내용은 개인의 구원에만 초점을 맞춘 내용이 아니라 이 땅에서 '하나님 나라'를 누리며 확장시켜 나아가는 방법이 된다고 할 수 있다. 서로가 깊은 관계가 있는 것이다. 여기서 '하나님 나라'는 '하나님의 통치'와 '하나님의 주권'의 개념이다. 그러므로 이 땅에 '하나님 나라'가 임한다는 말은 이 땅에 '하나님의 주권'과 '통치'가 이루어진다는 말로 이해될 수 있다.

이렇게 볼 때, 복음 전도의 내용으로서 하나님 나라의 복음이 올바르게 정립될 때 하나님 나라의 현재성과 미래성은 복음 전도와 사회적 책임과의 관계를 올바르게 세우는 데 결정적인 역할을 할 수 있을 것이다. 한국 교회가 그동안 복음 전도를 개인의 구원과 영생에만 초점을 맞추며 구원받은 사람들을 통한 이 땅의 하나님의 통치적 개념을 잃어버렸을 때, 복음 전도와 사회적 책임은 이원화되며 대립관계에 놓였었기 때문이다.

두 번째로 고려해야 할 것은 복음의 전달자로서 '전도자'이다. 모든 그리스도인들에게는 복음을 전해야 할 의무와 책임이 있다. 그러나 전도자가 복음을 전하기 위해 선행되어야 할 일은 복음의 내용을 내 삶에서 내 것으로 경험하는 것이다. 전도자가 경험해 보지도 못한 복음을 전하려 한다면 확신도 없거니와 복음에 담긴 생명도 흘려보낼 수 없다. 전도자는 중생의 경험을 통해 시작된 하나님의 통치와 주권을 내 삶에서 지속적으로 누리며 나아갈 때 세상으로 그 영향력을 흘려보낼 수 있다. 그러나 그것을 놓쳐 버렸을 때, 하나님 나라는 죽어서만 갈 수 있는 나라로 여겨지며 그리스도인의 삶이 성경이 말하는 삶과 분리되어 내적인 성장과 사회에 대한 책임을 잃어버리게 된다. 그렇기에 전도자는 현재적 하나님 나라를 경험하며 미래적 하나님 나라를 바라보며 살아가면서 삶의 현장에서 하나님 나라의 확장이라는 책무를 다하게 될 때, 사회적 책임을 다하게 되며 균형 잡힌 통전적인 전도를 가능하게 할 수 있다. 바로 이 부분이 그랜드 래피즈 보고서에서 강조하는 부분이기도 하다.

마지막으로 고려해야 할 것은 복음을 전해야 할 현장인 세상이다. 복음이 효율적으로 전달되기 위해서는 복음이 전달되어야 할 장(場)으로서의 세상에 대해서도 잘 알아야 한다. 흔히, 복음에 능력이 있기에 그 복음에 대한 경험과 확신만 있다면 전달되어져야 할 세상은 고려하지 않고 일방적으로 전하는 경우들이 있어 왔다. 바로 이러한 모습들이 전도와 사회적 책임을 이분화시킨 주범이라고도 할 수 있다. 그런데 세상을 내 식대로 먼저 판단해서 복음을 전한다면 수많은 오류를 범하게 되는 것은 물론이거니와 오히려 복음 전도에 대한 거부를 낳을 수도 있다. 그렇기에 세상을 세상이 보는 관점으로 먼저 이해한 다음에 복음의 진리로 연결시킬 수 있어야 한다. 세상에 귀를 기울이고, 사람들의 눈높이를 맞춰 다가가는 것이 선행되어야 한다는 것이다. 지금 세상이 처해 있는 상황을 무시하고 복음을 전하는 일은 매우 어리석은 일일 뿐만 아니라 힘든 일이 될 것이다. 그렇기에 먼저 그들의 삶과 상황을 어루만지며 그들을 돕고 마음을 같이 할 수 있는 접촉점을 마련한 뒤 복음의 진리로 인도할 수 있는 지혜로움이 갖추어져야 할 것이다. 이것이 바로 예수님께서 성육신과 이 땅에서의 삶과 죽음을 통해서 보여 준 복음 전도의 모형이라고 할 수 있다. 그렇기에 전도자들이 이러한 그리스도의 사랑과 희생의 마음을 잃어버리고 일방적으로 세상에 다가서지 말아야 할 것이며, 예수님처럼 세상을 사랑하고 어루만지는 일에 힘써야 할 것이다.

마태복음 28장에서 예수님은 "제자를 삼아…가르쳐 지키게 하라"고 명령하고 있다. 처음부터 복음 전도와 삶은 분리되어 있지 않았을 뿐만 아니라 살아가야 하는 세상으로부터 분리된 적도 없었다는 사실을 명심하자.

참고자료

하도균, 『전도 바이블』(서울: 예수전도단, 2014)

김영동, 『교회를 살리는 선교학』(서울: 장로회신학대학교출판부, 2003)

스타트, 존, 『그랜드 래피드즈 보고서』(서울: 두란노)

아브라함·윌리암, 김남식 역, "A Theology of Evangelism: The Heart of the Matter." in The Study of Evangelism. Grand Rapids, Mich.: William B. Eerdmans Pub. Co., 2008.

글쓴이 하도균 교수는 서울신학대학교 전도학 교수이며, 서울신학대학교 전도전략연구소장, 국제전도훈련원 원장 등으로 섬기고 있다.

02-2 기독교의 정치 참여

한국 교회는 보수와 진보의 양극화가 매우 뚜렷하다. 끝없는 평행선이라 웬만해서는 타협하기가 어렵다. 2013년 WCC 제10차 부산총회에 대한 한국 교회 보수진영의 반대는 극명했다. 반대자들은 공산주의를 용인하고, 종교혼합주의를 신봉하며, 동성애를 지지하는 WCC에는 구원이 없다고 주장했다. 심지어 그들 중 일부는 WCC가 복음을 왜곡하는 적그리스도, 사탄이라고 규정했다. 이러한 양상은 한국 교회 장로교회의 분열이 1959년 WCC 가입 여부에서 출발했으니 어찌 보면 당연하게 보일 수도 있다. 그러나 세계 교회의 현실을 보면, WCC를 반대하던 보수적인 복음주의 진영이 로잔언약을 통해서 사회 참여의 폭을 넓히는 동시에 WCC와의 대화를 도모하고 있고, 진보적인 WCC는 이전의 어느 때보다 복음의 본질과 정체성을 강조하는 상황에 있다. 게다가 지난 부산총회에 축하사절로 방문한 세계복음주의연맹(WEA)의 신학위원장은 총회의 개최를 축하하면서 WCC의 선교문서에 동의함을 밝혔다. 이처럼 세계 교회는 보수인 복음주의 진영과 진보인 에큐메니컬 진영, 두 진영이 서로 소통하고 상호 영향을 주고받으며 수렴하고 있는데, 한국 교회는 서로를 인정하지 못해서 주님의 몸 된 교회로서 협력하는 것이 요원한 상태에 있다.

기독교의 정치 참여에 대한 한국 교회의 입장

　기독교의 정치 참여에 대한 한국 교회의 보수진영과 진보진영의 입장은 사안마다 대척점을 이루어왔다. 1970년대 한국 교회의 보수진영은 유신독재정권에 대해서는 침묵했고, 민주화운동과 노동운동에 참여하는 진보진영에 대해서는 정교 분리의 입장에서 비판했고, 국가조찬기도회를 개최하고서 정권을 축복했다. 그러나 한국 교회의 진보진영은 예언자적인 역할로서 민주주의와 인권을 주장했고, 한국의 민주화를 이루는 데 크게 기여했다. 1980년대 한국 교회의 진보진영은 민주화운동과 함께 통일운동에도 앞장섰고, 1988년 2월 29일 한국기독교교회협의회 제37차 총회에서 발표한 "민족의 통일과 평화에 대한 한국기독교회 선언"은 정부의 통일정책에도 긍정적인 영향을 끼쳤다.

　그러나 한국 교회의 보수진영은 반공주의의 선봉에 서서 북한을 상종할 수 없는 원수처럼 취급하고 있다. 2000년을 전후한 시기에 김대중 정권의 햇볕정책과 6·15 선언으로 남북관계가 다소 진전되었을 때, 한국 교회의 보수진영과 진보진영은 대북인도주의적인 지원활동에서 잠시 협력을 했지만, 햇볕정책에 대한 평가와 사학법 제정에 대한 입장의 차이로 인해 다시 균열되었다. 한국 교회의 보수진영은 햇볕정책을 북한 권력의 핵심부와 군인들까지 먹여 살리는 퍼주기로 보면서 결과적으로 북한의 핵무장을 도왔다고 비판했고, 사학법 개정은 기독교학교의 설립정신을 훼손한다고 반대했다. 반면에 진보진영은 햇볕정책이야말로 선으로 악을 이기고 포용하는 정책으로써 굶어 죽어가는 북한 주민들에게 사랑을 나누는 정책이라고 옹호했고, 사학법 개정에 대해서는 사학의 민주화를 이루는 데 기여할 것이라고 지지했다.

　2000년대 후반 한국 교회의 보수진영은 잃어버린 10년을 운운하며 경제성장을 공약한 이명박 대통령 후보자를 장로 대통령으로 만들자며 노골적으로 지원했고, 그가 대통령이 된 후에는 4대강 사업을 무조건 지지했다. 그러나 한국 교회의 진보진영은 국가보안법의 철폐를 주장했고, 신자유주의 경제성장의 논리와 4대강 사업에 대해서는 부익부 빈익빈의 양극화 차원과 환경파괴의 토건사업이라는 차원에서 반대했다.

　최근 한국 교회의 정치 참여와 관련해서 특이한 상황이 있다면 무엇일까? 그것은 총선과 대선 때마다 극보수진영의 일부에서 기독교정당의 문제를 제기한다는 것이다. 기독교정당의 창당을 주장하는 소수의 보수주의자들은 썩은 정치를 쇄신하고 정의를 세우며 기독교의 공신력을 회복하기 위해서 기독교정당을 창당하는 것이 시대적인 요구라고 주장하고 있다. 그러나 진보진영은 물론이고 보수진영의 유력한 인사들조차도 기독교정당은 다종교가 공존하는 한국 사회에서는 적합하지 않은 발상일 뿐만 아니라 섬김의 덕목을 상실하고 자기 이익과 권력 자체를 지향하는 기독교에 대해서 시민사회는 더욱 질타할 것임을 들어서 기독교정당을 반대하고 있다.

교회 밖의 일반 시민들이 보수진영과 진보진영으로 대별되는 한국 교회의 이러한 대척적인 상황을 보면, 어느 입장이 교회의 공식적인 입장인지를 판단하기가 어려울 것이고, 사랑을 말하는 교회가 서로 한 치의 양보나 타협 없이 각자의 입장만을 고집하는 것에 대해서 꼴불견이라고 말할 것이다.

이제 한국 교회는 정치 참여와 관련해서 보수진영과 진보진영 사이에 진행되어 온 오랫동안의 대립 갈등의 양상을 더 이상 방치해서는 안 된다. 사실 한국 교회 안에 만연되어 있는 두 진영의 대립 갈등의 양상은 한반도의 분단과 냉전 이데올로기가 만들어낸 부산물이라고 볼 수 있다. 성서가 말하는 복음은 진보진영의 '에큐메니컬'과 보수진영의 '에반젤리컬'을 대립적인 것으로 보지 않고 상보적인 것으로 본다. 진보진영이라고 해서 복음을 배제한다면 기독교의 정체성을 상실하는 것이 될 것이다. 복음은 보수진영만이 독점할 수 있는 것이 아니고, 진보진영 역시 복음의 기초 위에 서야 하기 때문이다. 보수진영이 진보진영의 정의와 평화와 생명을 향한 노력을 부정한다면 보수진영은 하나님의 나라를 확장하고 진정한 복음을 전파하는 기회를 상실하고 말 것이다. 기독교 신앙은 다양한 신앙 전통을 지류로 하는 큰 강처럼, 기도로 충만한 삶을 지향하는 묵상의 전통, 하나님 앞에서 마음을 지키며 덕의 삶을 추구하는 성결의 전통, 성령의 충만함 속에서 성령에 이끌려 성령의 능력을 행사하는 카리스마의 전통, 하나님의 정의와 참된 평화를 세워 나가는 사회정의의 전통, 말씀을 배우고 익히고 선포하고 가르치고 수호하는 복음 전도의 전통, 일상적인 삶의 자리에서 하나님의 임재를 경험하며 하나님의 청지기로 일하는 성육신의 전통 등을 기독교 신앙의 구성요소로 삼기 때문이다.

그러므로 한국 교회의 보수진영과 진보진영은 자기 진영의 신앙적 전통에서 비롯된 장점을 포기하지 않으면서도 서로를 인정함으로써 분파주의에 빠지는 어리석음을 범하지 말아야 한다.

기독교의 정치 참여, 어떻게 이해하고 감당할 것인가?

그렇다면 한국 교회의 보수진영과 진보진영은 기독교의 정치 참여를 어떻게 이해하고 협력하며 감당해야 할까? 먼저 성경의 가르침을 살펴보고, 다음으로 교회의 전통을 돌아본 후에, 마지막으로 영향력 있는 몇몇 신학자의 저서를 참고하고자 한다.

성경은 하나님을 영원 전부터 계신 왕이요(시 93:2), 모든 신들 위에서 뛰어난 왕 중의 왕(시 95:3), 신 가운데 신이시며 주 가운데 참된 주님(신 10:17)이라고 표현한다. 세상의 모든 백성과 왕들이 하나님의 권위 아래에 있다는 선언이다. 때문에 세상의 어떤 왕도 하나님을 대신할 수 없고, 하나님의 뜻을 저버릴 수 없다. 만일 세상의 왕들이나 권력자들이 하나님의 뜻과 대립된다면, 하나님의 백성들은 하나님의 뜻에 우선하는 것을 의무로 해야 한다. 세상의 권력자들이 예수의 십자가와 부활의 복음 전하는 것을 제자들에게 금했을 때, 제자들의 반문은 그 기준이 될 수 있다. "하나님의 말씀을 듣는 것보다, 당신들의 말을 듣는 것이, 하나님 보시기에 옳은 일인가를 판단해 보십시오."(행 4:19) 누가복음은 "그는 그 팔로 권능을 행하시고, 마음이 교만한 사람들을 흩으셨으니, 제왕들을 왕좌에서 끌어내리시고, 비천한 사람을 높이셨습니다."(눅 1:51-52)라며 예수를 참된 왕으로 선포하고 있다. 예수께서는 공사역을 출발하시면서 희년을 선포하는 것이 당신의 사명이라 이해하셨다. "주님의 영이 내게 내리셨다. 주님께서 내게 기름을 부으셔서… 주님의 은혜의 해를 선포하게 하셨다."(눅 4:18-19) 우리가 신앙하는 예수께서는 희년의 새로운 공동체를 선포하심으로써 기존 사회를 위협하셨고, 십자가로 대변되는 새로운 삶의 방식과 윤리로 우리가 살아갈 것을 도전하셨다. 그는 희년의 실천을 머뭇거리는 사람들에게 희년의 시행을 요구했고(눅 12:29-31), 희년의 명령을 기도의 가르침에 반영했으며(눅 11:4), 용서하지 않는 종의 비유(마 18:23-25)를 통해 희년을 실천하지 않는 사람들을 경고하셨다. 교회 주변에서 기독교의 정치 참여를 반대하는 사람들은 "각 사람은 위에 있는 권세들에게 복종하라."(롬 13:1)는 말씀과 "가이사의 것은 가이사에게, 하나님의 것은 하나님에게 바치라."(마 22:21)는 말씀을 즐겨 인용한다. 그러나 두 말씀은 모든 권세에 대해 무조건 복종하라는 것이 아니라 '하나님의 일꾼'(롬 13:4)으로서 자기 역할을 다하는 권세에 대해서만 복종하라는 것이고, 가이사의 것도 엄밀히는 하나님의 것이므로 하나님께 궁극적으로 복종하라는 것이다. 그러므로 교회와 기독교인들은 세상의 정치와 권력이 희년의 정치와 하나님의 나라에 가까워지도록 정치 참여의 과제를 수행해야 한다.

초대교회는 가진 자나 없는 자나 모든 것을 공유하는 '유무상통의 평등한 사랑공동체'였다(행 2:43-47). 세상의 황제와 권력자들은 유무상통 공동체의 삶의 방식을 감당할 수 없어서 교회와 기독교인들에 대한 박해를 멈추지 않았다. 기원후 313년 로마의 콘스탄티누스 황제가 회심하고 기독교를 공적으로 인정하자 지하 카타콤의 종교였던 기독교는 지상의 종교로 나오게 되었다. 지상의 종교가 된 기독교는 황제와 권력자들을 축복하는 대가로 특권을 누리는 종교가 되면서 초대교회의 이상적인 현실을 상실하기 시작했다.

1517년 교회 개혁을 한 후에 루터는 세속의 권력으로부터 교회를 보호하기 위해서 하나님의 왕국과 세상의 왕국을 구분하고, 두 왕국은 하나님께 받은 고유한 역할이 있기 때문에 서로 인정하고 존중할 것을 주장했다. 그러나 칼빈은 루터와 달리 군주의 영향력이 최소화되고 민주주의 제도가 도입되었던 제네바에서 하나님의 절대주권과 예수 그리스도의 왕적 직무에 근거해서 신정정치의 이상을 실현하고자 했다. 한편 재세례파는 양심의 자유에 따라서 정부도, 법도, 관리도 없는 새로운 이상사회를 세상에 세워야 한다는 주장 아래 국가와 세속 정치 모두를 배격하는 데까지 이르렀다. 이처럼 세계의 모든 교회는 동서고금을 막론하고, 국가와의 관계에서 정교 분리의 이분법적인 입장이나 신정정치의 기독교 왕국적인 입장 또는 국가 자체를 부정하는 무정부주의의 입장 가운데 하나를 견지해 왔다. 그러나 진정한 교회는 초대교회의 '유무상통의 평등한 사랑공동체'를 현실적인 이상으로 견지하면서 지금 직면하고 있는 국가와 사회가 하나님 나라에 보다 가까운 인간적인 공동체가 되도록 감시하고 도전해야 한다.

신앙을 정치에 어떻게 적용할 것인가?

끝으로 우리는 몇몇 신학자의 저서에서 기독교의 정치 참여에 대한 근거를 제시할 수 있다. 짐 월리스는 『하나님의 정치』에서 선지자들과 예수의 예언자적 전통을 회복함으로써 우리 삶의 모든 영역의 도덕적, 정치적 쟁점들과 관련해 그 예언자적 전통을 과감히 적용해야 한다고 역설했다. 그는 '신앙을 정치에 적용하는 일'이 하나님을 정치화하거나 기독교를 정치적 도구로 사용하는 것을 의미하지 않는다고 말하면서, 중요한 것은 "신앙을 정치에 어떻게 적용할 것인가" 하는 것이며, 하나님의 정치는 당파나 이념과 관계없이 보수진영과 진보진영 모두에게 믿음과 정치에 대한 새로운 비전을 줄 수 있다고 주장했다. 그러므로 교회와 기독교인들은 기독교가 이미 정치 현실에 들어와 있음을 인정하면서 하나님의 정치를 어떻게 실현할 것인가를 질문해야 한다.

존 하워드 요더는 『예수의 정치학』에서 "그리스도가 주님이시라."는 선포는 이를 권세들에 대한 도전으로 받아들이는 사람들에게만 국한된 것이 아니라 사회적, 정치적, 구조적인 현실에도 확장된다고 주장하면서, 예수를 믿겠다는 것 자체가 이미 정치적인 판단을 포함한다고 보았다. 예수는 늘 정치적인 성향을 띠고 있었기에 헤롯당에게는 불편했고, 유대인에게는 환영받지 못했고, 로마인에게는 이상했지만, 그는 하나님께 속한 하나님의 정치를 선보임으로써 복음만 믿고 사랑으로 승리하는 법, 죽음을 무서워하지 않고 하나님의 뜻으로 세상에서 살아내는 법을 가르치셨다고 주장했다. 그러므로 교회와 기독교인들은 자신의 이해관계와 정치권력을 지향하기보다는 예수의 정치를 실현하는 일에 앞장서야 한다.

레슬리 뉴비긴은 『복음, 공공의 진리를 말하다』에서 교회가 복음을 공공의 진리로 긍정할 때 그것은 이기적인 행사에 참여하는 것이 아니라고 밝히면서, 그것은 주관주의와 상대주의의 악몽에서 깨어나게 하고, 주체의 포로 상태에서 벗어나게 하며, 모든 인간이 진리를 찾아 선포하는 부름에 응답하도록 사회 전체를 도전하는 것이라고 했다. 그러므로 교회와 기독교인들은 '교회이기주의'나 '기독교연고주의'를 떨쳐버리고, 일반 정치로 하여금 공공의 이익과 공동체성에 기여하는 정치가 되도록 이끌어야 한다.

참고자료

존 하워드 요더, 권연경·신원하 역,『예수의 정치학』(IVP, 2007)

짐 월리스, 정성묵 역,『하나님의 정치』(청림, 2008)

레슬리 뉴비긴, 김기현 역,『복음, 공공의 진리를 말하다』(SFC, 2008)

디트리히 본회퍼, 이신건 외 2명 역,『윤리학』(대한기독교서회, 2010)

정종훈,『정치 속에서 꽃피는 신앙』(대한기독교서회, 2004)

글쓴이	정종훈 교수는 현재 세브란스병원의 원목이자 기독교윤리학교수로서 학계에서는 한국기독교윤리학회의 회장으로, 교계에서는 평화와통일을위한기독인연대의 공동운영위원장으로 봉사하고 있다.

02-3 한국 교회 사회봉사의 동향과 과제

성경은 다양하게 사회적인 약자들을 옹호하고 지지하고 있다. 사회적 약자들의 공동체인 히브리공동체는 그들의 하나님을 애굽의 압제로부터 해방하는 여호와로 고백하면서 애굽에서의 비참하고 곤궁했던 때를 기억할 것을 고백하고 있다. 지난날 나그네로 살던 때를 기억하여 이방인과 나그네를 대접하라며, 사회적 소수와 약자들을 향한 배려, 도피성과 같은 다양한 옹호 방법을 구체적으로 제안하기도 한다. 예언서와 지혜서는 부자와 권력자의 욕심과 불의를 비판하면서 약자들을 돌보시는 정의로운 하나님을 부각하고 있다.

신약성경은 예수 그리스도의 탄생부터 시작하여, 고아와 과부 그리고 병자와 장애인들과 늘 함께하며 이들과 함께 하나님 나라의 임재를 경험하고 있다. 특히 갈릴리에서 예수의 공생애 활동은 그들에게 급식과 치료와 축귀 그리고 가르치며 섬기는 사역으로 일관되었다.

주님은 이 땅에 오신 목적이 대속이며 살아가는 태도는 섬김이라고 분명히 밝히고 있다. "인자가 온 것은 섬김을 받으려 함이 아니라 도리어 섬기려 하고 자기 목숨을 많은 사람의 대속물로 주려 함이니라."(막 10:45) 또한 유월절을 앞두고 섬기는 삶의 본을 보이시며 말씀하셨다. "내가 주와 또는 선생이 되어 너희 발을 씻었으니 너희도 서로 발을 씻어 주는 것이 옳으니라."(요 13:14) 주님은 최후 심판의 기준 또한 사회적 약자들에 대한 태도와 실천이라고 말씀하고 계신다. "내가 주릴 때에 너희가 먹을 것을 주었고 목마를 때에 마시게 하였고 나그네 되었을 때에 영접하였고 헐벗었을 때에 옷을 입혔고 병들었을 때에 돌보았고 옥에 갇혔을 때에 와서 보았느니라."(마 25:35-36)

짐승의 먹이통인 마굿간의 구유에서 태어나신 주님은 십자가에 달리시기까지 섬김의 삶을 사셨다. 신약성경에는 '디아코니아', 곧 '섬김'으로 번역되고 있는 관련 단어가 100여 차례나 언급되고 있으며, 초대교회의 집사제도는 '종 또는 시중드는 자'라는 뜻으로 '가난한 이들을 돌보는 봉사자'의 직무를 수행함으로 교회 내 사회봉사의 기능이 보다 더 세분화되었음을 보여 주고 있다.

서신서에는 우리 주님이 하늘의 온갖 특권을 포기하고 이 땅에 내려오신 자기 비움의 신학과 실천을 강조하고, 우는 자들과 함께 울 것을 명하면서, 말이 아니라 행함으로 믿음을 증거하는 섬김의 삶을 살 것을 요청하고 있다.

이렇게 성경에는 '섬김', '섬기다', '종'이라는 단어가 1,000번 이상 사용되고 있는데, 상대의 필요에 따른 섬김의 삶으로 수행하되 육적인 필요에서 영적인 필요에 이르기까지 폭넓게 종의 역할을 수행하는 것을 볼 수 있다. 이는 세상을 향하여 누구를 어떻게 섬겨야 하는지를 사명으로 선언하고 있는 것이다.

한국 교회는 사회적 약자와 함께해 왔다

라인홀드 니이버가 '교회는 사회복지의 어머니'라고 했듯이 한국 교회 역시 한국 사회의 다양한 필요에 맞춘 모태가 되어 왔다. 한국 교회는 어린이와 여성들의 교육선교와 병자들을 치료하는 병원선교는 물론 일제강점기 독립의 산실이 되기도 했다. 한국전쟁 중 발생한 고아들과 방치해 있는 노인들과 장애인들을 돌보아 온 한국 교회는 현재도 상당수의 우리나라 사회복지시설을 운영하고 있다. 교회나 교인이 운영하는 사회복지시설은 장애인복지시설의 52.4%, 아동복지시설의 78.4%, 노인복지시설의 43.6%, 정신요양시설의 52.7%, 호스피스기관의 85.6%나 된다. 성금후원 중 수재의연금(1996-2002)의

68.8%, 북한 인도적지원금(2001-2003)의 51.1%, 해외구호금(1996-2002)의 64.9%를 개신교가 담당하였다. 2002년에서 2004년 사이 헌혈자의 91.6%, 골수기증자의 41.2%, 장기기증자의 44.3%, 재소자 자매결연의 52.3%, 서해안 원유유출 사고 시 방제작업 120만 자원봉사자 중 70%가 기독교인이었으며, 아이티 지진구호 성금모금은 한국 교회희망봉사단과 교단(통합, 합동, 기성 등)의 모금액이 140억 원으로 정부의 750만 불보다도 많았다.(이원규, "한국 교회, 새 희망을 말할 수 있는가?", 「신학과 세계」(감리교신학대학교, 2010) 인용과 재편집).

교리는 교회를 분열시키지만 봉사는 교회를 하나 되게 한다는 말이 있다. 사회적 약자를 섬기고 돌보는 일에는 그 누구도 이의를 달 수 없다. 또한 이 봉사사역을 통해서는 교회가 연대하고 연합하기가 참으로 용이하다. 우리의 한국 교회의 역사 가운데 함께 꾸려온 두 개의 단체가 있다. 먼저 1949년 3월에 태동된 기독교연합봉사회(사회복지법인으로 대전시에 소재)는 예장(통합)과 기감, 기장, 구세군 4개 교단의 사회복지 연합체이다. 다음으로 1963년 7월에 한국기독교교회협의회에서 발족시킨 한국기독교사회봉사회로 현재 8개 교단-예장(통합), 기감, 기장, 기성, 구세군, 루터교, 성공회, 복음교회-이 참여하는 사회복지 연합체이다. 그러나 이 두 단체는 사회복지 관련 단체로 머물기는 하지만 한국 교회 전체가 참여하기에는 아쉬움이 없지 않다. 이러한 한계를 극복하면서 선교 2세기를 열면서 지난날 한국 사회의 아픔과 함께해 온 기독교 관련 사회복지계가 다 같이 모여 보자는 취지로 2005년 한국기독교사회복지엑스포를 영락교회에서 열면서 흩어져 사역하던 다양한 사회복지 관련 단체들이 한 자리에 모였다. 이 모임을 전후하여 조직된 한국기독교사회복지협의회는 한국 교회의 사회복지를 망라하게 되었다.

이러한 현실 속에 2007년 12월 7일 태안에서 발생한 서해안 원유유출 사고로 인해 한국 교회는 환경선교에 대한 새로운 눈을 뜨게 되었고, 연대와 연합의 필요성에 공감하게 되었다. 서해안 원유유출 사고에 자발적으로 참여한 자원봉사자 가운데 절반은 교인으로 추정되고 있으며, 이 아픔을 계기로 출범한 '서해안살리기한국 교회봉사단'은 이 시대 하나님의 또 다른 섭리적 메시지로 이해된다. 2009년 5월 '기독교사회복지엑스포 2005'를 진행하고 2007년 『한국기독교사회복지총람』을 발행한 한국기독교사회복지협의회와 조직을 '한국 교회봉사단'으로 통합하였고, 2010년 1월 한국 교회희망연대와 조직을 통합하고 '한국 교회희망봉사단'으로 한국 교회의 복지와 봉사의 코디네이터 역할을 자임하게 되었다. 3·1 운동 이후 한국 교회의 대표적인 봉사연합 서해안 기름띠 방제작업은 1만여 교회 80여만 명의 자원봉사자가 참여한 자랑스런 역사였다. 이는 2010년 중남미 아이티의 지진 재해구호에도 '한국 교회 아이티연합'이라는 라운드 테이블을 만들어 초보적이나마 사업적인 연대의 좋은 사례로 선보였다.

그렇지만 이를 종합하고 계량화하는 일에는 게을리 해 온 것은 사실이었다. 그동안 우리 기독교계의 교회 사회봉사 관련 조사연구는 1990년 한국자원봉사능력개발연구회에서 초교파적인 795개 교회 1,235명의 목회자를 대상으로 조사한 '한국 교회사회봉사사업조사연구', 1991년 성규탁 등이 초교파적인 목회자 344명을 대상으로 한 '한국 교회의 사회복지 참여에 관한 조사', 1994년 대한예수교장로회 통합측의 2,008개 교회 목회자를 대상으로 조사한 '교회사회봉사총람', 1999년 기독교대한감리회 측의 985개 교회의 목회자를 대상으로 조사한 '사회봉사의 이론과 실제', 1999년 김미숙 등이 7개 교단 1,531개 교회 목회자를 대상으로 조사한 '종교계의 사회복지활동 현황과 활성화 방안연구: 교회의 사회복지활동을 중심으로', 2000년 유장춘이 8개 교단 473개 교회 목회자를 대상으로 조사한 '교회사회복지활동 결정요인으로서 목회자와 그 생태체계에 관한 연구'를 통해 그 면모를 구체화할 수 있었다.

다행스럽게도 한국기독교사회복지협의회가 '한국기독교사회복지엑스포 2005' 이후 계속사업의 일환으로 초교파적인『한국기독교사회복지총람』(한국기독교사회복지협의회, 2007)을 발간한 일은 고무적이라 하겠다. 적어도 교단은 일정 주기 별로 교단 내 사회복지사업의 실태를 조사하여 한국기독교사회복지협의회 같은 단체가 교단 내 자료를 수합하여 기독교 사회복지실태를 종합해야 할 과제를 안고 있다.

한국 교회 사회봉사에 한계가 있다

대체로 민간 사회복지의 50% 이상은 교회가 고통을 분담하고 있음에도 국민적 체감으로 이어지지 않는 이유는 어디에 있을까?

첫째로, 교회 단독으로 수행하기 때문이다. 복지의 주체인 정부와 지방정부 그리고 지역의 복지기관과 단체 등과의 교류가 없이 교회가 단독적으로 수행하고, 지역의 교회와도 함께하지 못하고 경쟁적으로 홀로 수행하고 있다.

둘째로, 산발적으로 수행하기 때문이다. 사회구호와 봉사활동을 펼쳐 놓으면 꽤 많은 편이지만 지교회나 신도 개인의 차원에서나, 아니면 교단 차원에서 개별적으로 수행하기 때문에 연대가 안 되고 통계의 종합화도 안 되고 있다.

셋째로, 전문성이 부족하기 때문이다. 복지나 봉사의 영역이 전과 다르게 전문성을 필요로 하고 있다. 수요자의 욕구 정도가 높아졌기 때문에 단순한 재해구호나 물품후원 정도로 수요자가 만족하지 못한다.

넷째로, 일회성 행사로써 지속성이 떨어지기 때문이다. 지역의 교회가 단독으로 수행하는 관계로 자원의 한계가 있는데다가 조금씩 여러 곳에 나누므로 선택과 집중을 하지 못하고, 보여 주는 사역을 해야 하므로 지속적인 지원사역이 되지 못하고 일회성 행사에 그치는 경우가 많다.

한국 교회 사회봉사의 과제는 무엇일까?

그렇다면 한국 교회에 주어진 사회봉사의 과제는 무엇일까?

첫째로, 선교를 위한 수단에서 순수 봉사로 바뀌어야 한다. 한국 교회는 선교를 위한 수단과 교회 성장을 위한 방편으로서 사회봉사를 이해하고 실천해 온 부분이 있었다. 그렇지만 신학자들과 목회자들은 선교와 봉사의 관계가 종속적이기보다는 교회 본질과 교회 사명에 있어서 선교와 봉사는 동전의 양면과도 같다며 균형 잡힌 인식을 주문하고 있다. 교회에 아무런 성과물로 돌아오지 않아도 우리가 이 시대 사회적 약자를 섬기는 것은 주님의 명령으로 제자 된 도리를 다하기 위한 우리의 책무로서 시대적인 신앙고백이 되어야 한다.

둘째로, 교회 홀로 진행하던 것에서 지역사회 네트워크로 발전해야 한다. 한국보건사회연구원의 조사에 의하면 교회의 사회복지활동에 있어서 지역사회 내 공공기관과 긴밀한 협조관계를 유지하는 곳은 7.9%에 불과하고 49.9%는 부분적인 협조관계만을 유지하고 있는 것으로 나타났다. 지역사회에서 종교단체 간 혹은 전문 사회복지기관과의 네트워크를 통한 협동적 노력이 필요하다. 연합프로그램은 관련기관들의 정보 및 자료의 교환을 가능하게 하고 서비스의 중복이나 누수를 피할 수 있게 하여 사회복지사업의 효과성과 효율성을 높일 수 있다.

셋째로, 공급자 중심에서 수혜자 중심으로 바뀌어야 한다. 동정과 측은지심에서 출발하는 사회봉사는 자칫 수혜자를 대상자로 생각하기 쉽다. 우리의 섬김과 나눔에 있어 내용과 과정을 함께 만들어 가지 않고 일방적인 시혜의 차원에서 한 단계 낮은 수혜자로 전락시키므로 수혜자의 자존심을 건드려 곤란한 일을 야기하는 경우가 있다. 우리가 돕는 이웃을 시혜자와 수혜자의 수직적인 관계로서가 아니라 우리의 섬김사역 파트너로 인식하는 성숙함이 요청된다.

넷째로, 물질적인 지원으로부터 정서적이고 영적인 지지로 바뀌어야 한다. 대체로 보여지는 것은 현상적인 것이다 보니 물질적인 지원이 전부라고 생각하기 쉽다. 사회복지 영역에서도 1차적으로 물질적인 의식주의 문제로 시작하지만 2차적으로는 정서적인 서비스와 정신적인 서비스, 인격적인 서비스까지 이어져야 한다고 지적하고 있다. 우리 교회의 섬김사역은 정서적인 서비스에서 영적인 서비스로까지 확대되어야 한다.

다섯째로, 자립과 자활의 역량을 강화하는 서비스로 바뀌어야 한다. 우리 주님은 병자들을 고치거나 귀신을 축출하시고 "네 믿음이 너를 구원하였다"고 하시면서 자존감을 세워 주셨고, 나아가 가정과 사회로의 복귀를 주문하셨다. 현대적인 용어로 하면 스스로 일어나 걸어갈 수 있도록 힘과 용기를 북돋으시고 역량을 강화하시는 사역을 하신 것이다. 한국 교회는 스스로 일어서서 스스로의 삶을 살도록 곁에서 거들어 주므로 자존 능력을 살리도록 서비스를 제공하므로 스스로의 역량을 강화하도록 해야 한다.

| 글쓴이 | 김종생 목사는 한국 교회희망봉사단 사무총장을 역임하였고, 현재 온양제일교회 담임목사로 시무 중이다. |

한국 교회와 다문화 사회
02-4
: 글로벌 사회에서의 신앙생활

글로벌 사회로의 변화로 대변되는 21세기 한국 사회에서 '다문화 이해'는 우리 사회 안팎으로 나아가려는 한국인들에게 요구되는 중요한 주제이다. 주로 경제적 이유에 기인한 인구의 이동은 단순히 사람들의 이동만을 이끌어 낸 것이 아니라 서로 다른 문화의 만남을 이끌기도 하고, 다양한 인종들이 더불어 살아야 하는 사회를 만들어 냈다. 그동안 단일민족 신화에 젖어 살던 한국인들에게 다양한 인종, 문화를 배경으로 하는 사람들과 더불어 살아야 하는 일과 다문화 사회의 규범을 실제로 수용하기란 쉽지 않다.

이 문제는 이방인에게 예수 그리스도의 복음을 전하는 것을 제일 목적으로 삼는 기독교와 교회에 있어서도 간과할 수 없는 사회적 현상이다. 신앙생활에 위협으로 다가오는 부분도 있지만, 오히려 기독교 신앙의 우월성을 드러내 주는 좋은 기회가 될 수도 있을 것이다.

"고아와 과부를 위하여 정의를 행하시며 나그네를 사랑하여 그에게 떡과 옷을 주시나니 너희는 나그네를 사랑하라 전에 너희도 애굽 땅에서 나그네 되었음이니라."(신 10:18-19)

급속한 다문화 사회로의 이행

1990년대 이후 한국 사회는 이주 외국인 노동자의 증가와 함께 국제결혼 이민자, 북한이탈주민(새터민) 등 다양한 인종 민족, 사회·문화적 배경을 가진 이주민의 수가 급격히 증가하였다. 2010년 3월 행정안전부의 통계에 따르면 국내 거주 외국인의 수는 1,180,598명으로 전체 인구의 2.3%에 해당한다. 뿐만 아니라 새터민의 수도 현재 1만여 명에 달하고 있다고 한다. 이러한 사회적 변화가 한국인들의 삶에 다양한 영향을 미치고 있다.

2012년 여성가족부가 실시한 '전국 다문화 가족 실태조사'를 보면, 다문화 가정은 26만 6,547 가구였고, 결혼이민자는 28만 3,324명이었다. 그리고 가구 소득 200만 원 이하인 가정은 41.9%(2009년 59.7%)였으며, "차별이나 무시를 당한 경험이 있는가?"라는 질문에는 41.3%(2009년 36.4%)가 있다고 대답했고, 이들은 경제적 빈곤, 언어소통 어려움, 외로움 등을 호소했다.

다문화 사회에 대한 인식 전환이 절실함에도 불구하고 우리 사회의 다문화 사회와 관련된 논의와 그 이면에는 아직도 초보적인 의식 수준에 머물러 있고, 다양한 잠재적인 갈등 요소들이 자리 잡고 있음을 볼 수 있다. 실제로 UN의 인종차별위원회(CERD)의 한국 관련 2007년 8월 보고서에 따르면 한국은 외국인과 혼혈인에 대한 인종차별적인 법과 제도 및 사회문화적인 관습을 바꾸어야 한다는 지적을 받았다. 기독교는 성숙하고 바람직한 다문화 사회 형성에 기여할 책임이 있다.

왜 기독교가 다문화 사회에 관심을 갖는가?

왜 기독교는 다문화 사회에 관심을 가져야 하는가?

우선, 기독교는 문화에 대한 책임이 있다. 문화는 인간을 둘러싸고 있는 공기와 같다고 볼 수 있다. 우리가 처해 있는 문화에 대한 이해와 해석 없이 기독교가 생존 및 발전할 수 있을까? 생존은 가능할지 모르나 발전적인 모습과 효과적인 선교를 기대할 수는 없을 것이다. 전통적으로 기독교인들에게는 교회와 세상을 구분해서 생각하는 태도가 우세했다고 볼 수 있다. 그러나 인간은 문화적인 존재이며, 진공 속에서 살아갈 수 있는 사람은 아무도 없다. 기독교는 문화와 공존하고 있다. 문화를 외면한 기독교는 여러 시행착오를 겪을 수밖에 없고, 문화에 대한 바른 이해 및 적용이 필요한 것을 역사의 경험 속에서도 상기할 필요가 있다. 우리는 다문화 사회로의 변화가 포스트모더니즘과 함께 우리 시대의 중요한 현상으로 드러나고 있기에 주목하는 것이다.

기독교적 가치관 및 세계관도 결국은 문화를 통해서 매개되는 것이므로 문화에 대한 세심하고 지속적인 관심이 요청된다. 문화는 독립적이지 않고 언제든 상호문화적(intercultural) 혹은 통관문화적(transcultural)인 성격을 갖는다. 즉, 문화는 경계 안팎에서 상호 교류, 충돌, 전이, 지배, 호환 등의 과정을 통해 발전한다. 이러한 과정을 통과하면서 자신의 정체성(identity)을 잃지 않은 채, 이질적인 주변 문화들과 폭넓게 소통함으로써만 생존할 수 있어야 한다. 기독교 신앙은 다문화 사회를 상호 문화적으로 재해석하는 체계를 담고 있으며, 더욱 효과적으로 전개할 필요가 있다.

그리고 인간은 '하나님의 형상'을 갖고 있는 피조물이다. 성경적으로 보면 누구나 인종, 민족, 국적에 상관없이 '하나님의 형상'을 갖고 있는 피조물들이기에 보편성과 평등성을 우선하는 인간관과 공동체의 실현이 요구된다. 사실 타인종과 민족에 대한 경계, 구별의 태도는 선천적이라고 할 수 있을 정도로 '길들여져 있는' 의식이기도 하다. 즉, 나와 피부색이 많이 다른 사람을 만날 때 본능적으로 경계하게 된다는 고백들을 어렵지 않게 들을 수 있다. 이 문제의 해결이 그렇게 쉽지 않다는 것을 보여 주는 대목이다. 이론적으로는 아무리 가깝게 여기려고 해도 무언가 설명할 수 없는 거리감과 긴장감이 놓여 있다면, 이를 극복하는 데에는 상당한 시간이 소요될 것을 예상할 수 있다. 문제는 진정성 있는 노력으로 기간을 효과적으로 단축시키는 것이다.

다문화 사회 속에서는 다양한 갈등 상황이 전개된다. 정체성을 질문하는 내면적 갈등에서 시작해서 가족 간의 갈등, 사회적 갈등 등 다양한 차원에서 생각해 볼 수 있다. 인간의 갈등은 본성에 기인하는 내면적 갈등에서부터 시작하므로 이런 기본적인 문제부터 풀어야 한다. 인간의 내면과 영성을 강조하는 기독교 신앙이 이런 면에서 효과적으로 역할을 할 수 있다. 나아가 다문화화 사회에서 야기될 수 있는 가족 간의 갈등, 사회적 차원의 갈등 양상들을 잘 해석하고 효과적인 대처 방안을 마련하는 일이 한 사회의 성숙하고 안정된 발전을 위하여 매우 중요한 일이다. 우리 사회를 볼 때, 혈통적 유대감에 바탕을 두는 정체성 강조는 한계를 드러내고 있기도 하지만, 여전히 자신의 이익과 관련되면 부정적이고 예민한 태도를 보이는 사람들이 많다. 사실 개인, 가족, 사회적 차원의 갈등은 유기적으로 연관되어 있기 때문에 복합적으로 함께 해결해 나가는 이해와 시도가 필요하다.

특히 기독교인들은 종교와 관련된 문제에 주목할 필요가 있다. 많은 종교학자들은 한국 사회를 종교와 관련시켜서 두 가지 특징이 있다고 말한다. 우선, 한국 사회는 역사적으로 주 종교를 바꾼 경험을 갖고 있다. 사실 짧은 기간 안에 한 민족의 주 종교가 바뀐 예는 역사적으로 그렇게 쉽게 볼 수 없다. 아울러, 한국 사회는 기독교, 불교, 유교 등 다양한 종교가 균형을 유지하면서 비교적 평화적인 공존을 하고 있는 특징이 있다. 즉, 한국 사회는 몇 개의 종교가 비등한 세력을 형성하면서 공존하고 있으면서도 다행스럽게도 물리적인 충돌은 없는 편이다. 하지만 한국 사회가 급속하게 다문화화 되면서 주 종교의 변화 및 종교 간 갈등의 위험성이 제기되고 있다. 이 면에서 다양한 종교와 문화가 유입되는 다문화 사회화는 분명한 위험 요소가 있기에 기독교의 역할이 중요한 것이다.

선진국의 사례를 보더라도 다문화 사회 초기에는 동화주의적 관점에서 다문화 사회를 이해하려는 경향이 있었다. 동화주의는 흔히 '용광로 이론'이라고 하는데 다양한 구성원들의 문화와 태도를 하나로 녹여서 동일한 것으로 만들어 내려는 태도를 말한다. 아직도 많은 시민들은 외국인들에 대해서 막연한 피해의식을 갖거나 무시하는 경우를 많이 볼 수 있다. 그러나 이런 태도로는 바람직한 다문화 사회를 이루어 갈 수 없다. 이제는 '샐러드용기 이론'이라고도 불리는 다문화주의가 적절하다고 볼 수 있다. 즉, 우리 사회에 유입되어 온 여러 종족들이 자신들의 정체성을 어느 정도 유지하면서 함께 공존할 수 있는 방향으로 전환되어야 한다.

다문화 사회로의 진입이 우리 사회가 정체성을 잃어버리고 혼란에 빠지는 부정적인 모습으로 전개되어서는 안 될 것이다. 다양한 구성원들이 공존하는 문화적 다양성을 증진시키는 바람직한 차원으로 전개될 수 있어야 한다. 물론, 다문화화의 정의와 바라보는 시각 등은 무척 다양하다. 그러나 전에는 볼 수 없었던 다양한 인종과 출신 국가를 배경으로 갖고 있는 사람들이 한국 사회에서 많이 눈에 띄며, 시간이 지나면서 사회의 주변부에서 중심부로 이동하는 다문화 사회로의 발전 단계를 경험하게 되는 것이다. 더심각한 부작용이 전개되기 이전에 다문화화 속에서 발생하는 여러 문제들을 미리 예견하고, 대책을 수립할 필요가 절실하다.

진정성을 결여한 말만 풍성한 다문화담론은 오히려 역인종차별주의(reverse racism)를 합리화하거나 특정인의 우월감을 증폭시키는 계기가 될 수도 있다. 사실, 차이와 다양함은 창조의 질서 가운데 하나로 여겨질 수 있다. 조물주 하나님은 세상의 모든 것들을 모두 다르게 만드셨으며, 특히 인간은 그 누구도 동일한 존재가 없다. 사실 많은 사람이 우려했던 '복제인간'이라는 말도 편의상 논의된 것이지 인간의 개별성과 존엄성을 전제로 하는 개념에 기초한다면 어불성설이다. 모두 다양하고 차이가 있는데, 인간들이 나름대로의 구획을 설정하고 '끼리끼리' 뭉치기를 시도하는 것이다. 이제 한국 사회는 "차이를 무시하고, 차이를 인정하고, 차이를 경외하라"는 외침들에 귀를 기울여야 하며, 타자성에 대한 논의와 관심을 재음미할 필요가 있다. '내가 아닌 사람'에 대한 존경은 그의 성격, 외모, 심리상태 때문이 아니라 오직 그의 다름 때문이다. 구약성경에는 과부와 고아에 관한 언급이 자주 나오는데, 이때는 거의 언제나 '나그네'(이방인)와 '가난한 사람'이 함께 나옴을 기억할 필요가 있다. "여호와께서 이와 같이 말씀하시되 너희가 정의와 공의를 행하여 탈취당한 자를 압박하는 자의 손에서 건지고 이방인과 고아와 과부를 압제하거나 학대하지 말며 이곳에서 무죄한 피를 흘리지 말라."(렘 22:3)

다문화 사회 속에서 기독교가 해야 할 일

우리 사회가 급속히 다문화화 되고 있는 것이 현실이다. 내가 정서적으로 싫다고 하여 이 문제를 피해 갈 수 없다. 때로는 기득권과 기존의 가치를 포기해야 하는 부분도 있기 마련이다. 그러나 더 높은 하나님의 뜻을 이루기 위해 변화를 수용할 필요가 있으며, 다문화를 통해 한국 사회에 긍정적 영향력을 회복할 수 있을 것이다. 급변하는 문화에 대한 입장을 제대로 정리하지 못하면 기독교는 외면 받는 종교가 될 것이며, 사회적 영향력을 행사할 수 없게 된다. 위기는 또 다른 기회라는 면에서 급속한 다문화 사회로의 진행과정에서 구체적으로 고려해야 할 점이 있다.

한국 사회의 다문화화 과정에 있어서 기독교는 가장 선도적인 자리에 있었음에 긍지와 책임을 느껴야 한다. 다문화 가족지원법 등에 근거한 지역의 다문화센터 등을 기독교인이나 교회가 운영하는 경우가 많이 있다. 그러나 좀 더 적극적인 지원과 참여가 필요하다. "헬라인이나 야만이나 지혜 있는 자나 어리석은 자에게 내가 다 빚진 자라."(롬 1:14)라는 바울의 고백을 재음미할 필요가 있다. 다문화 사회로 이행 가운데 새로운 종교의 유입 등과 관련되어 우려되는 문제도 많은 것이 사실이다. 이제 다문화에 대한 바른 이해와 태도 정립을 통한 한국 교회와 기독교인들의 적실성 있는 실천이 한국 사회의 바람직한 다문화 사회로의 이행을 이끌어갈 수 있을 것이다.

한국 교회는 다음과 같은 측면에 좀 더 관심을 가질 필요가 있다.

첫째로, '제3세계'에서 온 이민자들이 자국 문화에 대한 이해와 한국 문화에 대한 이해를 돕기 위해 그들이 구체적으로 교회공동체 또는 지역공동체 속으로 들어올 수 있게 하는 문화적 접근이 필요하다. 시대를 앞서던 교회의 교육과 봉사 프로그램들이 현재는 시민단체나 행정조직의 활동보다 뒤지는 경우도 많다. 문화의 상호 이해와 언어 및 사회 적응 능력 함양을 위한 프로그램들이 좀 더 적극적으로 교회 내의 프로그램으로 상설화될 필요가 있다. 외국인 근로자 사역, 결혼가정 이민자 프로그램을 상호 연대하면 상승작용도 있을 것으로 보인다.

둘째로, 한국 사회의 지나치게 물질화되고 세속화된 가치관에 대해 경계와 대안을 제시하고, 교회공동체 속에서 타자를 소외시키지 않고 함께하는 '배려의 윤리'를 확립하는 교육을 강화해야 할 것이다. 외국인과의 결혼동기 자체도 아주 실용적인 성격을 띠거나 넓게 보면 일종의 매매혼으로 발생하는 경우가 있다. 결혼과 가정에 대한 근원적인 성찰을 던져볼 필요가 있다. 특히 단순한 인간의 양심과 덕성에만 호소하는 차원에 머물지 말고 매매혼을 차단하기 위한 제도적인 장치와 불건전한 결혼과 관련한 비즈니스들이 성행하지 못하도록 법과 제도적인 장치를 마련하는 일도 병행되어야 할 것이다.

셋째로, 한국 교회는 결혼관에 대한 확고한 입장 정리 및 표명을 취할 필요가 있다. 이 문제는 개인의 문제만이 아니라 교회공동체의 사활이 걸린 문제이기도 하다. 국제결혼 또는 여성결혼이민자의 문제를 이제 교회 밖의 문제로만 볼 것이 아니다. 즉, 이 사회를 통합하고 안정을 기하기 위해 국제결혼을 바라보고 적극적으로 해석해 '성문 밖의 사람들'이 아니라 '성문 안 사람'으로 만드는 일에 심혈을 기울여야 할 것이다. 교회 헌법에 있어서나 지교회의 규정 및 방침도 좀 더 그들에 대한 이해를 전제로 일관되게 유지될 필요가 있다.

참고자료

김은미·양옥경·이해영, 『다문화 사회, 한국』(도서출판 나남, 2009)

이장형, 『다문화 시대의 기독교 윤리』(북코리아, 2012)

유네스코 아시아, 태평양 국제이해교육원, 『다문화 사회와 국제이해교육』(동녘, 2008)

글쓴이   이장형 목사는 백석대학교 기독교윤리학 교수이며, 니버연구소 소장, 기독교윤리 실천운동 윤리연구소 부소장이다.

동성애는 정상적인 성적 지향인가?

최근 한국 사회에서 동성애자들이 이성애자들과 동등한 법적 권리를 누릴 자격이 있음을 주장하고 나서게 된 배경에는 새로운 성경 해석과 새로운 과학적 연구가 동성애를 도덕적으로 정당화해 준다는 신념이 깔려 있다. 새로운 성경 해석은 전통적으로 동성애를 비판하는 근거로 간주되어 온 본문들을 모두 동성애를 용인하는 본문으로 재해석한다. 동시에 새로운 과학적 연구결과는 동성애가 선천적인 성적 지향임을 입증했다고 주장한다. 이 글에서는 새로운 성경 해석이 성경본문에 대한 심각하게 왜곡된 해석임을 밝히고, 이어서 동성애가 선천적인 성적 지향임을 입증하는 근거로 인용되고 있는 과학적 연구결과들이 편향적인 표본선정과 조사 및 연구결과의 조작으로부터 자유롭지 못하다는 점을 지적한 다음, 동성애자의 시민으로서의 권리와 교회 안에서의 권리문제를 이해하는 방향을 간략히 밝히고자 한다.

동성애에 대한 성경적 관점

동성애에 관련된 성경본문들이 동성애에 관하여 침묵하거나 동성애를 용인한다는 주장은 관련 본문들에 대한 심각한 왜곡 해석의 결과다. 여기서는 특별히 소돔과 고모라 사건, 다윗과 요나단의 우정, 로마서 1장 26절과 고린도전서 6장 9절의 해석문제 등을 검토해 보고자 한다.

우선 소돔과 고모라 사건을 들 수 있다. 동성애 찬성론자들은 창세기 19장 5절의 소돔 사람들이 천사들과 직접 상관하겠다는 표현이나 8절에 롯의 두 딸이 남자를 가까이 하지 않았다는 표현에 사용되는 히브리어 "야다"는 구약에서 948회 사용된 경우들 가운데 성교를 뜻하는 용법으로 사용된 경우가 12회에 지나지 않기 때문에 이런 소수용법이 이곳에서 사용될 리가 없다고 주장했다. 그러나 소수용법이라 하더라도 창세기에서 사용된 12회 가운데 10회가 성교를 뜻하는 용법으로 사용되었다는 점을 고려하면 이 본문에서는 성교를 뜻하는 용어로 사용되는 것이 자연스럽다. 동성애 찬성론자들은 에스겔 16장 49-50절에서 소돔과 고모라의 죄악이 "가난하고 궁핍한 자를 도와주지 않은 한 가지 죄악 때문에 멸망했다"고 해석하고 있으나, 본문의 구조를 보면 "가난하고 궁핍한 자를 도와주지 않은 죄" 다음에 접속사 "그리고"가 나오고, 그 다음에 또 한 가지 죄인 "거만하여 가증한 일"을 열거함으로써 소돔과 고모라의 멸망이 단지 가난한 자를 돕지 않은 죄 때문만은 아니라는 점을 분명히 한다. 형용사 "가증한"은 레위기 18장 22절에서 동성 간의 성교를 가리키는 용법으로 사용되었다. 따라서 에스겔의 본문은 동성애를 소돔과 고모라의 멸망의 원인이 된 죄로 지적하고 있음이 분명하다. 게다가 유다서 7절은 소돔과 고모라가 "다른 색"을 따라가다가 멸망했음을 분명히 한다.

다음으로 다윗과 요나단의 우정을 들 수 있다. 동성애 찬성론자들은 사무엘상 18장 3절에 요나단이 다윗을 "자기 생명같이 사랑했다"는 표현을 남성 간의 동성애를 가리키는 것으로, 4절에 "겉옷을 벗었다"는 표현을 성행위를 위하여 옷을 벗은 것으로, 20장 41절에 "피차 입 맞추고 같이 울되"라는 표현을 성애 시의 입맞춤과 오르가즘의 경험으로 해석했다. 그러나 다윗과 요나단이 생명같이 사랑했다는 말은 친밀한 우정을 뜻하며, 겉옷을 벗어 준 것은 우정의 징표이며, 입맞춤은 당시의 관례적인 친밀한 인사방법이었다. 다윗과 요나단의 울음을 오르가즘의 표현으로 해석하는 것은 엉터리 해석이다.

다음으로 로마서 1장 26절의 해석을 들 수 있다. 동성애 찬성론자들은 로마서 1장 26절과 27절의 "순리"와 "역리"라는 표현이 동성애를 이성애와 더불어 자유롭게 선택할 수 있는 대안적 가능성들의 하나로 인정해 주는 것이라고 해석한다. 그러나 본문은 남자와 여자가 성교를 갖는 것은 순리이고 동성끼리 성교를 갖는 것은 역리라는 뜻이다.

마지막으로 고린도전서 6장 9절을 들 수 있다. 존 보스웰은 이 절에 등장하는 "탐색하는 자"(말라코이)는 일반적인 도덕적 연약성을 가리키고, "남색하는 자"(아르젠코이타이)는 남성 창부를 가리키는 것일 뿐, 동성애자를 가리키는 본문이 아니라고 주장했다. 그러나 "탐색하는 자"는 "부드러운 옷을 입은 자"라는 의미와 남성 동성애에서 수동적인 역할을 하는 자라는 두 가지 의미를 지니는데, "간음하는 자, 탐색하는 자, 남색하는 자"라는 강력한 의미를 가진 자들이 병렬되어 있는 구조에서 "부드러운 옷을 입은 자"라는 의미가 자리 잡을 여지가 없다. "남색하는 자"는 70인역에서 레위기 18장 22절과 20장 13절에 등장하는 동성애자를 표현하기 위하여 고안되어 사용한 신조어였다. 이 용어는 남성 동성애에서 능동적인 역할을 하는 자를 뜻한다. 본문이 말하고자 한 것은 간음하는 자나 동성애를 행하는 자는 하나님 나라의 축복에 참여할 수 없다는 것이다.

동성애와 현대과학

동성애가 선천적인 성적 지향임을 증명해 준다는 과학적인 조사 또는 연구결과들은 대부분 표본조사의 편향성과 실험과정과 연구결과에 있어서의 조작으로 얼룩져 있다.

1940-50년대에 킨제이가 실시한 연구보고서를 근거로 전 세계의 인구 중 10%가 동성애자라는 수치가 회자되기 시작하여 교단의 공식문서에까지 등장했다. 그러나 이 수치는 백인 남성의 10%가 16-55세 사이에 최소 3년간 동성애자라는 조사결과가 와전된 것이며, 표본으로 선정된 백인 남성들은 대도시에 사는 동성애 연맹과 동성애네트워크로부터 선택되었다. 1990년대에 미국 전역에서 무차별하게 뽑은 남성들을 대상으로 한 연구에서는 동성애자들이 1% 미만으로 집계되었다.

남성 동성애자들에게서는 남성 호르몬 수치가 낮은 반면에 여성 호르몬 수치가 높고, 여성 동성애자들의 경우는 역의 현상이 나타난다는 사색이 19세기에 등장했으나 연구결과 동성애자와 이성애자 사이에 호르몬 수치상으로는 차이가 없다는 사실이 확인되었다(성인 호르몬 가설).

또한 쥐를 대상으로 한 실험에서 비정상적인 높은 수치의 성호르몬을 투여했을 때 전도된 성행동이 나타났다는 보고가 있으나 실험에서 사용된 정도의 수치의 성호르몬 증가는 통상적으로 나타나지 않는다(동물 성호르몬 투여 실험).

쥐를 대상으로 한 실험에서 암컷 쥐에게 에스트로겐을 주입했을 때 황체 형성 호르몬 반응이 나타나고 수컷 쥐에게서는 나타나지 않은 것을 근거로 하여 남성 동성애자에게 황체 호르몬 반응이 나타났다는 보고가 있었으나 이 실험은 재현에 실패했고, 최근에는 여성에게서 황체 호르몬 반응이 나타난다는 사실 자체가 의문시되고 있다(동물 황체 호르몬 반응).

유사 실험에 의하여 산전에 비정상적인 호르몬 환경이 조성될 수 있고 이로 인하여 성적 지향이 바뀔 수 있다는 주장이 제기되었으나, 실험에서 조성한 정도의 비정상적인 호르몬 환경은 자연 상태에서는 일어날 수 없으며, 실험대상이 되었던 아이들 중에서 동성애적인 정체성 문제를 보인 아이들은 없었다(약물에 의한 호르몬 환경의 변화).

뇌 연구를 통하여 동성애자의 일부 뇌구조(SCN, INAH3 등)가 이성애자들의 뇌구조와 다르다는 사실을 밝혀냈다고 주장했지만, 문제가 된 뇌 부위의 크기 차이가 성적 지향과는 무관하다는 사실이 확인된 데다가 표본으로 선정된 자들의 숫자가 너무 적고, 이성애자인지 동성애자인지가 불분명하며, 다수가 AIDS를 앓다가 죽은 사람들이어서 문제가 된 현상의 원인이 어디에 있는지도 불분명함이 확인되었다.

1952년에 행해진 연구에서 일란성 쌍둥이의 동성애일치비율이 100%인 것으로 보고되었으나, 이미 동성애자가 된 쌍둥이들 중에서 표본이 선정되었고, 수치상의 조작이 있었음이 확인되어 재조사한 결과 실제적인 일치율은 11% 내외임이 밝혀졌고, 오히려 이란성 쌍둥이와 입양된 형제들 사이에 일치율이 더 높게 나타났다. 이 사실은 동성애가 유전적 소인이 있다는 주장을 뒤집어엎는 것이다(간접적 유전자결정 가설).

1993년에 행해진 연구는 40쌍의 동성애 형제들을 대상으로 한 조사에서 33쌍이 Xq28이라는 성염색체의 어떤 부분을 공유한다는 결과를 발표했다. 그러나 이 실험은 재현에 실패했으며, Xq28은 동성애와 무관한 것임이 확인되었다(직접적 유전자결정 가설).

성경이 동성애에 대하여 침묵 또는 용인한다는 견해나 동성애가 선천적인 성적 지향이라는 주장은 왜곡된 해석이다. 동성애는 선천적인 성적 지향이 아니라 후천적으로 형성된 비윤리적인 왜곡되고 병든 성적 습관이다. 그러면 이런 전제하에 동성애자들의 시민으로서의 권리와 교회회원으로서의 권리를 어떻게 이해해야 하는가?

동성애자는 가난한 자, 사회적 신분이 열악한 자, 인종상 차별받는 자, 장애자, 고아, 과부 등과 같은 사회적 소수자와는 구별되어야 한다. 사회적 소수자는 본인의 의지와는 무관하게 사회구조나 자연재해 등에 의하여 열악한 상태에 떨어지게 된 자들이지만, 동성애는 사회 전 계층에 걸쳐 분포되어 있으며, 의지적 결단에 의하여 얼마든지 교정이 가능하다. 사회가 법으로 적극적으로 동성애자들의 시민으로서의 권리를 제한해서는 안 되지만, 성 소수자 보호라는 미명하에 이들의 권리를 적극적으로 옹호하거나 조장하는 것은 바람직하지 않다. 법은 윤리적으로 건전한 행위를 장려하고 비윤리적인 행위를 통제하는 것이 본무이기 때문이다. 사회는 동성애자들이 왜곡된 동성애로부터 이성애로 돌아오는 것을 장려하고 격려하는 방향으로 법과 정책을 수립해 나가야 한다.

참고자료

바른 성문화를 위한 국민연합 편, 『동성애에 대한 불편한 진실』(서울: 밝은 생각, 2012)

Stanton L. Jones and Mark A. Yarhouse, *Homosexuality: The Use of Scientific Research in the Church's Moral Debate*. Downers Grove: IVP, 2000.

이상원, "동성애는 선천적인 성적 지향인가?", 「신학과 실천」 한국복음주의윤리학회논총 제6권(2008년), pp.140-74.

Greg L. Bahnsen, *Homosexuality: A Biblical View*(Grand Rapids: Baker, 1978). John Boswell, *Christianity, Social Intolerance, and Homosexuality*(Chicago: University of Chicago Press, 980).

| 글쓴이 | 이상원 교수는 총신대학교 신학대학원 기독교윤리학/조직신학 교수로 봉직하고 있으며, 한국기독교생명윤리협회 상임위원장, 기윤실 산하 기독교윤리연구소장을 역임했다. |

02-6 성경적 관점에서 조명하는 환경운동

▌하나님께서는 자연을 창조하시고 우리에게 관리하도록 명령하셨다. 이 관리는 지배
가 아니라 보전이다. 자연환경을 파괴하는 것은 우리의 생명을 보전하는 일을 방해
하는 것이다. 자연환경을 파괴하는 것은 범죄행위와 같다. 우리는 자연환경을 보전하는
행위에서 생명 보전의 의미를 찾게 된다.

환경 문제에 대해 여러 면에서 글들을 쓸 수 있겠지만, 환경운동의 당위성을 매스컴
이나 환경운동가들의 책이나 홍보물에서 찾을 것이 아니라 성경의 말씀에서 찾을 때 올
바른 환경운동이 역동성을 가지고 폭넓게 전개될 수 있다고 생각한다. 그러므로 요엘서
를 중심으로 한 환경 문제에 대한 입장을 서술한다. 요엘서는 총 73절로 되어 있는 짧은
소선지서 중 하나이지만, 환경 문제에 대한 중요한 교훈들을 담고 있어, 오늘의 시대에
약 3천 년 전의 이 책을 검토하는 것이 요긴할 것이라 생각한다.

환경적 재난과 위기가 오고 있다

요엘은 먼저 환경적 재난과 위기가 오고 있음을 말한다.

"밭이 황무하고 토지가 마르니 곡식이 떨어지며 새 포도주가 말랐고 기름이 다하였도다."(욜 1:10, 토양오염)

"씨가 흙덩이 아래에서 썩어졌고 창고가 비었고 곳간이 무너졌으니 이는 곡식이 시들었음이로다."(욜 1:17, 토양오염)

"들짐승도 주를 향하여 헐떡거리오니 시내가 다 말랐고 들의 풀이 불에 탔음이니이다."(욜 1:20, 수자원의 고갈)

"그 앞에서 땅이 진동하며 하늘이 떨며 해와 달이 캄캄하며 별들이 빛을 거두도다." (욜 2:10, 대기오염, 스모그 현상)

"내가 북쪽 군대를 너희에게서 멀리 떠나게 하여 메마르고 적막한 땅으로 쫓아내리니 그 앞의 부대는 동해로, 그 뒤의 부대는 서해로 들어갈 것이라 상한 냄새가 일어나고 악취가 오르리니 이는 큰 일을 행하였음이니라 하시리라."(욜 2:20, 수질오염)

위의 본문들에서 보는 것과 같이 요엘서는 오늘날에 있는 환경적 재난이 그때에 이미 오고 있음을 말하고 있다. 토양오염, 수자원의 고갈, 대기오염과 스모그 현상, 수질오염 등의 문제를 이 책에서 거론하였던 것이다. 벌써 오랜 옛날에 요엘은 지구에 미칠 환경적 어려움을 언급하고 있는 것이다.

요즘 우리가 느끼는 공기는 대단히 탁해졌고, 식수의 근원이 되는 강들도 크게 오염되어 물 사정이 매우 나빠졌다. 쓰레기 처리 문제도 심각해져서 버리는 쪽에서 돈을 내고 버려야 하는 현실이 되었다. 공기와 함께 생명의 원천이라고 볼 수 있는 물도 오염되어 모든 생물들의 생명을 위협하고 있다. 공장의 폐수, 도시의 하수, 농경하수 등이 수질오염을 가속화시킨다. 그래서 강과 바다에서는 수많은 물고기들이 떼죽음을 당하고 있다. 또 바다는 원자로에 의하여 오염되고 있다. 원자로는 고열을 방출한다. 뜨거운 물이 바다로 흘러 들어가면 열오염을 일으킨다. 열오염으로 물고기들이 각종 질병에 걸리고 산란이 감소하며 어류의 생존율이 줄어든다.

생활방식의 변화

요엘서는 이러한 재난을 가져오게 한 생활방식을 바꿀 것을 강조한다. 삶의 스타일을 바꾸고 회개하지 않는다면 이런 재앙을 피하기 어려울 것이다.

"취하는 자들아 너희는 깨어 울지어다 포도주를 마시는 자들아 너희는 울지어다 이는 단 포도주가 너희 입에서 끊어졌음이니"(욜 1:5, 방탕한 생활에서 돌이킴)

"여호와의 말씀에 너희는 이제라도 금식하고 울며 애통하고 마음을 다하여 내게로 돌아오라 하셨나니"(욜 2:12, 금식하고 애통하며 회개함)

"너희는 옷을 찢지 말고 마음을 찢고 너희 하나님 여호와께로 돌아올지어다 그는 은혜로우시며 자비로우시며 노하기를 더디하시며 인애가 크시사 뜻을 돌이켜 재앙을 내리지 아니하시나니"(욜 2:13, 하나님께로 돌이키는 것이 필요)

위의 세 본문들은 우리를 환경적 재앙으로 몰아넣은 우리 삶의 스타일을 비판하며, 그런 생활로부터 돌이킬 것을 강조한다. 환경적 재앙은 개인적인 심각한 회개가 동반되지 않는 한 극복되기 어려운 것으로, 요엘서는 그런 회개의 심각성을 애통함과 금식함이라는 말로 표현하고 있다. 우리의 방탕한 소비를 절제의 삶으로 돌이키는 회개가 없이는 이런 재난은 극복되기 어렵다는 것이다.

환경 변화에 어떻게 대처할 것인가?

우리는 이러한 환경 변화에 어떻게 대처할 것인가? 다음 성경구절을 보면 그 해답이 나온다.

"너희는 금식일을 정하고 성회를 소집하여 장로들과 이 땅의 모든 주민들을 너희 하나님 여호와의 성전으로 모으고 여호와께 부르짖을지어다."(욜 1:14, 참조 2:15-16)

"백성을 모아 그 모임을 거룩하게 하고 장로들을 모으며 어린이와 젖 먹는 자를 모으며 신랑을 그 방에서 나오게 하며 신부도 그 신방에서 나오게 하고"(욜 2:16, 각계 각층의 모임이 필요)

"여호와를 섬기는 제사장들은 낭실과 제단 사이에서 울며 이르기를 여호와여 주의 백성을 불쌍히 여기소서 주의 기업을 욕되게 하여 나라들로 그들을 관할하지 못하게 하옵소서 어찌하여 이방인으로 그들의 하나님이 어디 있느냐 말하게 하겠나이까 할지어다." (욜 2:17, 제사장의 특별한 책임을 강조)

위 본문들은 환경 문제를 대처하기 위해서는 개인적인 회개만으로는 부족하고 함께 모여 논의하는 과정이 필요함을 언급한다.

오늘날 우리의 환경 문제는 개인윤리적인 차원만으로 해결되기 어렵다. 환경 문제의 해결을 위해서는 사회정책적인 접근이 요청되는 것으로, 정치·경제·사회 등 제반 분야에서의 노력이 요구된다. 교회적으로 사회적으로 남녀노소 등 모든 사람이 모여야 한다. 몇 사람만의 관심으로 환경 문제는 해결되지 않는다. 모두가 의식화되어야 하고 이러한 운동에 참여하는 것이 필요하다. 수동적 방관자가 되어서는 안 되며 능동적 참여자가 되어야 함을 요엘서는 강조한다.

아울러 요엘서는 지도계급의 주요한 사람들의 특별한 각성을 강조한다. 환경정책적 변화를 위해서는 넓은 안목으로 백성을 지도자들의 노력이 중요하다는 것이다. 교회와 지도자들은 이 일에 관심을 가지고 창조 환경의 보존에 나서야 한다.

미래 세대, 경고의 사인을 보내라

특히 요엘은 당시의 사람들에게 하나님의 재앙이 임박하였음을 말한다. 자연은 돌이킬 수 없는 대 파국에 이르기 전에 계속적인 경고의 사인을 사람들에게 보낸다. 이에 요엘서는 임박한 대 파국의 심각한 징조들을 설명하고 있다.

"슬프다 그 날이여 여호와의 날(심판과 파멸의 날)이 가까웠나니 곧 멸망같이 전능자에게로부터 이르리로다."(욜 1:15)

"먹을 것이 우리 눈 앞에 끊어지지 아니하였느냐 기쁨과 즐거움이 우리 하나님의 성전에서 끊어지지 아니하였느냐."(욜 1:16)

"여호와의 크고 두려운 날이 이르기 전에 해가 어두워지고 달이 핏빛같이 변하려니와"(욜 2:31)

요엘서는 환경적 재앙이 임박하였음을 나타내는 여러 징조들에 대해 말한다. 현재 우리들이 보는 물고기의 떼죽음, 작은 강의 마름, 숲이 황폐하여짐, 지진이 잦아짐, 과소비가 극에 달하는 것 등의 생태계 파괴의 징조들과 같은 것들이다. 그러한 대 파멸의 징후들은 오늘날 우리 주변에서 심상찮게 벌어지는 일들로써, 요엘이 말한 최후의 날이 실제로 우리에게 다가오고 있음을 우리는 인지하게 된다. 성경의 여러 징조를 보면서 무관심하거나 외면하면 미래를 열어갈 수 없다.

환경 보존과 회복, 누가 어떻게 할 것인가?

이러한 환경 문제가 인류를 멸망으로 바로 인도하지는 않는 것으로, 하나님 안에 있는 희망의 비전을 요엘은 조명하고 있다. 그러므로 우리는 환경 문제를 해결하는 것이 아무리 어렵다고 하여도 그를 극복하려는 노력을 포기해서는 안 될 것이다. 그러므로 창조 생태계 보존과 에너지 절약 등 교회가 환경캠페인, 보존과 회복의 실천에 나서야 한다.

"누구든지 여호와의 이름을 부르는 자는 구원을 얻으리니 이는 나 여호와의 말대로 시온 산과 예루살렘에서 피할 자가 있을 것임이요 남은 자 중에 나 여호와의 부름을 받을 자가 있을 것임이니라."(욜 2:32)

"여호와께서 시온에서 부르짖고 예루살렘에서 목소리를 내시리니 하늘과 땅이 진동하리로다 그러나 여호와께서 그의 백성의 피난처, 이스라엘 자손의 산성이 되시리로다 그런즉 너희가 나는 내 성산 시온에 사는 너희 하나님 여호와인 줄 알 것이라 예루살렘이 거룩하리니 다시는 이방 사람이 그 가운데로 통행하지 못하리로다."(욜 3:16-17)

"땅이여 두려워하지 말고 기뻐하며 즐거워할지어다 여호와께서 큰 일을 행하셨음이로다 들짐승들아 두려워하지 말지어다 들의 풀이 싹이 나며 나무가 열매를 맺으며 무화과나무와 포도나무가 다 힘을 내는도다 시온의 자녀들아 너희는 너희 하나님 여호와로 말미암아 기뻐하며 즐거워할지어다 그가 너희를 위하여 비를 내리시되 이른 비를 너희에게 적당하게 주시리니 이른 비와 늦은 비가 예전과 같을 것이라."(욜 2:21-23)

하늘과 땅이 진동하는 생태적인 대 변혁이 있다고 할지라도 여호와는 그 백성의 피난처가 되신다는 것이다. 요엘은 피난처가 되시는 하나님의 역사를 생태계 회복의 모습으로 그리고 있다.

아울러 요엘서 2장 21-23절의 본문은 자연의 회복에 대한 비전을 말하면서 자연과 교감을 갖는 인간의 모습을 강조한다. 자연은 그저 생명도 없고 아무 감각이 없는 존재가 아니라 우리와의 교제의 대상이며 공생의 대상이다. 우리는 그 자연을 착취의 대상으로만 보아서는 안 된다.

예수는 그리스도인들에게 소금의 역할을 강조하셨다. 소금의 여러 가지 용도가 있지만, 무엇보다도 소금은 음식을 보존하고 부패를 방지하는 데 그 목적이 있다. 즉, 그리스도인은 세상의 부패를 방지하는 역할을 감당해야 한다.

지금 우리 사회를 위협하는 환경오염의 원인은 부패에 있다. 소금은 부패와 싸운다. 이와 마찬가지로 그리스도인들은 자신이 처한 환경에서 참으로 그리스도인인 것을 몸소 보여 줌으로써 끊임없이 도덕적이고 영적인 부패와 맞서 싸워야 한다.

창조섭리를 통한 구원

이러한 하나님의 창조섭리에서 구원을 받지 못할 자들도 있을 것이다. 요엘은 구원을 받지 못할 자들의 대체적인 태도들을 먼저 설명한다.

"그러나 애굽은 황무지가 되겠고 에돔은 황무한 들이 되리니 이는 그들이 유다 자손에게 포악을 행하여 무죄한 피를 그 땅에서 흘렸음이니라."(욜 3:19)

이 본문은 구원받지 못할 자들의 강포와 폭력의 모습을 묘사한다. 사람에게 폭력을 가하는 문화는 자연에게도 폭력을 가하기 마련이다. 오늘날에는 군사복합체제가 우리 사회 전반에 강포를 행하고 있으며, 이로 인해 이득을 본 사람들에 의한 자연에 대한 착취가 횡행하고 있는 상황이다.

이 같은 정황을 설명하며 요엘은 3장 9-10절에서 다음의 말을 하고 있다.

"너희는 모든 민족에게 이렇게 널리 선포할지어다 너희는 전쟁을 준비하고 용사를 격려하고 병사로 다 가까이 나아와서 올라오게 할지어다 너희는 보습을 쳐서 칼을 만들지어다 낫을 쳐서 창을 만들지어다 약한 자도 이르기를 나는 강하다 할지어다."

요엘과 이사야와 같이 모두 칼을 만드는, 곧 무기를 늘리는 문화와 보습, 곧 농기구를 늘리는 문화를 대비시킨다.

오늘날 세계는 5만 5천여 대의 핵무기를 저장하고 있으며, 그 파괴력은 약 2만 메가톤으로 추정된다. 1메가톤은 80개의 히로시마를 파괴할 수 있는 위력을 지니고 있다. 1945년 원자폭탄이 히로시마에 떨어졌을 때 히로시마의 인구가 3,343,000명이었다는 사실을 고려할 때, 오늘날 세계가 보유하고 있는 핵무기의 위력은 우리의 상상을 넘어서고 있다.

이처럼 오늘날은 국가들이 군비 증강과 핵개발에 열을 올리고 있는 시대로써, 그런 폭력적 문화의 시대를 하나님께서 인정할 리 없다. 비핵화, 탈핵화에 나서야 한다. 무기를 늘리는 폭력적 문화로서는 사회정의를 구현하기 어려울 뿐 아니라 자연에 대한 폭력도 막을 수 없다. 평화를 사랑하지 않고는 정의를 이룰 수 없으며 또한 자연환경도 보전할 수 없다는 것이 요엘의 논리이다.

요엘서 3장 2-3절은 다음의 말을 한다.

"내가 만국을 모아 데리고 여호사밧 골짜기에 내려가서 내 백성 곧 내 기업인 이스라엘을 위하여 거기에서 그들을 심문하리니 이는 그들이 이스라엘을 나라들 가운데에 흩어 버리고 나의 땅을 나누었음이며 또 제비 뽑아 내 백성을 끌어가서 소년을 기생과 바꾸며 소녀를 술과 바꾸어 마셨음이니라."

타국의 지경을 짓밟는 나라들이 판치며 소녀들을 쾌락의 종속물로 보는 세상은 환경적 재난을 피할 수 없는 것으로, 그러한 부정의가 만연한 세상 속에서는 자연 보전이 아무 의미가 없음을 요엘서는 언급하고 있는 것이다.

정의로운 평화로서의 샬롬의 세상을 만들지 못하면 우리는 이 지구환경을 잘 보전할 수 없을 것이다. 경제적 불평등과 사회적 부정의 그리고 군사적이며 정치적인 위협이 만연할수록 자연 보전의 길은 점점 멀어지게 된다는 것이다.

이상에서 환경의 생태적 의미를 기독교적 관점으로 요엘서를 통하여 재조명하였다. 물론 우리는 요엘서를 전혀 다른 각도에서 읽을 수도 있는 것으로, 그런 요엘서의 다양한 가능성은 요엘서의 내용을 더욱 풍성하게 한다. 이에 있어 우리는 앞에서와 같이 요엘서에 나타나는 여러 환경적 의미들을 간추릴 수 있는 바, 이미 오래 전에 이런 환경적 재난을 예언한 요엘의 혜안을 오늘의 시대에서 다시 바라보게 되는 것이다.

글쓴이 　노영상 교수는 장로회신학대학교 교수를 거쳐, 호남신학대학교의 총장으로 재직하고 있다.

03
기독교와
생명윤리

03-1 생명윤리의 위기: 유전자 조작

현대과학의 발달은 심장이식까지도 가능하게 하였으며, 최근에는 그보다 더 발전하여 인간의 세포를 이용한 인공 간이 처음으로 환자에게 이식되었고, 암소의 판막이 심장병 환자에게 이식되고 있다. 바야흐로 인간 장기부품시대가 열린 셈이다. 유전자 조작 기술로 인간이 필요로 하는 신체부위만을 동물체내에서 인공적으로 배양하여 신체적 결함이나 난치병 환자에게 이식하는 시대가 된 것이다. 우리나라에서도 체세포 복제 기술로 첫 복제송아지 '영롱이'와 '진이'가 태어났으며 생명공학자들은 조만간 인간장기를 제공하는 형질전환 돼지를 다량 복제·생산할 계획이라고 한다. 이제는 사람의 심장과 간을 가진 돼지가 축사에서 사육되며, 돼지의 심장을 이식 받은 환자가 얼마간의 생명을 연장 받게 될 것이다. 앞으로는 마음만 먹으면 독수리의 날개와 악어의 꼬리, 호랑이의 다리, 상어의 지느러미를 가진 키메라 인간을 얼마든지 만들어 낼 수 있게 된 것이다.

문제는 이러한 유전자 조작은 의학에 국한된 것이 아니라 우리 삶의 모든 분야에 폭넓게 자리 잡아 가고 있다는 사실이다. 우리가 먹고 있는 두부의 82%가 유전자 조작을 시행한 콩으로 만들어졌다는 충격적인 사실 외에도 사과 향이 나는 오이를 재배한다거나 개나리 나무에 장미꽃을 피게 하는 것이 지금의 현실이다. 이미 유전자 기술을 응용하여 사람의 인슐린을 대량 생산해 내고 있으며 조혈제와 각종 호르몬도 얼마든지 만들어 임상에 이용하고 있다. 얼마 전 일본에서 소와 인간의 세포를 융합시키는 실험이 성공을 거둠에 따라 이제 인간의 유전자를 지닌 동물을 통해 원하는 세포와 장기들을 얼마든지 확보할 수 있게 되었다.

그러면 유전자 조작 기술의 폐해는 무엇인가? 학자들은 제일 먼저 '종의 혼란'을 꼽는다. 유전자는 그 종이 갖는 독특한 성질을 나타내는 표징인데 이 유전자의 조작을 통해 경계가 불분명한 식물과 동물이 등장하게 된다는 점이다. 하나님께서 생물을 창조하실 때를 돌아보면 모든 동식물을 '그 종류대로' 창조하셨다. 하나님은 다양성을 존중하시며 그 가운데 일치와 조화를 이루어 내신다.

둘째로, 환경 보전의 문제를 지적하지 않을 수 없다. 지금 당장 이익이 있다 치더라도 새로운 생물을 유전자 조작으로 대량 생산해 낼 때 기존의 열등한 유사종들은 사멸될 것이며, 유전자 조작에 문제가 발견되더라도 과거의 종들을 되살리기란 쉽지 않을 것이다. 선의의 목적으로 한 종류의 동물을 대량 사육하는 경우, 그로 인해 생태계가 파괴되고 예기치 않는 환경변화가 초래되어 인류 생존에 중대한 해악을 가져올 수 있다. 최근 우리나라에서 문제되고 있는 식용황소개구리가 그 좋은 예이다. 그 외에도 유전자 조작을 시행한 식물을 섭취하는 경우 인체에 예기치 않는 유전자 변형을 가져와 암이나 면역계에 이상을 초래할 수도 있기에 이에 대한 장기적이고 다각적인 검증이 필요할 것이다.

그러면 우리 기독교인은 이러한 유전자 조작에 대해 어떤 입장을 취해야 할 것인가? 시험관 아기에 대한 기독교적 입장을 정리하기도 전에 복제인간의 실현이 눈앞에 다가온 상황과 마찬가지로 사실 우리의 대응이 늦은 감이 있으나 지금이라도 유전자 조작술에 대한 성경적 해석을 면밀히 시도해야 할 것이다.

하나님께서 우리에게 허락하신 '자연을 다스리고 정복하는 권한'을 어느 한계까지 적용할 것인가? 개발과 보존의 두 마리 토끼를 놓치지 않으면서 어떻게 적절히 조화와 균형을 이룰 것인가? 우리는 과학의 발달에 대해 무조건적으로 저항하거나 지나치게 의존적일 필요가 없다. 하나님이 주신 이성을 최대한 활용하여 더 나은 삶을 추구하는 것을 마다할 필요가 없으나 자칫 하나님이 허락하신 자연의 생태계가 파괴되거나 변질되지 않도록 면밀히 감시하고 통제해야 할 것이다.

그런 의미에서 식물에서의 유전자 조작을 통한 품종 개량과 대량 생산은 철저한 검증과 통제 하에 부분적으로 허용하되 이를 동물에게로 확대하는 것은 더욱 신중해야 할 것이며 인간에게 유전자 조작을 적용하는 것에 대해서는 원칙적으로 반대하는 바이다. '유전자 콩' 파동을 계기로 이런 생명과 관련된 이슈가 생기면 언제라도 모여서 함께 기독교적 입장을 표방하여 성도들이 생활의 지침으로 활용할 수 있는 구체적 대안을 모색하는 '생명윤리위원회'의 각 교단 내 설립이 무엇보다 시급하다. 성도들의 삶과 신앙이 겉돌지 않도록 우리 모두의 지혜를 모아야 할 것이다.

생명윤리의 위기: 배아줄기세포 연구

국가생명윤리심의위원회가 최근 A병원이 신청한 체세포 복제 배아줄기세포 연구계획을 사실상 승인하기로 결정했다. 그럼으로써 황우석 박사의 논문조작 파문으로 취소된 체세포복제연구가 수년 만에 재개될 가능성이 높아진 것이다. 물론 조건부지만 인간 난자 사용을 최대한 줄이고 동물난자를 가급적 사용할 것을 권고하는 수준으로 매듭진 것이다.

먼저 밝혀두는 것은 필자 역시 난치병을 치료하는 의사의 한 사람으로서 난치병을 치료하고자 하는 연구자들의 열망에 공감하며 필자 역시 병원 내에 줄기세포연구소를 두어 임상에 줄기세포 치료를 시도해 보려고 계획하고 있다. 단, 우리가 이용하려는 줄기세포는 인간배아에서 추출한 것이 아니라 환자 자신의 골수나 피부에서 분리한 성체줄기세포이거나 태아의 탯줄에서 분리해 낸 제대혈 줄기세포이다. 결국 논란이 되고 있는 초점은 난치병을 치료하려는 목적에는 차이가 없으나, 이를 위해 인간배아를 복제한 후 이를 파헤쳐 줄기세포를 추출하느냐, 아니면 인간배아가 아닌 성체줄기세포를 사용하느냐의 차이인 셈이다.

배아줄기세포 연구에는 아직 넘어야 할 과제가 많다. 배아줄기세포는 워낙 분화능력이 강해 줄기세포에서 어느 장기로 발전할지 예측할 수 없어 자칫 잘못하다가 신경세포가 되리라 기대하고 주입한 줄기세포에서 뼈가 자라게 되는 경우도 예견할 수 있으며, 불안정한 상태이므로 줄기세포가 암으로 발전할 가능성도 많이 우려하는 부분이다. 또한 분화가 정확히 된다 하더라도 아직은 세포단계까지 자라게 할 뿐, 조직이나 장기로 발전할 수 있는 기술은 준비되어 있지 않다.

아울러 여성의 난자를 사용하는 경우, 30% 이상의 여성에서 내분비질환을 비롯한 합병증을 일으켜 사회적 문제가 되기도 하였으며, 이를 대신하여 동물의 난자를 사용하여 이종인간배아를 만들 경우, 동물에만 존재하던 미지의 인플루엔자 유전자가 인간에게로 옮겨질 수 있는 위험이 도사리고 있다. 나아가 인간배아복제는 결국 인간복제로 연결되며, 배아뿐 아니라 태아까지도 상업적인 목적으로 이용될 여지를 제공하게 될 것이다.

반면 최근 〈워싱턴포스트〉 지의 보고에 의하면 미국에서는 배아줄기세포와 같은 효능을 지닌 줄기세포를 인간배아복제를 하지 않고도 얻을 수 있는 방법에 대한 연구가 매우 심도 있게 진행되고 있다고 한다. 즉, 양질의 줄기세포는 얻되 인간배아는 복제되거나 파헤치지 않으면서 할 수 있는 방법을 연구해야 할 것이다. 이미 미국 시카고의 유리 베를린스키 박사팀은 복제의 과정 없이도 배아줄기세포를 생성해 내는 실험을 성공시켰으며, 인간배아의 희생을 치루지 않고서도 배아줄기세포를 만들어 내기 위한 다양한 방법들이 연구되고 있는데 역분화 방법이 그것이다. 즉, 우리 몸의 세포를 거꾸로 분화시켜 나가면 언젠가는 그 출발점인 줄기세포에 도달할 수 있다는 발상이다. 또 성체줄기세포 중에서도 배아줄기세포와 같이 다양한 장기로 발전될 수 있는 분화능력이 좋은 줄기세포를 얻을 수 있다는 보고들이 계속 나오고 있기에 생명윤리의 틀 안에서 얼마든지 난치병을 치료하는 생명과학의 발전을 기대할 수 있는 것이다. 인간배아들은 자궁에 착상되어 영양분만 공급받으면 우리와 같은 성인으로 자랄 수 있는 인간 생명이며, 한 인간으로서의 모든 유전정보를 지닌 독립적 개체인 셈이다. 우리 모두 이러한 인간배아 상태를 거쳐 성인이 된 것이다. 만일 우리가 이것을 부정한다고 하면 나의 정체성의 기반이 흔들리며 인간 생명의 존엄성에 대한 심각한 훼손이 올 것이 명확하다.

난치병으로 고통 받는 환우를 생각하면 우리는 무엇이라도 해야겠지만 환우의 생명이 존엄한 만큼 어린 인간배아의 생명도 존엄하기에 우리는 더디 가는 한이 있더라도 인간 생명을 해치지 않는 범위 안에서 생명과학이 발전되어야 한다고 믿는 것이다. 인간 생명은 잘못 판단되면 돌이킬 수 없는 단회적 존재이기에 생명과학은 최대한 신중히 생명윤리의 틀 안에서 발전되어야 할 것이다. 우리는 비록 자기 스스로 자신의 생명을 지켜내지 못하는 연약한 인간배아이지만 천하보다 소중한 존엄한 인간 생명이기에 모두 힘을 모아 이를 지켜내야 할 것이다. 과학은 발전시키되 인간 생명은 끝까지 지켜내는 업그레이드된 생명과학의 발전을 기대해 본다.

생명윤리와 기독교적 대응

현대의학은 하루가 다르게 변하며, 기독교인들 역시 새로운 시술에 직면하게 되면서 나름대로 어떤 결정을 내려야 할 상황에 자주 처하게 된다. 가령 수년간 아기를 갖지 못한 경우 자연스럽게 시험관 시술을 권유 받게 되고 때로는 배우자가 아닌 타인의 정자나 난자를 제공 받아야 하는 상황에 직면할 수도 있다. 의대생들은 불임시술이나 실험을 위해 정액 제공을 요구 받게 되기도 하며, 여대생들은 아르바이트의 일환으로 난자 매매를 권유 받을 수도 있다. 인공호흡기를 달고 있는 식물인간에게서 기계장치를 제거하자는 안락사의 제의와 어차피 폐기처분될 인간배아라면 이를 실험에 이용할 수 있지 않을까라는 제안을 받기도 한다. 과연 무엇이 옳으며 어디까지 허용될 수 있을 것인가? 이러한 질문들에 대해 교인들은 누구의 도움을 받아야 하는가? 그리고 기독교는 그들에게 제시해 줄 분명한 지침을 과연 가지고 있는가?

가톨릭교회는 이러한 질문들에 대해 발 빠른 대응을 하며 나름대로 교황청의 생명윤리위원회를 통해 가톨릭 신자들이 지켜야 할 기준과 가톨릭 과학자나 의사들이 지켜야 할 지침을 제시하고 있는 데 반해 기독교는 분명한 입장을 정리해 오지 못한 것이 사실이다. 최근 인간복제를 둘러싼 논쟁이 불붙으면서 기독교계 내에도 통일된 성경적 입장을 정리해 줄 위원회가 필요하다는 자성이 일면서 근자에는 윤리신학자와 철학자, 법학자, 의사, 교계대표 등으로 구성된 기독교생명윤리위원회와 기독교생명윤리협회가 출범되었다. 늦은 감이 없지 않지만 그나마 다행스러운 일이며 몇 차례의 모임을 통하여 생명윤리기본법 제정과 의사윤리지침 등에 관한 기독교 입장을 정리한 바 있으며 가톨릭과도 사안에 따라 협조하여 올바른 법안이 제정될 수 있게 노력하고 있는 것은 고무적이라 할 수 있다. 하지만 인간배아복제를 시도하는 생명공학자나 벤처회사, 정치인, 사이비종교집단과 대응해 싸우기에는 아직 미약한 부분이 없지 않다.

이러한 생명경시풍조를 바로잡기 위해서는 국민의식이 변해야 하며, 우리 교회가 앞장서 생명의 존엄함을 외칠 때 비로소 생명존중의 사회가 실현될 것이다. 이를 위해 모든 교회가 4월 중 한 주일을 생명주일로 지켰으면 한다. 온 만물이 소생하는 생명의 계절 4월, 주님께서 부활하신 계절이면서 한편 인간배아로 이 땅에 성육신하신 계절이기도 한 4월, 그 첫 주를 생명주일로 지켜 생명의 주 되신 주님을 선포하며 성도들에게 올바른 생명윤리를 교육하고 아울러 생명운동을 위한 헌금을 하였으면 한다.

한국의 기독교는 역사적으로 올바른 윤리적 삶에 앞장서 왔으며 생명을 가장 소중히 여기는 종교인만큼 교계 내에 구성된 기독교생명윤리위원회를 활성화하여 다양한 이슈에 대한 올바른 성경적 지침을 마련하여야 할 것이다. 뿐만 아니라 기존의 성산생명의료윤리연구소를 활성화하며, 신학대학과 기독교대학 내에 기독교생명윤리연구소를 설립하여 생명윤리에 관한 체계적인 연구를 시행하였으면 한다.

| 글쓴이 | 박상은 박사는 샘병원 의료원장으로 섬기며 성산생명윤리연구소장, 국가생명윤리위원회 특별위원을 맡고 있다. |

03-2 생명문화를 일구는 한국 교회

대한민국에서 자살로 죽는 사람은 한 해 1만 4,160명이다. 이는 하루 39명이 자살로 죽는 것을 의미한다. 이렇게 숫자로 나열하면 사람들이 잘 실감하지 못한다. 육군 1개 사단이 1만 명이다. 그러면 한 해에 육군 1.5개 사단이 자살로 죽는 것이다. 다시 말해 2년이면 3개 사단이 자살로 인해서 사라지는 것이다. 요즘 초등학교 교실을 보면 학생이 25명 정도 된다. 그러면 하루에 초등학교 1.5개 반 정도가 자살로 인해 사라지는 것이다. 역시 이틀이면 초등학교 3개 반이 사라지는 것이다.

매년 9월이면 통계청에서 사망원인통계라는 것을 발표한다. 지난 한 해 동안 사람들이 죽은 원인을 밝히는 것이다. 2012년 통계를 보면 자살은 전체 사망원인 중 4위에 있다. 1위가 암이고, 2위가 뇌혈관질환, 3위가 심장질환이다. 그리고 자살이라는 얘기다. 그 다음으로 당뇨병과 폐렴 등이 나온다. 심지어 교통사고는 9위에 있다.

나이가 좀 들면 자주 만나게 되는 질병이 당뇨병이다. 주변을 보면 당뇨병으로 고생하시는 분들이 많이 있다. 그런데 그런 당뇨병으로 인해서 죽는 사람보다 훨씬 많은 사람들이 매년 자살로 인해서 죽는다. 서울에서 차를 몰고 다니다 보면 어제 교통사고로 인해서 죽은 사람과 다친 사람의 수가 나온 전광판을 볼 수 있는데, 이 전광판에서 0이라는 숫자를 본 적이 없다. 그런데 이렇게 교통사고로 인해서 다치고 죽는 사람보다도 더 많은 사람이 자살로 인해서 죽고 다치고 있다는 것이다.

그런데 자살로 인해서 죽는 사람이 당뇨병 환자보다 더 많고, 교통사고로 인해서 죽은 사람보다 많다면 우리 주변에서 그러한 환자나 사고자보다도 많은 자살사망자나 생존자들을 보아야 할 것인데 그렇지는 않다. 특히 당뇨병으로 인해 죽은 사람보다 더 많은 사람이 자살로 인해 죽었다면 자살을 생각하는 사람이 당뇨병 환자보다 많다고 보아야 하는데 그렇지 않다. 당뇨병 환자라고 다 그 병으로 죽는 것이 아닌 것처럼, 자살을 생각하는 사람들이 다 그로 인해 죽는 것도 아니기 때문이다. 즉, 우리 가운데 자주 보게 되는 당뇨병 환자들보다 더 많은 사람들이 스스로 죽고자 하는 유혹과 괴로움에 갇혀 있다는 것이다. 그런데 우리는 그러한 자살의 위험 가운데 있는 사람을 본 적이 있는가. 만약에 없다면 우리는 그만큼 우리 주변의 사람들에게 무관심한 것이다. 결코 그러한 사람이 없을 수는 없다. 단지 우리가 그들에게 말을 붙이지 못했고, 그들은 우리에게 터놓지 못했을 뿐이다.

나는 자살은 사회적 질병이라고 생각한다. 대한민국에서 이렇게 많은 사람들이 자살로 죽어 가는데 그것을 개인적인 문제라고 이 사회가 방관할 수는 없는 것이다. 그렇게 많은 생명이 스스로 죽어가는데 그들을 이 사회가 돕지 않는다면 그것은 직무유기이다. 다른 사망원인에 대해서는 이 사회가, 특히 정부가 나서서 그러한 질병에 걸리지 않도록 계몽하고 예방하고 있다. 특히 건강보험을 통해서 그들의 질병을 사회가 도우려고 한다. 그런데 자살에 대해서는 이 사회가 냉담하다. 도우려는 마음도 없고, 심지어 외면하려고 한다.

"자살"이라고 하면 우리는 일반적으로 10대의 성적이나 왕따, 20대의 실연을 주로 생각한다. 10대와 20대에서 자살이 많을 것이라는 생각이다. 그런데 자살률은 40대가 가장 높다. 그리고 50대, 30대 순이다. 물론 10, 20, 30대에서 사망원인 1위는 자살이다. 이 나이 대에서 자살로 인해서 죽는 사람이 가장 많다는 것이다. 그러나 자살한 사람들의 숫자를 비교해 보면 40대와 50대가 더 높다. 자살에 대한 또 하나의 오해는 여자가 남자보다 더 많이 자살할 것이라는 생각이다. 보통 자살의 원인을 우울증으로 생각하기 때문에 여자가 남자보다 우울증을 앓는 사람이 더 많으니까 자살하는 사람도 많을 것이라고 생각하는 것이다. 그러나 일반적으로 자살은 남자가 여자보다 2배 이상 많이 한다.

자살을 많이 하는 40대 이후에는 3배 이상으로 올라가고 있다. 이렇게 놓고 보면 자살에 가장 취약한 계층을 꼽으라고 한다면 40대와 50대 남성들이다.

이 부분을 우리가 주목해서 볼 필요가 있다. 왜 40대와 50대 남성들이 그 어느 계층보다 더 많이 자살을 하는가. 그것은 자살의 원인을 분석하는 데 중요한 단서를 준다. 이들이 자살하는 이유 중 가장 일반적인 경우가 경제적인 문제이다. 이 연령대는 아이들이 자라서 대학을 다니거나 결혼을 할 시기이다. 인생에 있어서 돈이 가장 많이 들어가는 시기인 것이다. 그런데 대한민국의 남자들은 이때 인생의 가장 큰 좌절을 맛본다. 직장을 다니던 사람들은 대부분 이때 퇴직을 한다. 좀 빠른 사람들은 일찍 명예퇴직을 하고 자기 사업을 한다. 그런데 이 나이가 되면 많은 사람들이 그 사업에서 실패를 맛보고 재기를 노리고 있든지, 앞으로의 인생을 포기한다. 이때까지 자신을 그냥 연봉 얼마에, 직책 무엇으로 이해했는데 어느 날 갑자기 자신의 직장이 없어지고, 연봉이 날아간다. 거기에 더불어서 새롭게 시작한 사업은 망해서 자기 가족의 미래와 자신의 노후는 대책이 없어진다. 그런데 가족들은 자신을 이해하고 안아 주기는커녕 기능을 잃어버린 퇴물 기계처럼 여긴다. 돈을 벌어와야 할 가장이 그 기능을 못하니 내어버린 꼴이다. 이러니 죽겠다는 생각밖에 안 드는 것이다.

자살의 큰 이유는 "아노미"이다

이것은 우리가 가지고 있는 가치를 반영한다. 삶의 목적을 어디에 두었는가를 묻는 것이다. 대한민국의 많은 사람들은 삶의 가치를 돈에 두는 것 같다. "부자 되세요!"를 인사로 하는 이 나라, 차곡차곡 월급을 모아서 저축하면 인간다운 삶이 이루어진다는 사실을 믿지 않는 이 나라에서 평안한 삶을 기대한다는 것 자체가 거짓인지 모르겠다. 이러한 가치관은 어른들만의 문제는 아니다. 아이들에게 장래희망을 물으면 그냥 '부자'라고 대답한다고 한다. 아이들의 꿈과 희망이 그냥 부자가 되는 것이라면 이 나라는 분명 문제가 있다. 그런데 그것을 문제라고 생각을 하지 않는다. 어려서부터 '한 방'에 부자가 되려고 한다. 가장 흔한 예로 아이들은 연예인이 되려고 한다. 어린 나이에 당장 큰돈을 벌 수 있고, 화려한 삶이 가능하다는 것이 그 이유다. 그래서 오디션 프로그램이 인기다. 수백만의 사람들이 너도 나도 연예인이 되겠다고 한다.

　유명한 사회학자인 에밀 뒤르케임은 그의 대표 저작인 『자살론』에서 자살의 유형을 나누며 대표적인 것으로 '아노미적 자살'이 있다고 했다. 아노미는 인간의 욕망은 커다란데 현실이 그렇지 못함에서 생긴다고 그는 설명한다. 즉, 자신은 큰 부자가 되거나 크게 출세할 꿈만 꾸는데 현실에서는 그렇지 못할 때 탈규범의 상태인 아노미가 된다는 것이다. 이것을 미국의 사회학자인 머튼은 이것을 아메리칸 드림을 빗대어 설명한다. 미국 사람들은 모두 백만장자가 되기를 꿈꾸지만 현실은 가난이다. 그럴 때 이들은 아노미에 빠지는데, 이 경우 범죄를 저지르거나 자살로 이어진다는 것이다. 이 비슷한 이야기를 심리학자인 프로이트도 하고 있는데 그는 분노가 밖으로 나오면 범죄가 되고, 안으로 향하면 자살이 된다고 했다. 어쨌거나 뒤르케임은 사람들이 너무 큰 욕망을 가지게 될 때 아노미에 빠지고, 아노미는 자살로 이어질 수 있다고 주장했다. 그 예로 경제적 위기를 드는데, 경제가 나쁠 때 당연히 자살이 늘어나지만, 경제가 갑자기 잘 되어도 자살이 증가한다는 것이다. 그러면서 그는 박람회가 열리는 도시에서는 자살이 늘어났다는 사실을 통계로 밝히고 있다.

　『자살론』은 1897년에 쓰여진 책이다. 즉, 지금으로부터 100년도 넘은 과거의 책이다. 그런데 이 주장이 오늘날 대한민국에서 딱 떨어진다. 현재 대한민국은 갑자기 찾아온 경제적 성장과 불황 속에서 아노미에 빠졌다. 실제적으로 1998년 자살률은 급증한다. 우리가 잘 알고 있는 IMF 위기 때문이다. 그후 자살률은 다시 내려앉았다가 2002년 다시 급증한다. 대한민국에서 월드컵이 일어나던 때에 자살률이 증가한 것이다. 나는 이것을 전형적인 아노미 자살의 증거라고 본다. 이 욕망에 근거한 사회에서 좌절한 이들은 결국 범죄와 자살로 이어지는 것이다.

　요즘 중2병이라는 것이 회자되고 있다. 중학교 2학년이 가장 무서운 때라는 이야기도 한다. 이때 아이들이 사고를 많이 친다는 것이다. 자살했다는 기사를 보면 이때 자살하는 아이들도 상당한 것 같다. 전에 한 언론매체에서 청소년 자살에 대한 대담을 한 적이 있다(크로스로 www.crosslow.ccom '중학생 자살사건. 자살이 아니라 사회적 타살이다'). 그 대담을 하면서 '왜 중학교 2학년이 그렇게 무서운 세대가 되었는가?'에 대한 해답을 얻었다. 그것은 중학교 2학년이면 인생이 결정나기 때문이다. 이미 그때가 되면 자신이 아무리 노력해도 좋은 대학을 가기는 글렀다는 현실을 깨닫는 것이다. 좋은 대학을 못 간다면 연봉을 많이 준다는 직장을 포기해야 하고, 그 결과는 결국 인생의 포기로 이어지는 것이다. 중학교 2학년이면 벌써 이러한 자신의 미래가 그려지는데 평범하고 안정적 삶이 가능하겠는가. 바로 이것이 전형적인 아노미라고 할 수 있는 것이다.

한국 교회는 자살 문제에 소극적이다

이런 심각한 현실 속에서 한국 교회는 자살이라는 문제에 대해서 소극적이다. 특히 한국 교회는 이렇게 죽음의 이야기를 하는 것 자체를 싫어한다. 어느덧 교회는 죽음에 대해서, 구원에 대해서 이야기하기를 꺼리는 곳이 되었다. 한국 교회는 긍정의 신앙을 선호하며 긍정적인 생각을 갖는 것을 신앙으로 생각한다. 그래서 교회에서 죽음과 같이 어둡고 부정적인 이야기를 나누는 것을 싫어한다. 이제는 이러한 긍정의 신앙을 넘어서 긍정이 신앙이 되었다. 긍정적이고 밝은 이야기가 아니면 불신앙으로 생각한다. 한국 교회에 자살에 대해서 이야기를 하자고 하면 적지 않은 사람들이 신앙이 없는 것으로 치부한다. 진지함이 사라진 것이다.

이런 생각이다 보니 교회는 자살에 대해서 소극적인 태도를 취해 왔다. 그래도 다행인 것은 몇 년 전부터 자살에 대한 인식이 많이 변했다는 것이다. 이제 많은 교회에서는 자살로 죽은 사람도 장례를 치러 준다. 비록 아직도 교회에서 공식적으로 장례를 치르는 것을 꺼리고 있지만 말이다. 그래서 많은 교회들은 사망원인이 자살이라는 것을 숨긴다. 교인들은 알지 못하고 교역자와 유가족만 알고 쉬쉬하면서 장례를 치른다. 또는 장례절차를 담임목사가 하지 않고 부교역자를 시키는 경우도 있다. 교회의 공식적인 장례가 아니라는 의미이거나 담임목사가 어떤 말을 할 수 없으니 숨어버리는 것이다. 그런데 부교역자는 장례식장에서 무슨 말을 할 수 있겠는가. 담임목사도 할 수 없는 이야기를 부교역자가 무슨 용기와 의지를 가지고 하겠는가. 그래서 장례가 나면 유가족들에게 큰 상처를 남기고, 교회는 어려움에 빠지는 경우들이 많다. 유가족의 입장에서는 정말 가장 마음이 아프고 무너지는 순간인데 교회는 그 장례를 치러 주어야 하는지의 여부로 인해 싸움이 일어나는 것이다. 심지어 자기네들 맘대로 죽은 이에 대해서 지옥으로 보냈다, 천당으로 보내기도 한다. 어떤 부교역자는 장례식장에서 "비록 고인은 구원을 받지 못했지만"이라고 하면서 예식을 시작했다는 이야기도 있다. 교회에 다니지 않던 동네의 주민이 죽어도 교회가 장례를 치러 주는 경우가 있다는데 어떻게 같은 교인이, 비록 자살로 인해서 죽었다고 하지만 장례를 안 치러 주는지 그리고 그 유가족의 면전에서 고인의 구원에 대해서 왈가불가하는지 솔직히 이해가 되지 않는다.

한국 교회가 자살에 대해서 인식을 새롭게 하고, 그 접근을 달리 하기를 제안한다. 자살한 사람을 지옥에 보낼 생각만 하지 말고 예수님이 가지셨던 그 긍휼의 마음으로 그들을 바라보는 것이다. 그들이 처한 아픔을 이해하고, 그 유가족들이 지녀야 하는 그 상처를 보듬기를 제안하는 것이다. 그러면 주변에 아픔 가운데 있는 자들이 보인다. 이런 마음을 가지면 그런 상처가 있는 이들이 찾아오게 된다. 그들을 동정, 즉, 같은 마음으로 맞이하는 것이다. 그 마음을 함께 나눌 때 생명을 구하는 일이 일어날 것이다.

한국 교회는 자살예방에 앞장서야 한다

한국 교회가 자살예방을 위해서 할 수 있는 일은 다양하다. 먼저는 자살예방에 대한 기초교육을 받는 것이다. 교회별로 진행할 수 있는 교육 프로그램들이 있다. 가장 기본적인 것은 생명보듬이, 또는 게이트 키퍼(Gate Keeper) 교육이라고 하는 것이다. 이는 주변에 어려움에 있는 사람들을 돌아보며, 그들에게서 자살의 위험을 감지하고 그들에게 어떻게 다가갈 것인지, 그들을 어떻게 도울 수 있을 것인지 그리고 그들에게 어떻게 말을 건넬 것인지를 기초적으로 배우는 것이다. 그리고 이들이 심각한 수준이면 자살예방 전문가들과 연결하고, 급한 경우 응급전화를 이용하는 방법 등을 배운다.

이러한 교육을 받으면 무엇보다 자신이 생명에 대한 인식을 새롭게 할 수 있다. 생명에 대한 소중함을 깨닫게 되고, 자살에 대한 선입견도 바꿀 수 있다. 그리고 생명보듬이로서 주위를 돌아볼 수 있는 눈을 가지게 된다. 교육을 받으므로 어려운 사람들이 눈에 들어오는 것이다. 그리고 무엇보다 그 어려운 사람들이 그를 찾는다. 항상 자살하려는 사람도 살아야 할 이유를 찾는다. 그런데 가까운 곳에 이런 마음을 가졌다고 하는 사람이 있다면 의지하게 되는 것이다. 이런 교육을 통해서 우리 교인들이 먼저 자살에서 벗어나고, 또 주변에 생명을 버리려는 사람들을 구해낼 수 있다면 이 나라에 자살은 급격하게 줄어들 것이라고 생각한다.

또 교회 차원에서 지역에 있는 자살예방센터나 정신보건증진센터 등과 자매결연을 맺거나 협력관계를 구축하여 이러한 교육을 받은 사람들을 자원봉사인력으로 파견하는 것이다. 독거노인이나 어려움에 있는 사람들을 이러한 교육을 받은 사람들이 돌아보고, 말벗도 되어 드리고, 어려움을 해결할 수 있도록 돕는 것이다. 이러한 일들을 통해서 교회는 지역의 생명공동체를 구축할 수 있다.

교회에는 상담을 전공한 사람들이 많이 있다. 전문상담가도 있고, 개인적으로 공부한 이들도 상당히 있다. 이러한 이들을 활용할 수 있는 방안도 중요하다. 교회 안에서 교인들을 위한 상담뿐만 아니라 지역사회에 공개하는 방법이 있다. 더 좋은 것은 지역의 상담소를 지원하는 것이다. 교회에서 정기적으로 지원하고 주보에 어려움이 있으신 분은 우리와 자매결연을 맺은 이 상담소를 이용하라고 기재하면 효과적일 것이다. 교회 안에서 자신의 문제를 드러내는 것은 쉽지 않다. 이럴 때 목회자는 가까우면서도 먼 사람이 될 수 있다. 이런 이들이 맘 편하게 찾아갈 수 있는 곳을 만든다는 것은 결정적인 순간에 큰 도움이 될 수 있다.

무엇보다도 목회자들이 생명에 대한 마음을 갖는 것이 중요하다. 삶과 죽음에 대해서 가끔은 진지하게 설교해야 한다. 너무 가벼워지고 복 받고 행복해지는 설교만 할 것이 아니라 삶과 죽음에 기초한 가치관을 나눌 수 있도록 해주는 것은 중요하다. 특히 만연해진 자살의 문제에 대해서 설교 가운데 경고하고 생명으로 이끌 수 있도록 하면 좋을 것 같다. 이러한 설교를 위해서는 '자살에 대한 설교지침'을 참고하면 좋다(『한국 교회를 위한 자살예방 가이드북』 참조).

또 자살은 모든 교회에서 맞이할 수 있다는 사실을 인지하고 이에 대한 대비도 중요하다. 이미 언급한 바와 같이 교인 중에서 자살을 하고 난 다음에야 허둥지둥 자살자에 대한 장례 문제 등을 논의하기 시작하면 교회도 어렵고, 유가족도 어려워진다. 교회가 자살을 어떻게 이해해야 하는지를 미리 논의하고 결론을 내려놓고, 어려움이 닥쳤을 때 잘 대처해 나가야 한다.

현재 한국 사회는 죽음의 문화에 지배되어 있다. 사람들은 삶의 가치를 잃고 방황하고 있다. 그들이 정해 놓은 그 경제의 가치에 비하여 자신이 낙오자라고 생각되는 순간, 그들은 곧 죽음으로 달려간다. 지금 이 사회에서 시급히 필요로 하는 것은 생명문화이다. 죽음의 문화를 이기고 생명으로 이끌 수 있는 문화가 필요한 것이다.

교회는 이 생명을 지니고 있다. 예수님께서 자신이 생명임을 말씀하고 계신다. 따라서 주님의 몸 된 이 교회는 곧 생명이다. 우리 가운데는 바로 이 생명 되신 예수 그리스도를 중심으로 하는 생명의 문화가 있다.

바라기는 이 한국 사회에 교회를 시작으로 생명의 문화가 일어나기를 소원한다. 이것은 교회가 할 수 있는 일이다. 한국 교회가 오늘날 이 사회에 봉사할 수 있는 일이 무엇인가를 묻는다면 나는 이 생명문화를 만드는 것이라고 하고 싶다. 이것이 이 시대에 교회가 할 수 있는 가장 귀한 일이다.

글쓴이　조성돈 교수는 라이프호프 운영위원장이며, 실천신학대학원대학교 교수이다.

03-3 혼전 순결의 의미와 순결 서약
: 비판적 고찰

근자에 기독교 공동체 안팎에서 미혼의 젊은이들에게 순결을 서약하는 운동이 전개되어 왔다. 물론 최근에 들어서는 그런 서약조차 뜸해지는 추세지만, 지금에도 그런 사례를 발견할 수 있고, 또 이런 운동이 크리스천 젊은이들의 성적 문란을 예방하는 데 도움이 되지 않을까 하는 기대를 걸게 된다. 이 글에서 이러한 혼전 순결 서약 운동의 실효성을 될 수 있는 한 현실성 있게 평가하고자 한다.

혼전 순결이란 무엇인가?

이러한 서약 운동의 적실성을 판정하려면, 먼저 혼전 순결이 무엇을 의미하는지부터 살펴보아야 한다. 상식적으로 생각할 때, "순결"은 일차적으로 "이성과 성적관계를 맺지 않은 상태"[협의]로, 부차적으로는 "성적인 깨끗함과 정결함"[광의]으로 묘사할 수 있을 것이다. 그러나 실제 사람들 사이에서 통용되는 의미는 다소 다를 수 있기 때문에 이 문제부터 짚고 넘어가고자 한다. 사람들이 "혼전 순결"과 관련하여 서로 달리 품는 관념을 종합하면, 다음과 같은 세 가지 용례로 정리가 된다.

(A) 결혼하기 전 이성과의 관계에서 성적으로 건전한 [문란하지 않은] 상태를 유지하는 일.

(B) 결혼하기 전 이성과의 관계에서 최후의 선을 지키는 -즉, 성교를 하지 않는- 일.

(C) 결혼하기 전 이성과 여러 형태의 스킨십을 갖되 성교만큼은 피하는 일.

방금 제시한 내용에 의거한다면, 혼전 순결은 (B)의 용례와 가장 가깝다고 할 수 있다. 그런데 왜 (B)가 중요한가? 다시 말해서, 그리스도인은 왜 (B)를 주장하는 것이며 왜 이것을 혼전 순결의 핵심 내용으로 제시하는 것일까?

그리스도인들이 (B)를 주장하는 이유는 두 가지 근거에 의해서이다. 첫째, 성경이 성적 교섭을 결혼과 연관 짓기 때문이다. 성경에 "미혼 남녀는 성교를 하지 말라"라고 명료히 금령을 내린 곳은 없다. 그러나 남녀는 결혼과 더불어서만 성적 교섭을 갖도록 지시 받고 있다.

"이러므로 남자가 부모를 떠나 그의 아내와 합하여 둘이 한 몸을 이룰지로다."(창 2:24)

위 성경구절은 남녀 관계에 있어서 의미심장한 교훈을 제공한다. 우선, 인생의 어떤 시기에 남자는 - 이것은 또 여성에게도 적용되는데 - 부모의 그늘에서 벗어나 독립된 단위의 가정을 이루어야 하는데, 이것이 소위 결혼이다. 또, 결혼의 특징적 핵심은 남자와 여자가 합일을 이루는 데 있고, 이런 합일의 중심에 성적 결합이 포함된다. 따라서 남녀는 결혼의 울타리 내에서만 성교를 행할 수 있고, 이것은 두 사람의 의무이자 특권이다.

결혼과 성교의 긴밀한 연관성을 전제할 때, 우리는 처녀에게 억지로 성 관계를 요구한 남성이 벌금 징수와 더불어 그를 아내로 맞아들이도록 조치한 율법의 규정(신 22:28-29)이나 창기와 더불은 성교 행위가 행위자를 창기와 한 몸으로 만든다고 경고한 내용(고전 6:16)을 이해할 수 있다.

둘째, 남녀의 성적 교섭은 둘 사이의 인격적·심리적 합일을 외형화하는 일인데, 이것은 오직 결혼의 맥락에서만 가능하기 때문이다. 남녀의 하나 됨은 인간의 전 인격을 아우르는 신체적·심리적·영적 성격의 사건으로서 결혼을 통해서만 이루어질 수 있다. 그런데 결혼의 관문을 통과하지 않은 채 이런 양상들 가운데 신체적 측면 - 곧 성교 - 만을 경험하거나 경험하고자 하는 일은 하나님의 법도에 어긋난다고 하겠다. 사실 기독교 지도자들이 이구동성으로 혼전 성교 행위에 대해 경고를 발하는 것은 바로 이런 이유 때문이다.[1]

그리스도인들은 이상의 두 가지 근거에 기초하여 (B)를 주장하는 것이다.

그렇다면 (C)는 어떨까? 이것은 그야말로 "눈 가리고 아웅"하는 격이다. 남녀 간의 이성 교제에서 성교는 기독교적으로 용인될 수 없지만, 그보다 정도가 낮은 각종 스킨십에 대해서는 별 문제가 되지 않는다는 편의주의적이고 쾌락주의적인 사고 방식의 발로이다. 그리하여 두 사람이 온갖 종류의 행위 - 허기트(Joyce Hugget)의 척도[2]에 의거하자면 오랄 섹스, 상호 수음, 심한 페팅 등 성적 색채가 짙은 항목들 - 에 탐닉하면서도 성교만 피하면 된다는 것이다. 이렇게 하면 최소한 이론적 의미에서의 순결을 지키는 것이 된다. 이것을 가리켜 "기술적 순결"(technical virginity/chastity)이라고 한다. 기술적 순결은 근본적으로 성경이 말하는 성적 순결을 왜곡할 뿐 아니라 율법주의적 위선을 도입한다는 점에서 지탄을 받아 마땅하다.[3]

이러한 상황을 고려할 때 필자는 혼전 순결과 관련하여 (B)만을 주장하는 것조차 아주 바람직하다고는 생각하지 않는다. 어구에 대한 정의상으로는 (B)가 맞지만, 그것은 그리스도인이 지켜야 할 최종 한계점을 명시한 것일 뿐 실제 이성 교제에 있어서의 "목표"로 채택될 수는 없다는 말이다. 이것이 "목표"가 되는 경우 실제 상황에서 (B)는 곧장 (C)로 전환되기가 십상이기 때문이다.

따라서 필자는 "혼전 순결"을 이성 교제에서 채택할 목표라는 관점에서 볼 때에는 (A)가 훨씬 바람직하다고 생각한다. 비록 정의상으로는 (A)가 맞지 않을지 모르지만, 실제적으로는 매우 건실하고 또 실효성이 있는 방침이라고 여겨진다.

혼전 순결 서약의 실효성

지금까지 혼전 순결의 의미에 대해 살펴보았으므로, 이제 본격적으로 순결서약운동의 실효성 문제를 다루어보겠다.

오늘날 순결서약운동의 효시는 미국 테네시 주 내쉬빌에 있는 남침례교 소속 튤립 그로브 침례교회(Tulip Grove Baptist Church)의 청년 사역자 리처드 로스(Richard Ross)가 1993년 2월 53명의 청소년을 대상으로 순결 서약을 시도한 것에서 찾는다.[4] 한국에서는 서울 목동에 있는 목산침례교회의 김현철 목사가 1994년 7-8월 중에 전 교인을 대상으로 홍보한 결과 47명의 자발적 서약자를 얻은 것이 순결서약운동의 출발이라고 본다.[5] 현재 순결서약운동은 미국이나 한국이나 신·불신을 막론하고 큰 범위로 퍼져 나갔고, 한국에서도 개교회를 넘어서 그 이상의 단체들 - 한국십대선교회, 기독교가정사역연구소, 한국기독교총연합회 등[6] - 을 주축으로 운동이 확장되었다.

그러면 혼전 순결 서약은 젊은이들이 순결을 지켜 나가는 데 얼마나 실효성 있는 프로그램으로 인정을 받을 수 있을까? 가령 예를 들어, 오늘날 어떤 청년 공동체에서 구성원들의 성적 순결을 보전·향상시키기 위하여 모종의 서약식을 추진하고 있다고 할 때, 당신은 그 계획에 흔쾌한 찬표를 던지겠는가? 아니면 그런 서약의 무용성이나 폐해를 염려하여 극구 반대를 표명하겠는가?

이런 질문에 대해서는 어느 한쪽으로 명쾌히 응수하기가 쉽지 않다. 그 이유는 최소 두 가지이다. 첫째로, 과거 순결 서약의 효과가 제대로 검증되고 있지 않기 때문이다. 미국의 경우에는 순결 서약의 실효성에 대한 연구 결과가 지속적으로 발표되어 왔다. 그런데 연구결과조차 긍정적인 것과 부정적인 것이 섞여 있어 일반인으로서는 건실한 판단을 하기가 쉽지 않다. 긍정적인 연구결과로는 〈성은 기다릴 수 있다(Sex Can Wait)〉 프로그램을 사용한 경우[7]와 Heritage Foundation의 보고자료가 있다.[8] 동시에 부정적 평가를 내린 반대 연구결과 또한 만만치 않다. - 실은 이 수효가 더 많다.[9] - 게다가 한국의 경우에는 순결 서약 이후의 사태 발전에 대한 연구가 전무한 실정이기 때문에 더군다나 더 실효성을 언급하기가 힘들다.[10]

둘째로, 순결 서약을 어떻게 시행하느냐에 따라 그 질이 천차만별일 수 있으므로 찬반 간에 한마디로 확답을 주기가 힘들다. 예를 들어 순결 서약식을 대상자에 대한 사전 교육 없이 집단 행사 치르듯 반 강제로 - 흡사 예전에 군대에서 집단 세례식을 거행하는 식으로 - 수행한다면, 이런 요식 행위는 분명히 커다란 후유증과 심각한 폐단을 빚을 것이므로 필자로서는 적극적으로 말리는 바이다. 그러나 반대로 서약식 전후의 준비와 교육이 철저히 이루어진다면, 무조건적 거부만이 현명한 반응은 아닐 것이다. 이렇듯 순결 서약을 주관하는 이들의 내면적 자세, 경험과 관록, 행사 진행에 따르는 업무 수행 능력 등에 따라 실효성이 크게 좌우된다는 말이다.

위에서 언급한 두 가지 이유 때문에 필자로서는 순결 서약식에 열성적으로 반응하기가 쉽지 않다. 그러나 그렇다고 하여 모든 형태의 서약식이 불필요하거나 해롭다고 평가하는 것도 아니다. 따라서 필자는 순결 서약식에 대해 제한적 유익이라는 평가를 내리고자 한다.

왜 순결 서약은 제한적으로나마 유익할 수 있는가? 우선, 서약의 수립이나 갱신에 관한 성경의 전례가 있기 때문이다. 물론 성경의 의식은 오늘날과 같은 성격의 성적 순결에 초점을 맞춘 것은 아니다. 그러나 이스라엘 백성은 특정한 계기에 모여 언약을 수립하거나 갱신한 적이 여러 번 있었다(출 24:3-8; 수 8:30-35; 왕하 11:17; 대하 15:10-15; 스 7:3). 이러한 공동체적 회집을 통해 이스라엘 백성들이 하나님에 대한 신앙을 다시금 공고히 다짐한 것은, 자신의 몸과 마음을 순결히 지키겠노라고 하나님 앞에 서약하는 것과 비슷한 점이 있다.

또, 여러 사람들 앞에서의 서약을 통하여 순결에 대한 자신의 결심을 확실히 하고 향후 결혼에 이를 때까지 수시로 서약한 바를 되새김으로써 순결에의 결심을 공고히 한다는 이점이 있다.

그러나 물론 이런 공적 서약이 제한적 유익을 산출하려면, 최소 세 가지 사항이 준비되어야 한다. 첫째로, 서약에 참여하는 이들의 자발성이 보장되어야 한다. 모든 서약이 그렇듯이 순결 서약도 그 성과가 극대화되려면 대상자들이 자발적으로 결심하고 참여할 수 있어야 한다. 비록 서약에 대한 홍보는 폭넓게 하는 것이 필요하겠지만, 최종적으로 서약에 참여하는 이들은 지금 자신들이 무엇을 하고 있는지 명확히 의식하는 사람들로 한정되어야 한다.

둘째로, 서약 대상자에 대한 사전 교육이 철저히 이루어져야 한다.[11] 교육 내용은 세부사항에서는 차이가 있을지 몰라도 그 핵심에는 "성경에서 말하는 순결이 무엇인가?", "순결을 지키는 것이 왜 중요하고 유익한가?", "서약 이후 결혼에 이르기까지 어떻게 성행위를 삼갈 수 있는가?" 등에 대한 자세한 안내가 있어야 한다. 교육의 방식도 "강의"에

만 의존하지 말아야 한다. 대상자들이 함께 워크숍과 토론을 겸할 수 있으면 금상첨화
일 것이다. 또 참여 대상은 서약 당사자이지만 적어도 한 번 정도는 서약 당사자의 부모
까지 대동하는 방안을 강구하는 것도 무척 유익하리라고 생각한다.

　셋째로, 서약 이후의 후속 조치(follow-up) 또한 빈틈없이 마련되어야 한다. 아마도 이
조치야말로 순결 서약식의 주최자들이 가장 간과하기 쉬운 항목일 것이다. 그러나 순결
서약이 "서약식"을 개최한 것에서 의의를 찾고 막을 내린다면, 이보다 비극적인 처사도
없다고 해야 할 것이다. 후속 조치는 그 가운데 두 가지 방안을 포함해야 한다. 우선, 서
약자들의 결심과 다짐이 용두사미 격으로 끝나지 않도록 지속적 격려와 자극을 공급해
야 한다. 이를 위해서는 서약자에게 후견인들 - 멘토든, 증인이든 - 을 붙여 주는 것이 필
요하다. 그리고 더 중요한 것은 서약자들이 유혹을 받아 배약(背約)하거나 배약의 위기
에 이르렀을 때, 상담 및 재출발의 기회를 갖도록 지원하는 일이다. 만일 서약자들이 이
러한 고뇌의 상황에서 도움을 받지 못한다면 그들은 죄의식·수치심·허무감 등에 휩싸여
오히려 서약을 하지 않느니만 못한 심리 상태에 빠지고 말 것이기 때문이다.

　지금까지 실효성 있는 순결 서약식이 되기 위해 필요한 사항을 세 가지로 제시했다.
만일 이와 같은 세 가지 사항이 제대로 준비된다면, 순결 서약 역시 청년 그리스도인들이
순결을 지켜 가는 데 비록 제한적으로나마 기여가 가능하다고 생각한다.

주

1   Stanley J. Grenz, *Sexual Ethics: An Evangelical Perspective* (Louisville, Kentucky: Westminster John Knox Press, 1990), pp. 84-8; Lewis B. Smedes, *Sex for Christians: The Limits and Liberties of Sexual Living*, rev. ed. (Grand Rapids, Michigan: William B. Eerdmans Publishing Company, 1994), pp. 109-113.

2   허기트는 남녀 간 스킨십의 정도를 "손잡기 --〉 포옹 --〉 꼭 껴안기 --〉 입맞춤 --〉 오랜 입맞춤--〉 페팅 --〉 심한 페팅 --〉 상호 수음 --〉 오랄 섹스"의 9단계로 나누었다 [Joyce Hugget, *Just Good Friends: Growing in Relationships* (Leicester, England: Inter-Varsity Press, 1985), p. 91.]

3   Lewis B. Smedes, 앞의 책, p.114; John White, *Eros Defiled: The Christian & Sexual Sin*(Downers Grove, Illinois: Inter-Varsity Press, 1977), pp. 52-4. Donald Goergern은 조금 다른 맥락에서 physical virginity - 이는 거의 technical virginity에 맞먹는 개념이다 - 의 문제점을 지적한다 [*The Sexual Celibate* (New York: The Seabury Press, 1974), pp.132-5].

4   Sharayah Colter, "True Love Waits returns to where it began 20 years ago," *Baptist Press*(Feb 7, 2013), p.1.

5   박태욱, "순결 서약 운동의 기원과 현황," 「활천」(활천사, 1996년 5월), pp.29-30.

6   앞의 책, p.31.

7   George Denny and Michael Young, "An Evaluation of an Abstinence-Only Sex Education Curriculum: An 18-Month Follow-up," *Journal of School Health*, Vol. 76, Iss. 8 (October 2006): 414-22.

8   hristine C. Kim and Robert Rector, "Evidence on the Effectiveness of Abstinence Education: An Update," *Executive Summary Backgrounder*, No. 2372 (February 19, 2010): 1-23.

9   대표적인 예로써, Peter S. Bearman and Hannah Brückner, "Promising the Future: Virginity Pledges as they Affect Transition to First Intercourse," *American Journal of Sociology*, Vol. 106, No. 4 (January 2001): 859-912; *Idem*, "After the Promise: The STD consequences of ado-lescent virginity pledges," *Journal of Adolescent Health*, Vol. 36, Iss. 4 (April 2005): 271-8; Ja-net E. Rosenbaum, "Reborn a Virgin: Adolescents' Retracting of Virginity Pledges and Sexual Histories," *American Journal of Public Health*, Vol. 96, No. 6 (June 2006): 1098-1103; *Idem*, "Patient Teenagers? A Comparison of the Sexual Behavior of Virginity Pledgers and Matched Nonpledgers," *Pediatrics*, Vol. 123, No. 1 (January 1, 2009): e110-e120 등이 있다.

10 순결 서약의 교육 효과에 대해서 그래도 꽤 신빙성 높은 연구 논문이 있었지만 [전명희, "기독대학생들의 순결서약교육 참여효과에 대한 연구," 「기독교 교육정보」 제30집(한국기독교교육정보학회, 2011년 9월): pp.243-71], 이 경우에조차 순결 서약의 실제적 효과에 대한 추후 연구는 하지 못했음을 안타까이 밝히고 있다(앞의 책: pp.265-6).

11 한동대 학생들을 대상으로 한 교육 내용에 대해서는, 전명희, "기독 대학생들의 순결서약교육 참여효과에 대한 연구" p.255를 참조하라.

참고자료

이상원 외 2인, 『교회의 성(性), 잠금 해제?』(서울: 한국 교회탐구센터 및 IVP, 2014).

Joyce Huggett, *Just Good Friends: Growing in Relationships* (Leicester, England: Inter-Varsity Press, 1985).

Stanley J. Grenz, *Sexual Ethics: An Evangelical Perspective* (Louisville, Kentucky: Westminster John Knox Press, 1990).

글쓴이   송인규 소장은 합동신학대학원대학교에서 조직신학을 가르쳤으며, 현재는 한국기독학생회(IVF)의 유관 연구소인 한국교회탐구센터의 소장으로 활동하고 있다.

품위 있는 죽음(Death with Dignity)

우리 주위에 산재해 있는 고층 건물에는 1층, 2층, 3층 그 다음에 4층이 없다. 많은 건물들이 4층 대신 F층이라고 표시해 놓고 있다. 이것은 4층의 "4" 자가 죽을 "사"(死) 자와 발음이 같기 때문이다. 이것은 죽음은 입 밖에 꺼내기조차 싫다는 뜻이다. 이렇게 죽음이 우리 존재의 엄연한 사실임에도 불구하고 죽음을 멀리하고 죽음에 대한 담론을 꺼리는 것은 죽음을 터부(taboo)시하기 때문이다. 죽음을 터부시한다는 것은 잠재의식이나 무의식적으로는 죽음을 인식하고 또 한편 죽음을 불안해 하면서도 그러나 실상은 의식적으로 죽음을 멀리하고, 기피하고, 심지어 죽음에 대해서 말하는 것조차 꺼리는 것을 말한다. 이것은 죽음이 가져다 주는 두려움과 죽음으로 인하여 부정 타는 것을 멀리하려는 방어기제가 강력하게 발동하기 때문이다. 그래서 이러한 터부시 때문에 사람들은 자기가 사는 동네에 병원 영안실이나 공원묘원 같은 것이 새로 들어오려 할 때 이것을 집단적으로 거부한다. 이것은 일종의 NIMBY(not in my back yard)신드롬이기도 하지만 그 기저에는 영안실이나 공원묘원 같은 것을 일종의 혐오시설로 보는 인식이 깔려 있다. 그것을 혐오시설로 보는 것은 죽음을 가까이서 보고 싶지 않다는 터부의 마음이 있기 때문이다.

뿐만 아니라 현대사회는 사람이 죽었을 경우에 죽음을 우리의 생활 속에서 내몰고 있으며, 그래서 객관화, 물상화, 상업화하여 전문 직업인에게 맡겨 버리고 있다. 그 외에도 우리의 생활관습에서 죽음을 터부시하는 현상은 아주 많으며, 개인적으로뿐만 아니라 집단적으로도 죽음의 현실에 대하여 거부반응을 불러일으키는 경우도 우리 사회에서는 비일비재하다. 한마디로 말해 지금 우리의 한국 사회는 죽음을 죽여 버렸다. 그러나 죽음을 죽여 버리면 삶도 덩달아 죽어 버린다. 우리는 죽음을 통하여 오히려 삶을 더욱 더 아름답게 할 수 있다. 결국 죽음에 관한 모든 이야기는 진정으로 삶을 위한 이야기이다.

서구사회를 보면 그들은 죽음과 많이 친숙해 있다. 공동묘지는 그들의 동네 한가운데 있으며, 특히 대부분의 교회들은 그 앞뜰에 교회 묘지를 만들어 놓고 있다. 이것은 그들이 죽음을 그들의 삶의 일부로 받아들이고 있기 때문이다. 그러므로 우리도 죽음과 친숙해지기 위해서 가장 중요한 것은 죽음은 우리의 엄연한 실존이며, 삶의 일부라는 사실을 깨닫고 그것을 받아들이는 일이다.

김열규 교수는 『메멘토 모리』(memento mori : 죽음을 기억하라)라는 책의 서문에서 "죽음을 잊으면 삶도 덩달아 잊혀진다."라고 말하고 있다. 이 말은 죽음을 우습게 보면 삶도 우스워진다는 것이다. 죽음을 가볍게 생각하면 삶도 경박하고 가벼워질 수밖에 없다는 것이다. 다시 말하면 죽음을 우리의 전 존재로서 받아들이지 아니하면 삶을 통전적으로 온전히 살아내지 못하는 것이 된다는 것이다. 이런 의미에서 우리는 죽음을 다시 생각해야 한다.

한국인의 죽음관

죽음의 문제는 종족과 문화를 뛰어넘어 모든 인간의 보편적인 주제이다. 한국인이라고 해서 특별히 그러한 보편성에서 벗어나는 것은 아닐 것이다. 그러나 오늘날 한국인의 삶과 죽음의 문제에 대한 인식과 태도는 사실상 심각한 수준에 이르고 있다. 이 말은 죽음을 죽음으로 내몰고 있다는 말이다. 오늘날 급변하는 시대 속에서 이 땅에 드리우고 있는 죽음을 죽이는 어두운 그림자를 몰아내고 품위 있는 죽음을 드러내야 한다.

죽음은 단순한 종말이 아니다. 인간은 죽음이 있으므로 삶의 의미를 갖기 때문이다.

그리고 죽음은 삶의 완성에서 오는 결과와 밀접한 연관성을 지니고 있다. 즉, 죽음은 이 세상을 보람 있게 잘 산 사람에게는 결코 두려움의 대상이 아니며 오히려 죽음이 새로운 희망이라는 사실이다. 이것은 가장 힘 있고 능력 있는 진리인데도 죽음을 터부(taboo)시하는 문화 속에서 죽음은 계속 사장되어 왔다.

전통적인 우리의 죽음의 관념 가운데서도 끈질기게 남아서 우리를 괴롭히고 있는 것이 두 가지가 있는데, 그것은 공포(恐怖)와 부정(不淨)이다. 이 때문에 사람들은 죽음을 애써 이화하고 퇴화시키고 있는 것이다. 상문살(喪門煞), 곧 상가에 다녀온 뒤 당하게 되는 살은 살 중에서도 가장 무섭고 위협적인 살이다. 이 경우, 아예 상가 자체가 살(煞)로 간주되어 있을 가능성을 무시하지 못한다. 부고(訃告)를 집안에 들이지 않는 풍습은 지금도 지켜지고 있거니와 이들 보기에서 죽음은 살(煞)과 부정(不淨)을 한꺼번에 뒤집어쓰고 있는 것으로 보인다. 부정(不淨)은 필경 살을 불러오고 액이 되고 하기 때문이다.

우리 조상은 죽음을 크게 양대분하여 생각하는데, 하나는 갈 길을 간 죽음이고, 다른 하나는 갈 길을 못 간 죽음이다. 전자는 호상(好喪)의 죽음이고 후자는 악상(惡喪)의 죽음이다. 호상은 수를 누릴 만큼 누릴 것, 그러면서도 부귀와 영화를 누릴 것, 거기다 더해서 자식 복에 후손의 복도 누릴 것, 독한 병을 앓지 않고 편히 잠드는 듯이 임종할 것, 임종은 제 집에서 하되 자식들이 모두 지켜보는 가운데서 할 것, 여한이 없을 것 등 이처럼 많은 충분하고도 필요한 조건을 갖추어야만 했다. 그런데 이러한 호상의 죽음이 아니라 악상의 죽음이 우리에게 공포와 두려움을 주고, 이러한 죽음에 부정을 타면 위험천만한 삶이 된다고 생각했기 때문에 우리 민족은 일찍이 죽음을 저편으로 내모는 의식을 갖게 되었다.

이처럼 우리들은 전통적으로 죽음은 부정(不淨)을 탈 수 있는 것이며 그래서 이것을 한없이 공포(恐怖)스러운 것으로 생각해 왔다. 이런 이유로 지금도 부고를 집안에 들여놓지 않는다. 상고대 한반도의 북부 주민들이 사람이 죽으면 이내 집을 태워 없애 버린 바로 그 당시부터 죽음은 부정(不淨)이었다. 민속에서 지켜진 소위 상문살(喪門煞) 역시 죽음의 부정(不淨)과 연관되어 있다(김열규·김석수·박선경·허용호, 2001). 아기의 죽음과 처녀 총각 등 미성년자의 죽음이 철저하게 억압당한 것은 살아남은 자들의 공포심 때문이었고, 또한 그 죽음에 오염되지 않기 위해서였다. 이들 죽음은 삶이 미완이었던 만큼 모자라는 것으로 간주된 데다 그 미완의 의식이 불러들인 여한(餘恨)으로 말미암아 공포(恐怖)스러운 죽음의 범주 맨 앞에 내세워졌다. 따라서 그들은 제대로 된 무덤의 영역에서 쫓겨났다. 되도록 외딴 곳에 내버려지다시피 파묻어지는 것이 보통이었다. 상례를 치르는 것도 아니고 관에 넣는 것도 아니다. 가마니나 거죽에 말아서는 지게에다 얹고는 무덤 자리로 날랐다. 심한 경우는 얼굴이 땅을 보게 하고는 엎어서 묻기까지 했다. 그러고도 모자라서 봉분도 제대로 쌓지 않은 흙문이 위로는 큰 바위를 엎었다. 철저하게 세상을 보지도 말고, 세상을 나다니지도 말라는 억압의 표현이다. 더 심한 경우 옹기 속에 넣어서 팔다리를 묶은 채로 묻어서 죽음을 억압하기도 하였다.

이와 같은 죽음에 대한 공포(恐怖)와 부정(不淨)의 개념은 정화되지 못한 채 오늘날까지 이어지고 있는데, 그것이 죽음에 대한 무관심, 억압 그리고 침묵, 혹은 터부시하는 현상으로 나타나고 있는 것이다. 그래서 실상 죽음은 너무나 자연스럽고, 우리 모두가 가야 할 길인데도 이 죽음을 다시 한 번 죽여 버리고 삶의 저편으로 내모는 의식과 관습을 갖게 된 것이다.

그런데 문제는 이렇게 죽음이 인간에게서 멀어짐에 따라 '나'는 '나'에게서 멀어지고, 인간의 본래적 의미는 흐려지는 것임을 우리는 잘 알아야 한다. 죽음에 관한 그 의미가 희미해질수록 죽음뿐 아니라 태어남과 삶의 본질적 의미도 모호해지고, 우리의 관심권 밖으로 밀려날 수밖에 없는 것이다. 그래서 진정한 의미에서 '나'는 이미 존재하지 않게 되는 것이다. 그래서 오늘날 사람들은 죽음을 외면하고 죽음을 죽여 버렸다가 결국 끝내 나를 덮치고 마는 엄습하는 노상강도 같은 꼴의 죽음을 나의 죽음으로 맞이하고 있다. 이런 죽음은 그야말로 의미 없는 죽음이며, 죽음의 품위를 상실한 죽음(death without dignity)이다. 너무나 안타깝게도 오늘날 이러한 죽음이 온 세상에 널려 있다.

그러나 품위 있는 죽음(death with dignity)이 없으면 품위 있는 삶도 있을 수 없다. 우리는 이렇게 죽음을 죽임으로 우리는 삶에서의 진지성이나 성실성, 애절함이나 절박함도 다 상실해 버렸다. 죽임을 죽임으로 삶도 죽이고 있다는 말이다. 죽음을 가장 중요한 주제로 다루고 있는 종교에서조차 죽음은 내몰리고 있다. 너무 쉽게 제시하는 피안성이나 불사(영혼불멸)의 개념 때문에 마치 죽음을 없는 것처럼 착각하게 만들어버린다. 이렇듯 대부분의 종교들은 죽음을 피안의 세계로 돌려버렸다. 이 말은 죽음을 죽지 않고 저

세상으로 가게 만든다는 말이다.

그러나 죽음은 그렇게 쉽게 피안의 세계로 돌려버릴 주제가 아니다. 지금 당장 여기로 죽음을 가져와야 한다. 죽음을 지금 여기 우리의 삶의 현장으로 가져와야만 우리의 생도 진정한 삶이 될 수 있다. 죽음으로 인하여 삶은 오직 일회성으로 제한되고 말지만, 이 죽음으로 한계 지워지는 삶의 일회성이야말로 생의 진지함이나 의미 혹은 열정의 근거가 될 수 있는 것이다. 오직 한 번뿐이니까 성실하고 진지해야 하는 삶, 이것이 바로 죽음이 안겨 준 선물이다.

죽음의 의미

인간은 죽는다. 이것은 우리 인간 존재의 엄연한 현실이다. 그러므로 인간은 죽음을 거부할 수도, 회피할 수도 없다. 그가 어떤 존재이건, 무엇을 가졌건, 어떤 위치에 있건 죽음은 우리 앞에 반드시 다가온다. 하이데거가 말한 '죽음에로의 존재'(Sein zum Tode)란 바로 이것을 인식시켜 주는 명제이다. 이 말은 결국 인간은 종말론적인 존재이며, 한계 내 존재임을 깨닫게 해 주는 말이다.

그러나 이러한 인식은 우리의 삶에 있어 부정적이거나 우리를 절망 가운데 빠트리는 그 어떤 것이 아니라 오히려 우리의 삶을 풍요롭게 해 주고 삶을 삶답게 만들어 주는 인식이다. 왜냐하면 유한을 경험함으로써 우리는 무한을 꿈꾸며, 한계를 인식함으로써 새로운 도전의식을 갖게 되기 때문이다. 그리고 유한하고 제한된 생애의 조건 때문에 우리는 오히려 삶에 대한 진지성과 절박성을 회복할 수 있기 때문이다.

그러므로 우리가 죽음을 홀대하거나, 죽음을 무시하거나, 죽음을 삶의 언저리로 내몰게 되면 실상 우리의 삶에는 아주 치명적인 결과가 찾아오게 된다. 죽음이 인간에게서 멀어짐에 따라 나는 나에게서 멀어지고 인간의 본래적 의미는 흐려지는 것임을 우리는 잘 알아야 한다. 이 말은 죽음을 우리의 삶에서 빼어버리면 나의 존재 자체가 흔들리게 되는 것이며, 진정한 의미에서 나는 나가 될 수 없다는 것이다. 죽음에 관한 그 의미가 희미해질수록 죽음뿐 아니라 태어남과 삶의 본질적 의미도 모호해지고 우리의 관심권 밖으로 밀려날 수밖에 없는 것이며, 진정한 의미에서 나는 이미 존재하지 않게 되는 것이다. 나아가 죽음을 인식하지 않음으로 인해서 우리의 삶은 지나친 욕심과 경쟁으로 흐르게 되고 죽음을 향해 달음질쳐서 결국에는 안타까운 종말을 맞이하게 되는 것이다.

이것은 한 개인의 인생 전체를 두고 볼 때 참으로 안타까운 모습이 아닐 수 없다. 죽음을 알고 자기가 지금 죽어가는 것을 인식하고, 그래서 마지막 순간에 사랑했던 사람들과 하직인사도 하고 유언도 남기고 삶을 정돈하고 죽음을 맞이해야 할 텐데 오늘날 수많은 사람들이 너무나 안타깝게도 자신이 죽는 줄도 모르고 죽어간다는 것이 현실이다. 전혀 죽음을 인식하지 못하다가 마치 노상강도 당하는 꼴의 죽음을 맞이하는데 죽음학에서는 이러한 죽음을 '품위 없는 죽음'(death without dignity)이라고 부른다. 오늘날 이 세상에는 바로 이 품위 없는 죽음이 이곳저곳에 널려 있다.

그러므로 지금부터 우리는 더욱 더 죽음에 대하여 이야기해야 하고 죽음에 대한 이야기를 들어야 한다. 죽음에 대한 담론을 새롭게 시작해야 한다는 말이다. 우리의 생은 70년이면 25,550일이고 80년이면 29,200일에 불과하다. 이렇게 우리의 인생의 날 수를 실제로 계산해 보면 우리는 아찔함을 느낀다. 생각보다 우리의 날 수가 짧고 그리고 이미 살아와 버린 우리의 날들을 빼고 나면 우리의 남은 날 수는 더더욱 짧기 때문이다.

그러나 이렇게 한계 지어진 우리의 삶의 시간이 오히려 우리의 삶을 더욱 더 진지하게 만든다. 반대로 우리의 삶은 죽지 않고 영원하리라는 막연한 생각은 삶의 진지성을 빼앗아가 버린다. 이 말은 마지막이 있기에 우리의 삶은 더욱 더 진지해진다는 말이다.

그래서 우리는 종말이 있음을 기억하고, 아직도 생명이 있을 동안에 절박한 심정을 가지고 지금까지와는 전혀 다른 새로운 삶을 살아가며, 자타에 대한 긍정적인 태도를 가지고, 개방적 자세로서, 진정으로 사랑하며 살아야 한다. 이런 삶을 살다가 언젠가는 홀연히 다가올 죽음을 초월적인 자세로 맞이한다면 바로 이러한 죽음을 가리켜 '품위 있는 죽음'(death with dignity)이라 부를 수 있는 것이다.

그러므로 죽음에 대한 담론을 주창하는 것은 결국은 잘 살자는 이야기이다. 이 말은 우리가 죽음을 의식하며 살아가면 살아갈수록 참 아름다운 삶을 살 수 있게 된다는 말이다. 그래서 웰다잉(well-dying)은 곧 웰빙(well-being)이다. 우리는 죽음을 통하여 삶을 본다. 죽음을 인식함으로 삶의 절박성과 애절함을 회복할 수 있다. 이처럼 죽음에의 이야기는 결국 삶에의 이야기이다. '메멘토 모리'(memento mori), 죽음을 기억해야 한다. 종말을 받아들이며 종말을 준비하며 살다가 품위 있는 종말(death with dignity)을 맞이하는 것은 우리의 엄숙한 마지막 사명이다.

우리는 두 가지의 종말을 앞에 두고 살아가고 있다. 한 가지는 개인의 종말인 죽음의 사건이요, 다른 한 가지는 역사의 종말인 재림의 사건이다. 어느 종말이 먼저 다가오는지는 아무도 모른다. 그러나 이 두 가지 종말은 우리의 엄연한 현실이며, 언젠가는 우리에게 다가올 것이다. 그러므로 종말을 받아들이며, 종말을 준비하며 살다가, 품위 있는 종말(death with dignity)을 맞이하는 것은 엄숙한 우리의 마지막 사명이다.

우리는 주님의 말씀을 기억해야 한다. 요한복음 9장 4절에서 주님은 이렇게 말씀하셨다. "때가 아직 낮이매 나를 보내신 이의 일을 우리가 하여야 하리라 밤이 오리니 그 때는 아무도 일할 수 없느니라." 그렇다. 우리는 지금 아직은 낮에 살아가고 있다. 그러나 밤은 속히 올 것이다. 밤이 오면 아무것도 할 수 없다고 주님은 말씀하신다. 그러므로 아직도 낮일 동안에 절박한 심정을 가지고 사랑하고, 충성하며, 아름다운 삶을 살아가야 한다.

바울은 마지막 순간에 이르렀을 때에 자신의 삶을 돌아보며 참 아름다운 고백을 하였다. "관제와 같이 벌써 내가 부음이 되고 나의 떠날 기약이 가까웠도다 내가 선한 싸움을 싸우고 나의 달려갈 길을 마치고 믿음을 지켰으니 이제 후로는 나를 위하여 의의 면류관이 예비되었으므로 주 곧 의로우신 재판장이 그 날에 내게 주실 것이니 내게만 아니라 주의 나타나심을 사모하는 모든 자에게니라."(딤후 4:6-8) 이 얼마나 아름다운 고백인가? 우리도 죽음 앞에 겸허히 옷깃을 여미고 살다가 홀연히 마지막 순간이 다가올 때 결코 후회스런 고백이 아니라 바울과 같은 고백을 할 수 있어야 하겠다.

그런데 역사 속에 가장 귀하고 아름다운 죽음은 바로 우리 예수님의 죽음이다. 그분은 마지막에 이런 말씀을 하셨다.

"예수께서 신 포도주를 받으신 후 가라사대 다 이루었다 하시고 머리를 숙이시고 영혼이 돌아가시니라."(요 19:30)

우리 예수님은 이 세상에 오셔서 짧고 짧은 33세의 생을 사셨지만 그분은 이 세상에 오신 모든 삶의 목적을 다 이루셨다. 그래서 그분의 마지막 말씀은 "다 이루었다"라는 말씀이었다. 이 짧으면서도 장엄한 한마디는 십자가상에서의 예수님의 죽음이 인간 역사의 절정이요, 인류의 모든 희망의 근거라는 사실을 온 세상에 천명하는 대 선언이었다. 얼마나 멋있는가? 예수님의 사역을 이렇게 표현해서 어떨지 모르겠지만, 인간적으로 생각해도 정말 멋있는 삶이 아닐 수 없다. 한마디로 예수님에게 있어서 그분의 죽음은 육신적 생명의 한 완성이었다. 죽음으로써 예수님은 삶을 완성하신 것이다.

이제 우리도 마지막 순간에 예수님처럼 내가 이 세상에 태어난 하나님의 목적을 다 이루어 드렸다고 고백할 수 있는 바로 그런 삶을 살다가 아름다운 죽음, 품위 있는 죽음(death with dignity)을 맞이할 수 있어야 하겠다. 죽음을 의식하며 살아가면 참 아름다운 삶을 살 수 있다. 죽음을 이야기하는 것은 결국은 잘 살자는 것이다. 그래서 웰다잉(well-dying)이 곧 웰빙(well-being)이다.

| 글쓴이 | 김대동 목사는 장로회신학대학교 겸임교수이며, 한국가족상담협회 상담감독, 미래목회포럼 포럼좌장으로 활동하고 있다. |

03-5 사형제도와 인간의 존엄성, 어느 것이 중요한가?

우리나라는 사법제도의 양형에서 사형제도는 있으나 1997년 이후 15년 동안 사형이 집행되지 않은, 사실상 사형제도 폐지국가이다. 15대 국회부터 18대 국회까지 사형제도 폐지 특별법안이 발의되어 사형제도 폐지에 대한 공감대가 형성된 것도 사형집행을 하지 않은 데 일조하였다.

2012년 12월 20일 유엔(UN)총회에서도 사형제도 운용에 대한 사형집행 유예 결의안 채택에 사형제도 모라토리엄 결의안을 채택한 바 있는데 이는 모든 유엔(UN)회원국에게 사형제도 폐지를 목표로 사형집행을 중단, 유예를 촉구하는 것이다.

현재 19대 국회에서는 여야 의원들이 뜻을 모아 사형제도 폐지 특별법 발의를 준비 중에 있다. 사형수 출신인 새정치민주연합 유인태 의원을 중심으로 새누리당 정갑윤 국회부의장, 정두언 의원, 새정치민주연합 박지원 의원, 정의당 심상정 의원 등이 각 당의 대표 발의자가 되어 국회의원 과반수 이상의 공동발의를 추진하고 있다.

사형제도의 폐지에 대한 근거는 무엇인가?

사형제도 폐지를 주장하는 사람들이 제시하는 근거는 무엇인가?

첫째, 범죄 예방과 효과가 미비하다. 사형제도가 다른 형벌에 비해 효과적인 범죄 억제력이 있다는 것을 입증하는 데 있어서 여러 연구에도 불구하고 계속 실패하고 있다.

사형제도와 살인율의 상관관계에 관한 근래의 연구조사는 유엔이 실시한 1988년과 2002년도 조사이다. 이 두 차례의 연구는 다음과 같은 결론을 내렸다.

"사형제도가 종신형과 같이 그 위험도가 떨어진다고 간주되는 다른 형벌에 비해 보다 큰 살인 억제력을 가진다는 가설을 수용하는 것은 신중하지 못한 자세이다."

위의 내용에 의하면 사형제도로 살인율을 감소시킬 수 있다는 믿음은 환상이라 할 수 있다. 멀리 있는 사형제도의 공포가 범죄현장에서 범죄자의 범행의도를 제어하지 못한다. 범죄자가 두려워하는 것은 목전의 체포와 처벌에 대한 위협과 조여오는 정밀한 수사망이다. 사형의 위협이 실제적으로 실감된다면, 그것을 면하기 위한 후속범죄는 더욱 잔혹해질 수도 있다. 범죄의 악순환적 고리를 끊는 데 있어서 사형은 그다지 효험이 없다. 사형제도를 폐지한다고 살인율이 늘지도 않으며 오히려 살인이 줄어드는 경우가 더 많다. 미국의 경우 한때 사형의 살인억제효과를 신봉하여 70년대 후반부터 사형 건수를 매년 늘려왔으나 그와 상관없이 살인사건은 날로 늘어나는 추세다.

사형제도를 폐지한 나라들 중 일부는 오히려 범죄율이 감소하고 있거나 존치국과 비슷한 수준의 범죄율을 보이고 있다. 사형제도 폐지와 범죄율의 상관관계에 대하여 1988년과 2002년의 유엔 연구는 다음과 같이 말하고 있다.

"통계수치들이 일관되게 말해 주는 것은, 사형제도에 대한 의존도를 줄인다 하더라도 급작스럽고 심각한 변화가 일어날 것이라는 두려움을 가질 필요가 없다는 것이다."

둘째, 죄의 경중을 떠나서 사형제도는 인간의 존엄성을 훼손한다. 인간이 같은 인간을 형법의 이름으로 처벌하는 행위가 과연 어떤 권위에 근거한 것인지 묻지 않을 수 없다. 인간 존엄성은 현대사회의 공통된 이상이며 약속이다. 인간 존엄성은 모든 사회에서 모든 인간에게 공통적으로 주어진 것이다. 따라서 존엄성을 능가하거나 대체하는 논리는 없다. 그렇다면 존엄성은 기본적으로 유지되어야 한다. 국가도 인간 존엄성에 기초해서 유지되고 다스려져야 한다.

국가가 성립하기 이전에도 인간은 존엄성의 주체로서 이런 존엄성을 절대적으로 누리게 되었다. 이 점에서 인간은 언제나 자기 존재성과 목적성을 절대적으로 누리게 되는 것이다. 공동체는 인간이 같이 모여 사는 합당한 근거를 제시해야 한다. 이 점에서 인간은 이런 공통성을 제도를 통해 집행하게 된다. 우리 모두가 존엄한 인격의 주체라는 것을 인정할 때만 비로소 삶의 가치를 갖고 살게 된다.

셋째, 사형제도 폐지를 위한 국제적인 합의가 이루어지고 있다. 최근 몇 년 전부터 사형제 폐지를 위한 국제적 합의가 이루어지고 있는 것은 큰 발전 중 하나이다. 유럽인권협약 제6의정서는 평화 시 사형제도를 금지하고 있으며, 시민의 정치적 권리에 관한 국제협약 제2선택 의정서와 미주인권협약 의정서는 모든 범죄에 대해 사형을 금지하고 있으나 원하는 국가에 한해 전쟁범죄와 같은 전시에 대해 예외 규정을 둘 수 있도록 허용하고 있다. 유럽인권협약 제13의정서는 전시와 평화 시 등 모든 경우에 대해 사형제도를 금지하고 있다.

넷째, 사형 집행의 비인도적인 잔혹함과 집행자들이 느끼는 양심의 가책 때문이다. 사형제도는 생존하고자 하는 의지와 고통 속에 살고 있는 인간본능을 짓누른다. 누구나 사형을 집행하거나 목격해서는 안 되며 어느 누구에게도 사람의 생명을 빼앗을 권한이 부여되어서는 안 된다. 모든 사형방법은 잔혹하며 모든 사형은 잘못 집행될 가능성이 있다. 약물주입형이 그나마 "인간적"인 사형방법이라는 생각은 어리석은 것이다. 사형수는 여전히 예정된 죽음의 순간을 기다리는 극도의 공포심으로 인한 고통을 당하고 있다.

다섯째, 사형제도는 악용되거나 법집행 과정에서 오판의 소지가 높다. 역사적으로 볼 때, 사형제도는 특별히 정적 숙청이나 정권 유지의 도구로써 기득권층이 자신들에게 유리하도록 적용했다. 이는 사형제도가 사회적 약자들에게 차별적으로 가해지는 경향이 있음을 의미하기도 한다. 무엇과도 바꿀 수 없는 개인의 생명이 만에 하나라도 희생당한다면 이는 잘못된 것이다. 더욱이 사형제도가 존재하는 한 무고한 사람을 형 집행할 오류는 절대 없앨 수 없기 때문에 사형제도는 폐지되어야 한다.

사형제도 폐지에 대한 반대의견

　그렇다면 사형제도를 반대하는 사람들이 제시하는 근거는 무엇인가?

　첫째, 사형제도로 인한 범죄예방효과가 있다. 헌법정신은 소수의 희생으로 절대다수의 행복추구권을 보호해야 할 엄연한 의무가 있다. 살인한 자에게는 관용을 인정하고, 피살자의 억울함을 해소하기 위한 형벌로서의 사형제도를 인정하지 않는 것은 형평성에도 모순이 된다. 형벌의 본질이 응보에 있으므로 극악한 범죄인에게는 사형을 선고하지 않을 수 없다. 사람의 생명을 끊는 범죄에 대해서 이에 상응하는 형벌이 필수적인 것은 당연한 논리(형벌등가비례의 원칙)인 것이다. 생명은 인간이 가장 애착을 느끼는 것이므로 사형의 예고는 범죄에 대한 강력한 억제력을 가진다. 형벌만큼 범죄억지효과가 없는 세법이나 교통법규의 금전적 제재에도 그 나름대로의 범죄억지효과가 있다는 점을 고려한다면 가장 중한 형벌인 사형의 범죄예방효과는 간접적으로 입증 된다.

　둘째, 범죄 피해자에 대한 인간 존엄성 문제 때문이다. 현실적으로 선량한 시민들의 생명과 권리를 보호하기 위해 사회악은 제거되어야 한다. 인간은 사회적 동물로서 사회를 유지하고 발전시켜 나가려면 그가 속한 사회의 규범을 따라야 하며 규범을 어기는 사람들에게는 거기에 상응하는 형벌을 가하지 않을 수 없다. 사형제도는 개인적 보복이라는 악순환을 막아 준다. 과거에는 등가 보복했지만 오늘날에는 개인의 보복을 나라에 위임해 객관적인 판단과 기준에 따라 사형이라는 제도를 운영한다. 만약 범인의 인권을 지나치게 강조해서 형벌의 목적을 교육형에만 둔다면 아무리 많은 사람을 죽여도 절대로 사형되지 않는다는 확신을 살인범에게 심어 줄 것이다.

　셋째, 사회의 질서 유지와 국민의 지지가 있다. 사형제도를 존치함으로써 중대한 범죄나 포악한 범죄에 대처할 수 있으며, 국가적 질서 유지와 인류적 문화 유지가 가능하다. 이는 인간 생명의 존중과 그 보호를 목적으로, 범죄자 개개인의 생명보다는 전체 국민의 생명과 재산의 가치가 더 중요하다는 것으로써, 사회방어를 위해서 사형을 존치해야 한다고 주장하는 것이다. 흉악범이 날로 증가하는 현재의 상황에서 만약 사형제도 폐지를 입법한다면 이는 흉악범이라도 그 생명만은 보장되기에 국민의 법 정서와 맞지 않는다.

넷째, 사형제도의 폐지는 시기상조이다. 미래지향적으로 사형은 폐지되어야 할지 모르나 현실의 단계와 여건 하에서는 국민정서나 사회적 발전단계로 보아 폐지가 곤란하므로 존치시켜야 하고 점진적으로 폐지하자는 주장이다. 이는 사형제도의 존폐 문제는 해당 국가의 정치적, 사회적, 경제적, 문화적 제기반과 결부시켜 상대적으로 논의되어야 한다는 점에 있어서 사형제도의 폐지는 시기상조라는 주장이다.

다섯째, 사형제도는 사법적 정당성을 보여 준다. 인간의 존엄성 수호를 최고 가치로 하는 헌법의 자유민주적 이념상 인간의 생명에 대한 권리는 그 규정의 흠결에도 불구하고 하나의 자연권적 기본권으로서 부정될 수 없다고는 하겠으나, 생명권이라고 하여 그 자체로서 무한정하게 인정되어야 하는 속성을 가졌다고는 볼 수 없다. 따라서 그 생명권이 다른 생명권을 불법하게 침해할 경우에는 사회 규범적 가치판단이 개입하게 되는 제약을 면하지 못한다. 이러한 관점에서 사형제도는 바로 우리 헌법에서 예상하고 있는 형벌의 한 종류로서 헌법 질서에 반하지 아니하는 것이다.

성경적 관점에서 바라본 사형제도와 인권의 가치관

그렇다면 기독교인은 사형제도를 어떻게 바라봐야 하는가?

구약시대에는 하나님의 명령에 따라 율법에 명시된 엄격한 사형제도가 있었다. 그러나 신약시대에 와서는 "사랑은 율법의 완성"이라는 예수님의 가르침에 따라 사형이라는 극형은 존재하지 않는다. 사형제도는 하나님이 주신 인간 생명의 존엄을 간과한 제도가 될 수 있다.

여론이나 사회 분위기에 따라 범죄의 처벌 수위가 달라진다면, 문제는 심각해진다. 흉악범죄가 발생하면 사형제가 논의되고 여론이 판결에 영향을 미치게 된다. 그러면 헌법재판소에서 사형제에 합헌 결정을 내리게 되고 이를 둘러싼 논쟁은 기름을 끼얹은 격이 될 것이다. 그러면 사형제도는 종교, 철학 및 사회감정이 복잡하게 얽힌 테마가 되며, 존치파와 폐지파는 각양각색의 논점을 갖고 대립할 것이다. 사형제도를 유지하는 국가에서는 존속론을, 사형제도 폐지를 주장하는 국가에서는 폐지론을, 이미 사형제도를 폐지한 국가에서는 제도의 부활에 찬성하는 부활론을, 혹은 그것에 반대하는 폐지유지론이 존재할 수도 있다.

사형제의 존폐는 국민적 합의에 기초하여 입법으로 결정해야 한다. 일반적으로 사형제도에 반대하는 사람들은 사형수에게도 인권이 존재한다고 주장하고 사형제도에 찬성하는 사람들은 그렇지 않다고 주장하여 논란이 가열되곤 한다.

기독교 신앙관에 따라 개인적으로는 사형제도에 반대하는 입장임에도 사형수에게 인권은 없다는 주장에는 동의한다. 인간답게 살아갈 권리에서 말하는 인권이란 사회구성원을 뜻한다. 흉악범은 사회질서를 파괴하고 타인에게 피해를 입혔기에 사회 속에서 인간답게 살아갈 권리를 스스로 포기했다고 볼 수 있다.

그러나 사형제도에 있어 인간의 존엄성과 동시에 생명은 하나님께 있다고 보는 시각이 필요하다. 그리고 사형제도 자체가 최상의 방법이 아니고 비효율적이라면 죄인에게 회개의 기회를 주시고 재생케 하시는 하나님의 손길에 맡길 필요가 있다. 기독교 정신으로 설립되는 소망교도소는 국내 최초 민영 교도소로 민간 자체 교정 프로그램을 통해 현재 50%를 상회하는 출소자 재범률을 4% 이하로 낮추려는 목표로 설립되어 기독교 신앙에 입각한 신앙훈련, 생활훈련, 재활훈련 등의 교정 프로그램을 시행한다. 특히 출소후 취업 알선, 출석교회 연결 등을 통해 안정적으로 사회에 정착할 수 있도록 실질적인 도움을 제공하고 있다.

사형제도의 대안은 무엇인가?

사형제도는 오해와 실수로 인하여 무고한 사람을 사형에 처하는 등의 부수적인 문제를 동반하기 때문에 다른 대안을 고려할 필요가 있다.

대안 중 한 가지로 현재 몇몇 국가에서 시행되고 있는 종신형을 들 수 있다. 종신형을 통하여 흉악범을 사회로부터 격리시킴과 동시에 무고한 피해도 줄일 수 있다. 이에 대해 사형제에 찬성하는 이들은 '선량한 국민의 세금으로 흉악범들을 먹여 살리는 것은 부당하다'고 주장한다. 그러나 모든 사회구성원이 사회의 올바른 질서를 위하여 세금을 지불하는 것이기에 범죄로부터 우리를 보호하는 데 사용되는 세금이 부당한 것은 아닐 것이다. 이 같은 문제는 범죄자들의 노동력을 통하여 새로운 이익을 창출하는 방법 등으로 해결할 수도 있을 것이다. 실제로 교도소 수감 중인 범죄자들은 교도소에서 요구하는 단순 노동을 하고 있다. 이러한 근거에 의해 사형제와 종신형의 장단점을 종합하여 보았을 때 종신형이 보다 효율적인 방법으로 판단된다.

전 세계 198개 국 중에 140개 국이 법률적 또는 실질적으로 사형을 폐지했고 유엔을 위시한 전 세계, 특히 아시아를 향한 사형폐지 노력은 계속 진행 중이다. 이제는 전 세계적인 사형제도 폐지의 부름에 대한민국 국회가 답해야 할 때이다. 우리 사회에 생명의 문화를 만들어 가는 한걸음이 될 수 있기를 희망한다.

글쓴이	김봉준 목사는 구로순복음교회를 담임하고 있으며, 하나님의성회 부총회장 및 미래목회포럼 부대표로 한국 교회를 섬기고 있다.

04
기독교의
선교전략

04-1 한국 교회 선교와 선교정책

오늘날 세계 선교의 흐름을 볼 때 우리 앞에 놓여 있는 상황과 기회를 새롭게 바라보고 대처해야 할 시점에 이르러 있는 것은 분명한 사실이다. 비록 우리가 긴 세월의 선교 역사를 가지고 있지는 않지만 빠르게 발달해 가는 기술문명과 한국의 경제성장과 아울러 교회의 선교도 많은 변화를 가져오게 되었다. 특히 젊은 세대를 중심으로 디지털을 활용하는 선교의 가능성도 점차로 확대되어 가고 있으며 세계가 1일 생활권으로 가까워지면서 모든 것이 빠르게 변화하고 있다. 또한 세계가 민족주의운동과 더불어 선교의 장벽이 점점 더 높아지는 시대에 전문인 선교의 필요성을 피부로 느끼게 되었다. 외형적인 성장을 이룬 교회들은 개교회가 가지고 있는 인적, 물적 자원을 활용하여 직접 선교에 뛰어들고 있으며 초교파 선교단체 또한 계속적으로 증가해 왔다. 이에 따라 선교에 관련하여 사역하는 선교인들(missioners)은 지속적이고 건강한 선교사역이 이루어지도록 선교훈련과 양질의 선교교육을 제공해야 할 책임을 지고 있다.

세계 선교의 흐름

20-30년 전만 해도 서구 유럽의 나라들이 전체적인 선교를 주도해 오고 있었지만 이제는 그 세력이 크게 약화되었고, 그 뒤를 이어 한국이 세계 선교에 큰 역할을 감당하고 있다. 하지만 한국의 교회 성장이 둔화되고 있는 상황에서 선교자원의 증가폭이 급격하게 감소하고 있는 것을 보게 된다. 이는 역설적으로 다시금 한국의 교회 안에서 선교교육의 필요성이 대두된 것이며 꾸준한 선교동원을 위해서도 전체적으로 선교의 패러다임을 재점검해 볼 시기가 되었다는 것을 반증하는 것이다.

지역교회나 선교단체 및 신학교가 땅 끝까지 복음을 전하라는 주님의 지상 대위임령(참조: 마 28:18 이하, 행 1:8)을 효율적으로 담당하기 위해서는 상호의존이 필요하며 선교에 대한 새로운 이해가 요구되고 있다. 이 공통된 목적을 교회가 바로 인식하고 협력관계를 이루어 간다면 선교교육은 그만큼 상승효과(synergy effect)를 가져오게 될 것이며, 21세기에 하나님께서 한국 교회에 맡겨 준 몫을 담당할 수 있게 될 것이다.

선교적 관점에서 세계적인 추세를 볼 때, 이슬람을 비롯한 타종교의 발흥은 더 심화되고 있다. 이와 더불어 세속화의 진행 또한 급속하게 확산되어 가고 있다. 민족주의의 바람은 세계 곳곳에서 불어오고 있으며 결코 선교에 도움이 되지 못하는 현상들이 세계 곳곳에 도사리고 있다. 이런 요소들은 선교동원이 점차 어려워진다는 것을 의미하는 것이며, 따라서 선교 후보생들의 의식변화에 잘 대처하고 효과적으로 동원할 수 있도록 교육과정이나 훈련과정의 프로그램을 운영해 가야 할 필요가 있다.

선교교육은 결국 선교자원을 계발하고 실제 선교에 활용하고자 하는 데 그 목적을 두고 있다. 아무리 교육을 잘 시켜도 실제 사역에 사용하지 못한다면 그만큼 자원과 시간과 인력의 낭비가 되는 것이다. 교회 안에서 선교교육에 참여하는 사역자들은 많은 성도들이 선교에 관심을 갖고 참여할 수 있도록 기회를 제공해 주어야 한다. 이의 효율성을 위해 "구조적인 커뮤니케이션"(structured communication)이 원활하게 이루어질 수 있도록 교회와 선교단체와 신학교가 공조체제를 활용할 수 있는 방안을 끊임없이 강구해야 한다. 이 세 기관은 구조적으로 함께 갈 수밖에 없다. 이 중에 특히 교회의 동력이 떨어지게 된다면 다른 구조에 바로 영향을 끼치게 되어 있다.

선교의 방향을 바로 잡기 위해서 무엇보다도 바른 신학이 필요하다. 모든 사람들에게 전해 주어야 할 공통된 영적 진리는 먼저 인간이면 누구나 다 하나님 앞에서 범죄한 죄인들이라는 사실이다(롬 3:23). 하나님 앞에 죄인들로서 스스로 구원할 수 없는 인간들이기에 가장 우선적으로 자신들이 죄인들이라는 정체성을 알게 하는 것이 가장 중요한 일이다. 죄로 인하여 죽음이라는 멸망에서 벗어나 구원을 얻고 영생복락을 누리는 유일한 길은 하나님의 긍휼과 자비를 바라며 하나님 앞에서 회개하고 예수 그리스도를 구세주로 믿는 것이다(출 34:6; 사 1:18; 눅 15). 인간의 타락으로 말미암아 영원히 죄인으로 있다가 죽을 수밖에 없는 인간들을 구원하시겠다는 하나님의 구속적 의미가 목회사역의 근간이며 선교교육의 신학적 근거이다. 주님 되신 예수 그리스도께서 믿는 자들에게 명령하신 지상 대위임령을 이루어 나가려면 하나님의 구원의 목적이 목회와 사역 가운데 선교의 사명으로 살아 움직여야 한다.

교회가 선교에 참여하는 방식의 두 가지 제안

교회가 선교사를 파송하기는 하지만 전문적으로 파송과 관리를 맡고 있는 기관은 아니다. 선교단체가 교회의 위임을 받아 선교사를 전문적으로 관리하며 신학교는 포괄적인 선교교육을 담당하는 곳이다. 따라서 교회가 선교에 참여하는 방식에 대하여 선교단체와 신학교가 함께 참여하는 선교의 패러다임으로 바뀌어야 한다. 이를 위해 두 가지 방안을 제안하고자 한다.

첫째는 "기도 선교"이다. 직접 선교사를 파송하여 전도하는 것도 중요하지만, 무엇보다도 각 교회가 직접 선교에 참여할 수 있는 길을 마련해 주고 요원들을 양성함으로써 선교의 열정을 각 교인들에게 불어넣는 것이 필요하다. 이런 한국 교회의 선교 열정을 선교대상지 국가에 있는 성도들과 친교를 먼저 나누고 한국 교회가 가지고 있는 복음에 대한 열정을 그들에게 전해 주고 그들 나라의 복음화에 그들 스스로 헌신하도록 해야 한다. 이 일을 위해서 한국 교회 안에 먼저 기도공동체가 형성되어 선교지에 있는 성도들을 위해 끊임없이 기도해 주는 "기도 선교"가 일어나야 한다. 사도 바울도 로마에 있는 성도들에게 복음을 전하기를 간절히 원하였으며 만나보지는 못했지만 믿음을 지키고 있는 그들을 위해 많이 기도하였다. 한국 교회도 프로젝트에 앞서서 먼저 "기도 선교"에 힘써야 한다. 파송한 선교사 혹은 선교단체로부터 그런 기도 정보를 충분히 얻을 수 있다.

둘째는 "코이노니아(친교) 선교"이다. 각 교회 성도들과 자매관계를 맺는 선교지 교회의 성도들이 함께 직접 만나서 사귐의 기회를 갖는 것도 중요하다. 서로가 하나님께로부터 받은 "신령한 은사"를 함께 나누고 서로의 믿음을 견고케 하며 서로 간에 성령의 신령한 열매를 맺어갈 수 있도록 서로를 격려하고 친교를 나눔으로써 선교의 깊이와 넓이를 더해 갈 수 있다. 한국의 교회와 선교지 교회의 성도들이 서로 방문하고 초청하는 과정을 통해 구체적인 "코이노니아 선교"가 이루어지게 되며 이를 위해 선교사 혹은 선교단체가 그중간 역할을 할 수 있게 된다.

선교를 위한 교육은 인류를 구원하시기 위해 이 땅에 오신 예수 그리스도를 따르는 자들을 제자가 되도록 준비시키고 그들로 하여금 주님이 기뻐하시는 복된 소식을 전하게 하는 것이다. 선교지향적인 교육은 모든 믿는 자들이 온 세상을 향한 하나님의 사랑에 참여하게 하는 것이다. 회개하고 믿음으로 말미암아 죄 사함을 받고 하나님의 자녀 된 자들은 하나님과 화평함을 얻은 것이며, 그 구원의 기쁨을 갖고 다른 사람들과 그리스도의 사랑을 함께 나누는 일이 무엇보다도 중요하다는 것을 알아야 한다. 죄를 용서해 주시는 예수 그리스도의 구속의 은혜를 믿고 의롭다 함을 받은 성도들이 그리스도 안에서 서로가 가진 은사를 함께 나누고 서로를 격려하는 것은 믿는 자들로서 마땅히 해야 할 일이다. 이렇게 될 때 선교적 차원에서 참된 교제가 국경을 넘어 일어날 수 있는 것이며 하나님을 향한 서로의 믿음을 견고케 하는 기도의 교제가 있게 되는 것이다.

교회의 선교정책의 중심에는 하나님의 구원역사의 목적인 "하나님께 대한 회개와 우리 주 예수 그리스도께 대한 믿음"(행 20:21)을 증거함으로써 온 인류를 구원함에 있으며, 이 모든 것을 이루어 나가기 위한 복음 전파와 교회의 사역에 있다고 말할 수 있다. 이 과제를 효율적으로 이루어 갈 수 있도록 선교단체와 신학교가 지원해 주어야 한다. 교회 성장과 선교는 불가분리의 관계가 있음은 두말할 나위가 없다. 교회가 건강하게 자라지 못하면 선교도, 신학교도 바로 설 수 없다는 증거를 이미 서구의 많은 교회들이 보여 주었고, 지금도 그런 현상이 지속되고 있다.

사회는 점점 다양화되고 다분화되어 가며 또한 전문화되어 가고 있다. 이런 점에서 교회와 교회, 교회와 선교단체들 간에 신뢰성을 가지고 협력관계를 이루어 나가는 것은 매우 중요하다. 각 교회마다 다양한 문화와 다양한 배경 가운데 있지만 서로를 포용하며 함께 역사를 이루어 나가는 동조자가 되어야 한다. 지역교회는 세계화된 교회로 지향해 가야 하며, 한편으로 지역교회가 없이는 세계화된 교회로서의 존재가 있을 수 없게 된다는 것을 명심해야 한다. 세계화된 교회라고 함은 모든 장소와 모든 시대에 사는 모든 사람들에게 예수 그리스도 안에서 성육신하신 하나님의 뜻과 그 능력을 교회를 통하여 비추어야 한다는 것이다. 이것은 서로의 문화를 존중해 주며, 또한 그 다양성을 통해 서로가 기쁨을 나누는 것이다. 이미 분명하게 역사 속에서 보아온 것처럼 기독교는 더이상 서구 세력의 전유물도 아니며 지역분파주의에 의해서 나누어질 대상은 더더욱 아니다. 이것이 새로운 세기에 접어드는 세계화된 선교적 교회가 가져야 할 관점이며 실체인 것이다.

이제 세계 선교를 위하여 세계 속에 있는 교회들의 역할은 서로가 경쟁적으로 누가 더 많이 선교를 하느냐라는 양적인 수치 비교에 있는 것이 아니라 누가 어떻게 국내 교회와 현지 교회가 서로를 위해 봉사하고 협력할 수 있느냐에 달려 있다고 해도 과언이 아닐 것이다. 사도행전을 통해 초대교회에서 보여 주는 모델(행 4장, 6장)도 전적으로 말씀과 봉사가 함께 있어 온 총체적인 선교(wholistic mission)를 보여 주었다. 예수 그리스도 자신도 "섬김을 받으러 온 것이 아니라 섬기러 오셨다"(마 20:28)고 분명하게 말씀하시면서 그의 제자가 되기 원하는 자는 또한 그렇게 살아야 할 것을 가르쳐 주었다.

선교에 대해서, 특히 포스트모더니즘의 사회에 살고 있는 사람들의 가치와 교회의 역할은 경쟁적인 관계에서 찾아지는 것이 아니라 우리가 따르고 있는 주님의 이름 안에서 협력과 봉사의 정신으로부터 시작해 가야 하는 것이다. 서로의 동등권을 인정해 주고 상호공존과 상호의존적인 관계를 발전시켜 나가야 하는 것이다. 선교는 전적으로 이 세상을 구원하기 위한 하나님의 역사인 것이며, 교회의 선교가 여기에 동참하고 사랑과 봉사와 설교와 가르침과 치유의 모든 것이 함께 어우러질 때 비로소 총체적인 교회의 선교가 이루어지는 것이다.

주님이 이 땅에 다시 오심은 분명한 약속이시며, 교회에 주어진 선교의 사명은 재림 때까지 끊임없이 지속되어야 하는 것이다. 다시 말하면, 종말론과 선교의 명령은 서로가 평행을 이루며 주님의 약속하신 그때(kairos)까지 계속되어야 한다. 교회 규모의 크기에 불구하고 그 교회에서 선교의식(mission consciousness)이 사라져 버린다면, 교회 또한 소멸해 버린다는 것을 교회 역사가 가르쳐 주고 있다. 만일 어느 교회든지 이러한 선교 공동체(missionary community)로서의 본질을 소홀히 한다면 결국 기독교 자체의 존속과 확장에 흠집을 내는 결과를 초래하게 될 것이다.

| 글쓴이 | 정흥호 교수는 현재 아세아연합신학대학교 선교대학원장으로 있으면서 30여 개 각국 선교연구원을 관장하고 있고, 아시아신학연맹(ATA) 한국 총무로 섬기고 있다. |

04-2 세계 선교의 동향과 이슬람의 이해

전 세계적으로 가장 활발하게 성장하는 종교는 이슬람교이다. 이슬람교는 이슬람 국가를 꿈꾸며 독립을 요구하는 테러를 일으키기도 한다. 최근 중국 신장위구르 지역의 분리 독립운동의 무장조직은 이슬람 교도들로 알려졌다. 아프리카 나이지리아의 기독교와 이슬람교 간의 충돌의 원인도 양 종교 간의 갈등으로 밝혀지고 있다. 이라크에서의 수니파와 시아파 간의 치열한 싸움과 칼리파제의 복귀로 양 종파 간의 갈등은 민족 간 피의 전쟁을 일으키면서 끊임없는 복수가 이어지고 있다. 그 외에 신장을 비롯한 세계 각 지역에서 산발적으로 발생하는 분쟁과 테러는 체제와 이데올로기, 종교와 문화적, 인종적 차이라 할 수 있다. 이처럼 전 세계적으로 이슬람교의 활동에 대한 우려가 심화되고 있는 상황에서 세계 선교의 동향을 이해하는 것도 매우 중요하다.

한국 세계선교협의회는 2014년 1월 한국 교회 선교현황 보고서를 통해 전 세계 169개 국에서 약 25,745명의 선교사가 사역하고 있는 것으로 발표했다. 한국 교회의 선교사 파송은 경제적, 국제적 정치 위협에서도 어려움을 겪고 있었으나 숫자적으로 매우 선전한 것으로 보고 있다. 한국 교회의 선교사 파송은 국내외적으로 해외선교에 대한 우려를 보이는 가운데 성장한 것이어서 의미가 있다.

한국 교회는 전 세계적으로 경제 위기와 타종교의 선교전략 강화에도 불구하고 선교적 교회로서의 역할과 복음적 교회의 미래를 개척하려는 정신이 컸다. 그동안 한국 교회는 공동체적인 증인의 삶을 강조하면서 증인의 삶, 공동체, 메시지 선포를 통한 이 시대에 부여 받은 사명을 확인해 왔다.

선교환경이 급변하고 있다

그러나 전 세계적으로 선교환경은 급변하고 있다. 중국의 선교사 추방과 이라크의 수니파의 이슬람 국가 건설, 서남아시아의 이슬람의 확산, 서부아프리카에서의 기독교와 이슬람의 갈등 등이 더 이상 선교 현장과 피선교 현장이 구분되지 않는 시대가 되었다. 또한 예수 그리스도의 유일성이 선포되고 부활과 재림을 강조할수록 다원주의와 상대주의가 더 강화되고 있다. 이런 시대에 교회는 언어가 아닌 행동하는 삶을 보여 주라는 도전을 받고 있다.

오늘날 선교 현장은 반기독교적인 도전, 전염병의 확산(서부 아프리카에서 발생한 에볼라), 종파 간의 전쟁(수니파와 시아파), 이슬람주의 복귀(터키), 자원전쟁으로 인한 종교적 활동 제한, 전통적 샤머니즘의 역할로 인해 복음 전파의 사명이 긴급한 상황이다. 선교 현장의 상황 변화에 따른 한국 교회의 통전적 선교전략 연구와 더불어 새로운 패러다임에 맞는 방법론이 요구되고 있다.

젊은 선교사역자 동원이 긴급하게 필요하다

역사적으로 선교는 젊은이들의 헌신과 동참에 의해 이루어져 왔다. 1800년 말 영국의 선교운동은 요한 웨슬리를 중심으로 한 대학생부흥운동이었으며, 케임브리지대학생운동(IFES 전신), 미국의 학생자원운동은 미국교회와 교단 선교부를 일으켰다. 학생자원운동은 약 10만여 명의 대학생들로 하여금 선교에 헌신하도록 하였으며 2만 명 이상의 젊은이들이 선교사로 파송되기도 했다. 1800년대 말 한국에 첫 발을 내딛은 선교사들 역시 학생자원운동 출신들이다.

지금, 세계 선교의 핵심은 젊은 대학생들을 중심으로 하나님 나라를 확장하는 데 있다. 이를 위해 젊은이를 위한 세계 선교 프로젝트 개발을 서두르고 있으며 성경적 공동체성의 회복과 부르심에 응답하도록 교회와 선교단체가 관심을 기울이고 있다.

차세대를 위한 교육이 필요하다

"너희는 가서 모든 민족을 제자로 삼으라"(마 28:19)는 말씀은 예수 그리스도의 선교명령이다. 이 말씀은 전 세계의 영혼을 품으려는 사역자들에게 선교의 범위와 선교의 내용을 지시하고 있으며 세상의 모든 민족을 향하여 그리고 각 민족을 예수의 제자로 삼기 위해 교회가 진력해야 한다는 사명을 부여하고 있다. 우리는 지금까지 제자 삼는 사역으로 교육선교, 병원선교, 구제사역(우물파기, 식량공급 등), 비즈니스 선교 등 다양한 방법들을 시도해 왔다. 그리고 선교 현장에서 다양한 선교정책과 방법들을 통하여 다양한 열매들을 거두고 있다. 반면에 전 세계 복음화를 차세대를 위한 교육을 통한 선교방법은 한국 교회가 가진 강점이라 할 수 있다.

이제 한국 교회가 세계 교회를 향해 실천해야 될 것은 사랑의 빚을 갚는 일과 하나님이 준비시킨 일에 대한 응답을 하는 것이다. 그동안 하나님은 한국을 축복하셔서 교육강국으로 준비시키셨다. 2013년 11월말 CNN에서 '한국이 세계에서 가장 잘하는 10가지'를 소개한 바 있는데 그중 하나가 바로 넘치는 교육자원이었다. 대학교육을 경험한 자원이 인구의 63%로 OECD 국가 중 최고이다. 한국은 천연자원이 별로 없는 국가로서 세계 경제 강국이 된 것은 교육을 통한 인재 양성의 결과로 알고 세계 각국에서 한국이 대학을 세운다고 하면 환영하고 있다. 오늘날 하나님께서 한국을 고학력자(석·박사학위)를 가진 자원이 넘치는 교육강국으로 만드신 이유는 교육적 자원을 통해 영적인 에너지를 갖고 불쌍한 영혼들을 찾아 돕기를 원하고 계심을 말해 준다.

이제 세계 선교의 동향은 교육선교의 필요성을 인식하고 있다. 초기 한국에 들어온 선교사들의 삼박자 선교를 세계 선교에 적용할 필요가 있다. 선교사들의 초기 사역은 자유롭게 선교할 수 없는 상황이었다. 먼저 사람들의 필요를 돕기 위해 병을 치료해주고 근대식교육을 행하면서 사람들의 마음을 열었다. 선교사들은 병원 옆에 학교를 세우고, 또 그 옆에 교회를 세우는 역할을 하면서 선교방법의 모델이 되었다. 삼박자 선교(병원과 대학, 교회)는 성경에 기초한다. 성경을 보면 예수 그리스도께서 사람들의 필요를 채우기 위해 가르치고, 전파하고, 고치는 사역을 동시에 수행했음을 알 수 있다(마 4:23, 9:35). 오늘날 세계 선교는 예수 그리스도처럼 통합적 사역을 통해 영혼을 구원하는 일에 협력적으로 이루어지고 있다.

향후 선교 현장에서 교육은 차세대를 위한 교육선교의 방향성으로는 기독교대학의 정체성 확립, 현지 수준에 맞는 학교 설립과 검토, 연합대학의 설립과 자립이다.

비즈니스 선교가 필요하다

세계 교회는 10여 년 전부터 비즈니스 선교를 지향하여 왔다. 비즈니스 선교를 위한 성경적 기초, 매뉴얼 작성과 방법을 통해 피선교 현장의 제한성에 비즈니스의 가능성을 찾고 있다. 비즈니스 선교는 국가와 지역에 제한 없이 다가갈 수 있다는 측면에서 큰 영향력을 발휘할 수 있다. 비즈니스 선교는 피선교 현장의 주민들의 삶의 질을 향상과 변화를 가져다 주는 사역으로 각광을 받고 있다. 이런 측면에서 미래 선교에서 비즈니스 선교는 선교사역의 문을 여는 열쇠가 되기 때문에 가능성이 높은 전략적 사역이다.

이상과 같이 세계 선교는 선교 현장의 급변화, 젊은 선교사역자 동원의 긴급성, 차세대를 위한 교육선교, 비즈니스 선교로 방향이 흐르고 있다. 이러한 흐름은 지금 전 세계적으로 급성장하고 있는 이슬람 선교에 있어 매우 중요한 시점이다. 이슬람의 적극적인 인구증가와 분쟁을 마다하지 않는 열정적이고 실천적인 신앙 그리고 중동지역의 오일 달러로 인한 경제성장이 이들의 성장을 돕고 있다. 이슬람이 이와 같은 이유로 급증하고 있기 때문에, 동시에 이슬람은 세계에서 가장 복음을 들어보지 못한 자들이기도 하다. 전 세계 선교사의 2%만이 이슬람권에서 사역을 하고 있음이 이를 증명하고 있다.[1]

따라서 세계 선교 동향에 발맞추어 가장 복음화가 어려운 이슬람권에서의 선교를 효율적으로 하기 위해서는 이슬람에 대한 선 이해가 있어야 한다.

이슬람교 1,400년

이슬람교의 창시자는 무함마드이다. 그는 마흔 살이 되던 해, 곧 서기 610년에 신의 예언자로 부름을 받았다. 압달라의 아들 무함마드는 메카에 있는 히라(Hira) 산의 한 동굴에 자주 찾아가 명상과 사색에 잠기곤 했다. 무슬림들은 이 날 밤을 라마단 달, 곧 "운명 지어진 권능의 밤"이라고 부른다. 그날 밤 이슬람교의 경전『꾸란』의 첫 계시를 받으면서 신의 첫 계시자로 활동하기 시작했다. 가브리엘 천사를 통하여 신의 계시가 내려졌다고 믿고 있다. 이것을 꾸란(서기 610-632년까지 알라로부터 받은 계시)이라고 한다.

이슬람 교도들은 꾸란을 믿는다. "꾸란"(Quran)이라는 단어는 '읽는 것', '암송하는 것'을 뜻한다. 무함마드에 의해 전달된 신의 계시는 23년 동안 그의 입을 통해 암송 형식을 통해 이 땅에 전해졌다고 믿는다. 무함마드는 아라비아 지역에 예언자로서 알라가 직접 인류에게 자신을 보내는 것이라고 믿었다. 이슬람교를 믿는 신자들은 꾸란의 초기 계시와 유일신과 최후의 심판(꾸란 4:163)을 믿는다. 무함마드를 따르는 초창기 추종자는 부인 카디자와 사촌동생 알리, 친구 아브 바크르 등 그와 가까운 소수에 불과했다. 지금은 가장 빠르게 성장하는 종교인 동시에 무함마드가 가져온 경전(꾸란)이야말로 모세오경, 시편, 예수의 복음서를 보완하는 것으로 믿고 있다.

무함마드는 가브리엘을 통해 받은 계시를 대중 앞에서 연설하기 시작했다. 당시 그의 연설 내용은 아랍인들에게 생소하고 허망한 것이었다. 특히 내세가 있다는 주장은 사막에서 살아온 자들에게는 터무니없는 말이었다. 뿐만 아니라 그의 교설들은 한결같이 아랍사회의 전통과 가치관에 도전하는 것으로 강한 반대에 부딪쳤다. 다신교적인 우상숭배 부정, 고리대금, 도박, 음주, 난혼 등 전통적으로 내려오는 아랍의 고대 관습을 모두 금지해야만 했다. 이것은 기존의 종교관, 내세관, 기존의 사회가치관에 근원적인 개혁을 요구하는 극단적인 내용이었다. 메카의 주민들과 대상(大商)들의 반대에 부딪칠 수밖에 없었던 이유는 경제적인 것이었다. 당시 메카는 우상숭배자들의 순례지였다. 메카의 순례 수입금이 사라진다는 이유로 박해를 받았다고 전해진다.

무함마드가 포교를 시작한 지 11년째가 되던 해는 박해가 심했다. 그때 메카 북방 400km나 떨어진 야스립에서 온 순례객들과 622년 6월 순례객들이 알라와 무함마드를 위해 반대자들과 싸울 것을 맹세했다. 이때 약 200여 명의 메카 무슬림들은 고향을 떠나 야스립으로 옮겨가는 이주를 단행했다. 그때가 622년 7월 16일로써 이슬람 '신앙공동체 움마'(Ummah)를 건설하는 중요한 원년의 해가 되었다.

그후 무슬림들은 전 아라비아 반도의 이슬람화를 꿈꾸며 세 차례의 전쟁을 치렀다. 첫 전투는 624년 4월(라마단 달)에 치러진 바드르 전투였고, 625년 3월 우후드 전투, 627년 3월, 칸다끄 전투를 하면서 세력을 넓혀 갔다. 오늘날 이슬람교는 창시자 무함마드를 마지막 예언자로 믿으면서 꾸란에서 유대교, 기독교도 아닌 아브라함의 전통을 이어받은 종교라고 주장한다(꾸란 3:67).

이슬람 교도의 신앙과 삶

이슬람교를 믿는 사람들은 알라를 믿는다. 이들은 유대교, 기독교와 함께 3대 유일신을 믿는 종교라고 주장한다. 알라는 창조자, 우주 삼라만상의 주관자, 절대자, 심판자로 믿고 있다.

이슬람교는 언어학적으로 평화, 신학적으로 복종이다. 이슬람교의 사상적 핵심은 '알라에게 절대 복종하여 내면의 평화'를 얻는 것을 말한다. 평화와 평등은 이슬람의 핵심인 동시에 삶의 궁극적인 목표라 한다. 그리고 이슬람교는 형제애를 특히 강조한다. 이슬람교에서 형제애는 모든 인간은 알라 앞에서 평등하다는 것을 전제하고 있다. 그러나 이슬람교 세계의 현실을 고려해 보면 이슬람교의 평등관은 상당히 무색해 보인다. 남·여 간의 차이, 주인과 하인의 문화 등이 이를 말해 준다. 평등을 강조하는 이슬람에서는 표면적으로 노예도 이슬람교로 개종만 하면 자유민과 서로 형제가 될 수 있다. 그러나 아랍인들의 마음속에 계층의 존재감은 뿌리 깊게 존재하고 있다.

한편, 이슬람교의 특징은 중재자, 대속자가 없이 신과 신자의 직접 대화를 가르치는 점에서 기독교와는 차이가 있다. 이슬람교의 내세관은 현 세상에서의 선악의 경중에 따라 최후의 날 신의 심판을 받아 천국과 지옥의 응징으로 나뉜다는 내세관을 가지고 있다. 세상의 모든 것은 신이 정한 법칙에 의하여 움직이고 예속된다는 정명(定命)을 갖고 있다. 이들은 도박, 마약, 고리대금, 술과 돼지고기, 할랄(Halal; 꾸란 5:3-4, 이슬람 율법에 의하여 도살된 육류) 음식만 먹는다. 그리고 이슬람 교인들이 좋아하는 색깔에는 흰색, 붉은색, 검정색, 초록색으로 구성되어 있는데, 각각의 색은 무슬림의 역사와 가치관을 반영한다. 이슬람교의 색은 초록색이다.

그렇다면 이슬람 교인들은 무엇을 믿는가? 이들은 믿음의 기본은 6신으로 분류한다. 유일신 알라, 천사들에 대한 믿음, 경전인 꾸란, 예언자들, 내세와 최후의 심판에 대한 믿음, 정명에 대한 믿음이다. 이슬람 교인들은 일상생활에서 신앙적 실천은 다섯 기둥에 있다. 신앙고백(알라를 믿는 것), 하루 다섯 번 기도, 라마단 기간의 단식, 자카트(수입의 2.5% 가난한 자를 위한 구제), 순례(평생에 1회 메카 순례) 등은 의무적으로 지켜야 한다. 이슬람교의 교리인 여섯 가지 종교적 교리 6신(信)과 다섯 가지 종교적 의무를 의미하는 5행(行)은 꾸란에 기록되어 있다. 5행은 이슬람을 떠받치는 실천행위의 다섯 기둥이다. 이들은 알라 외에는 신이 없다. 무함마드는 알라의 예언자로 믿고 있다. 그리고 이슬람교의 언어는 아랍어이다. 아랍어는 신성한 언어로 믿고 있다. 아랍어는 중동과 북아프리카에 위치한 아랍국가의 공식어로 약 22개 국에서 사용된다.

전 세계적으로 이슬람교를 신봉하는 나라는 57개 국(Organization of the Islamic Cooperation, OIC)에 많게는 16억, 적게는 13억 명이 분포하는 것으로 추산되며, 지구촌 4분의 1에 육박하는 세계 최대 종교로 성장하고 있다. 이슬람 교인이 증가하는 요인은 개종과 출산율이다. UN의 자료에 따르면 1950년 이래 지난 반세기 동안 이슬람 인구는 4배 증가했다고 한다. 따라서 한국의 이슬람교인 수는 13만여 명(한국인 3.5만여 명 포함)이며 전국 이슬람 사원의 수는 12개가 된다. 한국도 정치, 사회, 경제적인 부분에서 서서히 이슬람의 영향력이 점점 커져 가고 있는 추세로 보고 있다. 이를 증명하듯이 '스탄 골목-이슬람 촌'이 한국 내에 자연스럽게 형성되어 한나절이면 지구촌 한 바퀴를 돌 수 있는 나라가 되었다. 중앙아시아 '스탄' 골목은 서울 동대문역사문화공원역 13번 출구 쪽으로 나오면 한국과는 거리가 먼 것처럼 느끼는 곳이 발견된다. 동대문 광희동 일대의 중앙아시아촌으로 카자흐스탄, 우즈베키스탄, 키르기스스탄 같이 끝에 '∞스탄'이 붙은 나라를 옮겨 놓은 듯한 동네가 있다. 창신동 동묘 옆에는 네팔 동네가 형성되어 있다. 그리고 나이지리아와 이슬람촌이 형성된 곳도 있다. 이태원 소방서 앞부분은 나이지리아 동네와 같은 곳이다. 멜팅팟(Melting Pot)이라 명명하는 이태원의 숨은 동네인 나이지리아촌이 형성된 것은 2000년대 초라 할 수 있으며, 나이지리아 사람 400-500명이 이화시장 주변을 따라 둥지를 틀면서 형성되었다. 나이지리아 동네를 따라 언덕을 오르면 믿기지 않을 수 있지만 실제로 이슬람 동네가 있다. 삼거리 좌측으로 흰색 종탑이 인상적인 사원 하나가 바로 눈앞에 보인다. 금요일이면 아랍인, 인도인, 네팔인, 아프리카인 700명이 이 동네로 몰려온다. 이태원, 무슬림촌이라 불리는 이곳은 아랍 분위기이다. 무슬림 마트와 함께 무슬림 베이커리, 무슬림 식당, 무슬림 의류상점까지 아랍상권이 형성되어 있다. 그 외에 부산의 이슬람 촌 두실, 터키 전문음식점을 비롯하여 구로 연변 타운은 이미 유명한 곳이다. 우리가 아는 것처럼 '스탄'과 '이슬람촌'이 형성되어 있는 것은 한국도 다문화 사회라는 점, 이슬람사회가 터를 잡고 있음을 말해 준다. 스탄과 이슬람촌이 형성되면서 한국은 다종교 사회로 그 영향력을 받게 될 것으로 보인다.

앞으로 이슬람교는 전 세계적으로 다양한 분야에서 영향력을 행사할 것으로 보인다. 이에 기독교인들은 타종교인들의 영혼 구원을 위한 관심과 기도, 그리스도인들의 의식에서 하나님의 형상을 가진 한 형제임을 존중해 주어야 할 것이다.

결론적으로 선교는 하나님 백성을 아름답게 만드는 작업이다. 선교의 본래 의미는 헬라어 '코스메오'에서 유래된 것으로 사람이나 물건을 장식하여 아름답고 매력적으로 보이게 하는 것을 말한다(딤전 2:9-10). 이를 위해 한국 교회는 세계 선교 동향과 이슬람의 이해를 올바로 인식할 필요가 있다.

이제 한국 교회는 세계 선교 환경이 어려움에 있음을 인식하고 기본에 충실한 교회와 성도, 모든 열방이 하나님의 복음을 받아들이고 기도하는 일(왕상 8:41-43), 하나님의 매력을 보는 윤리적 교회로 되돌아가는 일(왕상 8:60-61), 비그리스도인들이 교회를 바라볼 때 감탄할 만한 매력을 느끼도록 사는 일(렘 13:1-11)과 사람들로부터 인정받는 일(사

49:6), 세상에 좋은 소식을 들려주는 일을 한다면 세계 선교에 크게 이바지할 수 있을 것이다.

주

1   장훈태, 『최근 이슬람의 상황과 선교의 이슈』(서울: 대서, 2011), p.202, 212.

글쓴이   장훈태 교수는 백석대학교에서 선교학을 가르치고 있으며, 개혁주의생명신학회 부회장, 한국로잔위원회 중앙위원(2011-현재)과 감사로 섬기고 있다.

of that is not used.

04-3 세계 한인 디아스포라의 선교적 역할

세계에 흩어진 한인 디아스포라의 숫자가 750만 명에 이른다. 이들을 통해서 한국의 해외선교를 설계한다는 것은 매우 흥미 있는 일이다. 한인 디아스포라를 통한 선교 전략을 수립하는 것은 한국 교회의 미래를 위해서 반드시 필요한 것이다.

'디아스포라'라는 용어에는 가슴 아픈 사연이 담겨져 있다. '디아스포라'는 BC 722년과 586년 하나님의 백성이라고 자부하던 유대인들이 앗수르와 바벨론에 포로로 잡혀가면서 생긴 용어이기 때문이다.

한인 디아스포라의 역사와 특징

한인 디아스포라에는 여러 종류가 있다.

첫째로, 빈곤 탈출을 위한 디아스포라가 있다. 1901년 조선은 심한 가뭄으로 극심한 기근이 발생했다. 더구나 그 당시 콜레라와 장티푸스 등의 전염병이 발생해 수많은 사람들이 목숨을 잃었다. 이러한 흉흉한 민심의 움직임 아래 동학란과 같은 사회적 동요가 발생하기도 했다.

이때 미국인 선교사 알렌과 그 동료 선교사인 존스는 하와이 이민자를 모집해 101명 (남 55명, 여 21명, 아동 25명)의 조선인을 미국으로 보내게 되었다. 이렇게 시작된 하와이 이민은 1905년 11월, 미국 이민법이 개정됨과 동시에 이민이 금지될 때까지 총 6,747명 이 떠났다.

또한 중남미 지역의 멕시코로의 이민도 미국의 하와이 이민과 비슷한 시기에 이루어 졌다. 일본인이 경영하는 인력 송출업체인 '대륙식산회사'의 주선으로 1905년 3월 6일, 1,033명(남성 802명, 여성 및 어린이 231명)의 조선인이 멕시코를 향해 인천항을 떠났다. 많 은 사람들이 굶주림을 면하고자 조선 땅을 등지고 타국으로의 이민을 선택했지만 그곳 의 형편도 녹록하지 않았다. 이민자들은 24개의 농업에 분산 취업을 하였지만 형편없는 대우와 심한 노동량으로 인해 농장에서 이탈해 낯선 땅에서 도시 빈민으로 삶을 개척해 야만 하였다. 현재 멕시코 일대에는 이민자의 후손이라 할 수 있는 한인 2-3세의 숫자가 약 1,000명 정도로 추정되고 있으며, 이들은 주로 의류상을 경영하며 생활을 꾸려가고 있다.

브라질 이민은 1963년 2월 12일, 103명의 공식 이민단이 상투스 항에 도착하면서부 터 시작되었다. 처음 그들은 농업 이민으로 브라질 땅을 밟았지만, 업종을 바꾸어 의류 보따리 행상으로 가가호호 집들을 방문하여 생계를 유지했다. 이후 초창기의 어려움을 딛고 일어서 브라질 수도인 상파울로의 의류시장의 양대 산맥이라 할 수 있는 봉 레티로 (Bon Retiro)와 오리엔트(Oriente)에서 3,000여 개의 의류 도매업을 경영하고 있다. 이는 90%에 달하는 점유율로, 이들을 포함한 많은 한인들이 이민자로서 안정적인 삶을 일구 어 나가고 있다.

둘째로, 정치적 망명을 위한 디아스포라이다. 1910년, 일본의 조선 강점은 많은 한인 디아스포라를 만들게 되었다. 일본의 조선 강점으로 토지 수탈이 이어지면서 수많은 농 민들이 국경을 넘기 시작했고, 일본의 식민지 통치에 맞서서 싸우는 과정 가운데 애국지 사 및 의병장들이 중국의 동북지역으로 이주하였다.

이후 1931년, 일본이 중국 만주를 점령한 이후 농민과 친일 성향을 띤 교사, 의사, 경 찰 등의 조선인을 만주 지역으로 이주시켰다. 그 결과 중국 내 한인 디아스포라는 1930 년에 60만 7천 명, 1939년에는 106만 6천 명, 1944년에는 165만 9천 명까지 증가하게 되었다. 이렇게 형성된 한인 디아스포라는 독립운동의 시작과 함께 항일운동의 구심적 역할을 하였으며 1931년 만주사변 이후 중국 공산당과 협력해 항일운동을 적극적으로 전개하였다. 중국 지역의 한인 디아스포라 분포를 살펴보면, 두만강 연안의 연변지구를 중심으로 삶의 터를 잡고 있음을 볼 수 있다. 특히 길림성 주변으로 함경도 출신, 압록강 연안의 요녕성 주변으로 평안도 출신, 흑룡강성 지역으로 경상도 출신이 터를 잡고 살아가고 있다.

셋째로, 교육을 위한 디아스포라가 있다. 한국인의 뜨거운 교육열은 세계적으로 유명하다. 특히 자기 발전을 위해 해외 교육기관에서 공부하고 학위를 취득하고자 했던 사람들 중 그곳에 정착하는 경우가 있는데, 이러한 경우는 교육을 통한 디아스포라라고 볼 수 있다. 최근에는 어린 초등학생부터 조기 유학을 통해 해외로 나가는 경우를 자주 볼 수 있다. 이런 경우 어린 자녀를 타지에 혼자 둘 수 없어 부모 중 한 사람이 자녀를 돌보기 위해 보호자 자격으로 함께 교육지로 떠나고, 한 사람이(소위 기러기 아빠들) 국내에 남아 해외에 있는 가족들의 생활비와 학비를 부담하는 경우도 늘어가고 있다.

넷째로, 사업 성취를 위한 디아스포라이다. 이민 초창기에는 개개인의 생계형 사업이 주류를 이뤘지만, 해가 거듭될수록 기업화되고 체계화되고 있다. 특히 최근 대한민국 경제력의 상승과 함께 미국, 캐나다 등의 북미 지역은 물론, 영국, 체코, 폴란드 등의 유럽, 중동, 동남아 일대에 공장과 기업체를 운영하는 케이스가 늘어나고 있다. 따라서 업무로 인해 해외에 주재하며 생활을 하는 사람들이 점차 늘어가고 있다. 처음에는 근무지 이동 정도로만 생각했으나, 시간이 지나면서 아예 그곳에 정착하는 경우도 심심찮게 발견할 수 있다.

또한 정식으로 외국 정부의 투자 이민 요청에 의해 자격을 얻어 합법적으로 사업 이민을 떠나는 경우도 늘어나고 있다. 이처럼 주재국에 장기간 머문다든지 영주권이나 시민권을 얻어 생활하는 사람들을 사업이민자로 분류할 수 있다.

다섯째로, 국제결혼을 통한 디아스포라를 들 수 있다. 초창기에는 미군의 군속으로 국제결혼과 함께 미국으로 이민을 가게 되는 경우가 대다수였기 때문에 미국의 타코마 지역이나 오하이오 주의 라이만과 같이 미국 내 군사기지가 있는 곳에 많은 한인들이 이주하게 되었다. 그러나 최근 지구촌시대를 맞이하면서 외국인들과의 결혼이 증가하면서 이와 같은 유형의 한인 디아스포라 역시 증가하는 추세다.

한인 디아스포라의 교회를 향한 선교적 제언

근래 미국에서 유행하는 말이 있다. "중국인들이 모이면 음식점이 세워지고, 일본인이 모이면 회사가 세워지고, 한국인들이 모이면 교회가 세워진다." 이는 해외 한인들의 기독교적 영성과 선교적 삶이 가져온 결과라고 본다. 지금까지의 해외 한인사역이 또래 공동체의 집합체 위주였다면, 이제 주재국을 통해서 이웃으로 나아가는 원심력 선교를 위한 방안을 고려해야 할 것이다. 이를 위해 다음의 네 가지 선교적 제언을 하고자 한다.

첫째로, 한민족 공동체의 네트워크 선교사역이다. 인터넷을 통한 글로벌 네트워크는 세계의 교통, 정보, 통신의 발달 정보를 한눈에 볼 수 있는 시대를 불러왔다. 따라서 이제는 정보 종합을 통한 동력화의 선교를 감당해야 할 때이다. 만약 한인 디아스포라 교회들이 공동체의 네트워크를 통해서 인적, 물적, 영적 자원을 하나로 묶을 수만 있다면 주재국은 물론 이웃 나라들에게까지 선교의 영역과 능력을 확산시킬 수 있을 것이다.

그 예로 중남미 한인 디아스포라의 네트워크를 들 수 있다. 2004년 9월에 아르헨티나에서 한인 디아스포라 네트워크 형성을 위해 중남미 5개국(아르헨티나, 브라질, 에콰도르, 볼리비아, 파라과이)의 한인 디아스포라 목회자와 선교사 16명이 모여서 라틴 아메리카 선교 네트워크(LAKOMNTE: Latin America Korean Mission Network)를 만들었다. 이 단체는 중남미에 흩어져 있는 한인들의 교회와 목회자들 그리고 선교사들의 효과적인 사역을 위한 정보 교환을 목적으로 하고 있다.

둘째로, NGO의 활용을 통한 사회개발 선교사역이다. 1980년대 후반에 들어서면서 개발자원이 제도화된 형태(Institutional forms of development resources)로서 NGO를 평가하는 시각도 높아지게 되었다. 특히 주목할 것은 1980년대 이래 개발의 개념이 단순한 경제개발의 차원에서 사회개발, 인간개발, 환경 친화적 개발 및 토착민 보호와 같은 인간 중심의 지속적인 개발(sustained development)로 확대되어 가면서, 자국의 이익이나 기득권에 집착할 필요 없이 장기적인 안목으로 활동하는 NGO들의 역할이 점점 증대했다는 것이다. 이는 한국보다 경제적인 환경이 열악한 나라에서 사역할 때 매우 중요한 전략 중 하나가 될 것이다. 방글라데시의 한국개발협의회 같은 단체는 무슬림 국가인 방글라데시에서 주민들의 큰 호응을 얻으며 그 역할을 성실하게 감당하고 있다.

셋째로, 기업을 통한 선교사역이다. 최근 들어 기업을 통한 자비량 선교는 매우 중요한 프로젝트로 부각되고 있다. 실제적으로 한국의 선교회들 가운데 선교 현지에서 여행업을 하면서 자비량 사역을 하는 경우도 있고, 기업 운영을 통한 자비량 선교운동도 많이 볼 수 있다.

선교 역사적으로 기업을 통한 개신교의 선교운동의 모델로 모라비안 교도들의 해외선교와 바젤 선교회를 들 수 있다. 이들의 경제 공동체의 궁극적인 목적은 이교도를 향한 선교 수행에 있다. 실제적으로 오늘날 한국 교회의 선교사역을 살펴보면 중국과 북한을 비롯한 저개발 국가들을 중심으로 한 기업 선교의 전략들이 많이 수립되고 있다.

넷째로, 한인 2세들의 선교자원화 사역이다. 새로운 선교의 주체로서 한인 2세들을 적극적으로 활용할 필요가 있다. 한인 2세들이 신학교육과 선교훈련을 받은 뒤 선교지에 파송된다면 일석이조의 결과를 얻을 수 있다. 그들은 이미 타문화 적응 훈련을 마쳤을 뿐 아니라 선교를 위한 언어 구사 능력을 갖추고 있기 때문이다. 따라서 이미 많은 한인 디아스포라에서 2세 또는 3세의 청년들을 선교의 현장으로 투입하고 있다. 미국의 JAMA(Jesus Awakening Mission in America)나 KOSTA(Korean Student Abroad)와 같은 단체가 있다. KOSTA는 한국의 엘리트 그룹이라 할 수 있는 유학생들에게 하나님에 대한 믿음과 신앙을 심어 줌으로써 조국 복음화에 기여해 왔다. 이제 코스타는 각 대륙별로 유학생들과 이민 1.5세, 2세대들이 참여하는 글로벌 기관으로 성장했다.

한인 디아스포라를 통해서 하나님 나라가 많이 확장되었다. 그들은 불굴의 신앙을 가지고 교회를 개척하고 헌금하고 헌당하였다. 이는 한국인이 가진 세계 복음화에의 헌신이라고 본다. 이제 한인 디아스포라를 통해서 세계 대부분의 나라에 복음의 전진기지가 구축되었다.

중간시대를 통해서 흩어진 유대 디아스포라를 통해서 세계 복음화에의 기폭제가 되었듯이 한인 디아스포라를 통해서 초대교회와 같은 선교에 열정적인 전략이 수립되기를 기대해 본다.

| 글쓴이 | 조귀삼 교수는 Asia Pacific Society for Intercultural Studies 한국 대표와 한국다문화진흥학회 회장, 그리고 한세대 교수(선교학) 및 영산신학연구소 소장을 맡고 있다. |

04-4   한국 교회의 군선교

한국 교회의 군선교는 우리나라 청년들이 기독교 정신을 바탕으로 안정적으로 군생활에 적응할 수 있도록 지원하고 군인으로서의 신념과 의식을 함양하는 데 도움을 주고자 출발하였다. 군선교는 군인교회의 설립, 군종목사 제도 도입, 진중교회당 건축운동, 전군신자화 운동, 군복음화후원회(한국기독교군선교연합회) 조직, 진중세례운동, 교단별 군선교 후원 창구 일원화, 군선교 신학화 작업, 그리고 비전 2020운동의 전개 등 다양한 형태로 이루어지고 있다. 군선교는 군대 내 기독교 문화를 조성하였고, 더 나아가 한국 교회의 성장과 발전에 공헌한 것으로 평가받는다. 한국 교회의 군선교를 통하여 민족 복음화의 기반이 형성될 수 있었다. 그러나 군선교사역은 합동진중세례, 군선교 사역자의 자질과 역량 그리고 군선교 참여기관의 운영 및 연계방식 등과 관련하여 여러 가지 한계를 노출하고 있다.

한국 교회 군선교운동의 역사

한국 교회의 군선교운동은 1948년 전북 군산에 주둔하던 장병들의 정신지도를 위해 종교집회를 개최하고 군인교회를 설립하면서 시작되었다. 군인교회의 설립은 군목제도의 필요성을 제기하였다. 1951년 최초로 육군에 초대군종과장이 임명되었다. 초대군종과장은 무보수 촉탁 신분으로 장병의 사상지도, 신앙지도, 인격지도, 종교교육 및 야전예배 등의 업무를 수행하였다. 이후 1952년 군종은 유급으로 전환하였고, 해군과 공군에도 군목제도가 도입되었다. 1955년 군종업무와 관련된 제반규정이 제정되었고, 1956년 육군찬송가 발간, 1957년 장병상담소가 설치되었다. 1956년에는 한국기독교장교회가 조직되었고 군목단의 군선교활동을 지원하였다. 1964년부터 진중교회당 건축운동이 전개되었고 1967년에는 대대 단위에도 군종부사관이 배치되었다. 월남파병은 한국 교회의 군선교에 대한 관심을 고조시켰다.

1970년대 초 당시의 사회적 혼란 속에서 군에서 시작한 전군신자화 정책을 군복음화운동으로 연계하고자 한국 교회는 군복음화 후원회(현 한국기독교군선교연합회)를 조직하였다. 1971년 9월 13일 이래 계속되고 있는 진중합동세례식은 한 번에 3천여 명의 장병에게 세례를 주어 군선교 역사뿐만 아니라 기독교 선교 역사에서 상당한 의미를 갖는다.

1980년 제5공화국 시절에는 군선교운동이 크게 위축되었다. 제5공화국 정부는 군대내 종교활동 약화정책을 수립하였고 진중세례운동 중단조치를 취하였다. 이러한 상황에서 한국 교회는 1981년 종단별 군선교 후원창구 일원화 작업, 1982년 군선교 신학화작업, 1983년 군진신학 출판, 1984년 세계 기독장교대회 한국 유치, 1986년 한국군종목사단을 조직하였다. 당시 한국 교회는 정부의 군선교 축소정책에도 불구하고 군선교의 효율성을 도모하기 위하여 체제를 정비하였다. 1990년 이후에는 진중교회당 건축, 진중세례운동 등과 같은 기존의 군선교 정책을 유지하면서 군복음화후원회의 사단법인화하였다. 이로써 공식적인 군복음화 후원 창구가 마련되었다.

1990년대 이후 군선교의 주요사업인 진중교회당 건축은 한국 교회 연합운동의 계기가 되었다. 1990년대에 전개된 2차 진중세례를 통하여 10년 동안 무려 170만 명이 세례를 받았다. 한국 교계는 제대 이후 지속적으로 신앙생활을 할 수 있도록 이들을 양육하는 것을 목적으로 1996년에 비전2020운동을 시작하였다. 비전 2020운동은 매년 25만 명의 군장병 세례신자를 일반교회로 환원하여 2020년 국민의 75%에 해당하는 3,700만 명이 기독교인으로 거듭날 수 있도록 하는 것을 목표하였다.

2020운동은 다음과 같은 과정으로 발전하였다. 즉, 군종목사단의 실천결의, 군복음화후원회 내 비전 2020 실천운동본부 개설(1998년 2월 23일), 10개 교단의 비전 2020운동 실천결의대회 개최(1998년 11월 13일), 1999년 군복음화 후원회가 한국기독교군선교연합회로 개칭, 한국기독교군선교연합회지회 설립 등이다. 그동안 비전 2020운동은 공동기도문 채택, 군선교사 양성훈련 비전 2020캠프 개최, 군선교의 노래 제정, 군선교연합월례조찬기도회 개최, 민·군연합 민족복음화 각 지역별 순회 대성회 개최, 종군목사 후보생 세미나, 군목수련회, 군종병 훈련, 기독 부사관 세미나, 기독장병 영성 세미나, 사랑의 온차 보내기 운동, 군선교신학연구위원회 구성 등의 사역이 다양하게 전개되었다.

한국 교회 군선교의 긍정적 기여

그동안의 한국 교회 군선교는 한국 교회의 성장과 발전에 몇 가지 긍정적 기여를 하였다.

먼저, 군선교는 세례장병의 급격한 증가로 한국 교회 성장에 기여하였다고 평가 받는다. 1990년대 10년간 세례장병 수는 매년 약 18만 명-20만 명 선이었다. 세례장병의 양적 증가는 한국 교회의 양적 성장에 기여하였다. 즉, 1969년 전군신자화운동과 함께 시작된 제1차 진중세례운동은 1970년대와 1980년대 한국 교회의 부흥의 요인이 되었고, 교회 성장이 정체된 1990년대에 진중에서 일어난 세례운동은 교회 성장의 원동력이 되었다. 2000년대 초반 1년간 한 교단의 세례자 수가 4만여 명이었지만 군 세례자 수는 약 20만여 명이었다. 이는 군선교가 한국 교회 성장에 크게 기여하였음을 짐작하게 하는 것이다. 1992년부터 2012년까지 세례장병 연인원수는 총 355만 4천 명에 이르렀고 2012년도에는 군에서 세례 받은 전역자 중 10만 8천 명이 일반교회와 연계한 것으로 보고되었다. 한국 교회 군선교는 한국 교회의 21세기 민족복음화를 위한 교두보가 되었고, 학원선교와 함께 단기간에 한국선교의 한 축으로써 자리매김하였다.

또한, 군선교를 위한 후방교회의 네트워크는 한국 교회의 일치와 연합운동을 이끌어

내는 놀라운 결과를 가져왔다. 군선교운동 시작 초기 약 1,000여 개의 교회가 참여할 것으로 예상하였으나 3,000여 개 이상 교회가 군선교에 참여하고 있다. 군선교 참여 교회, 관련 사역자 및 관련 기구 간의 연대는 2020운동을 계획·실행하는 결실로 이어졌다.

아울러 군선교를 통해 설립된 1,000여 개의 군인교회를 중심으로 260여 명의 군목과 군인교회 전임사역자 350명을 포함한 군선교사 800여 명이 예배와 성경공부, 서적 배포와 기독교 문화활동, 장병상담과 훈련장 위로 격려 방문, 인성사고 예방교육 등의 사역을 펼쳐 장병들에게 복음을 전파하고 신앙을 성숙시키며 기독교 문화 확산과 병영문화 개선활동에 기여하고 있다. 특히 한국기독교군선교연합회와 한국군종목사단이 펼치고 있는 신병 적응 지원 프로그램을 통한 병영문화 개선운동인 '선샤인 캠페인'과 관심사병을 위한 비전캠프, 장병상담심리 전문가 양성 등도 군선교에 의미 있는 사역이다. 이로써 기독교 신앙의 정신전력화 내지는 정신전력의 신앙적 결집화를 통한 군대의 사기를 진작시켰을 뿐만 아니라 군대내 사고예방과 범죄율 저하에 기여하였다.

한국 교회 군선교의 몇 가지 문제점

이처럼 긍정적 평가에도 불구하고 그동안 전개해 온 군선교의 내용과 전략 그리고 기관 운영 및 협력체계와 사역자의 자질 문제 등은 보완, 발전시켜야 할 사안이다. 그동안 제기되어 온 몇 가지 문제점을 다음과 같이 정리할 수 있다.

먼저, 군 고유의 역할 속에서의 신중한 선교를 추구하기보다 외형적이고 물량적이며 공격적인 선교를 함으로써 타종교를 자극하고 이는 오히려 타종교와의 경쟁으로 갈등과 마찰을 초래하였다는 평가가 있다. 모든 종교들이 군대를 황금어장으로 여기게 되어 종교 간의 포교경쟁으로 인한 갈등이 심화된 결과, 군종활동의 고유한 역할을 침해하는 결과가 초래되고 결국 국민 총화단결을 저해한다는 비판이 제기되었다.

이와 더불어 한국 교회의 군선교 방식이 일회성에 머물러 있다는 지적이다. 선교의 연속성과 집중성의 결여 문제는 군선교의 효율성을 기대하기 어렵게 하는데 이는 군선교를 선교가 아닌 위문으로 인식하고 있는 데서 기인한다.

뿐만 아니라 군선교가 세례 중심으로 시행됨으로써 '세례=복음증거'라는 공식이 성립되는 신학적 본질 왜곡현상도 일어났다. 한국 교회는 군선교를 '복음화 중심'보다는 '세례화 중심'으로 추진한 것이 사실이다. 비전 2020운동이 한국 교회의 국내 선교 대안으로 제시되면서 세례인 증가에 과도하게 집착한 나머지 복음을 전하는 것과 신자 양육과 관리보다는 세례행사 진행에 더 큰 비중을 둔 결과, 진중세례는 결국 행사를 위한 의식 또는 과시용 행사로 변질되었다. 한 조사에서 세례장병 중 과반수가 세례는 신앙을 가지게 된 표현과 무관한 것으로 이해하였고, 세례 받은 장병의 80% 이상은 기독교인으로 살아가는 것은 아니라고 응답하였다. 세례 받은 것과 무관하게 종교를 선택하겠다고 응답한 장병이 대부분인 것으로 나타났다. 세례를 받게 된 동기가 신앙적 동기보다는 분위기나 선물, 강압적인 동원 등인 경우도 있었다. 훈련소 세례장병의 10%는 세례교육조차 받은 적이 없는 것으로 밝혀졌다. 더욱이 비전 2020운동에도 불구하고 군내 신자 추이는 큰 변화를 보이지 않고 있고, 오히려 타종교의 도전으로 인하여 미미한 감소세를 보였다. 결과적으로 세례장병의 수적 증가는 군대 내 신자수 증가에 기여도가 낮고, 합동세례식이 도리어 '형식적 그리스도인' 또는 '세례 받은 이방인' 양산을 초래한 것이다.

더 나아가, 군선교 사역자들의 자질과 관련된 문제도 제기되었다. 즉, 현재 군목의 숫자보다 많은 대대급 군인교회를 담임하고 있는 민간인 성직자는 목회적 능력과 자질, 사역관련 질서, 윤리 도덕적 측면에서 변화되어야 한다. 군선교 사역자의 능력을 향상할 수 있는 방안을 마련하는 것과 전문인력 양성은 군선교를 활성화하기 위한 중요한 요소로 간주된다. 군선교 과정에서 우수한 그 어떤 제도와 전략도 사역자의 역량을 뛰어넘을 수 없다. 제도와 전략과 함께 어떤 사역자들이 활동하는가 하는 측면도 중요하게 고려해야 할 영역이기 때문이다.

더불어 군선교 지원단체 혹은 전문기관의 공신력과 관련된 문제도 풀어야 할 과제이다. 2014년 초 군종목사단에 의해 제기된 한국기독교군선교연합회의 재정 및 인사운영상의 문제는 연합회의 핵심사업인 1004 군인교회 건축사업과 비전 2020운동에 대한 불신으로 이어지고 있다. 이는 단지 한 기관과 단체의 문제가 아니라 앞으로 한국 교회 군선교의 사역에 걸림돌이 될 수 있다. 한국 교회 군선교의 재도약과 발전을 위해 최근 논의되고 있는 한국군선교연합회와 군목단과의 관계 문제, 군종목사파송교단 협의회

(가칭) 조직 문제 그리고 군종교구청 설립 문제 등은 다양한 측면에서 심도 있는 논의가 필요하다.

한국 교회의 군선교는 대한민국 청년들의 군생활 적응을 도왔을 뿐만 아니라 한국 교회의 복음화를 이끌어 가는 주요한 한 축이었다. 이러한 경험을 바탕으로 군선교가 다시금 도약할 수 있어야 한다. 군선교를 발전시켜 나가는 데 있어서 개별 교단이나 관련 교역자 그리고 기관의 입장과 이해보다 한국 복음화 성취가 최우선 과제가 되어야 한다. 이러한 인식은 군선교 발전과정에서 드러날 수 있는 이견과 갈등을 조화와 균형으로 해결할 수 있도록 돕는다. 이것은 궁극적으로 군선교가 활성화되는 첩경이다.

한국 교회는 보다 효과적인 군선교를 지속하기 위하여 제기된 문제점을 보완하고 정책적 대안을 모색해야 한다. 군선교는 장병 개인에 대한 전인적인 관심과 더불어 군대 공동체적 측면에 대한 관심을 두고 실행되어야 한다. 새로운 가치관과 사고방식 및 생활패턴을 갖고 있는 신세대 장병에 대한 선교의 효과성을 증진시키기 위하여 군선교 패러다임으로의 건설적 전환이 필요하다. 교회의 지원과 참여는 군선교의 지속적 발전을 위하여 필수요소인데, 이를 위해 한국 교회를 대상으로 한 의식 고취와 교회의 참여증대 방안도 강구되어야 한다.

참고자료

군선교신학연구위원회편, 『군선교신학 1』(서울: 한국기독교군선교연합회. 2004)

군선교신학연구위원회편, 『군선교신학 2』(서울: 한국기독교군선교연합회. 2004)

김창제, 『군선교』(서울: 대서. 2009)

"전략적 군선교, 침체된 한국 교회 대안 될까", 「기독일보」, 2014.05.19.

"'군선교, 위문 아닙니다'…군선교 인식개선 시급", 「기독교타임즈」, 2012.02.27.

"군선교도 위기? 장병 세례 집계 이래 최저… 효과적 계획 필요", 「나눔뉴스」, 2014. 02.21.

"군선교, 대대급 교회 활성화에 집중한다", 「국민일보」, 2014.03.10.

| 글쓴이 | 손동신 교수는 현재 백석대학교 기독교학부 선교학 교수로, 선교교육, 선교전략, 문화인류학, 교회와 선교, 교회와 사회 등과 관련한 강의와 연구로 후학 양성에 힘쓰고 있다. |

분쟁지역과 선교
: 아프가니스탄 피랍사건과 해외선교

2007년 7월 아프가니스탄 피랍사건은 한국 교회가 지향하던 '성장주의 선교'에서 벗어나 좀 더 '선진화된 선교'로 패러다임을 바꾸는 계기가 되었다. 당시 한국 교회는 선교 르네상스 시대를 활짝 열며 미국과 함께 해외선교 '10-20 클럽'(사역 대상국 100개국·선교사 2만 명 파송)에 가입한 국가로 매년 1천 5백 명 이상의 선교사를 파송할 만큼 선교 열풍이 대단하였다.[1] 하지만 아프가니스탄 피랍사건은 업적주의, 성공주의 신드롬에 빠진 한국 교회에 강력한 쓰나미가 되어 한국선교의 뿌리를 송두리째 흔들어 놓았다. 분쟁지역 1등급이었던 아프가니스탄 선교에 찬성론과 반대론이 강하게 부딪히며 설전을 벌였는데 매스컴을 비롯한 국민들의 정서는 아주 부정적이었다. 아프가니스탄 피랍사건은 한국 교회뿐만 아니라 선교단체, NGO, 정부에게 커다란 과제를 안기며 한국 교회가 전문화된 선교로 진일보할 수 있는 계기를 만들어 주었다.

아프가니스탄 피랍사건의 배경

2004년 김선일 씨의 이라크 피랍사건 때는 큰 공격을 받지 않던 한국 교회가 선교 강대국으로 순풍가도를 달리다가 아프가니스탄 피랍사건이라는 큰 홍역을 치렀고, 한국 선교에 대한 네거티브 바람이 전국적으로 강타하면서 한국 교회는 큰 시련을 맞게 되었다. 피랍사건의 주요 일지를 살펴보면 다음과 같다.

2007년 7월 19일 샘물교회 단기선교팀 23명이 탈레반 무장세력에 의해 피랍된 후 7월 25일에 배형규 목사가 첫 번째 희생자로 살해되자 한국 사회는 큰 혼란에 빠졌고, 7월 31일에는 두 번째 희생자로 심성민 형제가 살해되자 그 가족들은 큰 충격에 빠지게 되었다. 이후 10여 명의 인질 동영상이 공개되자 한국 교회는 이루 말할 수 없는 충격을 받았고, 8월 13일에 이르러 여성 인질 2명(김경자, 김지미)이 최초로 석방된 후 수도통합병원으로 이송되어 치료를 받게 되었으며, 나머지 19명은 9월 2일 인천공항으로 입국하면서 표면상으로 일단락 되었다. 이처럼 샘물교회 단기선교팀 23명이 탈레반 무장세력에게 피랍된 배경 세 가지를 살펴보면 다음과 같다. 첫 번째로 사회, 정치적 불안에 따른 치안부재가 아프가니스탄 전 지역에 확산되었기 때문이다. 2001년 11월 탈레반 정권이 붕괴된 후 하미드 카르자이(Hamid Karjai) 대통령이 집권하였지만 탈레반이 아프가니스탄 전체 영토의 80%에 영향을 끼치고 있어서 중앙 정부의 힘은 미약하기 그지없었다.[2] 이런 가운데 최악의 시나리오는 탈레반이 아프가니스탄의 핵통제권을 장악해 주변 중앙아시아 국가의 패권국으로 등장할 경우 이는 국제질서와 세계안보에 커다란 위협이 될 수밖에 없었다. 한편 최적의 시나리오는 카르자이 대통령이 아프가니스탄 국민들로부터 강력한 지지를 받고 지지폭을 확대해 나가도록 돕는 것이다. 이와 같이 탈레반의 강력한 영향력에 따른 아프가니스탄의 치안부재로 인해 매년 수천 명의 민간인들이 무장 세력들에 의해 살해당하고 있을 때 피랍사건이 발생한 것이다.

두 번째는 지하경제 활성화로 인한 군부와 공공기관의 부패는 아프가니스탄 사회를 무법으로 만들었기 때문이다. 원래 아프가니스탄은 천연가스, 석유, 석탄, 우라늄, 황, 납, 철광석과 같은 천연자원이 풍부하지만 오랜 내전으로 발굴하지 못하여 세계 최빈국이었다. 경제가 양성화되지 못하다 보니 음성화되어 아프가니스탄의 경제는 80-90%가 지하경제이다. 즉, 아프가니스탄은 마약에 절대적으로 의존하였다. 전체 인구의 12.6%가 양귀비 경작에 종사하고 있었는데 놀라운 것은 2006년에 전 세계 헤로인 생산의 90%가 아프가니스탄이라는 사실이다. 중앙정부가 마약과의 전쟁을 벌였지만 속수무책이었다. 중앙정부는 90%에 육박하는 지하경제 때문에 세금시수를 확보하지 못해 안정적 경제재건을 이룩하지 못하였고, 설상가상으로 군인들과 관공서의 부패는 아프가니스탄 경제를 망가뜨려 사회적 혼란이 더욱 가중될 때 피랍사건이 일어났다.

세 번째는 아프가니스탄의 무장세력들의 납치가 성행했기 때문이다. 2007년 당시 아프가니스탄의 테러세력으로는 16개 단체가 있었는데 그중에서도 탈레반이 가장 악명 높았다. 탈레반이란 '종교적인 학생'을 의미하는 것으로 원리주의 이슬람 원칙을 수용해 권위주의 조직을 구축하면서 여성들의 사회활동 금지, 여학교 폐지, TV 방송 금지 등 급진적 정책을 펼쳐 나갔다. 2001년 9월 11일에 발생한 미국의 세계무역센터의 공격이 탈레반의 비호를 받던 오사마 빈 라덴(Osama Bin Laden)의 소행이라는 것이 밝혀지면서 미국 주도의 동맹국이 2001년 10월 7일 아프가니스탄을 공격해 그해 11월에 탈레반 정권이 무너졌다. 하지만 이들은 주변국과 산악지대로 흩어져 끊임없이 민간인 살해와 외국인 납치를 시행하였다. 놀라운 것은 피랍 전 2006년에 아프가니스탄의 반군 공격이 전년도 대비 300%나 증가하던 시기에 샘물교회 23명은 아프가니스탄 단기선교팀으로 떠나 도착한 지 5일 만에 피랍된 것이다.

아프가니스탄 피랍사건의 쟁점

2007년 아프가니스탄 피랍사건은 그동안 한국 선교에 관해 부정적, 비판적 시각을 지닌 반대 그룹과 피랍에도 불구하고 해외선교를 지지, 격려하는 찬성 그룹으로 양분화 시키는 데 견인차 역할을 했다. 필자는 한국 교회와 선교단체와 선교학회에서 아프가니스탄 피랍사건의 쟁점이 된 주요 네 가지 사항을 집중적으로 조명·분석해 보고자 한다.

첫째로, 파병 원인설이다. 피랍 당시 아프가니스탄에 파병된 한국 주둔군은 약 200명에 이르렀는데 이들은 모두 전투부대가 아닌 공병과 의무부대였다. 파병 원인설을 강력하게 찬성하는 자들은 대체적으로 미국에 반감을 지닌 반미주의자들이 많은 편이다. 아들 조지 부시(George W. Bush) 대통령의 뜻에 순응해 한국군을 파병한 결과 참담한 결과를 얻었다고 주장한다. 반면 교계나 선교학계에서는 파병 원인설에 반대파가 많은 편이다. 그 이유로 탈레반이 처음 인질을 잡았을 때 그들이 한국인이라는 사실조차 모르고 납치했다는 것은 이를 반증해 주기 때문이다.

둘째로, 안전 불감증 원인설이다.[3] 찬성론자로는 한국위기관리재단 김진대 사무총장으로 그는 "당시 카불-칸다하르 간 항공편이나 고속버스를 이용하는 것이 현지 상식이었음에도 전세버스로 이용한 점"은 너무 아쉽다고 지적하였다. 반면 샘물교회 피랍자들의 안전 불감증과 무사 안일주의에 대해 반론을 재기한 자도 있다. 부산장신대학교 황홍렬 교수는 "선교팀의 이동 동선을 '자살 루트'라고까지 한 데에 대하여 그들은 충분할 정도로 안전의식과 주의를 기울였고 그 길 외의 루트도 없었을 뿐 아니라 다른 팀도 같은 방법을 택하였기 때문에 정당한 비난은 될 수 없다"고 지적하였다. 프레시안의 기획위원인 박명준 위원 역시 "피랍자의 안전 불감증적 형태라는 비난에 대해서도 피랍자들에게 모든 것을 떠넘기는 생각보다는 한국인들의 안전 불감증적 문화 의식을 근본적으로 살펴보아야 한다"고 반론을 제시하였다.

셋째로, 공격적 선교 원인설이다. 찬성파로는 에큐메니컬 진영이 강한 편으로, 『무례한 복음』(서울: 산책자, 2007)을 집필한 김경재 교수(한신대학교 명예교수, 제3시대 그리스도 연구소 이사), 김창락 교수(제3시대 그리스도 연구소 소장, 한신대학교 은퇴교수), 김상근 교수(연세대학교 교수)가 대표적이며, 이들은 아프가니스탄 피랍사건이 일어난 원인 중 하나가 한국 교회가 지니고 있는 고질적인 문제인 업적주의, 성과주의에 있음을 인식하고 시정해 나갈 것을 촉구하였다. 또한 벤쿠버기독교세계관대학원의 양승훈 교수는 한국 교회가 해외에서 눈살을 찌푸리게 하는 몇몇 사례들을 소개하면서 소위 "한국식으로 밀어붙이는" 선교형태, 즉, 공격적 선교에서 과감히 탈피할 것을 강조하였다.[4]

반면 공격적 선교 원인설에 대해 반대하는 그룹도 있다. 예를 들어 아프가니스탄 피랍 16일째 한국 기독교계를 대표하는 25개 교단 대표자들은 한 자리에 모여 성명서를 발표하였는데 그 내용에는 아프가니스탄 피랍사건은 공격적 선교가 아니라 인류애와 박애정신에 기초한 동기였음을 밝히며, 정부 관계자들의 노력에 진심으로 감사한다는 내용을 담기도 하였다. 또한 전방개척선교(Frontier Missions)를 슬로건으로 하는 선교단체들이 반대하는 편이다. 인터콥의 최바울 대표는 코람데오닷컴과의 인터뷰에서 "한국동란 시기에 전쟁과 전쟁 직후 남노당의 활동으로 극심한 치안 부재 상태에 있던 한국에 수많은 서구 NGO 요원들과 서구 기독교단체들이 전쟁의 고통과 가난 가운데 극심한 어려움에 처해 있는 한국인들을 돕기 위해 위험을 무릅쓰고 봉사활동을 전개했었다는 사실을 까맣게 망각하고 있다"며 공격적 선교에 반대하였다.

넷째로, 선교 용어 사용설이다. 이에 관해 복음주의자든지, 에큐메니컬이든지 모두 동의하는 편이다. 사실 탈레반이 여성 인질을 무산시킨 이유는 선교라는 용어 때문이었는데 아마디 대변인은 "문제의 보도 - 'Missionary Christian' - 가 나온 뒤, 여성 인질을 남성과 똑같이 대우하겠다고 말했다. 인질들의 신원이 정확하게 공개되지 않았더라면 최소한 여성 인질들은 풀려났을 것이다"라고 보도하였다. 따라서 피랍사건 이후 "선교"라는 표현보다는 "단기선교 학습여행," "단기선교지 체험," "봉사여행" 등으로 명명하자는 제안이 생겨났다.[5] 더욱이 연합뉴스는 "'선교' 대신 '봉사'라는 표현을 선택한 것은 분쟁지역 선교활동의 위험성을 충분히 인식하고 있음을 보여 주기 때문이다. 한국 교회가 자기당착과도 같은 이런 모습을 통해 스스로 문제점을 노출한 것처럼 이번 아프가니스탄 인질 사태를 계기로 해외선교의 방식을 개선해야 한다는 목소리에 더욱 힘이 실리고 있다"고 보도하며 한국 선교에 일침을 가하였다.

아프가니스탄 피랍사건과 한국 교회와 정부의 방향

아프가니스탄 피랍사건은 한국 교회의 선교판을 송두리째 바꿔 놓았다. 비기독교인들은 한국 교회의 밀어붙이기식 선교에 강한 혐오감을 보이며 매우 비판적이었는데 한국 교회로서는 감당하기 힘든 일이었지만 이를 계기로 일방적인 선교를 반성할 수 있게 되었다. 한국 교회는 아프가니스탄 피랍사건을 통해 '맥도날드식 성장주의' 선교에서 벗어나 전문화, 선진화된 선교로 업그레이드되어야 할 것이다. 이를 위해 필자는 다섯 가지 방향을 제시하려고 한다.

첫째로, 1, 2주짜리 단기봉사의 경우 단기선교라는 용어를 사용하지 않을 것을 제안한다. 특히 이슬람권은 더욱 그렇다. 단기해외봉사나 비전트립 등의 용어를 사용하면 된다.

둘째로, 단기봉사팀이든, 장단기선교사훈련이든 위기관리훈련을 받고 입국할 것을 제안한다. 피랍, 추방, 자연재해, 교통사고, 질병 등 긴박한 위기를 지혜롭게 대처할 수 있도록 위기관리훈련이 필요하기 때문이다.

셋째로, 한국 교회가 위기관리시스템을 구축할 것을 제안한다. 각 교단과 선교단체에서는 위기관리시스템을 구축해야만 한다. 감사한 것은 아프가니스탄 피랍사건을 계기로 사단법인 한국위기관리재단이 2010년에 발족하였는데 앞으로 각 교단과 선교단체별로 확대되어지길 바란다.

넷째로, 한국 교회가 멤버케어시스템을 구축하기를 제안한다. 위기관리시스템은 '현장' 중심적이라면 멤버케어시스템은 '후속' 중심적이다. 멤버케어는 선교사의 영적, 정신적, 육신적, 정서적 케어를 책임지는 것을 말한다. 한국 교회는 시간이 지날수록 파송선교사가 증가하기에 아프가니스탄 피랍사건과 같은 위기가 증가할 것이라 예측된다. 따라서 멤버케어시스템을 구축하는 것은 필수적이다.

다섯째로, 한국정부는 선교단체나 NGO들의 해외활동에 있어서 안전과 위기관리문제가 발생할 경우 자국민을 보호할 책임과 의무가 있으며 상호 긴밀한 협력체계를 구축할 것을 제안한다. 한국정부는 위기 때나 평상시에도 국제위기전문네트워크를 활용할 수 있어야 자국민을 보호할 수 있으며 국가 위상도 높일 수 있을 것이다.

분쟁지역에서의 선교는 지혜가 필요하다. 아프가니스탄 피랍사건처럼 혹여나 문제가 발생했을 경우 개개인뿐만 아니라 교회, 선교단체, NGO, 정부에까지 엄청난 파장을 불러일으키기 때문이다. 그렇다면 분쟁지역에서 선교는 해야 하는가? 이에 대해 찬성론자와 반대론자들이 팽팽히 맞서고 있는 실정이다. 그런데 아프가니스탄 피랍사건을 통해 한국은 2명이 살해당했고, 19명은 약 40일 동안 인질로 잡혔다가 겨우 석방된 후 정신적, 육체적, 심리적 치료를 받아왔다. 국민들의 시선은 따가웠고 매스컴은 연일 한국 교회의 무리한 선교에 공격을 퍼부었다. 아프가니스탄 피랍사건은 한국 교회가 얻는 것보다는 잃은 것이 많았다. 하지만 속담에 "소 잃고 외양간 고친다"는 말이 있듯이 한국 교회가 많은 소를 잃었지만 외양간은 반드시 고쳐야 한다. 마태복음 10장 16절에 "너희는 뱀같이 지혜롭고 비둘기같이 순결하라"고 한 것처럼 지혜가 있어야 한다. 그래서 한국 교회는 이를 계기로 좀 더 '선진화된 선교'를 구현해 나갔으면 한다.

주

1   한국 교회는 2013년 말, 169개 국가에 25,745명을 파송해 해외선교 '10-20 클럽'에 가입하였는
      데, 사실 미국 교회는 2010년 말 211개 국가에 93,500명을 파송해 해외선교 '20-30 클럽(사역 대
      상국 200개국·선교사 3만 명 파송)에 가입해 있었다. "2013년 12월 말 현재 한국선교사 파송현
      황", [온라인 자료], http://kwma.org. 2014년 7월 10일 접속; Jason Mandryk, Operation World
      (Colorado Springs: Biblica Publishing, 2010), 862.

2   한국위기관리재단 편, 「2007년 아프가니스탄 피랍사건 종합보고서」(서울: 도서출판 위기관리,
      2013), p.25.

3   Ibid., pp.100-123.

4   양승훈, "평양 대부흥에서 아프간 인질사태까지", 「월간고신」 313(2007년 10월), pp.106-7.

5   임일규, "아프간 피랍사태를 통해 바라본 한국선교", 「선교타임즈」 134(2007년 10월), p.58.

참고자료

Jason Mandryk, Operation World. Colorado Springs: Biblica Publishing, 2010.

샘물교회, 「아프간 백서」(분당: 샘물교회, 2008)

한국위기관리재단 편, 「2007년 아프가니스탄 피랍사건 종합보고서」(서울: 도서출판 위기관리, 2013)

| 글쓴이 | 안희열 교수는 침례신학대학교 선교학 교수이며, 세계 선교훈련원(WMTC) 원장으로 7년간 400명의 선교사를 배출하였다. |

캠퍼스 선교의 전망
: 생태계의 변화에 따른 전략적 이슈들

C. H. 말릭(『대학의 위기』, p.105)의 표현을 빌리자면, 장차 지도자의 위치를 부여받게 될 수백만의 젊은이들이 그들의 인생의 형성기인 4년 내지 10년의 기간을 호된 훈련 속에서 보내게 되는 대학은 세계의 "유일한 축도"이자 가히 "소우주"(小宇宙)라 할 수 있다. 따라서 "세계를 움직이는 지렛대"인 대학을 변화시키는 것이야말로 "세계를 변화시킬 수 있는 가장 유력한 방법"이다.

우리나라에서도 대학이 차지하는 위상은 남다르다. 우리 민족은 고래(古來)로 글을 읽는 사대부들을 우러러왔는데, 근대사회로 전이한 후에도 학문을 숭상하고 식자들을 존경하는 분위기는 그대로 이어졌다고 하겠다. 이는 고려말과 조선시대에 성리학을 받아들여 꽃피우고, 일제를 통해서였기는 하지만 서양과의 문호가 불가불 열리게 되면서 서양의 학문과 기술 등을 열심으로 받아들인 데에서 단적으로 드러난다 하겠다. 여기에다 육영 사역에 대한 서양 선교사들의 전폭적인 관심이 각급 학교 수립에 물꼬를 트는 역할을 하면서 이 땅의 교육열은 우리나라 경제성장의 원동력이 되었으며, 우리 사회를 떠받치는 지렛대 역할을 해온 셈이다. 게다가 3·1 만세운동은 물론이거니와 4·19, 5·18, 6·29로 이어지는 이 땅의 민주화운동은 소위 '먹물' 먹은 식자층과 젊은이들이 구심력이 되어 변화를 견인한 결과라 해도 과언이 아닐 것이다. 그 결과, 대학은 우리 사회의 희망이자 겨레의 미래와 직결되는 '국민적' 아이콘으로 자리 잡게 된 셈이다. 지금도 입시철만 되면 온 나라가 마치 국가의 중대사를 치르듯이 지대한 관심을 가지고 주목하게 되는 것은 이런 배경과 무관하지 않다고 본다.

대학의 위상과 기대역할의 변화

그러나 대학의 자율화에 발맞추어 80년대 중후반부터는 수도권 비수도권을 가리지 않고 각급 대학들이 우후죽순 생겨나고 대학인구가 폭증하면서(2008년에는 고교졸업생들의 83.8%가 대학에 진학하였으며, 전문대학을 포함하여 현재 대학생 인구는 360만을 넘어섰다.), 이제는 대학이 의식 있고 열심 있는 사람들만 가는 곳이 아니라 누구나 으레 거쳐야 하는 교육과정의 하나로 인식되기 시작했고, 빠른 속도로 확산한 개인주의 라이프스타일은 대학 캠퍼스에도 직접적인 영향을 미쳐서, 이제는 이상(理想)이나 명분을 지향하던 이념 서클들은 오히려 사그라들고 실용적인 서클들, 곧 개인의 취미생활이나 취업에 직접적인 도움을 주는 동호회나 스터디 그룹 등만 살아남는다고 한다.

더구나 대기업들이 대학을 인수하기 시작하면서부터, 대학을 스펙 준비 내지 취업을 준비시켜 주는 학원 개념으로 인식하는 분위기가 노골적으로 확산되고 있어서 애교심은 고사하고 동문이나 클래스메이트라고 해도 남다른 친밀감이나 응집력을 형성하는 것 같지 않다. 한마디로 '자본에 중독된 사회'에서 대학마저도 이제는 자본의 충실한 하수인 역할을 자처하게 되고 만 것이다. 하여 캠퍼스 선교 내지 대학복음화라고 하는 과제는 더더욱 막중한 선교의 과제가 아닐 수 없으며, 캠퍼스 선교단체들은 물론 온 교회들이 나서서 협력하고 지원해야 할 시대적 사명이라 할 수 있겠다.

캠퍼스 선교의 독특성에 기인하는 해묵은 갈등 요인

60만 군인들을 겨냥한 군선교나 군복음화의 현장인 군대생활은, 비록 2년여의 짧은 시간이기는 하지만 '민간사회'와 격리된 채로 20대의 중요한 시기를 한 막사에서 먹고 자는 소위 '밥솥 공동체'가 불가불 형성 가능한데다, 자신이 속했던 모교회를 떠나서 '낯선' 그리스도인들과 함께 새로운 교회를 이룰 수밖에 없다. 이런 고립 상황에서 그리스도인들 간에 은혜와 우애를 나누고 선교적인 사명을 고취하는 공간으로서 군대를 생각하면 군복음화 내지 군선교의 명분이나 취지를 떠올리기는 그리 어렵지 않다.

그러나 도심 한가운데 존재하는 대학 캠퍼스는 지리적으로나 심리적으로 자신의 모교회와 완전히 유리된 채로 2년을 보내게 되는 군대와는 달리 여전히 일상적인 생활환경과 공간을 공유하게 되기 마련이다. 즉, 대학을 진학한 그리스도인들 대부분이 여전히 자신의 모교회를 중심으로 신앙생활을 하고 있기 때문에 대학 캠퍼스 내의 선교기지, 소위 "온-캠퍼스 선교"(On Campus Mission)의 구심점을 만들기란 그리 간단하지 않다. 2012년 현재 우리나라 4년제 대학생의 70.1%는 자신의 부모와 여전히 동거하고 있으며, 타지/서울에 진학한다고 해도 대부분은 주말에 고향으로 돌아가거나 친구를 따라 새로운 교회에 출석하게 됨으로 그리스도인 대학생들은 대학에 진학한다고 해서 신앙생활의 여건이 크게 달라지지는 않는다.

이런 여건의 차이로 인해 그동안 군선교는 교단 차원에서 전폭적인 지지를 해왔고 또 지역교회와 갈등이 불거질 요인도 별로 없었다. 군인교회와 모교회는 오히려 상부상조해야 할 필요성을 느끼면 느끼지 갈등할 이유가 전혀 없는 셈이다.

그러나 앞에서 언급한 "온-캠퍼스" 선교로 부름 받은 대학생 선교단체들의 경우에는 우선 멤버십 확보에서부터 직접적으로 지역교회와 갈등을 빚게 마련이다. 더구나 요즘처럼 취업경쟁에 내몰린 빡빡한 상황에서 지역교회에도 참여하고 캠퍼스 내의 선교단체도 참여하는 것은 거의 취업 포기를 의미하기 때문에 대학생들은 불가불 둘 중 하나를 선택할 수밖에 없게 된다. 이런 상황으로 인해 지역교회와 선교단체는 멤버십 확보에서부터 서로 경쟁과 갈등구도에 놓이게 된다.

물론 대학생 선교단체들의 궁극적인 목표는 캠퍼스 안에 있는 소위 블루오션(2012년 현재 4년제 대학생/대학원생 가운데 82.8%가 불신자이며, 이들의 86.3%는 교회 문턱에도 가본 적이 없다고 응답했다.)을 겨냥하는 만큼, 굳이 기존의 신자들이 아니라 비신자들을 전도하고 양육하여 멤버십을 확보하는 것도 하나의 대안이라고 하겠지만, 우선 기본적으로는 복음을 전도할 운동원들이 어느 정도는 있어야 캠퍼스 선교의 불을 지필 수 있는데다가, 또 불신자들도 신앙이 생기기 시작하면서부터는 궁극적으로는 지역교회에 안착할 수 있도록 도와야 하기 때문에 이러나저러나 캠퍼스 선교는 지역교회와의 갈등구도를 벗어나기 힘들다.

그러나 그럼에도 불구하고 대학시절에 인격적으로 복음을 접할 기회를 제공하는 일은 복음 전도는 물론 우리 교회와 나아가서 이 나라를 위한 차세대 리더십을 육성하기 위해 결코 포기할 수 없는 선교의 장이 아닐 수 없다. 더구나 이전과는 달리 비그리스도인 대학생들의 대다수(86.3%)는 교회에 가 본 경험이 없음을 고려하면, 대학 캠퍼스를 중심 거점으로 하는 온-캠퍼스 선교야말로 여전히 전략적으로 유용한 방법론이라고 해야 할 것이다.

문제는 대학생들이 전체 청년층의 10%도 채 안 되던 70년대와 청년층의 90%가 대학생인 현재의 사회문화적 생태계는 여러 면에서 판이하게 달라졌다는 사실과 대부분의 지역교회에서 대학부라는 이름조차 생소하던 70년대와 청년 대학부가 없는 교회를 들라면 손에 꼽을 정도로 대부분의 교회가 자체로 대학생들을 위한 별도의 부서와 프로그램을 꾸리고 있는 지금의 교회문화적 변화를 고려하여 그에 걸맞는 선교전략을 구사할 수 있어야 한다는 점이다.

게다가 지금은 청년 5명 중 2-3명이 백수인 청년실업률과 취업자의 태반이 비정규직인 불안정한 고용 현실 속에서 그리고 양극화가 극심해진 불평등 사회 속에서 정치적으로나 경제적으로 소외 계층으로 살아야 할 것이 뻔한 한계상황을 들여다보면서 자조적이 되거나 심령이 삐뚤어질 수밖에 없는 젊은이들에게 어떻게 복음으로 다가갈 수 있을지, 그들에게 어떤 구체적인 해결책이나 대안을 제시해 줄 수 있을지에 대한 좀 더 근본적인 선교 전략의 변화가 절실하다 하겠다.

캠퍼스 선교의 전략적 이슈들

구체적인 선교전략은 각 대학의 생태계와 구성원들에 따라 다양할 수밖에 없으며, 필자의 경험이나 관찰력 또한 제한적일 수밖에 없기에, 이 글에서는 바람직한 캠퍼스 선교전략이라면 반드시 담아내야 할 이슈들을 몇 가지로 정리해 보고자 한다.

우선, 대학 내지 대학사회의 고유한 위상이나 사회문화적 역할을 총체적으로 재규정할 필요가 있다. 세상 사람들이 다 대학을 취업학원으로 본다 해도 우리 그리스도인 대학생들은 4년 내지 길게는 10년씩이나 한 대학에 몸담고 있도록 부름 받은 대학을 하나님의 관점에서 볼 수 있어야 한다. 과연 대학은 하나님 나라의 관점에서 나 개인의 인생에는 어떤 의미가 있을 것이며, 또 장차 인생의 동료이자 같은 세대를 함께 짊어지고 나가야 할 동문/동기생들과 더불어서 동일한 시공간을 함께 보내게 된 것은 어떤 뜻이 있는 것일까? 또 일반은총의 관점에서도 오고 오는 세대에 계속 배움과 우정의 울타리로 존속하게 될 대학이라는 기관은 어떤 의미가 있을지 그리고 신앙의 관점에서는 어떤 의미가 있을 수 있는 것인지, 포괄적이고도 총체적인 맥락에서 대학을 바라볼 수 있어야 할 것이다. '대학 예찬'까지는 아니더라도 역사 속에 그리고 우리 사회 전체의 맥락에서 대학의 고유한 가치를 회복하기 위해서 하나님 나라의 관점에서 대학을 조망하고 대학의 위상을 재정립할 필요가 있다고 본다. 그래야만 캠퍼스 선교단체들은 물론이고 지역교회의 청년대학부에서도 대학과 대학생을 바라보는 관점이 개교회 중심적인 멤버십 관리 차원을 넘어서서 우리 교회와 이 땅의 미래인 젊은이들과 그들의 배움터인 대학을 사랑하게 되고 또 무엇을 어떻게 기도하고 지원해야 할지 큰 그림을 그릴 수 있게 될 것이다.

둘째로, 우리나라 대학 선교의 독특한 역사에 기인하는 문제이기도 하겠지만, 캠퍼스 선교로 부름 받은 캠퍼스 선교단체와 지역사회에 뿌리박고 있는 교회 사이의 일정한 역할 분담을 위한 가이드라인이 필요하다. 대학생들의 바쁜 일정을 감안하여 최소한의 시간으로 최대의 효과를 거둘 수 있기 위해서는 지역교회와 선교단체 사이에 반복적이고 중첩적인 프로그램을 최대한 줄이고 상호 보완하는 협력관계가 필수적인 요소로 고려되어야 한다. 지역교회 청년대학부의 사명선언문에 대학 캠퍼스 복음화에 대한 언급이 반드시 들어가도록 할 필요가 있다. 다시 말하면 지역교회 청년대학부는 그저 더 많은 대학생들이 전도되어 본 교회로 출석하는 것을 목표로 해서는 안 되며, 인근의 대학들마다 혹은 기독청년들이 속한 대학마다 그 안에 온-캠퍼스 선교기지를 구축하는 것을 목표로 어떤 모양으로든 협력하도록 해야 한다.

　더욱 근본적으로는 대학에 진학한 기독학생들을 아예 건전한 선교단체로 파송하여, 비록 여전히 교회 인근에서 부모와 함께 거주하지만, 대학에 속해 있는 동안 속한 대학의 선교사 격으로 파견하는 것도 생각해 볼 수 있겠다. 또한 요즈음은 상당수 대학에 대학교회들이 생겨나서 지방에서 올라온 학생들이나 외국인 유학생들과 함께 캠퍼스 내에서 교회를 형성하는 분위기가 확산되고 있는데, 대학을 다니는 동안은 청년들을 대학교회에 소속시키는 것도 한 가지 방법이 될 수 있다(물론 이를 위해서는 Modality와 Sodality 또는 local church와 para church의 개념을 융통성 있게 규정하여, '하나님의 교회와 선교'라고 하는 대의를 위해 서로 양보하고 협력할 필요가 있겠다.). 어쨌든 대학에 재학 중인 기간 동안은 이중으로 시간을 들이지 않고 캠퍼스 내에서 다른 기독학생들과 더불어 커뮤니티를 이루고 그 안에서 성숙한 그리스도인으로 양육을 받으면서 대학 복음화에 집중할 수 있도록 배려해 줄 필요가 있다고 본다. 또한 선교단체나 대학교회들은 졸업 후에는 반드시 졸업생들을 본교회로 돌려보내어 선순환이 일어나도록 한다면, 지역교회도 이중 삼중으로 별도의 사역자를 두지 않아도 청년 교우들이 대학 캠퍼스에 속해 있는 동안 다른 기독학생들과 함께 비전을 나누며 실제적인 제자양육이나 선교사역에 직접 동참해 보는 귀중한 경험을 할 수 있게 되지 않겠는가!

　셋째로, 대학선교 내지 대학 복음화에는 청년기의 발달심리학적 과업과 결부하여 기독교적 가치관에 입각한 양육과 성숙이 핵심적으로 포함되어야 한다. 성인기에 들어가기 위한 인격 성숙의 마무리 단계인 청년기는 발달심리학적 측면에서, 특히 우리나라의 독특한 상황들을 고려하면 더더욱 중차대한 의미를 지닌다. 입시경쟁에 몰입하느라 사춘기를 제대로 못 보내고 또 개병제(皆兵制)에 따라 대부분 2년 이상의 군생활을 거쳐야 하는 이 땅의 젊은이들은 대부분 고등학교를 졸업한 후 대학에 들어와서야 비로소 자신의 정체감 형성을 위한 고민을 제대로 시작하게 된다. 남자들의 경우 저학년 시절에 입대를 하게 되면 군대생활 기간만큼 정체감 형성이 더욱 지연되기도 한다(자아정체감이 불확실한 경우 학생자발성이나 소명의식을 기대하기는 힘들다.).

　게다가 우정을 개발하고, 서로의 영역을 존중하는 대인관계를 맺으며 나아가서 이성과의 우정을 경험하면서 장차 독립적인 가정을 형성할 수 있는 원리와 교훈을 이 기간에 동시에 배워 나가야 한다. 또한 전공 영역과 관련하여 이 땅에서 창조의 사명을 감당하기 위해 필요한 지식과 기술들을 습득해 나가면서 동시에 기독교 세계관에 입각하여 자신의 전공이나 직업의 영역들을 비판적으로 조망하고 준비할 수 있도록 구비되어야 일생 자신의 일/노동을 의미 있게 받아들이고 성취감을 맛보면서 헌신적으로 봉사할 수 있게 될 것이다.

마지막으로, 우리나라 대학생의 비율이 꾸준히 증가해 온 사실이 시사해 주는 메시지를 새겨볼 필요가 있다. 지금도 그렇거니와 앞으로도 물론 일류대학은 여전히 경쟁이 치열하겠지만, 이제는 우리나라 젊은이들의 대부분은 대학을 거친다. 이전과 같은 엘리트의식에 집착하지 않고서도 우리의 젊은이들은 이제 대학의 문화와 분위기를 매한가지로 공유하면서 젊은 날을 보내고 있으며, 또 미래를 함께 열어갈 수 있게 되었다. 이는 "그리스도 안에서는 헬라인이나 유대인이나, 지혜자나 야만이나, 종이나 자유자나, 남자나 여자의 차별이 있을 수 없다"(갈 3:28)는 하나님 나라의 기본 정신과 잘 부합한다고 본다. 학벌이나 직급이나 연봉을 가지고 서로 차별하지 않고 각자의 달란트를 따라 이웃을 위해 성실하게 봉사하는 일생을 살아갈 수 있다면, 그 시너지를 모아 교회를 세우고, 또 이 나라 이 민족을 세우고, 나아가서 구속의 큰 역사를 일으킬 수 있다고 본다.

이제는 한두 교회, 또는 한두 단체가 모든 것을 다 할 수 있는 시대가 아니다. 개척 세대의 눈물어린 헌신이 귀중한 밑거름이 된 것은 부인할 수 없는 사실이자 길이 칭송할 일이지만, 이제는 우리가 함께 더불어 주님의 복음을 위해 그리고 교회를 위해 연합하고 협력할 때이다. 자칫하여 한두 개의 특정 메가 처치나 메가 단체에 의해 캠퍼스 선교의 생태계가 파괴되도록 하기보다는 캠퍼스 안의 모든 선교 주체들이 애교심과 소명감으로 뭉칠 수 있다면, 비록 시너지의 결과물이 당장 가시화되지 않는다 해도 연합하려는 마음과 스스로 자신을 낮추는 그 헌신 자체만으로도 그리스도께서 친히 캠퍼스에 당신을 드러내실 것이며, 구속의 은총과 복음의 향기를 두루 퍼트리실 것이다.

대학 시절 동안 겪어내고 감당해 내어야 할 이런 종합적인 발달과업을 생각하면, 이는 지역교회의 청년대학부 사역자 혼자서 감당하기에는 역부족일 수밖에 없다. 이런 막중한 선교적 과제인 캠퍼스 복음화를 위해, 각 학생들의 부모는 물론 대학의 기독교수회, 선교단체의 간사 사역자들과 지도교수, 청년대학부 사역자들, 담임목회자, 교목실, 대학교회 지도자들, 나아가서 기독교 직원을 비롯하여 캠퍼스 인근의 원룸이나 하숙을 운영하는 모든 성도들이 함께 나서야 한다. 그리하여 각 대학마다 복음화의 기지 역할을 하는 동년배/선후배 간의 책임 있는 케어 및 미션공동체를 형성할 수 있어야 한다. 한걸음 더 나아가서 군선교회의 책임 있는 리더십들과도 긴밀하게 정보를 교환하고 교류하고 협력할 수 있다면 금상첨화일 것이다. 그리하여 차세대 기독교 리더십을 대물림함은 물론, 이 땅의 장래를 함께 짊어질 새로운 세대들이 젊은 시절부터 사명감과 연대의식을 함께 확보해 나갈 수 있기를 간절히 소망한다.

참고자료

지미 롱, 『새로운 청년사역이 온다: 공동체에서 발견하는 포스트모던 세대를 위한 희망』(ivp, 2009)

고직한&Young2080, 『청년사역, 맨땅에 헤딩하지 말자』(홍성사, 2003)

C. H. 말릭, 『대학의 위기: 기독교적 비판과 대안』(성경읽기사 역간, 1988)

비노스 라마찬드라, *Engaging University*, 2011. (한국 IVF 미출간 자료)

학원복음화협의회, 『한국대학생의 의식과 생활에 관한 조사연구』, 2012. (학복협 미출간 자료)

학원복음화협의회, 『청년사역 4계』, 2013. (학복협 미출간 자료)

| 글쓴이 | 권영석 대표는 학원복음화협의회 상임대표이다. |

05
교회와
사역

05-1 한국 교회의 순교신앙

신약성경에서 순교자로 표현된 헬라어 단어 $\mu\alpha\rho\tau\upsilon\varsigma$(말투스)는 '증인'을 뜻한다. 이 단어는 본래 고대사회의 법률용어였는데, 그 뜻은 재판정에서 증인이 듣고 본 대로 증언하는 것이다. 성경에 사용된 증인(말투스)은 예수 그리스도에 대한 신앙을 고백하고 증언하다가 처벌 받거나 죽은 자를 지칭했다(막 13:9, 행 22:20, 계 17:6, 20:4). 그런데 증언 혹은 증인이 반드시 죽음과 연계되지는 않았다. 그 무게 중심이 죽음보다도 증언에 있었다. 부활하신 예수 그리스도의 증인(행 1:8)이었기에, 그 증언으로 말미암아 죽음에 이르지 않더라도 순교라고 언급했다. 예컨대 사도 바울은 그리스도의 복음을 증언하다가 당하는 고난도 - 죽지는 않았으나 - 순교라고 언급했다(롬 8:17; 고전 4:9-13, 15:30-31; 고후 1:5, 4:8-11, 11:23-27; 빌 3:10-11).

그 다음 세대의 그리스도교에서도 여전히 순교의 초점은 참된 신앙고백과 증언에 있었다. 그리스도인이 고난 받으신 그리스도의 뒤를 따라가면서, 지금은 고난을 받으나 부활하신 그리스도 안에서 반드시 다시 살아난다는 확신을 가졌다. 이때 순교의 일차적인 목표는 그리스도를 온전히 '본받아' 그분을 '따르고(제자) 닮아가는 데' 있었다. 그런데 3세기 중반에는, 앞에서 언급한 대로, 죽음에 무게 중심이 옮겨지면서 순교는 '피(죽음)로써 복음을 증언하는 것'이 되었다. 따라서 순교자는 복음을 위해 죽은 자로 이해되었다. 순교이해에 전이(轉移)가 일어났던 것이다.

한국 교회의 역사 속에서 나타난 순교

한국 교회의 역사 속에서는 순교자가 많이 나왔다. 순교자의 수가 정확한 통계로 잡히지 않아서 자세히 말할 수는 없으나, 개신교와 천주교를 통틀어 순교자가 최소 일천명 이상 최대 일만 명가량 된다고 한다.

130년의 개신교 역사 속에서 순교자가 많이 나온 까닭을 우리는 고난의 역사를 걸어온 한국의 근현대사와 연계시킬 수 있다. 예수 그리스도의 복음이 한국에 전해진 19세기 후반 한반도에는 세계 강대국들의 세력 다툼으로 말미암아 나라의 운명이 풍전등화(風前燈火)였다. 이러한 상황에서 많은 사람들이 이런저런 이유로 그리스도인이 되어 신앙세계를 맛보았다. 20세기 초반에 한국 개신교 신앙인들은 국운(國運)이 기울어지는 나라 사정에서 국권회복(國權回復)을 위해 참여하였다. 1910년 우리나라에 대한 일제의 식민 지배가 본격적으로 시작된 이후, 개신교와 식민 지배 세력은 항상 갈등관계에 있었다. 일제는 교회를 무너뜨리고자 자주 끔찍한 탄압을 가했다. 1911년에 일제는 소위 "105인 사건"을 조작해서 서북지역 목회자와 교회지도자 123명을 체포하여 갖은 고문을 자행하였다. 일제는 1919년 '3·1 만세운동'을 주도한 개신교 지도자들을 투옥시켰고 이 운동에 동참한 교인들을 폭압으로 짓밟았다. 일제는 전체주의 '황국신민화'(皇國臣民化) 차원에서 신사참배를 강요했는데 이를 거부한 장로교 지도자들 역시 투옥시키고 고문하였다. 1945년 8·15 광복과 더불어, 북한에서 새로운 지배 세력으로 등장하는 공산당은 자기네 세력에 맞서는 개신교(특히 장로교회)를 다양하게 탄압했다. 한국전쟁(1950-53)이 발발하자 남북한 전역에서 공산당이나 인민군에게 희생된 교인들이 헤아릴 수 없을 정도로 많았다. 1960년대에 한국의 산업화가 시작되었고, 산업화 과정에서 형성된 가난한 자, 눌린 자, 소외계층의 인권을 신앙의 문제로 인식하게 된 교회들이 이 문제를 끌어안았다. 이와 함께 신앙인들은 노동운동, 농촌운동, 민주화운동, 통일운동 등에 적극 참여했고, 이 과정에서 희생된 자들이 적지 않았다.

이러한 역사를 정리하면 19세기말 이래로 고통과 고난으로 가득 찬 한국의 근현대사 속에서, 그리스도교는 이 역사에 참여하였다. 연대기적 시간 속으로 임하시는 하나님의 역사(카이로스)를 고백한 신앙인들이 그 역사에 동참했다. 이 과정에서 순교신앙이 일어나고 순교자가 나타났다. 즉, '예수 그리스도의 부활을 확신하면서 십자가의 고난에 동참한 역사'였고, 십자가에 달리시고 부활하신 그리스도를 증언한 순교자들이었다. 오늘날, 세계 교회가 주목하는 한국 교회의 부흥은 이러한 순교신앙의 역사를 그 초석으로 삼고 있다.

한국 교회의 순교를 보면 몇 가지 특징을 발견할 수 있다.

첫째로, 저항의 순교였다. 한국 교회의 순교담론은 1980년대 초반에 죽음으로 신앙을 지킨 순교자들을 찾아내는 작업으로 활기를 띄었다. 한국 개신교 100주년(1985년) 기념사업을 준비하면서 순교자 발굴 작업이 본격적으로 진척되었다. 이에 한국 개신교의 순교자는 거의 대다수 일제 강점기 말기 신사참배 강요를 거부하다가 순교한 신앙인들(13.7%), 또는 8·15 광복 전후와 6·25 전쟁 기간에 공산당이나 인민군에게 희생당한 신앙인들이(86.7%) 파악되었다. 전자의 경우는 신사참배 강요를 거부하며 투옥되어 끝내 옥사한 주기철 목사가 대표적이다. 그런데 후자의 경우가 압도적인 다수였다.

한국 교회의 순교자 대다수는 일제 강점기에서부터 6·25 전쟁 기간에 나타났다. 순교의 성격 또한 신사참배 강요를 거부한 저항과 공산주의에 대한 저항이라 특징지을 수 있는데, 이것을 '저항의 순교'라고 해석할 수 있다. 이러한 순교이해야말로 순교자에 대한 한국 개신교의 '집단 기억'이라 볼 수 있다. 즉, '순교자=반(反) 공산주의자'라는 기억이 개신교에 깊이 뿌리가 내려져 있어서 오늘날에도 교회 안에서 반공이념이 강하게 내재되고 표출되었다고 본다.

둘째로, 사랑의 순교였다. 한국전쟁 기간에 인민군에게 희생당한 손양원(1902-1950) 목사는 - 저항의 순교자이기보다는 - '사랑의 순교자'로 부각될 수 있다. 그도 역시 주기철 목사처럼 신사참배 강요를 끝까지 거부하면서 죽을 각오로 신앙을 지켜냈다. 1939년부터 1945년 8·15 광복까지 7년 동안 그는 감옥에서 갖은 고초와 고문을 당하였다. 그의 아내와 자녀들도 같은 길을 걸었다. 오히려 그의 아내가 남편보다 더 굳건히 신앙을 지켜내고자 했다. 감옥에 갇힌 남편을 면회할 때마다 아내는 꼭 성경 한 구절을 외워 가서 기진맥진해 있는 그에게 들려주었다. 그러면서 "만일 당신이 신사참배하면 내 남편이 아닙니다."라고 힘을 불어넣어 주었다. 8·15 광복과 더불어 감옥에서 풀려난 손양원은 그동안 뿔뿔이 흩어졌던 가족들을 눈물로 다시 끌어안았는데, 한 해 전에 감옥에서 순교한 주기철 목사의 아들을 만나는 순간 목이 메었다.

손양원 목사는 나환자 공동체인 애양원의 목회자로 복귀해서 그곳의 사람들을 극진히 사랑했다. 그는 중환자의 환부에다 입을 대고 피고름을 빨아내기까지 그들을 사랑했다. 감염을 각오한 '순교정신의 목회'였다. 1948년 10월에 여순사건이 일어났고, 그의 두 아들 동인과 동신이 공산주의자들에게 희생당했다. 하늘이 무너지는 슬픔 속에서도 그는 오히려 감사기도를 올렸고, 그는 두 아들을 죽인 안재선을 살려내어 양아들로 삼았다. 아들을 죽인 원수를 품에 안은 아가페(사랑)였으며, '원수를 사랑한 순교신앙'이었다. 2년 뒤, 6·25 전쟁이 일어나자 그는 다른 곳으로 피난 가라는 권고를 받았으나 사랑하는 "양떼를 두고 떠날 수 없다"고 했다. 그리고 그 자리를 지키다가 결국 9월에 공산주의자들에게 죽임을 당했다. 손양원의 죽음은 원수까지도 적극적으로 품어내는 사랑의 순교였다.

셋째로, 산 순교자들이 있었다.

손양원 목사는 일제 강점기의 고난을 이겨내고 8·15 광복을 맞이한 '산 순교자'로서 한국전쟁 기간에 희생당한 '죽은 순교자'가 되었다. 한국 교회의 역사 속에는 이처럼 산 순교자들이 나타났다. 신약성경 시대의 순교는 예수 그리스도에 대한 증언에 무게 중심이 있었고 또 그분을 본받고 따르며 닮아가는 데 있었으므로, 한국 개신교의 순교자도 복음을 위해 죽은 인물뿐만이 아니라 죽을 각오로 죽기까지 복음을 증언하다가 살아난 인물들도 순교자의 반열에 들어갈 수 있기를 희망한다.

장로교회 목사 이원영(1886-1958)은 경북 안동에서 안기교회(지금의 서부교회)의 담임 목사로 일하며 일제의 신사참배 강요를 거부하였다. 장로교회의 총회가 신사참배를 결의하기(1938년) 이전에, 이미 일제는 그가 시무하는 교회에 압력을 넣어서 그를 담임목사직에서 사임시켰다. 이뿐만이 아니라 그는 일제의 황국신민화 정책의 모두를(조선교육령, 신사참배, 창씨개명) 철두철미 거부하였다. 자녀들을 학교에 보내지 않았다. 거리로 내쫓긴 그와 가족은 이때부터 8·15 광복이 오기까지 인적이 드문 산골(오복사골)로 들어가서 사회로부터 격리당한 채 초근목피로 연명해야 했다. 그는 항상 감시당했고, 생활반경이 사는 곳에서 2km 이상 벗어나지 못했다("앉은 징역"). 이뿐만이 아니라 그는 1939년부터 1945년까지 4차례 소위 "예비검속"이란 이름으로 경찰서로 잡혀가서 갖은 고초와 고문을 당했다. 이때마다 그는 죽음으로 순교하기를 간절히 소원했다. 그의 아내와 어린 자녀들도 덩달아 순교의 길을 걸었고, 그를 따르는 몇몇 교인들도(이수영, 이수원 등) 같은 길을 걸었다. 그는 8·15 광복과 더불어 8월 17일 경북 경산경찰서에서 풀려났는데, 감격의 광복을 기뻐하면서도 죽음으로 순교하지 못한 점을 대단히 아쉬워했다. 그러한 그가 고향에 돌아오자, 환영 인파가 그를 맞이하면서 "산 순교자"로 존경하였다. 그는 곧 바로 흰 두루마기 차림으로 일제 강점기에 강제로 문을 닫았던 교회들을 돌면서 사경회를 인도하였고, 가는 곳마다 신사참배에 굴복한 뭇 영혼들이 죄를 회개하고 치유되도록 했다. 이때의 그는 산 순교자로서 복음을 증언했다.

우리는 이제 순교신앙에 대한 새로운 이해와 새로운 유형을 상정해 보게 된다. 죽은 순교자와 나란히 산 순교자도 순교자의 반열에 들어갈 수 있다는 생각이다. 이러한 순교이해를 하게 된 배경에는 순교는 '오직 하나님의 은혜로' - 사람의 힘과 노력에 의해서가 아니라 - 이루어졌다는 인식이 깔려 있다. 이와 함께 우리는 16세기 유럽 종교개혁의 유산을 새롭게 의식할 필요가 있다. "오직, 하나님의 은총으로!" 여기에는 모든 형태의 공로주의를 배격해야 한다는 가르침이 담겨 있다. 즉, 순교자를 영웅으로 만들려는 시도를 항상 경계하고 삼가며 단호히 배격해야 한다는 뜻이다.

이러한 순교이해는 순교자의 죽음 자체를 중시하던 종래의 관점에서 순교자의 복음 증언과 증인의 삶을 중시하자는 것이다.

순교신앙의 계승을 위하여

21세기의 시대상황은 우리에게 새로운 순교신앙을 요청하고 있다. 지나간 20세기의 한국에서는 일제강점기, 한국전쟁과 민족분단의 고착화, 독재체제의 상황 속에서 복음을 증언하다가 수많은 허다한 증인들, 곧 순교자가 나왔다. 오늘의 우리는 부드럽게 웃으며 달콤한 목소리로 신앙의 가치를 허물어뜨리려는 힘, 보이지 않는 그 힘을 감지할 수 있다. 그것은 물질적 풍요로움을 하나님처럼 떠받치고 돈을 하나님처럼 섬기게 하는 맘몬의 힘이다. 맘몬은 사람의 마음을 경제제일주의가치관으로 물들이고 그의 생각을 물화시키고 물신주의로 빠져들게 한다. 하나님의 통치(하나님 나라)에 맞서서 세상을 지배하려는 맘몬의 힘이다. 이 힘에 교회가 순교신앙으로 맞서야 할 상황이 되었다.

한국 교회는 지금 신앙 가치관 및 가치체계에서 박해상황을 지나가고 있다고 본다. 경제제일주의가치관에 오염된 인간성, 상업주의 소비문화, 사람마저 효용성의 유무에 따라 물건처럼 버리려는 물화된 사회상황에서 교회는 하나님 나라의 가치를 선포해야 할 것이다. 돈을 하나님처럼 섬기는 물신주의 풍조에 빠져들지 않도록 교회는 '백색 순교'를 선포해야 할 것이다(계 7:9-17). 하나님 없이 바벨탑처럼 높이 쌓아 올린 현대문명이 하나님의 창조질서를 파괴한 현실을 개탄하면서 교회는 '녹색 순교'를 선포해야 할 것이다.

| 글쓴이 | 임희국 교수는 장로회신학대학교 교회사 교수이다. |

05-2 한국 교회와 영성

몇 해 전 교회사 2,000년의 여정을 따라 영성순례를 떠난 적이 있다. 그때 루터의 사역지였던 비텐베르그의 '루터하우스'를 방문했는데 그곳에서 루터가 남긴 중요한 어록 중 임종 직전에 남겼다는 다음의 말에서 가장 큰 도전을 받았다.

"We are beggar, it is true(우리는 모두 거지이고, 그것은 사실이다)."

임종을 앞둔 그때, 루터는 자신을 왜 '거지'라고 말했을까? '거지'라는 단어가 하루 종일 머릿속에서 맴돌았다. 그러다 문득 깨달았다. "아, 거지는 남의 도움을 받지 않고는 살 수 없다. 거지는 은혜 받은 자의 표상이다." 위대한 종교개혁자였던 루터는 먼 길을 돌고 돌아 마침내 자신이 하나님에게서 은혜 받은 거지임을 깨달았던 것이다.

한국 교회가 어지럽다. 외적으로는 사회의 급격한 변화의 소용돌이 속에 있어 어지럽고, 내적으로는 교회의 타락의 징후가 현저하게 드러나 어지럽다. 또한 이단들이 어느 때보다 창궐하여 사회적으로 물의를 일으킬 뿐만 아니라 교회를 향하여 도전하고 있다. 한국 교회 입장에서 볼 때 매우 어려운 상황임에 틀림없다.

한국 교회는 지난 2,000년 교회사에 있어 유례없이 성장한 교회이다. 그래서 한때 세계 교회가 한국 교회를 배우기 위해 한국을 방문하기도 했다. 하지만 불꽃놀이의 마지막 폭죽이 터지기도 전에 한국 교회는 이제 세계 교회가 염려하는 교회가 되었다. 어떤 이들은 세계 교회사에 있어 한국 교회만큼 타락한 교회도 없다고 말할 지경이다.

폴 틸리히는, 중세의 영적 핵심은 불안이었고 이 불안이 곧 종교개혁의 출발점이었다고 말했다. 그렇다면 중세의 사람들은 이 불안을 어떻게 해결하려고 했는가. 성지 무릎 순례, 성물 수집 및 숭배, 화려한 예배의식과 기도생활, 과도한 봉헌, 화려한 교회 건축 등이 그 결과였다. 지금 한국 교회의 모습이 겹쳐 보이는 것은 왜일까?

영성순례의 길을 떠나는 교회

1990년대 이후 한국 교회는 성장이 멈췄다. 교회에 대한 평가도 긍정적인 평가보다는 부정적인 평가가 넘치고 있다. 대표적인 것으로는 목회자의 성 윤리, 돈에 대한 탐욕, 교회 권력의 세습, 절대적인 교권, 지나친 건축 등이 있다. 이 모두가 개인적 행복과 연관되어 있다. '잘 되는 나'가 삶의 목표가 되었고, 교회도 그렇게 선포한다.

행복은 불안의 다른 말이다. 행복은 정주(定住)를 바탕으로 한다. 멈추는 것이다. 하지만 성경이 가르치는 인생의 본질은 멈춤이 아니다. 성경이 가르치는 인생은 순례이다. 아브라함 이후 하나님의 사람들은 모두 순례의 길을 떠났다. 그래서 성경의 순례는 단순한 여행이 아니라 신앙의 본질이다.

까를로 마짜는 『순례영성』에서 이렇게 말했다. "어느 곳이나 인간이 지닌 근원적인 열망과 향수를 잠재워 줄 영원한 고국은 없다. 이런 의미에서 인간은 본질적으로 여행자(Homo Viator)이다." 그에 의하면 순례는 본질적으로 거룩한 장소로의 회귀이며 존재의 원천인 하나님에게로의 복귀이다. 그리고 교회는 순례자의 공동체이다. 교회의 회복이란 순례의 영성을 회복하는 것이다.

순례의 목표는 하나님이다. 순례란 무릇 목적을 가져야 한다. 목적지가 없는 것은 순례가 아니라 방황이다. 순례의 최종 목적은 목적지에 도달하는 것이다. 이를 가장 잘 보여 주는 것이 존 번연의 『천로역정』이다. 주인공 '크리스천'이 무거운 죄 짐을 지고 장망성을 떠나 천신만고 끝에 시온성에 도착한다. 그 과정에서의 고난은 이루 말할 수 없다. 하지만 그는 결국 시온성에 도착한다. 시온성은 곧 하나님이 계시는 보좌요, 하나님 자신이다.

한국 교회의 순례의 목적지는 어디인가? 오늘에 만족하여 내일을 잊고 살면 순례는 불가능하다. 순례의 영성은 현재의 행복에 안주하지 않고 하나님을 향한 구도의 길로 가는 것이다. 한국 교회에는 하나님을 향한 구도의 길을 방해하는 두 가지가 있다. 첫 번째는 율법주의이고, 두 번째는 편의주의이다. 율법주의는 융통성이 없는 반(反) 은혜 주의 때문에 거룩한 순례의 길을 막고, 편의주의는 자기만족의 게으름 때문에 순례의 길을 막는다. 한마디로 율법주의는 은혜가 없고, 편의주의는 책임이 없다.

하나님을 향한 순례의 영성은 교회(교인)로 하여금 과감히 행복한 현재에서 떨쳐 일어나(反편의주의) 은혜 안에서(反율법주의) 거룩의 길로 나아가게 한다. 순례의 영성은 어떠한 경우에도 자기만족을 경계한다. 바울의 말대로 다 이루었다고 말하지 못하게 한다(빌 3:12). 그 결과 언제나 초보자가 되어 정주하지 않고 다시 일어나 하나님을 향한 순례의 길을 떠나게 한다.

순례의 길을 떠날 때는 예수님과 동행해야 한다. 순례의 영성은 함께 가는 동행자의 중요성을 깨닫게 한다. 실제로 여행에서 가장 중요한 것은 어디로 가는가보다 누구와 함께 가느냐이다. 하나님을 향한 교회의 순례는 예수님과 동행해야 한다. 예수님은 이 땅에 오셔서 33년을 백성들과 함께 사시고 마지막 오른편 강도와 함께 하늘나라로 가셨다. 예수님 자신도 하나님과 함께 동행했던 순례자였다.

러시아 영성의 고전 가운데 『순례자의 길』이 있다. 이 책은 한 무명의 그리스도인이 러시아, 시베리아를 거쳐 예루살렘으로 순례를 떠나면서 "쉬지 않고 기도하라"는 말씀을 실천한 내용을 담고 있다. 쉬지 않는 기도의 방법을 알기 위해 떠난 순례길에서 그는 한 스승을 만나 기도의 방법을 배운다. 그 방법이란 숨을 들이쉬며 "예수 그리스도여", 숨을 내뱉으며 "나를 불쌍히 여기소서"를 반복하는 것이었다.

이 기도를 그는 처음에는 하루 3,000번, 다음은 6,000번, 마지막 즈음에는 12,000번씩 반복했다. 그러자 삶에 변화가 왔다. 춥지도 않고, 배고프지도 않으며, 아파도 쉬이 아픔이 사라졌다. 이 책은 예수님과 동행하는 방법이 예수기도에 있다는 것이 아니라 단순한 기도의 반복을 통해서 예수님의 임재를 경험할 수 있다는 것을 가르친다. 예수님과 동행하는 것이 방법론의 문제가 아니라는 것이다.

필자도 영성순례를 하면서 비슷한 경험을 했다. 아침에 일어나면서 "주님, 오늘도 일어났습니다. 하루를 인도해 주십시오." 움직이면서 "주여, 음성을 들려주십시오." 저녁에 돌아오면 반드시 영성일기를 썼다. 여행이 끝난 후에도 영성일기는 지속되었고, 그러는 사이 예수님과 동행하는 삶이 생활화 되었다.

시리아의 성인 아이작은 "어머니를 붙잡아라. 그러면 자녀들도 얻게 될 것이다."라고 말했다. 예수님과 동행하면 모든 것을 얻는다. 순례의 영성은 예수님과 동행하는 것의 중요성을 가르친다.

순례의 영성은 인도자의 중요성도 깨닫게 한다. 여행에서 좋은 가이드를 만나는 것보다 더 좋은 것은 없다. 가이드는 길 안내자이다. 그 길을 알고 그 길을 가고 그 길을 말할 수 있는 사람이다. 거기에 따뜻하고 친절하다면 금상첨화이다. 그래서 여행에서는 좋은 가이드가 필수이다. 성경은 성령님이 우리의 인도자라고 말한다. "그러나 진리의 성령님이 오시면 그가 너희를 모든 진리 가운데로 인도하시리니"(요 16:13) 성령님이 우리의 인도자이시다. 그는 우리를 진리의 길로 인도하신다.

레이 프리차드는 『하나님, 아직도 나를 인도하시나요?』에서 민수기 9장 18절을 성령님의 인도라는 시각에서 해석했다. "이스라엘 자손이 여호와의 명령에 따라 행진하였고 여호와의 명령을 따라 진을 쳤으며 구름이 성막 위에 머무는 동안에는 그들이 진영에 머물렀고" 그는 이 말씀에 세 가지 특징이 있다고 말한다. 먼저 성령님은 우리를 한 번에 한 단계씩 인도하고, 우리의 온전한 순종을 요청하며, 누구도 성령님의 감동보다 앞서서는 안 된다. 순례의 영성은 곧 성령님의 인도를 받는 삶이다. 성령의 인도를 받는 모든 사람이 순례자다. 교회도 이 땅의 순례자요, 또한 순례자의 집이다. 교회는 영원하지 않다는 점에서 순례자요, 피곤한 인생 나그네들을 먹이고 쉬게 한다는 점에서 순례자의 집이다. 성도들은 순례의 길에서 잠시 쉬기 위해 찾아온 순례자들이요, 목회자는 그들을 두 팔 벌려 환대하는 여관집 주인이다.

한국 교회 영적 새 출발을 위하여

그렇다면 한국 교회가 영적으로 새 출발을 하기 위해서는 무엇이 필요할까?

첫째로, 영성이 필요하다. 한국 교회는 의식과 제도에 대한 많은 도전에 직면해 있다. 그 도전은 영적 실재에 대한 체험의 결여, 초월성에 대한 거부 등에 기인한 불만으로부터 온 것이다. 어떻게 한국 교회가 종교적 형식은 최소화하면서 종교적 내용은 최대화할 수 있을까? 외적 형식은 줄이고 내적 생명력은 풍부하게 할 수 없을까? 어떻게 우리 교회가 종교성에서 영성으로 갈 수 있을까? 이것이 우리의 고민이다. 교회 생명의 부재가 우리를 많은 이단과 타종교 그리고 영적 침체로 내몰고 있다. 우리에게 진실로 시급한 것은 내적 생명력의 회복이다.

둘째로, 더 포용적인 영성이 필요하다. 내적 생명력의 시급한 회복을 위해 우리가 첫 번째로 할 일은 겸손해지는 것이다. 우리가 알고 있다는 그것을 무지로 고백하고 우리가 유일하게 옳다고 여기는 그것을 상대화해야 한다. 우리 자신을 종교개혁적 전통에 한정해서는 안 된다. 우리는 개혁자만의 후예가 아니라 2000년 교회사와 성서 전통의 후예들이다. 성서의 세계에는 불연속성이 없다. 역사는 흘러가고 영성의 바다는 크고 깊다.

이를 위해 우리는 먼저 개신교-정통, 가톨릭-이단의 이분법적 구도를 뛰어넘어야 한다. 루터의 '오직 믿음으로'(By faith alone)는 우리의 믿음을 위해 여전히 유효하지만 우리의 영적 삶을 위해서는 '믿음과 사랑으로'(By both faith and love)가 더 필요하다. 가톨릭의 영성이 중재(Meditation)영성이요, 개신교의 영성이 즉각성(Immediacy)의 영성이라면 영적 생활에서는 이 두 가지가 다 필요하다.

셋째로, 예수님의 생명이 영성의 핵심이다. 예수 그리스도가 빠진 영성은 기독교 영성이 아니다. 영성은 곧 예수님의 생명이다. 영성은 반드시 예수님의 생명과 관련되어야 한다. 영성은 예수님을 아는 것이 아니라 예수님을 내 안에 모시는 것이다. 영성은 발명이 아니라 발견이다. 영성은 십자가를 아는 것이 아니라 자신을 십자가에 못 박는 것이다.

하나님 안에 있는 생명이 예수님을 통해 나타났고, 그 생명을 우리가 체험했다(요일 1:1-3). 영성이란 곧 예수님 안에 있는 생명을 우리가 듣고 보고 손으로 만지는 것이다.

하지만 체험주의가 곧 영성은 아니다. 예수님은 우리의 체험, 지식, 생각, 성취, 자아를 넘어선 곳에 여전히 하나님의 생명으로 계신다.

생명은 마치 살아 있는 씨앗과 같아서 거름과 물을 주면 자란다. 영적훈련의 필요성은 여기서 제기된다. 생명은 영적으로 훈련할 수 있으며 훈련되어야 한다. 생명은 훈련을 통해 은혜의 실재가 되며 은혜는 또한 지속적인 훈련을 낳는다. 훈련은 은혜에 이르는 관문이며 은혜는 훈련을 율법으로부터 구원한다. 예수님 안에 생명이 있다. 그 생명이 나에게도 있다. 그 생명은 훈련을 통해 더 풍성한 은혜에 이른다.

넷째로, 영성은 교회에서 가르쳐져야 하고 실천되어야 한다. 영성은 삶이요, 삶은 곧 실천이다. 책상머리 영성으로는 세상을 살리지 못한다. 올바른 영성은 기도와 믿음과 실천의 종합체다. 구원은 다만 죄 사함이 아니라 전인적 인격의 변화요, 하나님의 생명의 충만이다. 올바른 기도는 올바른 믿음을 낳고 올바른 믿음은 올바른 실천을 낳는다. 생명은 이 통로를 통해 세상으로 흘러간다.

경험 있는 목회자는 오랜 기도를 통해 영적 통찰력과 분별력을 소유한다. 그는 지식을 가져야 하지만 무엇보다도 하나님을 아는 지식을 가져야 한다. 이를 위해 목회자는 매일 아침 말씀을 묵상하고 매일 저녁 자신의 삶을 점검해야 한다. 하나님이 그를 통해 말씀하도록 자신을 깨끗한 통로로 드려야 한다. 물은 결코 수원지를 넘지 않기 때문이다.

교회 안의 영성훈련은 반복을 통해 예수님을 닮은 영적 품성을 기르는 것이다. 습관이 되지 않은 훈련은 자칫 일방적 교육이 되기 때문에 조심해야 한다.

교회 안에서의 훈련은 세상에서 실천해야 하며 가정은 곧 실천의 중심지다. 예수님의 생명이 우리 안에 있다. 우리에게 행복이란 우리가 우리 안에 계신 예수님의 생명으로 산다는 것이고 우리의 기쁨이란 그 생명이 날마다 자란다는 것이다. 우리의 소망은 우리 안에 있는 예수님의 생명이 우리를 통해 밖으로 나아가 세상을 하나님 나라로 만들어 가는 것이다. 이것이 우리 생애 최고의 비전이며 교회의 비전이다.

| 글쓴이 | 이윤재 목사는 한신교회의 담임목사이자 별세목회연구원장이며, 미래목회포럼 대표로 한국 교회를 섬기고 있다. |

05-3 한국 교회의 이단 침투와 예방

세월호 사건은 한국 교회 이단 예방과 대처의 전환점이 되었다. 이단 문제가 단순히 교회의 교리논쟁이 아니라 심각한 사회 문제를 야기할 수 있는 위험성이 내재되어 있는 문제라는 공감대가 폭넓게 형성되었기 때문이다. 이단은 교회의 성장기에 발흥한다. 한국 교회의 괄목할 만한 양적성장이 이루어진 오늘, 한국 교회는 유래 없는 심각한 이단 피해를 겪고 있다. 게다가 한국의 이단들은 한류바람을 타고 성공적으로 세계화하고 있다. 이단 문제는 교회의 복음 전도와 선교의 가장 큰 걸림돌이 되고 있다.

신앙의 문제인가, 상식의 문제인가?

이단의 미혹에 빠지는 것은 지적 수준이나 상식과는 무관하다. 이단 문제의 본질과 위험성은 상식이 아니라 신앙의 눈을 통해서만 깨달을 수 있다. 이단에 미혹되는 사람들은 지적 수준이나 상식이 모자란 사람들이 아니라 우리 주변의 평범하고 순수하며 성경에 관심이 많은 사람들인 경우가 적지 않다.

오히려 똑똑하고 자긍심이 강한 사람들이 이단의 미혹에 취약하다. 만약 이들이 이단에 미혹되고 주변의 지인들이 걱정하며 만류하게 되면, 이들은 자신들이 선택한 종교단체의 이단사이비성에 대해 조사하기보다는 똑똑한 자신이 잘못된 이단사이비단체를 선택할 리가 없다는 결론을 먼저 내린다. 이후 비상식적인 교주에 대한 신격화와 맹목적인 헌신을 강요당해도 자기합리화의 논리를 가지고 비상식을 상식으로 받아들인다. 심지어는 자신의 미래를 위한다는 명목으로 학업과 직장을 그만두고, 가족을 구원한다는 명목으로 집을 떠나고 가족을 멀리한다.

유병언 구원파의 예에서 볼 수 있는 것처럼, 설령 자신이 속한 이단단체가 사회적인 물의를 일으켜도 이탈은 쉽지 않다. 이들은 오히려 자신들이 사회로부터 이유 없이 핍박받고 있다고 생각한다. 게다가 이단단체를 탈퇴하는 것은 자신의 지난 선택과 삶을 부정하는 것과 다르지 않기 때문에 이탈을 망설이게 된다.

한국의 이단조직의 두드러진 특징이 있다. 그것은 일반적으로 교주는 저학력(un-educated)이고, 핵심 신도들은 고학력(well-educated)이라는 사실이다. 교주는 적절한 사회교육이나 신학교육을 받은 적이 거의 없다. 아마도 이러한 교육배경이 그들의 독특한 성경해석을 가능하게 하는 것인지도 모른다. 또한 저학력의 교주는 가부장적이고 권위적인 면이 강하다. 반면 핵심 신도들은 교육배경이 좋은 전문가들이 많다. 권위에 순종적인 이들 핵심 신도들은 교주의 주장을 체계적으로 교리화하고, 신도들을 통제하며 교육하는 역할을 수행한다.

진리 수호인가, 교권인가?

한국 교회의 이단 규정과 대처활동의 공신력에 문제가 제기되고 있다. 한국 교회 일부 교단과 연합기관의 이단 규정이 사회적 동의를 얻고 있는지에 대한 의문이 제기되고 있다. 오히려 이단 규정 대상이 아니라 이단 규정 주체가 더 문제라는 냉소적인 비판마저 제기되고 있다. 이는 교권을 위한 호교론적인 이단 대처가 원인이다.

진리 수호가 아니라 교권 장악을 위한 이단 규정과 대처로는 공신력을 얻기 힘들다. 한국 교회의 교파주의적 특성상, 한국 교회의 이단연구는 교파 중심으로 진행될 수밖에 없다. 하지만 주변 사회의 동의를 결여한 교파주의적이고 호교론적인 이단연구는 사회로부터 주목받지 못하고, 개신교 내의 기득권 싸움이 아니냐는 의혹의 눈초리를 받기도 한다.

한기총의 경우처럼, 연합기관이 그 정체성과 공신력을 훼손당한 경우에는 더욱 부정적인 평가를 받을 수 있다. 연합기관이 무원칙이고 무분별하게 이단들을 해제하거나 이단들과 부적절한 교류를 한다면, 이는 그리스도를 위한 연합이 아니라 사리사욕을 위한 야합에 지나지 않기 때문이다.

세월호 사건과 유병언 구원파로 인해 이단 문제에 대한 사회적 관심이 높아진 지금, 이단 대처가 신앙을 수호하는 동시에 잠재적 위험요소인 이단을 대처하는 공익활동이라는 점을 분명히 해야 한다. 그래야 한국 사회의 공신력을 확보할 수 있다.

유병언 구원파에 대한 한국 사회의 비판이 곧 한국 교회에 대한 지지를 의미하지는 않는다. 이는 언제든지 부메랑이 되어 한국 교회를 향할 수 있다. 교회가 이단 규정의 공신력과 투명성을 높이고, 그 목적의 공익성과 순수성을 인정받을 때 한국 교회의 이단 대처는 힘을 얻을 수 있다.

나쁜 교회인가, 착한 이단인가?

교회가 교회다울 때 이단에 대처할 수 있다. 교회가 이단들보다 더 윤리적이어야 하고, 교회가 이단들보다 더 세상의 빛과 소금의 역할을 해야 한다. 교회가 그리스도의 순결한 신부처럼 살지 못한다면, 교회는 더 이상 이단 대처와 진리 수호를 위한 영적인 힘을 가질 수 없다.

최근 주목받는 이단들은 자원봉사와 사회봉사활동에 집중하고 있다. 속은 노략질하는 이리들이지만, 양의 옷을 입고 교회에 침투하고 신앙인들을 미혹하고 있다. 그 이유는 자명하다. 소수 기독교인들의 교리적 인정보다는 다수 비기독교인들의 사회적 공신력을 얻는 것이 유익하다고 이단들이 생각하고 있기 때문이다.

이단 문제는 교리의 문제를 넘어 실정법의 문제이다. 종교의 자유를 헌법에서 보장하는 우리나라는 이단활동이 위법하지 않는 한 자유롭다. 오히려 이단들이 실정법에 의해 더 많이 보호받을 수 있는 가능성이 존재한다. 이로 인해 이단들은 교회보다 사회의 눈치를 더 많이 보고, 자신들의 모습을 친사회적인 순기능을 하는 착한 단체로 가능한 한 포장하려고 애쓴다. 만약 나쁜 교회와 착한 이단 중 하나를 택하도록 비기독교인에게 권한다면, 어떤 것을 택할지 비교적 자명하다. 한국 사회의 선택 기준은 정통이냐 이단이냐가 아니라 누가 친사회적인 순기능을 하느냐가 관심사이기 때문이다.

건강한 교회만이 이단의 침투에 효과적으로 대처할 수 있다. 주변 사회로부터 존중받는 교회가 이단단체에 내재된 위험성을 간파하고 이를 사회적으로 고발할 때, 사회는 경각심을 가지고 예의 주시할 수 있는 것이다.

성경말씀인가, 이단 비판인가?

이단 비판보다 더 중요한 것은 성경말씀을 믿고 그대로 사는 것이다. 성경을 모른다면 이단 분별은 불가능하다. 이단 분별의 기준은 성경이다. 성경적 권위에 기초하지 않은 이단 분별은 마녀사냥과 다르지 않다. 성경은 이단 비판에 우선한다. 우선순위를 분명히 해야 한다.

한 위조지폐 전문가는 자신이 위조지폐가 아니라 진짜 화폐전문가라고 소개한다. 진짜 화폐를 연구하고 가르치다보니 위조지폐는 99%가 비슷해도 가려낼 수 있다고 한다. 동일한 이치이다. 우리들이 이단 비판 전문가가 아니라 성경말씀 전문가가 될 때, 이단을 분별하고 이단의 미혹과 침투를 막을 수 있는 것이다.

최근 이단들의 특징은 종말론이다. 특정한 일시를 정해 놓고 종말이 온다고 주장하는 시한부 종말론자들과 신도들이 특정한 숫자에 이르면 자신들의 세상이 온다고 믿는 조건부 종말론자들이 있다. 하나님의교회는 2012년 종말을 주장했으나 실패했고, 신천지는 144,000명이 차면 자신들의 세상이 된다고 주장하지만, 설령 144,000명이 차도 아무 일도 일어나지 않을 테니 그들의 고민도 이만저만이 아니다.

이러한 비성경적인 이단들이 활개를 칠 수 있는 이유는 우리들이 성경에 정통하지 못했기 때문이다. 이단들의 주장을 반박하기 위해서는 성경을 알아야 한다. 만약 우리들이 성경을 모른다면 어떻게 이단들의 비성경적 주장을 가려낼 수 있겠는가? 이단전문가들의 날카로운 이단 비판 특강보다 중요한 것은 매주 선포되는 담임목회자들의 평범한 하나님의 말씀이라는 것을 잊어서는 안 된다.

성경을 악용하는 이단들이 문제가 아니라 성경대로 믿고 살지 못하는 우리들의 문제는 아닌지 뒤돌아보며 기독교인들의 정체성을 새롭게 정립할 필요가 있다. 우리가 성경 말씀 위에 바로 설 때 이단 분별과 대처는 하나님께서 값없이 주시는 은혜의 선물임을 기억해야 한다.

정죄와 분리인가, 치유와 회복인가?

이단 대처의 최종 목적은 이단들을 정죄하고 교회로부터 분리하는 것이 아니다. 이단 대처의 궁극적인 목적은 이단에 미혹된 사람들과 그로 인해 고통 받는 가족들을 치유하고 회복하는 것이다. 이것이 이단 대처의 본질임을 잊어서는 안 된다.

물론 우리 주변에 이단 피해가 발생한 경우, 도움을 줄 수 있는 방법을 몰라 당황하고 안타까워하는 것이 우리들의 모습이다. 하지만 아무것도 할 수 없는 무력감을 느끼더라도 이 문제가 주님이 정하신 때에, 주님의 방법으로 해결될 것이라는 믿음과 소망을 포기해서는 안 된다. 피해자들 곁에 조용이 함께 있어 주고, 그들의 요청에 민감하게 응답하며 기도로 함께해야 하고, 가능한 모든 해결 방법을 강구해야 한다.

주님의 교회는 영원하지만, 이단들은 생성과 소멸을 반복해 온 것을 교회 역사는 증언한다. 아무리 기세를 떨쳤던 이단들이라 할지라도 한 세대를 넘어서지 못하고 와해되는 경우가 대부분이다. 하지만 문제는 이단으로부터 이탈자가 생겼을 때이다. 많은 경우 이단단체에서 이탈했다고 해서 교회와 가정으로 돌아오는 것은 아니다. 일반적으로 나타나는 현상은, 교회도 이단도 모두 싫어지는 혼돈의 시간을 경험하게 된다. 이때 가족들과 전문가와 목회자의 도움이 필요하다.

이단에 미혹(programming)되는 것보다 더 힘든 일은 이단으로부터 회복되는(deprogramming) 일이다. 회복에는 더 많은 시간이 소요된다. 이는 무너진 신앙을 다시 세우는 일이다. 이단은 성경의 조각 지식을 가르치는 것이 아니라 성경을 보는 비성경적인 눈을 심어 준다. 곧 이단들의 성경교육은 비성경적인 세뇌 작업인 것이다.

만약 이단을 떠난 이탈자들이 차가운 따돌림을 경험하며 교회에 정착하지 못하면, 이들은 자신의 외로움과 갈증을 채워 줄 또 다른 이단들을 찾아 떠난다. 2차, 3차의 피해가 일어나는 것이다. 현재 한국 교회의 이단 대처는 피해를 최소화하기 위한 정죄와 분리 방법이 대세이지만, 사이비종교 피해 경험이 많은 유럽과 북미의 이단 대처는 전문 상담자들을 통해 치유와 회복에 초점이 맞춰져 있다. 이것이 앞으로의 한국 교회 이단 대처의 나아갈 방향이다.

이단이 문제라면, 가족이 정답이다!

이단 피해를 겪는 가족들과 이단전문가들은 입을 모아 가족의 중요성을 언급한다. 이단 문제 회복의 중요한 열쇠를 가족이 가지고 있다는 데 모두 동의한다. 주변 지인들이 기나긴 이단들과의 싸움으로 인해 지쳐 포기할지라도, 가족들은 사랑의 끈을 놓거나 포기하지 않는다. 실제로 가족들의 노력으로 인해 수많은 이단 피해들이 회복되는 긍정적인 사례들이 보고되고 있다.

가족구성원 중에 이단 문제가 생기면, 전문 상담자들은 가족상담을 권한다. 가족들이 머리를 맞대고 고민하면 이단 문제 발생의 원인에 접근할 수 있고, 앞으로의 접근방법에 대해서도 공감대를 형성할 수 있기 때문이다. 가족에게 생긴 이단 문제는 가족의 관계성 안에 해답이 들어 있다. 가족이 건강할 때, 이단의 침투에 적절하게 대응할 수 있다.

『교회는 이긴다』

『교회는 이긴다』 이 책은 고(故) 옥한흠 목사가 40대에 했던 설교들을 모아 펴낸 책으로 우리의 가슴을 뭉클하게 만든다. 우리들이 냉소적으로 바라보는 교회가 진정한 주님의 교회 모습은 아니다. 주님의 교회는 선하고 영원하며, 반드시 세상을 이기는 교회다.

교회의 승리는 성경과 교회 역사가 증언하고 있다. 우리는 이 승리에 대한 확고한 믿음을 소유하고, 마지막 때를 살아 나아가야 한다. 불확실한 세상에서 신실하게 살아가며, 교회를 통해 이루시는 주님의 최후 승리를 소망 가운데 기다려야 한다.

| 글쓴이 | 탁지일 교수는 부산장신대학교 교수이며, 월간 「현대종교」의 이사장겸 편집장이다. |

한국 교회 양극화 극복을 위한 작은 교회 살리기:

05-4

한국 교회 양극화 극복을 위한 작은 교회 살리기:
작은 교회 살리기를 통한 한국 교회 팀 파워 키우기

포스트모던시대를 보내고 있는 지금의 큰 사회 문제는 양극화이다. 중산층의 약화와 부익부빈익빈이 나타나는 것이다. 이 양극화는 한국 교회에도 나타나 큰 교회로의 집중과 작은 교회의 약화를 불러오고 있다. 이 현상은 큰 교회에게는 한국 교회의 위기를 느끼지 못하게 하는 착시현상을 가져다 주었고, 작은 교회에게는 절망감을 가져다 주어 한국 교회의 약화와 균열을 가져오고 있다.

한국 교회는 서로 힘을 합하여 작은 교회를 살려야 한다. 이 문제를 풀지 못한다면 한국 교회는 내분에 휘말려 팀 파워를 상실할 것이다. 큰 교회는 큰 교회대로 최선을 다하여 작은 교회를 살리고, 작은 교회는 작은 교회대로 죽을 힘을 다하여 살아나야 한다.

문제는 그 해결방법이 많지 않다는 것이다. 기독교 교세의 약화, 사회의 반기독교적 분위기, 젊은이들의 이탈, 기독교 내의 내홍 등 암초가 너무 많다. 그러나 지금 작은 교회를 일으키지 못하면 한국 교회는 대 재앙을 맞이하게 될 것이다.

상계교회는 2005년부터 지난 8년간 한국 교회 미자립교회 자립화를 위해 섬길 수 있는 축복을 누렸다. 년초에 세미나를 열어 지원할 교회를 교파를 초월하여 제비뽑기를 하여 선정하고, 선정된 교회의 목회자 내외를 매월 초청하여 섬기고, 선교물품을 지원하고, 단기선교팀을 보내고, 전도대를 보내는 일들을 해왔다. 그리고 해마다 지원하는 교회 중 20% 정도가 자립하는 열매를 보아왔다. 8년간 사역의 결론은 '아직 기회가 남아 있다'는 것이다. 그 경험을 가지고 어떻게 하면 작은 교회를 살려 한국 교회의 팀 파워를 키울 수 있는지에 대한 고민을 나누어 보고자 한다.

한국 교회의 미자립 실태

기독교대한감리회가 지난 2006년 전국 1백 94개 지방을 대상으로 미자립교회 실태를 조사한 결과, 경상비 결산액 2천 5백만 원을 기준으로 했을 때 감리교 산하 전국 5천 4백 89교회 중 41%(2천 2백 51개)가 미자립 상태인 것으로 나타났다. 절반에 가까운 교회가 외부 도움을 필요로 한다는 이야기이다. 경상비가 1,000만 원이 안 되는 교회도 1,107곳(19.8%)이나 되었다. 특히 미자립교회 중 1,276곳(57.3%)은 교회를 창립한 지 10년이 넘도록 빈곤의 악순환을 끊지 못한 것으로 조사되었다.

기성총회가 지난 2006년 조사한 결과, 전체 2천 444개 교회 가운데 경상비 2천만 원미만의 미자립교회는 전체 49%이며, 이 가운데 기초생활비를 못 받는 교회는 23.9%인 584개 교회로 파악되었으며, 이 교회들의 평균 경상비는 1,000만 원에도 못 미치는 것으로 드러났다.

농촌교회의 현실은 더욱 더 암울하다. 모 교단의 선교백서에 따르면 농·어촌교회 담임 목회자의 73%가 교회에서 사례비로 50만 원 이하를 받는 것으로 나타났다. 금액별로 살펴보면 50만 원 이하가 21%, 30만 원 이하가 10%, 20만 원 이하가 6%, 무보수가 36%로 조사되었다. 또 농어촌교회의 35%가 월 평균 100만 원 이하의 사업 집행 금액으로 교회를 운영하고 있었다. 2,000만 원 이상의 부채를 갖고 있는 교회도 22%에 달했다.

위의 통계가 몇 년 전 이야기이니까 더 약화된 한국 교회의 현실을 감안할 때 근간의 현실은 더욱 암울할 것 같다. 전문가들은 한국 교회에서 '실제적 미자립교회'가 차지하는 비중을 70% 정도로 보는 것 같다.

왜 미자립교회를 살려야 할까?

미자립교회를 살려야 하는 이유는 자명하다. 첫째로, 작은 교회의 전도 대상자는 주로 불신자들이기 때문이다. 작은 교회에 등록하는 이들 중 수평이동 신자는 거의 없을 것이다. 그러니 불신자를 전도하는 작은 교회가 살아날 때 민족복음화는 더 빨리 이루어질 수 있다. 둘째로, 중소기업이 일어나야 국가경제가 든든해지는 원리와 똑같이 작은 교회들이 튼튼해져야 한국 교회 전체의 팀 파워가 강해지기 때문이다. 작은 교회들이 큰 교회를 적대시하고 큰 교회는 작은 교회를 무시한다면 한국 교회는 힘도 써 보지 못하고 붕괴될 가능성이 많다. 셋째로, 미자립교회가 자립되면 미자립교회를 지원하던 선교비를 해외선교비로 돌릴 수 있고, 그때 세계 선교의 활성화를 기할 수 있다. 한국 교회는 이제 모이는 교회보다는 흩어지는 교회가 되어야 할 때가 왔는데 이를 위해서는 엄청난 경비가 든다. 교회가 성장기가 아니기에 이 경비를 새로 마련하기는 쉽지 않다. 작은 교회들이 자립하면 거기에 지원되던 막대한 돈을 선교비로 전환할 수 있을 것이다.

작은 교회가 살아나는 것은 교회 내적으로나 외적으로나 선교사적인 면으로나 매우 중요한 일이다.

작은 교회를 살리기 위한 효과적인 대안

그렇다면 작은 교회를 살리기 위한 효과적인 대안은 무엇일까?

우선, 교회 지도자들의 패러다임의 전환부터 시작해야 한다. 전체 한국 교회 지도자들이 내 교회만을 고집하는 개교회주의에서 벗어나 하나님 나라라는 보다 큰 안목에서 교회를 보아야 한다. 그래야 형제의식이 생긴다. 형제의식이 생겨야 큰 교회가 작은 교회의 성장에 관심을 가질 수 있고 그때 작은 교회들이 살아날 싹이 움트게 된다. 성서적으로 교회는 주님의 교회이고, 거룩한 교회이다. 형제의식을 가지고 약한 교회들을 세우는 일은 주님이 기뻐하시는 일이다.

작은 교회 목회자들도 패배의식에서 벗어나야 한다. 내가 섬기는 교회가 작더라도 영광스러운 주님의 교회라는 확신을 가져야 한다. 주님의 교회라면 주님이 책임지신다는 믿음 위에 다시 강하게 도전해야 한다. 도전하는 자에게 넘지 못할 산은 없다. 뚫을 수 없다면 이 산을 금광으로 만들리라는 다짐이 필요하다. 아무것도 하지 않고 실패했다는 소리를 듣기보다 위대한 일을 시도하고 그 결과는 하나님께 맡겨야 한다.

둘째로, 자립한 교회들과 교단이 지원해야 한다. 작은 교회들이 자립하는 것은 인적, 물적 자원 면에서 한계가 있다. 그러므로 자립한 교회나 교단, 연합단체에서 관심을 가지고 지원해야 한다. 많은 교단들과 교회들이 엄청난 지원을 하고 있는 것이 사실이지만 더 효과적으로 지원해야 한다. 그러기 위해서는 우선 종합적인 지원이 필요하다. 선교비 일부만을 가지고는 안 된다. '작은교회살리기운동본부'(본부장 박재열 목사)에서 314명의 작은 교회 목회자들을 대상으로 설문한 결과를 보면 선교비의 지원보다 더 강력한 요구가 있음을 알 수 있다. 선교비가 있어도 그것을 운용하는 목회자가 약하면 안 된다. 작은 교회를 살리기 위하여 가장 선행되어야 할 것은 목회자들에게 용기를 주고, 자신감을 심어 주며, 목회적 노하우를 전수하는 일이다. 한마디로 종합적인 지원이어야 한다는 말이다.

도움이 될까 하여 상계교회의 미자립교회자립운동의 사례를 소개하고자 한다.

상계교회는 년 초 리메이크 교회부흥세미나 개최하고 제비뽑기로 미자립교회를 선발(2014년 초교파 80개 교회)한다. 선발된 교회에게는 자립화의 기수가 되리라는 서약을 받는다. 그리고 1년간 매월 첫 목요일에 선정된 교회 목회자 부부를 초청하여 목회코칭세미나를 열어 만찬을 베풀고 세미나를 통하여 목회정보와 지식을 나누고, 노방전도훈련, 설교클리닉, 목회체크를 한다. 이 과정에서 분명한 철학을 드러낸다. '목회자가 바뀌지 않으면 교회는 부흥할 수 없다!'는 것이다. 그리고 소그룹과 미자립교회 간에 자매결연을 맺어서 소그룹에서 헌금을 하여 주고 여름 휴가철에 소그룹이 아웃리치를 가게 하여 실제적인 도움을 주게 한다. 경제적으로는 월 30만 원을 지원하는데 현금 10만 원, 20만 원 상당의 전도용품을 제공한다. 년간 1-2회 전도대를 파송하여 전도의 바람을 일으켜 준다.

이 일을 진행함에 있어 강조하는 것이 있다. '이 일은 어려운 교회를 구제하는 것이 아니라 자립을 시키는 일'이라는 사실이다. 이것이 무너지면 도리어 불만이 생긴다. 지금까지도 고생하였는데 1년만 허리를 더 조이고 힘을 내보자고 격려한다.

또한, 교회와 교회, 목회자와 목회자 간에 멘토링적 접근을 하는 것도 좋을 것 같다. 한 교회가 여러 교회를 지원하는 것은 부담스럽지만 한 교회를 책임지고 지원하여 자립화 하는 것은 그렇게 부담도 되지 않으면서 많은 열매를 거두는 좋은 방법이 될 것 같다. 특별히 목회자가 목회자를 멘토링하여 용기와 힘을 주고, 교회 각 기관은 기관대로, 교회학교는 교회학교대로 멘토링을 하고 지원해 주면 매우 실제적인 도움이 될 것이다. 또한 멘토링적 접근을 하되 한 도시교회와 한 농어촌교회 및 그 농어촌과 자매결연을 맺는 것이다. 그래서 농수산물 직거래하고 도시교회로 지역민들을 초청하여 섬겨 주는 것이다. 농어촌에 있는 교회는 그 지역에서 그 위상이 높아질 것이고 전도의 문은 활짝 열릴 것이 분명하다. 그 좋은 예를 산정현교회(김관선 목사)의 농촌교회 섬김에서 찾을 수 있다.

그리고 농어촌교회 선교사를 발굴해야 한다. 농어촌교회가 자립하는 것은 구조적으로 쉽지가 않다. 인구가 없고, 또한 인구의 구성도 젊은이들이 아니라 노인들이 많기 때문이다. 이를 극복하는 방법 하나가 도시교회 목회자들이 65세 정도에 목회를 마무리하고 나머지 5년 정도를 농어촌 선교사로 떠나는 것이다. 그렇게 되면 연령상 주민들과 목회자의 눈높이가 맞을 것이고, 도시교회에서 생활비를 지원하고 농어촌선교를 지원하게 되지 않겠는가! 어쩌면 이것이 가장 확실한 자립방안이 아닐까 한다. 그리고 70세가 되면 본 교회에 올라와 은퇴를 하면 도시교회도 5년 일찍 젊은 목회자가 부임하며 활력을 불어넣으니 좋고 농어촌교회도 자립하게 되니 한국 교회가 상생하는 축복이 아닐까?

또한 개척단계 가운데 충분한 준비와 투자를 해서 미자립교회가 양산되지 않도록 해야 한다. 이를 위해서는 개척부터 준비된 개척이 필요하다. 준비되지 않은 개척은 미자립교회가 될 가능성이 농후하다. 감리교는 연간 160개 정도의 교회가 창립되고 60여 개 교회가 폐쇄되는데 창립 교회의 70% 정도가 개인이 개척하는 것으로 알려졌다. 준비하되 개인이 개척하는 것은 어려운 시대가 되었다. 그러므로 중대형 교회들이 개척의 플랜을 가지고 투자해야 한다. 예를 들면 한사랑교회나 도봉교회는 개척 시 비용 외에 헌신된 성도들을 보내어 개척을 위한 인적자원을 지원한다(1.2.3지원-장로 1명, 권사 2명, 집사 3명 파송 지원).

상계교회의 경우, 전국에 10개 교회를 개척하는 비전을 갖고 개척이 가능한 지리적 여건을 조사하고 가장 타당성 있는 지역에 3층 건물을 구입하였다. 그래서 교회로 리모델링을 한 후에 성구일체를 구비하여 교회의 면모를 갖추게 한 후 훈련된 목회자를 파송하며 2년간 생활비를 지원하고 년 2-3회 아웃리치 팀과 전도대를 파송하여 지역에 교회를 홍보하고 전도에 힘을 더하여 주었다. 그리고 계속적인 전도용품과 전도비를 지원하여 2년 만에 자립을 이루고 현재는 주변에 있는 미자립교회를 지원하는 교회가 되었다(청주형제교회/어노인팅교회). 이 일을 하면서 가진 개념은 지교회(branch church)가 아니라 형제교회(brother church)였다. 개척단계에서의 준비와 투자는 새로운 미자립교회의 발생을 미연에 방지하고 교회의 기능을 회복시키는 아주 중요한 대안이라고 할 수 있다.

셋째로, 미자립교회들끼리의 협력도 필요하다. 큰 교회가 주축이 된 연합단체는 많지만 실제로 작은 교회를 위한 연합체는 거의 없는 것 같다. 우선 작은 교회들이 서로 연합해야 하고, 그러한 연합체가 현실에 맞도록 교회 자립을 위해 할 수 있는 일을 추진해 나가야 한다. 예를 들어 감리교에 소속된 전남 서지방 미자립 상태인 6개 교회는 '두레선교회'를 조직해 협력하여 전도하고 있다.

넷째로, 언론에서도 작은 교회에 대하여 관심을 가져야 한다. 큰 교회만 다루는 것을 넘어서 작은 교회들에 대해 관심을 가지고 다루어야 한다. 한 교계신문(크리스챤 투데이)에서는 '작은 교회 살리기'를 연재하여 관심을 유도하고 있다. 작은 교회가 어떻게 자립화하고 있는지, 그들의 고충이 무엇인지를 관심 갖고 심도 있게 다루고 있다. 이런 움직임이 많은 언론에서 집중적으로 다루어지면 한국 교회의 기도와 관심이 이들에게 큰 힘이 될 것이다.

다섯째로, 부흥교회의 배가성장운동이다. '부흥교회'란 필자가 만든 이름이다. 장년 출석 50명 미만의 교회를 비전교회라 통칭해 왔는데, 부흥교회란 장년 출석 50-100명의 교회이다. 이 교회들이 중요해졌다. 이들은 생존선은 넘어섰는데 부흥할 여력은 떨어져 있다. 이 교회들의 목회자들에게 용기를 주고 목회 매뉴얼을 제공해야 한다. 2014년 상계교회에서는 30개 부흥교회를 선정하여 지원 중인데 정말 놀라운 일들이 일어나고 있다. 부흥교회에는 월 20만 원의 현금을 지원한다. 참석하는 목회자의 여비이다. 월 1회 세미나에 와서 서로의 아픔을 나누고 정보를 교환하게 한다. 매월 주제에 맞는 강사를 초빙하여 아이디어를 제공받게 한다. 사모님들은 내적치유세미나(주서택 목사님 초청)에 참여하게 하여 회복하게 하였다. 멘토교회를 선정하여 멘토링작업도 하는 중이다.

이 부흥교회 운동의 목적은 배가성장이다. 부흥교회들이 배가성장을 할 때 한국 교회는 또 한 번의 부흥의 물결에 젖어 들 것이라 확신한다.

작은 교회를 가장 교회답게 만드는 것이 한국 교회가 다시 한 번 부흥의 대 파도를 일으키는 불씨가 될 것이다. 미자립교회는 많은 문제점을 가지고 있지만 다른 측면에서 보면 가장 가능성이 많기도 하다. 불신자를 전도할 수 있고, 소그룹이 가장 잘 되어 초대교회의 이상을 실현할 수 있는 가능성 그리고 삶까지 터치하며 예수님을 닮아가는 제자를 넘어 세상을 바꾸는 사도를 만들어 갈 수 있는 가능성이 풍부한 곳이 미자립교회이다. 부흥교회는 성장의 동력을 구비한 교회이다. 조금만 힘이 되어 주면 달려갈 수 있다. 한국 교회 모두가 힘을 합해 이 작은 교회들이 일어나도록 힘이 되어 준다면 한국 교회 전체의 팀 파워가 상승되는 축복을 누리게 될 것이다.

| 글쓴이 | 서길원 목사는 상계교회를 담임하고 있으며, 작은 교회를 살리기 위해 "교회부흥 세미나"를 10년째 앞장서서 전개하고 있다. |

05-5 소그룹 사역의 실제: 종교교회를 중심으로

──

한국 교회는 한반도 땅에 복음이 들어온 이후로 많은 부흥을 거듭해 왔다. 한국 교회가 이 땅에서 130년이 넘어서도록 교회 성장을 이루었던 많은 이유들 중 하나로 소그룹의 활동과 사역들을 생각할 수 있을 것이다. 그러나 한국 교회가 1990년대를 기점으로 성장이 주춤하게 되었고, 소그룹 사역 또한 위기에 봉착하게 되었다. 이후 각 교단과 교회들은 소그룹을 살리기 위한 다양한 운동과 사역들이 연구되어지고 진행되고 있는데, 이러한 소그룹 사역의 활발한 운동을 통하여 교회 성장도 다시 한 번 새로운 기회로 삼을 수 있기를 바란다.

소그룹의 의미와 용어 사용 문제

우리는 통상적으로 "소그룹"의 의미를 두 사람 혹은 그 이상의 사람들의 모든 형태의 모임으로 생각하게 된다. 그러나 모든 사람들의 모임을 무조건 소그룹이라고 할 수는 없을 것이다. 상담학자인 이형득 박사는 그의 책『집단상담의 실재』에서 어떤 모임이 하나의 소그룹이 되기 위해서는 최소한 공동목표, 구성원들의 의욕적인 참여, 역동적

상호작용, 소그룹의 규준 그리고 자기 지도를 위한 능력의 다섯 가지는 갖추어야 한다고 했다. 즉, 소그룹이라 함은 어떤 분명한 목표를 가지고 모이는 사람들의 모임이라고 할 수 있다.[1]

예수 그리스도의 제자 되기를 원하는 성도들의 소그룹이라고 한다면, 당연히 그 목표는 거룩한 뜻이 되어야 할 것이다. 또한 그 소그룹이 진정 거룩한 뜻을 따라가는 모임으로 정직하게 나아가도록 협력하고 도와주는 모든 목회적인 시스템을 소그룹 사역이라고 할 수 있겠다.

"소그룹"이라는 용어에 대해서, 각 교단과 교회 별로 그 정하는 바가 다르고, 소그룹 사역들의 종류와 성격마다 그 의미와 모습들이 다르다. 필자가 섬기는 종교교회는 114년의 전통을 가지고 있는 감리교회이다 감리교회는 18세기 존 웨슬리의 시대부터 소그룹을 "속회; Class Meeting"라고 불러왔다. 다른 교단이나 교회에서는 소그룹을 '구역회', '목장', '셀' 등의 용어들로 사용하고 있다.

사실, 소그룹의 출발 중에 하나라고 할 수 있는 감리교회의 소그룹인 "속회; Class Meeting"에 있어서, 속회 연구가인 데이빗 왓슨(David Lowes Watson)은 그의 책 『초기 감리교회의 속회The Early Methodist Class Meeting』에서 속회의 신학적 의미를 "속회는 세상을 향해 증언하는 그리스도인들이 인간 역사의 특정한 시기와 장소에 하나님이 그들에게 할당한 특별한 사역들을 수행하는 데 있어 서로를 격려할 수 있게 하는 신통한 은혜의 수단이었다"고 말하고 있다.[2] 데이빗 왓슨은 이 책에서 속회의 근본 목적에 대해서도 서로 사랑으로 영적생활을 돌보고, 신앙이 파선되지 아니하고 하나님의 은혜가 그들의 삶을 통해 움직이도록 하며, 또한 생활 속에서 그리스도의 명령에 절대 복종하며, 선행을 실천하는 그리스도의 제자가 되도록 공동체 안에서 성화를 이루어 가는 것이라고 했다.[3]

그렇다면 감리교회의 속회의 출발은 어떠했을까?

존 웨슬리 속회의 형성과정은 "교회 안의 작은 교회"에 대한 개념으로 생각할 수 있다. 이것은 역사적으로 필립 스패너(P. Spener)와 진젠도르프(Zinzendorf)의 영향과 모라비안 교도(Moravian Church)들의 선교활동에서도 영향을 받은 개념이다. 필립 스패너의 "안으로부터의 교회 개혁"과 진젠도르프의 선교적 열정이 함께 어우러져 웨슬리에게서 적극적으로 조직되고 활성화되어, 신앙 소공동체 운동의 한 형태인 "작은교회운동"이 시작되었는데, 이것이 속회의 시작이라 할 수 있다. 이 "작은 교회"를 통하여 웨슬리가 품었던 비전은 다분히 복음을 가지고 인간을 구원하고 나아가 그 시대 영국교회의 갱신과 함께 진정한 복음 전파를 위한 선교전략이었으며, 동시에 복음을 가지고 부패한 영국사회를 치유하고 회복시키는 전인적인 구원이요 선교적 실천이라고 할 수 있다.[4] 이러한 속회는 1742년 브리스톨에서 조직되어진다. 처음 모임은 초신자들을 위한 모임으로 시작되었는데, 이 속회는 대개 12명씩으로 구성되었다.[5]

존 웨슬리의 속회는 직접적으로는 모라비안 교도, 간접적으로는 "교회 안의 작은 교회"에서 영향을 받았는데, 몽크(Robert C. Monk)는 웨슬리가 청교도들과 미국 교도들이 형성한 동지적 교회와 같이 보기도 하였다. 즉, "그리스도의 불러내심을 받아 구속함을 받은 신앙의 동지들이 예배와 친교를 위하여 모인 자발적 소집단"에서 영향을 받았다고 보았던 것이다.[6]

종교교회의 속회이야기

종교교회의 속회는 1904년 초대 담임목사인 하디 목사를 강사로 가졌던 부흥집회 이후, 초기 여성 중심의 교회로 이어오던 중에 남성들이 교회에 나오기 시작하면서, 남성들의 모임이 구성되기 시작한 것이 속회의 시작이라고 할 수 있다.[7] 종교교회는 1910년대에 자립, 자급교회로의 위상을 확립하면서, 청년회, 성가대, 주일학교, 노동야학강습회 등의 다양한 사업을 추진하였지만, 본격적인 속회의 형태를 보이고 활동했던 시기는 1920년대였다. 1927년 제11대 담임 홍종숙 목사는 전체 교인을 두 속회로 나누어 속별로 매주 한 번씩 모여 성경공부를 하는 사경회 방법을 채택했다는 기록[8]이 나와 있는 것으로 보아 이 시대의 속회는 성경공부 중심의 속회가 운영되고 있었음을 보여 준다.

한국전쟁 이후 종교교회가 성장하면서 속회도 성장하였다. 1953년에 4개의 속회(속회원은 160명)에서 1958년에 12개의 속회(268명)로 나뉘었는데, 주로 여성들이 속회에 참석하였다.[9]

1960년대와 70년대의 속회는 계속 성장했다. 70년대에 들어서면서 교회 주변에 위치한 속회들(광화문 주변)이 마포, 성북, 여의도, 반포 등으로 이동하게 되는데, 이는 행정, 상업지구로 변모하는 종교교회 주변 지역을 떠나 서울 외곽지대로 교인들이 이사한 결과라 할 수 있다. 이후에 교인들은 분당과 일산쪽으로 이동하게 되고, 분당과 일산을 중심으로 하는 속회들이 생겨난다. 이는 종교교회의 선교구역이 수도권 전 지역으로 확장되고 있음을 보여 주는 대목이다.[10]

1980년대는 목회부의 적극적인 지도 아래 속회가 육성되기도 하였지만, 1990년대에 들어서면서 정체 내지 감소 추세를 보이기 시작했다. 이러한 속회 감소 현상은 1990년대 성장 둔화 내지 정체 현상을 빚고 있던 한국 교회의 보편적 현상을 반영한 것이기도 하지만, 이 시기 종교교회 교인들의 주거 지역 광역화에도 중요한 원인이 있었다. 또한 속회 조직과 활동의 중심 역할을 했던 여성 교인들의 사회, 직장 활동이 활발해지면서 전처럼 가정주부 중심의 속회 운영도 어렵게 되었다. 여기에다 속회의 주요 기능이었던 성경공부와 친교를 나눌 수 있는 다양한 프로그램들이 개발되면서 속회의 필요성이나 기능이 약화된 것도 중요한 요인으로 작용하였다.[11] 이러한 상황들은 2000년대 중반까지 별다른 변화 없이 이어져 오게 되었다. 그러므로 종교교회는 새로운 속회로 도전하게 되었다. 새로운 속회로 도전하게 되었던 가장 커다란 이유는 시대의 변화에 따른 속회의 변화에 함께 대응해야 한다는 것이다.

21세기를 살아가는 현대 그리스도인들은 빠르고 바쁜 세상에 살고 있다. 주일예배 드리기도 바쁜 세상이라고 한다. 또한 속회의 주 구성원들이었던 여성의 사회활동이 교회 활동을 주춤하게 했고, 교인들마저 자신의 집을 공개하는 분위기가 바뀌면서 더욱 속회와 같은 소그룹 활동들이 어려워지는 시대가 되었다.

이렇게 시대가 변함에도 불구하고 속회가 옛 방식대로만을 고집한다면 분명 퇴보할 수밖에 없을 것이다. 종교교회도 이러한 상황 속에서 새로운 속회로 도전을 하게 되었고, 정착하여 성장하는 속회를 만들 수 있었다.

먼저, 새로운 속회로 나가기 위해 목회자들이 철저하게 준비하고 훈련받고 리서치하였고, 이미 성공적인 속회 운영으로 앞서 나가는 교회들의 사례를 벤치마킹하는 것에 두려워하지 않았다. 타교회의 진보성과 좋은 아이템들이 우리 교회에 잘 적용될 것인지에 대한 문제는 목회부의 수없이 많은 토론들을 통해서 이루어지게 되었다. 이렇게 이루어진 속회의 3대 방향성은 다음과 같다.

첫째, 건강한 신앙과 전통을 이어가는 작은 교회로서의 속회이다. 오래된 전통과 신앙을 이어가는 교회로서, 또한 복음의 열정과 신앙의 성숙을 가진 멘토(속장)들로, 건강한 신앙의 전통이 계속 이어가야 하기 때문이다.

둘째, 평신도 사역자를 길러내는 작은 교회로서의 속회이다. 그동안의 속회가 교역자들에 의해 편성되어지고 따라올 수밖에 없었던 수동적인 모습들을 과감하게 개혁하고 변화를 주면서, 평신도 스스로가 능동적으로 참여할 수 있는 속회를 만들어야 하기 때문이다.

셋째, 선교지향적인 작은 교회로서의 속회이다. 그동안 교회의 선교가 한 부서(선교부)의 책임이라고 생각하고 매우 소극적인 태도였다면, 평신도 스스로가 이 선교에까지 동참할 수 있는 선교적 활동에 역동적인 속회를 만들어야 하기 때문이다.

종교교회 새로운 속회의 특징

이렇게 실시된 새로운 속회의 두드러진 특징[12]으로는 속회가 또 하나의 예배나 성경공부를 위한 모임이 아니라 교제공동체로서 삶을 나누고(나눔) 섬김으로(섬김의 모델링) 제자를 만드는, 신앙의 좋은 모델을 보고 배우는 양육공동체의 하나가 된다는 점이다. 이들을 편성할 때에도 지역, 나이, 삶의 수준, 관심사, 모일 수 있는 시간대를 고려하여 편성하기 때문에 모임과 나눔에 집중할 수 있도록 만들어 주었다. 또한 속회 이름을 파송 선교지와 연결하여 선교지의 이름을 따랐다(예: 서대문1속 → 정선영광1속; 정선영광교회를 돕는 선교속회, 몽골1속; 해외선교지 몽골을 돕는 선교속회, 외국인쉼터1속; 해외노동자 등 기독교기관을 돕는 기관선교속회). 그리고 드려진 헌금은 선교지로 보내져서 선교헌금으로 쓰여지게 되었다. 여름에는 선교지의 요청과 필요에 따라 가능한 속회원들이 국내단기선교 혹은 해외단기선교로 평신도단기선교사 사역들을 감당할 수 있게 하였다.

이 속회를 구성하는 방법도 그중심에는 속장이 가장 중요한 역할이 되는데, 속장은 속회의 책임자이고 자진해서 모범이 되는 지도자로, 교회에서 선발하는 것이 아니라 양육과정을 마친 자격을 갖춘 교인들 중에서 자원하는 사람을 속장으로 세우게 된다. 속장이 그 속회의 목적과 모임시간, 속회의 성격 등을 밝히고 그 내용에 동의하는 사람들이 자원함으로 속회를 구성한다. 즉, 교인들이 자신이 가고 싶은 속회와 속장을 선택하여 자원하는 시스템인 것이다. 속회의 구성은 성별, 연령별, 사역별, 부부별, 직장별, 취미별, 선교지별로 특성화를 둘 수 있다. 한 속회에 많은 사람들이 지원할 경우에는 새 가족을 우선으로 편성하고, 기타 자세한 부분들은 교역자들이 조정한다. 이 밖에도 어르신들을 위한 특별속회와 속회 전체가 함께하는 연합속회, 속장들을 위한 영성훈련과 리더십훈련들을 함께 병행하여 진행한다.

새로운 속회가 시작되었지만, 이미 예상했던 문제점들을 파악하고 대처하는 것 또한 중요했다. 가장 혼란스럽고 중요했던 부분은 일시적인 속회수와 속회원의 감소현상이라고 할 수 있었다. 그래서 매년 "평가위원회"를 조직하여 자체평가를 실시했고, 여기서 나온 문제점들을 보완하였기에 시행착오들을 최소화할 수 있었다고 생각한다.

이렇게 시행했던 "새로운 속회"는 2010년에 비교하여 시행 5년차를 걸어오고 있는 현재까지 많은 성장을 거듭해 오고 있다. 2010년에 3지역 103개의 속회가 현재 6지역 147개의 속회가 되었고, 모임에 실제로 참석하는 속회원의 수도 2010년에 462명에서 2014년 현재 매주 평균 700명을 넘어서게 되었다. 선교지원처는 2010년 43개 선교지에서 현재는 61개의 선교지를 섬기고 있고, 선교지원금액(속회헌금)도 2010년 8천만 원에서 시작하여 매년 1-2천만 원씩 증가하여, 작년 2013년 결산액인 1억 2천 5백만 원을 넘게 되었다.

종교교회는 이렇게 새로운 속회로의 전환을 통하여 교회 성장이 어려워지고 있다는 이 시대 속에서도 이 시대의 흐름에 맞게 소그룹을 재창조하여 교인들 간의 사랑과 돌봄, 가르침과 성장, 치유와 사명을 다시 회복시키고, "존 웨슬리의 속회사상인 교회 안의 작은 교회"를 계승해 나감으로, 개인적 성화(Sanctification)와 신앙의 성숙을 고양하여 완전(Christian Perfection)을 향하는 참 그리스도인들로 성장시키는 교회가 되고자 한다.

주

1   이형득, 『집단상담의 실재』(서울:중앙출판사,1998)

2   David L. Watson, *The Early Methodist Class Meeting* (Nashville: Discipleship Resources, 1987), p.108

3   Watson, pp. 106-107.

4   이재완, "'교회 안의 작은 교회 운동'에 나타난 요한 웨슬리의 선교사상 연구" (Ph. D. diss., 아세아연합신학대학원, 2004), p.201.

5   John Wesley, *The Works of John Wesley*. ed. Thomas Jackson. Vol 13, (Grand Rapids Mich: Zondervan Publishing House, 1991), p.259.

6   Rober C. Monk, *John Wesley His Puritan Heritage* (Nashville: The Abingdon Press, 1966), p.22.

7   『지나온 110년-종교교회 110주년 기념 역사자료집』(도서출판 종교교회, 2010), p.19.

8   『종교교회사』(도서출판 종교교회, 2005), p.272.

9   『종교교회사』, p.387.

10   『종교교회사』, pp.476-478.

11   『종교교회사』, pp.619-621.

12   종교교회가 2010년부터 시작된 새로운 속회의 전체적인 내용과 매뉴얼을 모두 소개하기에는 그 자료가 방대하기에 여기에서는 두드러진 특징들만 간략히 다룬다.

| 글쓴이 | 최이우 목사는 종교교회 담임목사로 소그룹 사역에 앞장서고 있으며, 국가인권위원회 위원으로 활동하고 있다. |

05-6 평신도운동

"청년이 살아야 나라가 산다."는 말이 있듯 "평신도가 살아야 교회가 살고 나라가 산다."는 말은 이미 우리 귀에 익숙한 말이다. 믿음과 사랑의 공동체인 교회 구성원의 압도적 다수가 평신도이다. 이런 이유로 평신도의 의식과 삶의 실제 모습은 한국 교회뿐 아니라 우리 민족의 미래를 열어가는 시금석이 된다. 본 글은 평신도의 개념 정리와 발자취 그리고 평신도운동의 현재를 진단하는 가운데 내일 한국 교회를 열어가기를 소원하는 마음을 담았다. 과연 평신도의 정체성이 무엇이기에 평신도에게 한국 교회의 미래가 달려 있을까?

평신도는 누구인가?

성경에는 직접 평신도라는 말이 나타나지 않는다. 대신 성도 혹은 제자와 무리라는 말이 등장한다. 평신도라는 말은 헬라어 "라오스"(Laos)에서 유래되었다. "라오스"는 백성이라는 의미로, 일반적으로 사용될 때에는 시민을 가리켰고, 성경에서 사용될 때에는 이방인과 대조되는 이스라엘을 가리키는 말로 쓰였다가 나중에는 예수를 믿게 된 이방인을 포함한 새 이스라엘을 의미하였다. 헬라문화를 바탕으로 한 백성의 의미는 계층 간 구분 없는 모든 하나님의 백성을 의미하였다. 그러나 시간의 흐름에 따라 이 말은 원래의 의미에서 벗어나 성직 임명을 받지 않은 그리스도인들을 가리키는 말로 사용되어졌다. 요즘은 안수받은 목사들이 아닌 일반 교인들을 지칭하는 말로 사용되고 있다. 이러한 용법은 결코 바람직한 일이 아니다.

핸드릭 크래머의 『평신도 신학』이 우리나라에 소개되고 『평신도를 깨운다』로 유명한 옥한흠 목사의 책이 발간됨을 통하여 평신도에 대한 개념이해와 저변확대가 가속화되었다. 필자는 제1의 종교개혁이 주님의 자녀들인 성도에게 성경, 곧 복음을 회복시켜 들려주는 운동이었다면, 제2의 종교개혁은 성직자들이 독점하던 교회 내의 사역을 교회 구성원인 평신도들과 공유하는 것이라 생각한다. 이로써 이신칭의(以信稱義)의 바탕 하에 소명 받은 성도의 자기정체성을 가지게 되었다. 또한 제3의 종교개혁은 남자 위주로 사역하는 관행을 탈피하여 여성을 존중하는 동역자 의식을 바탕으로 한 여성사역회복이라 부르고 싶다.

루터(Luther)와 칼빈(Calvin), 쯔빙글리(Zwingli), 낙스(Knox)를 중심으로 일어난 종교개혁이 이제 500주년(1517-2017)을 바라보는 때에 아직도 한국 교회 성도의 자아정체감은 성경적으로 세워지지 않았을 뿐 아니라 여전히 각 지역교회의 장벽이 제거되지 않고 신약시대를 살아가는 사람이 구약시대의 정신에 얽매어 있듯 편향된 시각과 신학의 미성숙에 기인한 목회자 중심으로 흐르는 것을 볼 때 마음이 아프다.

평신도의 재발견

한마디로 평신도는 교회의 주체이다. 성직자가 교회의 주체라고 하는 생각에 사로잡혔던 중세의 암흑시대를 벗어나서 평신도가 성직자를 위해 존재한다는 구시대의 생각의 틀을 깨뜨리고, 마치 목자가 양을 위해 존재하는 것처럼 성직자, 즉, 목회자가 양떼를 위해 존재한다는 인식은 교회와 구원받음에 대한 새로운 사유를 하게 만들었다. 평신도가 의식의 수동성에서 벗어나 능동적이며 자발적으로 주님과 구원의 은총에 대하여 반응할 수 있게 되었기 때문이다. 드디어 베드로전서 2장 9절의 "그러나 너희는 택하신 족속이요 왕 같은 제사장들이요 거룩한 나라요 그의 소유가 된 백성이니 이는 너희를 어두운 데서 불러내어 그의 기이한 빛에 들어가게 하신 이의 아름다운 덕을 선포하게 하려 하심이라"의 빛을 통하여 성도의 재발견, 평신도의 재발견이 이루어진 것이다. 땅에 묻혀 있던 보화가 그 진정한 가치를 드러내듯, 생기를 잃어버린 전통교회와 성직자 위주의 교회 운영의 관행이 그 정당성을 잃어버린 것이다.

평신도의 재발견은 교회 내의 어떤 특정 계급이나 기득권을 가진 그룹이 결코 존재할 수 없다는 것을 의미한다. 성도는 그 선택 받음과 그리스도를 머리로 삼고 몸에 속한다는 사실 그리고 복음의 은혜 가운데서 하나 되었다는 원리만 존재할 뿐이다.

복음에 대한 각성으로 교회 내에 결코 '갑'과 '을'이 존재할 수 없다는 것을 깨닫게 되었다. 필자 역시 평신도라는 용어를 쓰기에도 조심스럽다. 적절한 용어가 부재하기에, 평신도라는 이름 역시 성직자와 차등을 내포한 변질된 이미지로 다가올 수 있기 때문이다. 문제는 평신도라 불리는 성도들조차 자신이 교회의 주체이며 소명을 받은 존재임을 잊어버린 채 '동결된 자산'처럼 일그러진 자아정체감을 가지고 있다는 현실이다. 평신도가 잠자지 않기 위해서는 영적 지도자로 봉사하는 목회자들이 성경적 원리로 잘 가르쳐 성도들을 잠에서 깨어나도록 해야 한다. 그에 못지않게 성도 자신이 복음이 증거하는 새로운 이미지로 무장하는 일이 절실하다.

평신도운동의 발자취

초대교회의 시작은 12명의 사도들을 포함한 500여 형제들과(고전 15:6) 오순절 성령 강림 사건을 통한 세례 받은 사람이 3,000명으로 출발하여 스데반 집사의 순교사건 이후(행 8:1) 사도 외에 유대와 사마리아 모든 땅으로 흩어진 익명의 성도들 역시 평신도로 볼 수 있다. 사도 바울이 기록한 서신에 보면 그의 복음사역의 동역자인 여러 사람의 이름이 등장한다(롬 16장). 그 역시 평신도의 범주에 넣을 수 있을 것이다.

우리나라는 한국에 상주한 최초의 개신교 선교사였던 장로교회 출신의 의사인 알렌

(Horace N. Allen)이 1884년 입국하여 선교사역을 펼친 이후 1890년 중국에서 일하던 경륜 있는 선교사 네비우스(Nevius)가 서울을 방문하여 소위 삼자 선교정책(三自 宣敎政策/자전(自傳/Self-propagation), 자립(自立/Self-Support), 자치(自治/Self-Government))으로 알려진 원리를 전수해 주었다. 장로교공의회는 그 원리에 입각하여 몇 가지 선교원칙을 채택했다(1893년).

1. 상류층보다 노동자에게 전도한다.
2. 부녀자들과 아이들에게 전도한다.
3. 학교를 경영하여 기독교교육을 실천한다.
4. 성경번역서를 속한 시일에 출판한다.
5. 한글을 전용한다.

이러한 선교정책의 실현으로 우리나라 초대교회는 괄목상대할 만한 성장을 이루었다. 그 중심에는 영적 지도자들의 지도에 기쁘게 순복한 초대교회 교우들이 존재한다. 교회 안의 민주적 운영방식, 직업에 성실함으로 자립도모, 전도 열정 있는 자들을 선발하여 교회의 기초를 놓는 은혜 역시 절대 다수를 차지하고 있던 평신도들의 몫이었다. 이후 105인 사건(1911년), 이어지는 3·1 운동(1919년) 그리고 물산장려운동(1920년)의 중심세력에는 구원의 은총을 가슴에 담고 애국애족을 실천한 한국 교회의 자랑스러운 평신도들이 자리하고 있다. 해방과 6·25 남침 한국전쟁, 60-70년대의 경제발전과 민주화운동, 80년대의 교회병행 선교단체들의 캠퍼스복음화와 전문기술인을 중심으로 한 선교운동에 이르기까지 다양한 형식으로 평신도운동이 전개되었다.

평신도를 세우자

깨어 일어난 평신도는 자신과 주님과의 관계에서 구원의 도리를 깨달을 뿐 아니라 부르심을 따라(소명/Calling) 그에게 주신 삶의 과제까지(사명/Mission) 살아내야 한다. 이런 면에서 교회의 건강성은 훈련된 평신도를 얼마나 많이 확보하는가에 따라 판가름 난다. 군인이 군복만 입었다고 온전한 군인이 되는 것이 아니라 군인정신과 임무수행능력이 검증될 때 정예군사로 쓰임 받을 수 있는 것과 같은 이치이다.

요한계시록의 사데교회는 살았다고 하는 이름은 가졌으나 실상은 죽은 교회로 평가되었다(계 3:1). 가슴 아픈 일이다.

그렇다면 평신도가 깨어날 때 유익은 무엇인가?

첫째로, 이원론을 극복하게 된다. 교회에 관계된 것은 영적이요, 일상, 즉, 직업, 여가, 가정에 관계되는 것은 속된 일이라고 하는 이원론을 극복할 수 있게 된다. 교회의 일꾼은 동일한 사회의 일꾼이기 때문이다. 주일의 예배자는 일상의 예배자로 자신을 드려야 한다. 한국 교회 내에서는 이원론의 극복이 눈에 띠게 이루어졌지만, 아직까지 구약시대를 살아가는 것처럼 성(聖)과 속(俗)에 대한 오해의 분위기가 잔재한다.

둘째로, 교회의 이미지를 새롭게 한다. 일반 사람들이 접하는 우리의 모습은 교회 안의 모습이 아니다. 그들은 일상에서 우리의 모습을 관찰한다. 빛의 역할은 어둠이 있을 때 드러나는 것이며, 소금의 역할은 맛을 내야 될 상황을 전제한다. 그리스도의 제자로 부름 받은 성도의 의식으로 무장된 평신도들은 교회의 대사회적인 이미지를 고양할 뿐 아니라 사회에 소망의 빛을 비추는 존재이다.

셋째로, 급변하는 시대상황을 견인하는 역할을 한다. 사도 바울은 우리에게 교훈한다. "종들아 모든 일에 육신의 상전들에게 순종하되 사람을 기쁘게 하는 자와 같이 눈가림만 하지 말고 오직 주를 두려워하여 성실한 마음으로 하라 무슨 일을 하든지 마음을 다하여 주께 하듯 하고 사람에게 하듯 하지 말라."(골 3:22-23) 주님을 닮은 성숙한 인격과 성실한 태도로 매사에 임하는 평신도는 급변하는 시대상황 가운데서도 보석처럼 빛을 발하게 한다. 의혹과 불신이 판치는 세상에서 묵묵히 신뢰의 탑을 쌓아갈 수 있다. 준비된 평신도는 어디에서나 보물처럼 인정을 받게 된다.

넷째로, 기독교 신앙과 복음을 전파하고 수호하는 전사로 쓰임을 받는다. 준비된 평신도만이 하나님의 능력을 의지하여 복음과 함께 고난을 받을 수 있고, 복음을 지킬 수 있다. 지금 우리나라의 그리스도인들이 처해진 형편은 박해의 시대라기보다는 유혹의 시대이다. 박해든지 유혹이든지 자기를 지키는 능력은 복음에 대한 확신과 주님의 주권과 말씀에 대한 전적 위탁에서 나온다(딤후 3:12-15). 다음 세대에 대한 신앙의 세대 계승 역시 준비된 평신도에 의하여 열매를 맺는다(딤후 2:2). 선교 초기 선교사들은 교회 개척과 함께 병원 설립을 통한 의료선교, 학교 설립을 통한 기독교 신앙의 전수와 확산을 소망하였다. 그들의 꿈과 전략은 정확하게 시대를 읽어 내었고, 복음의 심화 확산과 교회 성장으로 나타났다.

다섯째로, 세계 선교의 주역으로 쓰임 받는다. 지금 우리는 지구촌 시대를 살기 때문에 전통적인 선교에 따른 신학수업을 한 후 선교사로 파송 받는 전통적 선교의 개념에서 탈피하여, 해외여행이 빈번하게 이루어지는 현장에서 더 강화되어야 할 것은 복음으로 무장된 전문성을 가진 평신도들이다. 전문인 선교와 실버 선교의 시대가 본격적으로 열리기 위해서는 각 지역교회를 통한 건전한 교회관과 인격적 성숙 그리고 성경진리에 대한 체계성과 직업에 대한 전문성을 갖춘 훈련받은 평신도가 쓰임을 받는다.

평신도운동의 미래

한국 교회 각 교단에서 제도적으로 시행되는 남녀전도회나 장로 안수집사 권사 연합회를 통한 운동은 지속될 것이나 교단 주도의 운동은 태생적인 한계를 가질 수밖에 없다. 새로운 모형의 교단을 중심으로 한 건전하고 역동적인 평신도운동이 요청된다.

초교파적으로 결성된 기독실업인회(CBMC), 월드비전 같은 비정부기구(NGO) 역시 그 중심에는 소명 받은 그리스도인, 곧 성도라고 불리기도 하고, 편의상 평신도라 불리는 교우들이 포진되어 있다. 목회자는 교회 안에서 영향을 끼치지만, 평신도들은 교회 밖에서 영향을 끼친다. 성숙한 평신도의 영향은 결코 과소평가할 수 없다. 어느 시대든지 준비된 사람이 쓰임을 받았다. 성도 또한 예외가 아닐 것이다.

준비된 평신도가 거하는 가정은 하나님의 통치를 기뻐할 것이다. 상처를 받은 가정들에 대한 치유를 전파할 것이다. 성숙한 평신도가 이루는 사회는 소통하는 사회이며 매우 격이 높은 공동체를 이룰 것이다. 직업에 대한 소명과 확신을 가진 평신도가 일하는 일터는 수준 높은 일터문화를 창출해 낼 것이다. 훈련 받은 사람이 우리의 미래이다.

"세상으로부터 부름 받은 하나님의 백성인 동시에 세상 속으로 파송 받은 그리스도의 제자"라는 건강한 교회론을 바탕으로 지역교회에서 훈련 받은 평신도들이 미래를 열어 갈 것이다.

하나님께서 영적 지도자를 주신 목적은 성도를 그리스도의 성품을 닮은 자로 세워 그들로 봉사의 사명을 감당하게 하며, 그 결과 그리스도의 몸인 교회를 세우려는 데 있다 (엡 4:11-12).

건강한 평신도운동은 반드시 건강한 지역교회를 세우는 열매로 나타난다. 그리고 건강한 교회는 대사회적으로 복음의 영향력을 담보한다. 교회공동체에 대한 신뢰가 상승하면 교회를 찾는 이들이 많아질 것이며, 이러한 축복된 상호작용은 세상과 소통하는 교회의 선순환의 역사를 이루어갈 것이다. 우리가 사랑하는 한국 교회를 통하여 주님이 찾으시는 우리 시대의 평신도들이 들풀처럼 일어나기를 소원해 본다(요 4:23, 행 13:22).

글쓴이 | 오정호 목사는 대전새로남교회 담임목사로 현재 미래목회포럼 이사장과 제자훈련목회자협의회(CAL-NET) 대표를 맡고 있으며, 총신대학신학대학원에서 목회자후보생들에게 목회학 강의를 하고 있다.

06
교육과
양육

06-1 기독교학교(미션스쿨)의 진단과 과제

우리나라의 기독교학교는 선교사들에 의해 세워진 미션스쿨(mission school)로부터 시작되었다. 1885년부터 미국 북장로교회의 언더우드(H. G. Underwood), 미국 북감리교회의 아펜젤러(H. G. Appenzeller)와 스크랜튼(W. B. Scranton) 등이 선교를 위해 경신, 배재, 이화학당 등의 기독교학교를 설립하였다. 한국 교회의 역사는 미션스쿨로부터 시작되었고, 한국의 근대교육도 이로 인해 출발될 수 있었다. 미션스쿨은 일제 강점기를 보내면서 많은 억압과 핍박을 받았지만 그 시련을 견디어 내었고 기독교교육의 건학이념을 유지해 왔다. 지금 현재 초등학교 11개교, 중학교 131개교, 고등학교 181개교로써 총 323개교의 미션스쿨이 존립하고 있다.

그런데 1974년 고교평준화 이후부터 미션스쿨로서의 기독교학교가 그 정체성의 위기를 겪기 시작한다. 당시 정부가 사립학교를 포함한 모든 학교를 평준화정책의 대상으로 삼아 학생들을 배정하게 되었고, 이로부터 미션스쿨은 기독교 사립학교로서의 정체성보다는 준공립학교로서의 성격을 지니게 되었다. 학생을 선발할 수 있는 자유가 박탈되고, 교육과정을 편성할 수 있는 자율성이 없어지고, 등록금을 책정할 수 있는 자율성이 사라진 것이다. 이때부터 지속적으로 정부로부터 예배나 신앙교육을 금지하는 지시를 받게 되었고, 종교과목은 교양과목의 선택과목으로 개설될 수 있지만 그나마도 종교학을 그 내용으로 해야 하고 복수로 개설하여 학생들이 선택할 수 있도록 규정하고 있다. 이러한 현실 속에서 기존의 기독교학교의 성격을 유지하려는 학교와 소수이지만 이를 거부하는 학생들 사이의 갈등이 일어나게 되었고, 그 대표적인 사례가 대광고의 소위 '강의석 군 사건'이라고 할 수 있다. 오늘날 미션스쿨로서의 기독교학교는 건학이념은 아직도 기독교적 성격을 지니고 있고, 교목이 있고 종교수업이 있지만 이러한 제약으로 인해 학원선교나 기독교교육을 제대로 실천할 수 없는 한계성을 지니고 있다.

기독교학교의 위기 진단

오늘날 우리나라 기독교학교의 위기는 오랫동안 누적되어 왔으며 다양한 요소들이 중첩되어 있고 제도적, 구조적인 성격을 지니고 있다. 현재 기독교학교가 겪고 있는 위기 현상을 몇 가지로 정리하면 다음과 같다.

첫째로, 종교교육의 자유의 제한이다. 종교계 사립학교의 존립을 떠받들고 있는 중요한 기초 가치는 종교교육의 자유이다. 우리나라의 헌법은 종교의 자유를 보장하고 있다. 헌법 제20조는 "모든 국민은 종교의 자유를 가진다. 국교는 인정되지 아니하며, 종교와 정치는 분리된다"고 규정하고 있고, 헌법 제12조는 "모든 국민은 신앙과 양심의 자유를 가진다"고 규정함으로써 종교와 신앙의 자유를 보장하고 있다. 이 종교의 자유에는 종교교육의 자유가 포함되어 있다. 종교교육의 자유는 헌법상 보장되는 국민의 기본권이라고 할 수 있다. 종교계 사립학교는 이러한 종교교육의 자유에 근거하여 설립된 학교이다. 여기에서의 종교교육은 교양교육으로서의 종교학교육이나 종교 일반에 대한 교육만을 의미하는 것이 아니라 종파교육, 즉, 신앙교육을 포함한다. 종교교육의 자유는 종교계 학교법인이 종교계 학교 설립과 운영을 통해 종교교육을 시행할 자유만이 아니라 국민의 종교교육을 받을 자유까지도 포함한다. 그런데 평준화제도로 인하여 이러한 종교교육의 자유가 제한받게 되었고, 기독교학교가 기독교교육을 제대로 시행할 수 없는 위기에 직면한 것이다.

둘째로, 사립학교의 정체성을 상실했다. 우리나라에서 종교계 학교가 종교교육을 제대로 구현할 수 없는 한계는 사립학교의 자율성 위기와 깊이 연관되어 있다. 우리나라의 사립학교에 대해서는 다음과 같이 근본적인 질문을 던지지 않을 수 없다. "우리나라에 과연 사립학교가 존재하는가?", "사립학교의 설립과 운영의 자유가 존재하는가?" 종교계 사립학교의 종교교육의 자유를 가능케 하는 기초는 사학의 자유이다. 사학의 자유는 국가에 의해서 통제되고 행사되는 공립학교만이 아니라 개인이 학교를 설립하고 교육을 실천할 수 있는 자유이다. 사학의 자유는 교육이 국가에 의해 독점되어서는 안 된다. 사학의 자유는 다양한 가치가 공존하는 다원주의사회 속에서 시민이 자신의 신념에 근거하여 학교를 선택할 수 있도록 하기 위해 헌법상 보장된 것이며, 종교계 학교는 이러한 사학의 대표적인 형태라고 할 수 있다. 그런데 오늘날 기독교 사립학교는 이러한 자율성을 상실하고 있는 위기에 처해 있다.

셋째로, 학생과 부모의 학교 선택권이 침해당했다. 기독교인 부모는 그 자녀를 기독교적 가치관에 근거한 교육을 받도록 해야 할 책임이 있다. 이는 그러한 기독교적 가치관에 근거하여 교육하는 학교가 설립되어 있어야 하며, 그러한 학교를 선택할 수 있는 자유가 보장되어야 함을 전제로 한다. 그런데 불행하게도 우리나라의 기독교학교 현실은 이것이 용납되어 있지 않다. 기독교학교가 존재하지만 이를 선택할 수 있는 부모의 학교 선택권이 철저하게 제한되어 있다. 오늘날 우리나라의 거주자별 추첨을 통한 무시험 진학제는 같은 구역 내 소재한 공립학교와 사립학교를 동일하게 취급하며 학생들을 배정하고 있기 때문에 원치 않는 종교계 학교에 배정될 수도 있고, 또는 원하는 종교계 학교에 갈 수 없게 되기도 하므로 학생의 종교의 자유가 침해되는 것은 물론 부모의 학교 선택권이 무시되고 있는 것이다. 이런 점에서 학생을 강제로 배정하는 현 평준화제도는 입시과열을 막고 그 전단계 교육을 정상화시키기 위한 조치였지만 종교의 자유를 침해하고 있다는 점에서 심각한 인권 문제를 안고 있다고 볼 수 있다.

넷째로, 종교교육과정의 파행을 들 수 있다. 우리나라의 중등교육에 있어서 종교교육과정의 변천은 전체 교육과정의 변천과 맥을 같이 하고 있다. 그런데 종교교육과정의 관점에서 그동안의 교육과정 변천을 시대를 구분한다면 해방 이후부터 제3차 교육과정 시기까지를 '신앙교육 시기'로, 제4차 교육과정부터 2009년 재개정까지를 '종교교육 시기'로 그리고 2011년 재개정 이후의 종교교육과정을 '종교학교육 시기'로 구분할 수 있을 것이다. 신앙교육 시기에서 종교교육 시기로 그리고 종교학교육 시기로의 종교교육 과정의 변천이 의미하는 것이 무엇인가? 이것은 특정 종교의 신앙을 중시하는 교육에서부터 종교에 대한 객관적인 이해를 강조하는 교육으로의 변화를 의미하며, 특정 종교의 이념에 기초한 종교계 사립학교의 특수성과 자율성을 강조하는 입장에서부터 교육의 공공성과 보편성을 강조하는 입장으로의 변화를 의미한다. 종교교육 시기만 하더라도 아직은 종교교육의 한 부분으로서 특정 종교의 가치를 가르치는 신앙교육의 가능성이 남아 있었지만, 종교학을 종교교육의 내용으로 하는 경우는 보다 더 탈신앙화가 가속화되게 된다.

다섯째로, 기독교교육의 약화이다. 오늘날 우리나라의 기독교학교가 평준화제도를 근간으로 하는 공교육체제에 편입되어 있기 때문에 겪게 되는 이러한 여러 가지 제한으로 인하여 궁극적으로는 학원선교와 기독교교육이 약화되는 현상을 경험하고 있다. 기독교학교는 기독교 정신에 근거한 건학이념의 구현을 목적으로 하고 있는데 이를 실현하기 위해서는 기독교적 가치관에 입각하여 교육목적을 설정하고, 이를 이루기 위한 교과목을 편성하고 기독교적 교수방법으로 가르쳐야 한다. 기독교학교는 채플과 종교수업만 기독교와 관련된 것이 아니고 모든 교과목이 기독교적 가치관에 근거한 가르침이 되도록 하여야 하고, 학급경영과 교육행정, 경영 등이 모두 기독교적으로 이루어져야 한다. 그러나 오늘날 기독교학교는 그 정체성과 독특성이 사라지고 있으며 일반 국, 공립학교와 다를 바 없는 교육을 하는 '준공립학교'로 전락하고 있는 것이다. 교목실을 중심으로 여러 가지 노력을 시도하고 있지만 기독교학교의 성격을 지닐 수 있는 구조가 약해지면서 기독교교육의 역량이 약화되는 위기를 경험하고 있는 것이다.

기독교학교의 향후 과제

기독교학교가 위기적인 현실을 극복하고 학원선교와 기독교교육의 사명을 힘 있게 감당하기 위해서는 제도적이고 구조적인 변화를 위해 노력해야 하고 동시에 내부적으로 기독교학교의 건학이념을 구현하기 위한 다양한 노력을 기울여야 한다. 여기에서는 이를 내부적 과제와 외부적 과제로 나누어 간략히 살펴고자 한다.

첫째로, 내부적 과제이다.

기독교학교가 현재의 구조 속에서도 내부적인 노력을 기울인다면 기독교교육적 변화를 추구할 수 있다. 기독교학교의 건학이념은 한마디로 '복음적 영향력'이라고 할 수 있다. 복음적 '영향력'은 학교나 교사가 무엇을 했느냐가 아니라 학생들에게 일어나는 변화를 의미한다. 학생들에게 복음적 영향력이 일어나도록 하기 위해서는 접촉점이 무엇보다 중요하다. 복음과 학생의 삶의 자리를 연결시키는 것이 기독교교육이라고 할 수 있고, 기독교학교는 그런 기독교교육적 노력을 통해 학생들에게 복음적 영향력을 끼치는 것이고, 이것이 기독교학교의 건학이념의 구현이라고 할 수 있다. 만약 기독교학교가 평준화정책 이후에도 평준화정책 시행 이전 방식의 예배나 종교수업을 진행한다고 하면 복음적 영향력은 약화될 수밖에 없을 것이다. 종교교육에 동의하지 않거나 신앙이 없는 학생들을 대상으로 하는 예배나 종교수업은 달라야 하기 때문이다. 기독교학교의 건학이념을 복음적 영향력으로 이해한다면 기독교학교에서의 기독교교육은 모든 교과목의 가르침과 공동체 삶 전체로 확산된다. 만약 예배와 종교과목이 충실히 이루어지더라도 각 교과목의 가르침에 있어서 무신론이나 반 기독교적 가치관에 의한 교육이 이루어진다면 복음적 영향력은 심각히 감퇴될 수밖에 없다. 교과목에 대한 기독교적 접근이 가능할 때 기독교학교의 건학이념이 보다 강하게 구현될 수 있을 것이다. 이를 위해서는 기독교학교 교사가 신앙과 교과를 통합할 수 있는 전문성을 지녀야 하며, 교사의 영성과 인격이 학생들에게 복음적 영향력을 끼칠 수 있는 통로가 되어야 할 것이다. 뿐만아니라 기독교학교의 경영이나 행정이 학생들에게 복음적 영향력을 끼칠 수 있어야 한다. 경영과 행정이 권위주의적이 아니라 민주적이어야 하며, 이사진과 교육행정가들이 정의롭고 투명한 학교운영과 섬기는 리더십을 통해 본을 보여야 한다. 이런 점에서 기독교학교 전체 공동체가 기독교교육을 하고 있는 셈이며, 복음적 영향력을 끼칠 수 있는 것이다.

둘째로, 외부적 과제이다.

기독교학교의 위기를 극복하기 위해서는 근본적으로 평준화제도에 대한 수정이 필요하다. 기독교학교 정상화를 위한 중장기적인 교육제도 개혁 방안으로 국, 공립학교에서는 평준화를 유지하되, 사립학교에서는 평준화를 해제하고 다양한 교육을 실시할 수 있도록 하는 방안을 들 수 있다. 근본적인 틀로서의 평준화정책은 유지하되 교육의 다양성과 자율성을 강화하며, 특히 종교계 학교의 종교교육의 가능성을 확보해 줄 수 있는 방안이다. 이를 위해서는 현재의 지나칠 정도로 높은 비중을 차지하고 있는 사립학교의 비중을 낮추는 노력이 병행되어야 하는데, 국가가 수행해야 할 공교육의 기능을 대신 수행하는 사립학교들을 정부가 매입하여 공립화하는 방향으로 나아가야 할 것이다. 이를 위해서는 국가가 재원을 마련해야 할 것이고, 일정기간 동안 사립학교의 국, 공립화가 가능할 수 있도록 법 개정을 하는 조치도 필요할 것이다. 현재의 평준화체제 하에 단기적으로 시행할 수 있는 방안으로는 종교계 사립학교에 대해서 학생들로 하여금 선지원할 수 있도록 기회를 주는 방법이다. 기독교계 학교를 포함한 종교계 학교의 특수성을 인정해 이들 학교들이 각 학교의 종교적 건학이념을 표방하도록 하고, 종교적 이유로 종교계 학교를 선호하는 학생들로 하여금 먼저 지원토록 하고 이들을 배정할 수 있도록 돕는다. 이 점에서 자율형사립학교를 폐지하기보다는 입시 위주의 교육과정 운영이 아닌 종교교육의 특성을 보다 강화하여 기독교 사립학교의 모델이 되도록 하고, 장기적으로는 모든 종교계 사립학교는 평준화체제로부터 나와서 학생이 지원하여 입학하는 방향으로 나아가야 할 것이다. 그리고 현 제도 속에서도 종교계 학교에 입학하기를 원치 않는 학생들이 회피하거나 입학한 후에라도 전학할 수 있는 제도를 통해서 학생의 종교적 인권도 보장하면서 종교계 학교가 종교교육을 제대로 할 수 있는 방안을 강구해야 할 것이다.

한국 교회 교인들의 자녀들에 대한 기독교교육은 한국 교회의 사명이다. 이때의 기독교교육이라 함은 단지 교회 안에서의 교회교육만을 의미하는 것이 아니라 학교교육을 포함하는 것이다. 한국 교회는 기독교학교에 대한 관심을 갖고 체계적이고 지속적인 지원을 해야 한다. 기독교학교가 위기를 극복하고 기독교학교다움을 회복하고 발전하기 위해서는 무엇보다 지원체제의 확립이 필요하다. 최근에 기독교학교교육연구소가 설립되어 기독교학교와 관련된 연구를 수행하고, 기독교학교정상화추진위원회가 출범하여 기독교학교 정상화를 위한 로드맵을 제시하고 이를 추진해 가는 것은 고무적인 일이다.

한국 교회가 다음세대 선교를 위해 기독교학교에 대한 전폭적인 관심과 투자를 하여야 한다. 무엇보다 기독교학교가 정상화되기 위해서는 법적, 제도적 변화가 필요한데 이를 위해 한국 교회가 범 교단적으로 연대하고 힘을 모아야 할 것이다.

참고자료

박상진, 『기독교학교교육론』(서울: 예영, 2006)

박상진, 『한국기독교학교교육운동』(서울: 예영, 2010)

강영택 외, 『종교교육론』(서울: 학지사, 2013)

송순재 외, 『왜 기독교학교인가』(서울: 기독한교, 2014)

| 글쓴이 | 박상진 교수는 장로회신학대학교 기독교교육학 교수로 신학대학원장을 맡고 있으며, 기독교학교교육연구소 소장, 입시사교육바로세우기 기독교운동 공동대표로 섬기고 있다. |

06-2 기독교대안학교의 성과와 그림자

우리나라의 역사에서 기독교가 끼친 긍정적 영향이 다양하게 존재하지만 특히 교육 분야에서의 기여는 특기할 만하다. 나라가 풍전등화의 위기 속에 있었던 한말과 일제강점기 하에서 한국의 기독교는 기독교학교운동을 통해 조국을 새롭게 건설할 동량들을 키워내는 시대적 사명을 감당하였다.[1] 우리나라에서 근대교육의 초석을 놓았던 기독교학교의 기개와 정신은 일제강점기의 극심한 탄압 속에서 크게 쇠퇴하고 말았다. 해방 후 현재까지 기독교학교의 전통은 외형적으로 이어지고 있지만 근대 초기 기독교학교들이 보여 주었던 높은 정신과 실천의 힘은 찾기가 어려워졌다.[2]

이런 상황 속에서 1990년대부터 우리 사회에서 대안학교에 대한 관심이 높아지면서 기독교대안학교에 대한 논의도 함께 이루어졌다. 1990년대 초부터 방과후학교나 캠프 형식으로 이루어지던 학교교육에 대한 기독교적 시도들이 1990년대 후반에는 대안학교라는 형식으로 체계화되어 갔다. 2011년 조사에 따르면 기독교대안학교가 121개이니 그 성장속도가 매우 가파르다고 할 수 있다(기독교학교교육연구소, 2012). 그러나 일부의 기독교대안학교들이 사회적 책무성을 중시하는 교육의 공공성보다는 종교적 성향을 강하게 드러내거나 지나치게 높게 책정한 등록금으로 인해 사회로부터 곱지 않은 시선을 받고 있기도 하다.

이 글은 기독교대안학교들이 그동안 보여 주었던 교육적 성과와 한계들을 살펴봄으로써 우리 민족의 역사에서 시대적 사명을 감당했던 근대 초기 기독교학교의 전통을 기독교대안학교들이 과연 계승할 수 있을지에 대해 탐색해 보고자 한다.

기독교대안학교의 성과

기독교대안학교는 입시 중심의 교육으로 전락하여 이기적 경쟁주의에 함몰된 오늘날 공교육에 대한 대안인 동시에 기독교적 설립정신이 쇠퇴하여 학교 내 종교의식 속에서만 남아 있는 형식화된 미션스쿨에 대한 대안이기도 하다. 이러한 대안성을 추구하여 설립한 120여 개의 기독교대안학교 가운데 16개를 제외한 대부분 학교들이 정부로부터 인가를 받지 못한 상태이다. 비인가 대안학교는 정부의 재정지원이 없을 뿐 아니라 학력인정을 받지 못해 졸업생들이 상급학교 진학을 위해서는 검정고시를 쳐야만 한다. 기독교대안학교는 신앙교육, 인성 및 체험교육, 특기 적성 교육, 평화 및 생태교육 등을 중요하게 운영하고 있다. 기독교대안학교는 각각의 교육목표를 가지고 있기에 교육성과를 일반론적으로 말하기는 쉽지 않다. 그럼에도 불구하고 여기서는 필자의 질적연구를 통해 밝혀낸 기독교대안학교의 성과를 몇 가지 소개하고자 한다.

첫째로, 삶의 목표 설정이다. 기독교대안학교들은 공통적으로 비교적 뚜렷한 교육목표를 갖고 있다. 그 교육목표는 내용이 분명할 뿐 아니라 학교의 많은 구성원들에 의해 공유되고 있다는 특징이 있다. 학교가 겉으로 표방하는 교육목표와 실제의 목표가 종종 괴리되어 있는 우리나라의 많은 학교들과는 차별성을 갖는다. 학교교육의 목표가 분명하고 그 목표가 구성원들에 의해 공유된다는 것은 학교의 교육활동을 일관성 있고 지속적으로 전개할 수 있는 에너지가 되고, 구성원들로 하여금 적극적으로 학교교육에 참여하게 만드는 요인으로 작용하게 된다. 교육목표가 분명한 기독교대안학교에서는 그 교육목표와 관련하여 학생들이 삶의 목표와 꿈을 설정하게 된다. 이들 학교에서는 학생들에게 높은 사회적 지위나 좋은 대학을 강조하지 않는다. 대신 앞으로의 삶에서 자신이 행복한 삶, 다른 사람과 함께하는 삶, 어려운 이웃을 돕는 삶과 같은 인생을 살아가는 자세에 대해 강조를 한다. 그래서인지 기독교대안학교 학생들은 미래에 자신이 어떤 직업을 가질 것인지보다는 어떤 삶을 살 것인지에 보다 많은 관심을 갖고 있다. 이러한 관심은 학생들에 따라서 구체적인 형태의 꿈으로 나타나기도 한다.

둘째로, 신앙과 인성의 성장이다. 신앙과 인성의 성장은 기독교대안학교의 가장 중요한 교육목표이고 성과라 할 수 있다. 신앙교육을 학교교육의 모토로 내세우기는 하지만 교육과정, 학교행정, 학교문화 등과 같은 교육의 실제적인 면에서 신앙적 성격을 찾아보기 어려운 기독교 사립학교들과는 달리 기독교대안학교에서는 신앙교육이 학교교육의 기본적인 토대가 되고 있다. 아침묵상으로 하루를 시작하고 정기적으로 학교채플이나 성경과목이 교육과정 상에 편성되어 운영되고 있다. 신입생 선발, 학부모와의 관계, 재정 사용 등에서도 신앙적 가치관을 강조하고 있음을 볼 수 있다. 학생을 선발하는 데 학생의 학습능력을 우선시 하지 않고 학생과 학부모와의 면접을 통해 학교가 지향하는 신앙교육에 동의하는지를 중요하게 점검한다. 인성교육 역시 신앙교육과 비슷하게 기독교대안학교에서는 교육과정, 학교행정, 학교문화 등에 골고루 스며들어 있음을 볼 수 있다. 한 초등 기독교대안학교는 경청, 순종, 검약, 공경 등과 같은 24가지 성품에 대해 한 달에 한 주제씩 배우고 실천하는 성품교육을 중시한다. 그리고 배운 것을 어떻게 실천할 것인지를 토의하고 실천한 것을 점검하고 발표하는 시간을 갖는다. 또한 장애아 통합교육을 통해 학생들이 장애아를 이해하고 그들을 배려하고 돕는 교육을 실시하기도 한다.

셋째로, 학습에 대한 자발성과 흥미를 키워 준다. 기독교대안학교에서 학생들은 공부하고자 하는 자발적 의지와 흥미를 갖게 된다. 학업적인 면에서의 성과는 학업성취도가 중요한 지표이지만 동시에 학업에 대한 흥미, 자신감, 동기, 자기주도 학습능력 등 학습 심리적 요소 역시 중요한 지표가 될 수 있다. 많은 기독교대안학교들은 시험에 의한 학업성취도 검사를 적극적으로 실시하고 있지 않음으로 학업성취도 측면에서 성과를 논하기는 어렵다. 수업시간에 학생들의 학습에 대한 흥미도와 참여도는 비교적 높은 편이다. 우리나라 학생들의 수학, 과학 등의 학업성취도는 세계적으로 높은 반면에 학업에 대한 흥미도, 자신감, 자기주도 학습능력 등의 정의적인 측면에서의 점수는 매우 낮다. 이와 비교해 볼 때 기독교대안학교가 학생들에게 학업에 대한 흥미와 스스로 공부하는 능력을 중요하게 가르치고 있는 것은 바람직한 교육활동이며, 학생들의 학업에 대한 내재적 동기가 높고 수업에 대한 만족도가 높은 것은 기독교대안학교의 중요한 성과라 할 수 있다.

넷째로, 교사와 학교에 대한 만족도가 높다. 기독교대안학교의 학생들은 대체적으로 학교와 교사를 좋아한다. 학생들이 교사와 학교를 좋아한다는 사실은 학생과 교사들의 말을 통해서뿐만 아니라 다양한 형태로 나타나고 있다. 졸업 후 졸업생들이 학교를 자주 찾아오는 편이고, 군 입대할 때나 제대를 하면 반드시 학교에 와서 인사를 한다. 어떤 졸업생들은 학교의 방과후 교육 프로그램에 와서 후배들을 지도해 주기도 하고, 후배들의 문학기행에 보조교사로 동행하기도 한다. 형제나 남매가 함께 같은 학교에 다니는 경우가 많다. 학비가 비싼 대안학교에 두 자녀가 다니는 것이 경제적으로 부담이 되지만 형이나 언니가 그 학교에 다니면 동생도 같은 그 학교에 입학하는 비율이 높은 편이었다. 이처럼 기독교대안학교에서 학생들이 교사와 학교를 좋아하는 이유는 학생과 교사 간의 친밀도가 높기 때문이다. 모든 수업이 소규모 학급에서 이루어지기 때문에 교사와 학생의 상호작용이 원활한 편이고, 특히 여행이나 노작 등 많은 체험활동을 통해서 상호 간에 대화가 빈번하게 이루어지고 있다.

다섯째로, 배움의 공동체를 구현하고 있다. 기독교대안학교의 교육성과 가운데 두드러지는 하나의 특징이 학교 내에 배움의 공동체가 구현되고 있다는 점이다. 배움의 공동체란 학교에서 학생뿐 아니라 교사와 학부모 등 학교구성원 모두가 상호작용을 통해 서로 배워가며 성장해 가는 공동체를 말한다. 기독교대안학교는 학생들만 배우고 성장하는 곳이 아니라 교사와 학부모가 함께 배우고 성장하는 공간이다. 학교 구성원들의 배움과 성장은 학교교육의 목표이고 중요한 교육성과라고 기독교대안학교 구성원들은 생각하고 있다. 기독교대안학교들은 교사들의 인성과 전문성의 성장을 위해 많은 노력을 기울인다. 배움의 공동체의 중요한 속성은 구성원들의 밀접한 상호작용과 상호의존성을 통한 배움이다. 한 학교에서는 함께하는 공동체생활을 통해서 학생 상호 간, 학생과 교사 간, 학부모와 교사 간의 상호작용이 활발하게 일어나고 있고, 구성원들의 상호의존성이 강하게 형성되어 있다. 그로 인해 각 구성원들이 인성과 학업/전문성의 면에서 많은 배움을 얻고 성장하고 있다고 스스로가 인식하고 있다.

기독교대안학교의 세 가지 그림자

앞에서 살펴본 바와 같이 기독교대안학교는 짧은 역사에도 불구하고 그동안 적지 않은 교육적 성과를 내고 있음을 알 수 있다. 그러나 이와 동시에 많은 한계점들을 표출시키기도 한다. 여기서는 그 어두운 면들을 잠깐 살펴보고 이에 대한 한국 교회의 과제에 대해 몇 가지 제시하도록 하겠다.

첫째로, 귀족학교라는 인식이 있다. 기독교대안학교의 교육비가 비싼 편이라 이에 대한 사회의 시선이 따갑다. 한 조사에 따르면 기독교대안학교의 절반 정도가 월 수업료 50만 원 이상이었고, 100만 원 이상인 학교도 13%나 되었다. 여기에 덧붙여 17%의 학교에서 기부금 명목으로 500만 원 이상의 돈을 받기 때문에 기독교대안학교에 자녀를 보내는 학부모들은 상당한 재정적 부담을 지게 된다. 이처럼 교육비가 비싸지게 되는 이유는 비인가 학교의 경우 정부의 보조가 전혀 없는데다가 교회를 비롯한 설립 주체의 부담금 비율이 전체 운영비의 20% 미만이 대부분이기 때문이다. 비싼 교육비로 학교의 문턱을 높인 것은 기독교학교의 정신에 부합하지 않은 것이므로 가난한 학생들에 대한 재정적 지원에 대한 방안이 강구되어야 한다.

둘째로, 교육의 영세성이다. 학생 수 50명 미만의 소규모 학교가 기독교대안학교의 절반 정도를 차지하고, 교사 자격증 소지자 비율이 50% 정도이며, 교사의 임금 수준이 공립학교 교사의 절반에서 2/3 수준이다. 40% 이상의 학교들에서 과학실, 미술실, 양호실, 운동장이 없이 교육활동이 이루어지고 있다. 결과적으로 120여 개 기독교대안학교 가운데 16개를 제외하고는 정부의 인가를 받지 못해 교육의 질을 담보할 수 없는 실정이다. 이런 외형적인 지표로 본다면 기독교대안학교는 분명 영세성을 벗어나지 못하고 있지만 앞서 논의한 것처럼 교육의 내실에서 높은 성과를 보일 수 있는 것은 교사들의 남다른 헌신과 열정 때문이라 할 수 있다.

셋째로, 온실효과이다. 기독교대안학교 출신들은 기독교대학 진학을 선호하는 것으로 보인다. 신앙공동체의 성격이 강한 기독교대안학교에서의 교육이 신앙과 가치관 교육을 효율적으로 시킨 반면 다문화적 환경을 기피하게 만드는 요인으로 작용하기도 한다. 대학에 재학 중인 기독교대안학교 졸업생들에 대한 연구에서 일부의 학생들은 대학이 자신의 출신 학교와 너무 달라 적응하기가 어렵다고 말한 반면, 또 다른 학생들은 모교에서 배운 분명한 삶의 목표와 자율적 생활방식으로 인해 대학에서 시행착오를 덜 겪는다고 말하기도 했다. 기독교대안학교가 온실의 역할 이상을 하기 위해서는 이 문제점에 대한 심각한 고민과 이에 대한 대책을 세워야 할 것이다.

한국 교회의 과제는 무엇인가?

위에서 제시한 기독교대안학교의 한계를 극복하고 교육적 성과를 극대화하기 위해서는 한국 교회의 적극적 지원이 절실히 필요하다. 한말 한국 교회는 기독교학교운동에 적극적으로 참여하여 두 교회가 한 개 이상의 학교를 설립 운영할 정도의 열정을 갖고 있었다. 현재 기독교대안학교들이 겪는 재정적 어려움은 교회의 도움이 아니면 해결하기가 어렵다. 교회는 기독교학교 시설이나 학교운영비 지원을 사회선교 차원에서 해야 하고, 가난한 학생들에 대한 장학금 지원은 특별 구제비 차원에서 적극적으로 시행되어야 한다. 기독교대안학교에서 헌신적인 교사는 가장 중요한 자원이다. 교사의 열정이 소진되지 않도록 교회가 지속적으로 사명감을 고취시키는 동시에 생활의 기본적인 여건을 만드는 데 기여할 수 있어야 한다.

기독교학교는 학교 자체를 위해 존재하는 것이 아니라 사회를 위해 존재하는 것이어야 한다. 이 땅의 나라에서 하나님 나라를 이루어 갈 인재를 양성하는 것이 기독교대안학교의 존재 이유이다. 기독교학교가 자칫 신앙공동체만을 위한 사람을 양성하고자 하는 유혹에 빠지지 않고, 다문화적 사회 속에서 시대적 사명을 감당하는 제자를 양성하는 올바른 방향을 잃지 않도록 지도하는 것도 한국 교회의 책임이라 할 것이다.

주

1 근대 초기 기독교학교의 모습과 역할에 대해서는 필자가 공저한 『종교교육론』(강영택, 박상진
   공저, 학지사, 2013)을 참조할 것.
2 예외적으로 홍성군의 풀무학교나 거창군의 거창고는 오랜 세월 동안 기독교학교의 정신을 잘 지
   켜오고 있다고 평을 받기도 한다. 최근 거창고에 대해서는 논란이 될 수도 있다.

참고자료

강영택, "기독교대안학교의 교육성과에 대한 질적 사례연구", 「신앙과 학문」 15(1)(기독교학문연구회,
   2010).
강영택, "기독교대안학교의 교육적 성과", 「교회와 교육」 겨울호(생명의 양식, 2012)
기독교학교교육연구소, 『기독교대안학교 가이드』(서울: 예영, 2012)
박상진 외, 『기독교학교, 역사에 길을 묻다』(서울: 예영, 2013)

글쓴이   강영택 교수는 우석대학교 교육학과 교수로 재직 중이며, 『고통의 교육에서 희망
         의 교육으로』 등 다수의 저서가 있다.

06-3 공교육, 입시 사교육에 대한 기독교적 대응

한국은 조선의 몰락과 함께 신분제가 무너지는 경험을 했다. 그리고 구한말과 일제 강점기를 거치면서 서구교육을 받은 사람들이 새로운 상류계층을 형성하기 시작했다. 이러한 경험은 해방 후 과도한 교육열로 나타나기 시작했다. 그리하여 매우 빠른 시기에 초·중·고 완전 취학을 달성했고, 대학 진학률도 세계에서 제일 높은 수준에 이르렀다. 하지만 한국 교육열의 본질이 배움 자체에 있지 않고 교육을 통한 계층 상승에 있었기 때문에 소수의 명문대학에 진학하려는 과열경쟁은 갈수록 심해졌다. 그래서 공교육은 상급학교 진학에 필요한 성적 향상이 중심이 되면서 교육의 본질이 많이 훼손되었고, 이도 모자라 사교육이 기승을 부리게 되었다. 그리하여 학생은 입시 부담에, 학부모는 사교육비 부담에, 교사들은 교육 본질을 잃어버린 상실감에 시달리게 되었다.

한국 공교육의 발전과 입시체제의 한계

해방 후 정부는 국민들의 높은 교육열을 수용하기 위해 교육여건에 관계없이 우선 취학 희망 학생을 수용한 후 교육여건을 보완하는 방식으로 추진했다. 그리하여 1957년에 초등학교 완전 취학(취학율 90% 기준)을 달성했고, 중학교는 1979년, 고등학교는 1985년에 완전취학을 달성한다. 그리고 대학은 1995년 완전 취학(취학율 50% 기준)에 도달한다. 하지만 교육여건이 제대로 갖추어지지 않은 상황에서 이루어진 급속한 교육기회 확대로 인해 과밀학급, 2부제 수업, 교육비용의 과도한 학부모 의존, 사립학교에 대한 과도한 의존, 낮은 교원 처우와 학교 환경, 획일적인 수업 등 많은 문제가 나타났다. 다행히 이 시기 동안 경제 발전이 지속적으로 진행되었기 때문에 지속적인 교육투자가 가능했고, 더디긴 했지만 지속적인 질적인 보완이 가능했다. 특별히 교육투자에 의해 개선이 가능한 교수 처우 개선이나 학교환경 개선, 학급당 학생 수 문제, 교육비용의 학부모 의존 등의 부분은 많이 개선되었거나 개선 전망을 보이고 있다.

〈표 1〉 학교급별 질적 변화 양상

연도	초등학교		중학교		고등학교	
	학급당 학생수	교사당 학생수	학급당 학생수	교사당 학생수	학급당 학생수	교사당 학생수
1962	62.8	58.6	60.1	40.5	55.8	27.3
1980	51.5	47.5	65.5	45.1	59.9	33.3
2000	35.8	28.7	38.0	20.1	44.1	20.1
2013	23.2	15.3	31.7	16.0	31.9	14.2

출처 : 이종재 외 3인(2010), "교육기회의 확대와 한국형 발전 전략",『한국교육 60년』, pp.55-57의 내용을 바탕으로 최근 자료 보완

〈표 2〉 대학 진학률 추이

구분	합격자 기준		등록자 기준	
	학생수	진학률	학생수	진학률
2013	-	-	446,474	70.7
2010	500,282	79.0	477,384	75.4
2000	519,811	68.0	473,803	62.0
1990	252,831	33.2	206,790	27.1

출처: 교육부(2013),『2013 교육기본 통계 조사』

하지만 학부모들이 가진 교육열의 본질이 '교육을 통한 계층 상승'이었기 때문에 상급학교 진학과 관련해 과열 경쟁이 나타나고 교육이 왜곡되기 시작했다. 이러한 왜곡은 맨 처음에는 중학교 진학과 관련해 나타났고 정부에서는 1969년 서울 시내 중학교에서 시작하여 전국 중학교 입시에서 학군별 무시험 추첨 배정을 실시한다. 그리고 곧이어 1974년부터 서울과 부산을 시작하여 전국 대도시를 중심으로 고등학교 추첨 배정을 확대하기 시작했다. 그 결과, 중학교와 고등학교 단계에서의 입시경쟁은 완화되었지만 대학입시경쟁의 문턱을 넘어서지 못하고 있는 상황이다. 특별히 우리나라의 경우 특정한 몇몇 대학 출신들이 우리 사회의 요직을 차지하고 있는 상황에서 그 몇몇 대학에 입학하는 것이 향후 진로에 절대적으로 유리할 뿐 아니라 간판으로서도 유의미할 것이라는 학벌주의가 전국의 모든 대학들을 일렬로 세우는 대학서열체제를 형성하고 있다. 이러한 대학서열체제는 학벌파괴, 능력주의 등의 바람과 함께 미세하게 균열되는 면도 있지만, 갈수록 심화되는 수도권 집중화 현상, 그리고 갈수록 힘들어지는 취업난과 함께 인기 전공 집중 현상과 더불어 더 강화되는 추세를 보이고 있다.

사교육의 현황과 원인 그리고 문제점

이러한 한국 교육이 안고 있는 과도한 상급학교 입시경쟁체제의 모순이 극대화되어 나타난 것이 사교육 현상이다. 입시의 방법이 어떻게 변하든 주어진 교과의 내용을 한 번이라도 더 반복해서 익히는 것이 상급학교 진학에 절대 유리한 상황이기 때문에 부모의 경제력이 허용되는 범위 내에서 학교교육을 한 번 더 반복하거나 미리 학습시키기 때문이다. 그래서 사교육은 1970년에 이미 사회적 문제가 되었다. 당시는 주로 현직교사, 대학생, 일반인 등에 의한 개인과외가 주를 이루었는데 1970년 대 말 기준으로 초중고생의 17%, 일반계 고등학생의 26.6%가 과외수업을 받고 있는 것으로 나타났다. 이러한 과외수업에 투입된 비용은 3,275억 원으로 당시 교육부 예산의 30%에 해당하는 엄청난 액수였다.

이러한 과외열풍은 1980년 전두환 군사정부가 실시한 과외금지 조치로 어느 정도 잦아들게 된다. 하지만 이 조치가 사교육 근절을 위한 사회적 제반 여건 개선과 교육개혁과 함께한 것이 아닌 정치적 조치였기에 1991년에 초·중·고 학생의 방학기간 학원 수강이 허용되고, 1995년에 학기 중 학원 수강 허용으로 그리고 2000년 헌재에서 과외금지가 위헌으로 판결되면서 사교육 시장을 향한 족쇄는 완전히 풀려진다. 여기에 더하여 2000년 들어 특목고 입시와 영어 조기교육 열풍이 불면서 사교육은 중학교는 물론이고 초등학교, 심지어 유치원 단계까지 일상화된다. 사회적으로는 가족계획의 영향으로 1980년대생 이후 가정당 한두 명의 자녀만 둠으로 인해 사교육에 투자할 수 있는 재정적 여유가 생긴 것도 한 원인이라고 볼 수 있다.

이러한 사교육 참여의 증가는 가정의 경제 형편에 따라 그 격차가 클 수밖에 없기 때문에 이로 인한 교육의 형평성에 심각한 훼손을 가져오고 있다. 모든 아이들에게 동일한 교육기회를 제공하는 것이 근대 공교육의 매우 중요한 정신이라는 측면에서 볼 때 공교육의 근간을 흔드는 현상이라고도 볼 수 있다.

〈그림 1〉 가구소득 수준별 사교육비 및 참여율

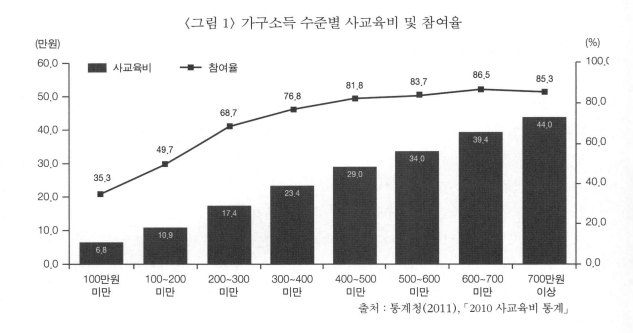

출처 : 통계청(2011), 「2010 사교육비 통계」

실제로 한국 교육은 해방 후 급격한 교육의 양적 성장 정책과 교육기회 확대를 통해 사회적 계층 이동을 촉진시켜 왔다. 그래서 한국은 부모의 사회경제적 지위가 자녀의 학업성취에 미치는 영향이 가장 낮은 국가로 평가되어 왔다. 하지만 최근 들어 부모의 사회경제적 지위가 교육을 통해 자녀에게 세습되는 교육양극화 현상이 급격히 증가하고 있다. 그리고 젊은 부모 계층과 학생들을 중심으로 교육을 받아도 사회적 계층 이동이 불가능하기 때문에 교육을 포기하려는 현상도 같이 나타나고 있다.

입시, 사교육 문제에 대한 한국 교회의 대응

한국의 공교육이 입시와 사교육으로 깊이 병들고 신음하고 있지만 이러한 병폐를 고치기 위한 기독교 내 노력들 역시 그 어느 분야보다 활발한 상황이다. 이 분야의 운동들은 기독성에 바탕을 두고 있지만 일반 교육계 내에서도 그 탁월성을 인정받아 중요한 대안세력으로 자리를 잡고 있다. 공교육 내부 개혁운동으로 '좋은교사운동', 입시와 사교육 문제를 해결하기 운동으로 '사교육걱정없는세상'과 '입시사교육바로세우기기독교운동', 저소득층 교육지원 사업으로 '대한민국교육봉사단' 등이 대표적인 운동들이다.

기독교사들의 연합모임인 '좋은교사운동'은 기독교사들의 소명을 깨우고 학교에서 아이들에게 복음을 전하는 사역으로부터 출발해서 교사들의 자기 혁신에 기반한 교육실천운동, 이념이나 이해관계를 넘어서 아이들 중심으로 교육본질에 기반한 비판과 대안을 제시하는 운동을 펼침으로써 이념과 이해관계로 분열된 교육계 내에서 합리적인 대안세력 역할을 해왔다. 최근 학교 현장의 내적 위기인 교실 수업의 붕괴, 학교폭력의 만연, 기초학습 부진에 대한 무책임, 은사와 재능에 따른 진로교육의 부재 등의 문제에 대해 성경의 원리와 기독교 전통에서 나온 지혜와 원리에 따른 실천 대안을 제시함으로 교육 현장의 많은 호응을 받고 있다.

'사교육걱정없는세상'은 '좋은교사운동'이 가지고 있던 정신과 문제의식을 바탕으로 교사를 넘어 모든 시민을 대상으로, 기독을 넘어 일반으로, 학교를 넘어 교육 전반으로 확장한 운동이다. '사교육걱정없는세상'은 우리 교육의 핵심 모순이라고 할 수 있는 대학입시 문제와 대학체제 문제 그리고 여기서 파생된 사교육 문제 해결을 위한 정책 연구 및 대안 생산 그리고 이와 관련된 시민들의 의식 개혁과 실천운동에 이르기까지 전방위적 활동을 활발히 펼쳐가고 있다. 그래서 '특목고 입시제도 개선' '선행교육 금지법' 등의 제도개선운동은 물론이고, '사교육 관련 잘못된 정보 개선' '학부모 교육' 등 의식개혁운동에서도 많은 성과를 거두었다. 이와 더불어 '입시사교육바로세우기기독교운동'(입사기)은 교회 내에 들어와 있는 입시 사교육과 관련된 잘못된 문화를 개혁하고, 입시 사교육에 대한 신앙적 대안과 의식개혁운동을 펼쳐왔다.

저소득층 학생들과 대학생 멘토링 사역을 통해 자신의 삶에 대한 꿈과 진로의식을 갖게 하는 대한민국교육봉사단 활동도 교육계의 주목을 받고 있다. 대한민국교육봉사단은 지역교회가 멘토링에 필요한 재정과 잘 훈련된 멘토를 제공해서 지역학교 내 불우한 처지에 있는 중학생들을 돕는 시스템으로 교회가 교육 양극화를 막고 공교육을 살려 나가는 모델로 자리 잡고 있다.

한국의 공교육은 양적 발전과 탁월한 학업 성취로 인해 세계적인 주목을 받고 있지만, 반면 입시와 사교육으로 대표되는 과잉경쟁으로 인해 아이들은 물론이고 온 국민이 신음하고 있다. 이 문제를 해결하기 정부가 수많은 개혁조치를 내놓고, 많은 학자들과 교육 관련 단체들이 대안을 내놓고 있지만 해결의 실마리를 찾지 못하고 있다. 하지만 최근 10-20년 사이에 기독교 신앙에 근거한 교육 단체들이 공교육의 본질 회복과 입시 사교육 문제 해결을 위한 제도적 실천적 대안을 제시하고 조금씩 변화의 열매를 만들어 감으로 한국 사회에 희망을 주고 있다. 한국 교회는 이러한 교육단체들의 성과들이 더 확산되고 한국 교육 전체를 바꾸는 운동이 될 수 있도록 지원함을 통해 한국 교육과 사회에 기여할 수 있을 것이다.

참고자료

강영택 외 4인, 『근대 공교육의 전개와 기독교』(좋은교사운동 출판부, 2014)

김진우, 『나와라 교육대통령』(좋은교사운동 출판부, 2012)

박상진 외 2인, 『하나님 앞에서 공부하는 아이』(좋은씨앗, 2011)

글쓴이	정병오 교사는 문래중학교에서 도덕을 가르치고 있으며, 현재 입시사교육바로세우기 기독교운동(입사기) 공동대표와 대한민국교육봉사단 공동대표를 맡고 있다.

06-4 교회학교의 갱신과 부흥 방향

"비황저곡"(備荒貯穀)이라는 말이 있다. 이 말은 흉년에 대비하여 곡식을 미리 저장해 두는 행위 혹은 그 곡식을 말한다. 영적인 흉년에 이미 접어든 한국 교회의 현실에서 우리에게 요구되는 시대적 과제가 바로 비황저곡이다. 흉년의 대표적 현상 두 가지는 소출의 양적 감소와 소출의 질적 악화이다.

한국 교회의 흉년의 시작은 당장 수적감소로 나타나고 있다. 첫째는 저출산으로 말미암는 자연적 인구 감소 때문이고, 둘째는 교회에 식상한 세대들이 교회를 등지고 떠나고 있기 때문이다. 여름성경학교가 없어지는 현상은 이미 수년 전부터 시작되었고, 근자에는 주일학교의 문을 닫는 교회들이 발생하고 있다. 이대로 간다면 미래학자 최윤식의 분석대로 향후 50년 이내에 한국 교인수는 400만에서 300만 정도로 줄어들지도 모른다.[1] 한국 교회에 대한 부정적 인식으로 인해 믿지 않는 사람들은 물론 그들의 자녀들이 교회에 들어오는 수가 말라가고 있고, 믿는 가정의 자녀들이 믿음을 이어받지 못한 채 그 몸으로 교회를 떠나고 있다.

한국 교회의 영적 흉년의 시작은 질적인 변화에서도 확인된다. 아이들이 몸으로 교회를 떠나는 이유는 마음이 떠났기 때문이다. 피리를 불어도 춤추지 않고, 슬피 울어도 가슴을 치지 아니하는 굳은 토양이 늘어나고 있다. 아이들의 1/4 이상은 결석을 하고, 1/2 이상은 지각을 한다. 중간고사나 기말고사가 있으면 1/3 이상은 학원에 가기 위해 교회를 제쳐놓는다. 교회학교 유치부에서 시작해서 고3이 되기 전까지 2/3가 교회를 떠난다는 말도 있다. 흉년이 되면 곡식이 영글지 못하고 쭉정이로 말라버린다. 쭉정이란 그럴 듯한 형태도 있고 껍질도 있지만, 그 속에 알맹이가 들어 있지 않은 곡식이나 과실 따위의 열매를 말한다. 우리 아이들이 내용도 영양가도 없는 외형적 종교인으로 굳어져 가고 있다.

현재 한국 교회 모습을 보면 십여 년 전 영국교회를 돌아본 충격이 자꾸 되살아난다. 그들의 선배 성도들은 그 후대들에게 문화재로 보존될 크고 훌륭한 예배당을 물려 주었지만, 그 안에서 예배할 믿음은 물려 주지 못했다. 그 예배당이 극장에서 술집이나 나이트클럽으로 전락되더니, 근자에는 무슬림들이나 이방 종교의 신전으로 팔리고 있다. 요즘 영국 젊은이들 가운데는 헤어드라이어로 머리를 말리며 하나님으로부터의 '독립'과 '자유'를 선포하는 탈세례(debaptizing) 의식이 유행하고 있다.

쭉정이의 반댓말은 알곡이다. 우리가 영적 흉년의 때를 대비하여 해야 할 것은 영적 흉년을 견디고 새로운 풍년을 이루어 낼 알곡 같은 다음 세대를 세우는 것이다. 그러기 위해서는 어떻게 해야 하는가? 흔한 경우 해결책은 문제 속에서 그 실마리를 감추고 있다. 한국 교회 영적인 풍년기에 우리가 놓친 문제, 우리의 문제의 핵심은 따로 놀기-분리에 있다. 지나간 영적인 풍년기 동안 우리는 많은 은혜를 경험하였고, 많은 축복도 누렸다. 그런 은혜와 축복이 다음 세대로 이어지지 못한 가장 본질적인 원인을 나는 "분리"라고 본다. 신앙과 교육이 따로 놀았고, 목회와 교육이 따로 놀았고, 가정과 교회가 따로 놀았고, 세대와 세대가 따로 놀았고, 말씀과 삶이 따로 놀았다. 그렇다면 그 분리를 통합으로 전환함으로써 우리의 다음 세대는 흉년기를 버텨 주고 새로운 풍년기를 이끌어 낼 알곡들로 설 수 있다. 교회학교의 갱신과 부흥을 위해 다섯 가지 시급한 통합 과제를 살펴본다.

교회학교의 갱신과 부흥을 위한 다섯 가지 과제

교회학교의 갱신과 부흥을 위한 시급한 다섯 가지 통합 과제는 무엇일까?

첫째로, 신앙과 교육의 통합이다.

2005년 미국의 크리스천 사회학자 두 사람이 3,300명의 복음주의 청소년들을 대상으로 심층 인터뷰를 하면서 복음주의교회에 다니는 청소년들의 신앙적 영적 삶을 분석하는 연구를 하였다.[2] 복음주의교회에서 기독교교육을 받고 있는 청소년들이 이해하고 있는 믿음은 놀랍게도 '도덕적 치유적 자연신 신앙'(moral therapeutic deism)으로 요약되었다. 풀어서 말한다면 신앙의 목표는 착한 사람이 되는 것이며, 우리 삶의 목적은 행복을 누리며 사는 것이고, 선하게 살기만 하면 천국에 가며, 하나님은 특별한 문제를 해결해야 할 필요가 있을 때 빼놓고는 우리의 삶에 개입할 필요가 없는 분이라는 것이다. 남의 이야기가 아니다.

우리 교육도 그리 다르지 않다. 교육의 초점은 사람에 있다. 원래 하나님이 지으신 그 사람으로 사람을 회복시키는 것이 교육의 목적이다. 사람의 회복은 십자가에서 피 흘려 죽으심으로 죄 값을 갚아 주시고, 다시 살아나심으로 그 안에 생명이 되시는 예수님을 자신의 구주와 주님으로 영접함으로써 시작된다. 예수님의 십자가는 신앙의 주제일 뿐 아니라 기독교교육의 핵심이다. 예수님의 십자가는 기독교교육이 시작되는 출발점이며, 하나님의 형상으로서의 인간으로 회복시키는 기독교교육의 목표가 되기 때문이다. 성경지식의 주입이나 기독교교리 습득에 두었던 그간의 교회교육의 초점을 이들이 알고 믿고 따를 예수 그리스도께 옮길 때 알곡 같은 그리스도의 제자를 키울 수 있다.

둘째로, 목회와 교육의 통합이다.

교육은 교회의 본질이며 목회의 본질이다. 이 둘은 분리되거나 양립될 수 없는 하나이다. 그러나 영적인 부흥기, 즉, 몰려드는 성인 교인들을 돌보기에도 시간적으로나 정신적으로 여유가 없었던 시기를 통과하면서 목회는 목사가, 교육은 평신도 지도자나 전도사가 하는 사역으로 분리되었다. 담임목사는 자신이 교회교육에서 최고, 최종, 최대의 교육가이다. 주일학교교육이 소견에 옳은 대로 가는 교육사사시대를 맞은 이유도, 그로 말미암아 주일학교가 황폐된 이유도 목회와 교육의 분리에서 야기되었다.

실상 목회자는 교사다. 에베소서 4장 11절에는 성도를 온전하게 세우기 위해 교회 안에 두신 은사와 직분들이 나온다. 거기에 목사와 교사가 나오는데, 원문에는 정관사 하나에 목사와 교사가 함께 걸려 있다. 즉, 목사라는 직분과 교사라는 두 개의 직분이 아니라 목사-교사, 교사를 위한 목사요, 목사적인 교사를 두셨다는 뜻이다. 목회를 교육적으로, 교육을 목회적으로 통합하는 가장 큰 책임은 담임목사에게 있다. 담임목사는 교회 교육 지도자들과 정기적으로 만나 교육의 방향을 점검하고, 교육사역을 보고 받고 사역을 조정하고 협의함으로써 목회와 교육을 통합하는 실질적인 지휘권을 발동해야 한다. 강단에서, 기도에서 교사들의 사명을 고취하고, 그들의 사역의 중요성을 인정하고, 온 공동체의 사랑으로 이들을 격려해야 한다. 주일학교 교사의 사기와 열정이 그 교회의 다음 세대 교육의 질을 결정하기 때문이다. 교구 담당 부목사가 있어야 하는 정도의 교회 크기라면, 비행장의 관제사처럼 교육 전반을 기획하고 감독할 전임 교회교육 디렉터를 두어 담임목사의 교육적 책무를 나눠 지게 해야 한다.

셋째로, 가정과 교회의 통합이다.

구약이든 신약이든 그 다음 세대에게 믿음을 물려 주는 1번지 통로는 가정이다. 부모는 다음 세대 양육의 1번지 책임과 특권과 기회를 가진 사람들이다. 그런데 우리는 어떤가? 따로 놀기를 하고 있다. 주일이면 가족들이 차를 타고 교회 주차장에 도착하지만 각자 다른 공간으로 흩어져, 각자 다른 메시지와 다른 찬양으로 예배하고는 정해진 시간 안에 주차장을 비워 주고 빨리 집으로 간다. 가족 간에 함께 나눌 영적인 화두도, 관심사도 없는 영적 이산가족이 되어 돌아가 뿔뿔이 제 삶을 살다가 주일에 또다시 교회로 돌아온다. 이것이 우리의 스토리가 끊어지게 된 가장 심각한 문제 중 하나이다.

교회에서의 교육은 가정에서의 교육과 통합되어야만 한다. 부모가 동원되지 않는 한 교회의 교육은 한 손으로 손뼉치기와 같다. 교회에서의 교육은 매우 중요하다. 교회는 믿지 않는 가정이나 믿음이 제대로 서지 못한 가정들의 자녀들에게 제2의 가정이며 제2의 부모 역할을 감당하기 때문이기도 하다. 그러나 더 중요한 것은 교회에서 가르쳐지는 바른 진리라는 에너지와 가정에서의 부모의 사랑이라는 에너지가 합성될 때 우리의 다음 세대는 건강한 믿음의 세대로 자랄 수 있다. 이것에 대해 레지 조이너는 이렇게 말한다.[3]

하나님과의 관계보다 중요한 것은 없다.

부모보다 아이가 하나님과의 관계에 더 큰 영향을 줄 수 있는 사람은 없다.

교회보다 부모에게 더 큰 영향을 줄 수 있는 기관은 없다.

교회가 부모와 손잡을 때 아이에 영향을 미치는 교회의 잠재력은 극대화된다.

부모가 교회와 손잡을 때 아이에 영향을 미치는 부모의 잠재력은 극대화된다.

넷째로, 세대와 세대의 통합이다.

제자들은 예수님과 아이들 사이에 서서 팔을 벌리고 막아섰다. 그러나 예수님은 팔을 벌려 아이들을 맞아 주셨다. 무슨 차이인가? 시각의 차이다. 제자들은 아무것도 아니고 아무것도 없고 아무것도 할 수 없는 아이들의 겉모습, 현재의 모습만 보았다. 그러나 예수님은 아이들 속에 있는 그 엄청난 가능성 - 하나님의 나라를 보셨다.

아이들은 우리의 미래다. 그것을 부인할 사람이 누가 있겠는가? 그러나 실제로 교회 안에서 일어나는 모습은 제자들의 모습이다. 아이들은 교회에서 언제나 잠재적 교인이고, 언제나 2등 교인이다. 이들은 어리다는 이유로, 이해하지 못한다는 이유로 공동체예배에서 제외된다. 유년부예배가 따로 있고, 고등부예배가 따로 있고, 장년부예배가 따로 있다. 존 웨스터호프가 지적한 대로 왜 신앙공동체가, 영적인 가족공동체가 지적인 발달단계에 따라 대상을 구분하여 가르치는 학교화되어야 하는가? 예배드리는 시간은 강의시간이 아니다. 하늘 가족들 모두가 아버지 앞에서 자신의 정체성, 영적 소속감, 하나님의 현존하심, 그를 향한 사랑의 표현, 그들을 향하신 하나님의 은혜를 함께 공유하는 시간이다. 예배시간은 가장 중요한 기독교교육의 핵심이다. 우리가 교육을 하는 이유가 무엇인가? 온 맘을 다해 하나님을 사랑하는 우리의 목표를 가르치는 것이다. 예배는 가장 중요한 기독교교육의 목표이자 가장 중요한 통로이기도 하다. 아이들은 이해할 수 없어도 느낄 수는 있다. 이 소중한 통로가 세대별로 차단된 우리의 현실 때문에 우리는 지금 영적 흉년을 맞이하고 있다는 것을 깊이 반성해야 한다. 아이들은 엄마 아빠 옆에서 함께 예배하며 보이지 않는 실재를 믿고 사랑하는 것이 무엇인지를 배운다.

다섯째로, 말씀과 삶의 통합이다.

성경은 성경이 정보(information)를 위해서가 아니라 변화(transformation)를 위한 책이라고 말한다. 그러나 우리는 지금껏 성경의 정보를 가르쳐 주는 것 그 자체가 목적이 된 교육을 해왔다. 성경의 권위와 소중함을 한 치도 양보하지 않는 신앙양심으로 나는 말한다. 기독교교육은 성경을 사람에게 가르치는 것이 아니고, 성경으로 사람을 가르치는 것이라고. 지금까지 우리는 아이들에게 성경을 어떻게 하면 효과적으로 가르칠까를 염려해 왔다. 무엇이 빠졌는가? 사람이 빠졌고 삶이 빠졌다. 예수님은 단 한 번도 "출애굽기 연구"식의 성경공부를 인도하신 적이 없다. 그분은 하나님의 말씀으로, 말씀 자체이신 자신의 계시로 사람을 가르치셨다. 그의 말씀을 듣고 믿음으로 반응하는 사람들은 하나님의 능력을 경험하였고, 그 인격과 삶이 변화되었다. 교육도 목회도 주어지는 정보가 아닌 나타나는 변화로 평가되어야 한다.

또한 교육은 전 생애 발달 단계와 발달 과제에 응답하도록 조정되어야 한다. 말씀이 삶과 괴리되지 않기 위해 우리 교회가 붙들고 가는 더 큰 그림은 생애사이클교육(Life Development Education)이다. 출생에서 노년에 이르기까지 사람들의 생애 속에 성화의 과정이 멈추지 않도록 도와야 한다. 마치 볼트와 너트가 맞아 돌아가듯, 말씀은 인생의 나선형 발달 단계에 따라 돌며 그들의 방향을 제시하고 인도해 가게 해 주어야 한다.

글을 맺으며 콥틱 크리스천들에게 주의를 환기시키고 싶다. 지난 1,600년간 계속된 무슬림들의 혹독한 핍박과 압제 속에서도 이집트에는 인구 1억 중 1천만 명의 크리스천이 그들의 믿음을 지켜 가고 있다. 어떻게 그럴 수 있었을까? 그들은 아기가 태어나면 세 가지 의식을 거행한다. 부모가 기독교식 이름을 지어 주고, 교회에 나와 유아세례를 받게 하고, 아기의 오른쪽 손목 안쪽에 십자가 문신을 새겨 넣는다. 평생 그 이름과 그 손목의 표시로 인해 얼마나 힘든 삶을 살게 될지를 뻔히 알면서도 그들의 부모들은 그렇게 해왔고, 그 자녀들도 그렇게 하고 있다. 하나님의 백성으로 사는 삶의 영광과 축복이 세상에서의 출세와 성공보다 훨씬 중요하다고 믿는 믿음 때문이다. 교사와 부모가, 교회와 가정이 협력하여 이런 믿음의 본을 보이며, 이런 믿음을 심어 줌으로써 우리 아이들을 흉년을 견디어 내고, 또 다른 부흥을 이루어 낼 주님의 알곡들로 키워야 한다. 정체성이 분명하고 삶의 목표와 기준이 확실한 알곡으로 키워야 한다.

주

1   최윤식, 『한국교회 미래지도』(생명의 말씀사, 2013), pp.39-43

2   Soul Searching, *Christian Smith & Melinad Denton*, Oxford University Press. 2005

3   레지 조이너, 김희수 옮김, 『싱크 오렌지』(디모데, 2009), p.89

| 글쓴이 | 양승헌 목사는 파이디온선교회를 설립하였고, 전 파이디온선교회 대표와 합동신학대학원 교수를 역임하였으며, 2002년 세대로교회를 개척하여 오늘에 이르고 있다. |

06-5 가정교육과 신앙의 세대 계승

인간의 인격의 거의 대부분은 유아기에 형성이 된다. 그렇기 때문에 유아교육이 강조되고 있으며 이때 가장 영향을 많이 미치는 기관은 가정이다. 부모는 자녀의 발달과 성장에 결정적인 역할을 하기 때문에 부모의 자녀와의 상호관계는 자녀의 성장과 발달에 핵심적인 요인이 된다. 그러나 2011년 여성가족부의 통계에 의하면 자녀가 하루 중 아버지와 갖는 대화시간은 30분 미만(42.1%), 어머니와의 대화시간은 30분에서 1시간 사이(45.2%)이다. 하루 중 한 시간이 채 되지 않는 짧은 대화시간은 부모와 자녀의 상호관계에 문제가 있음을 보여 주며 이는 가정에서의 온전한 교육의 부재를 의미한다(신승범, 2013).

가정은 개인의 성격과 태도의 형성에 있어서 가장 중요한 영향을 미칠 뿐만 아니라 자녀의 신앙교육을 위해서도 일차적으로 중요한 영향을 미치는 기관이다. 가정이 자녀의 신앙교육에 있어 매우 중요한 자리를 차지해 왔음은 성경의 역사와 기독교의 역사를 통해 알 수 있다. 그러나 오늘날 부모와 자녀의 대화의 부재로 일반교육이 낭패를 보고 있듯이, 기독교가정에서의 신앙교육의 모습 또한 찾아보기 힘들다. 부모와 자녀의 대화 부족으로 인한 신앙교육의 부재는 가정에서의 신앙의 세대 계승을 불가능하게 하고 있다.

이 문제를 해결하기 위해 기독교가정에서의 신앙교육의 부재의 원인에 대해 살펴보고 이에 대한 대안을 제시하고자 한다.

기독교 가정에서의 신앙교육의 부재의 원인

기독교 가정에서의 신앙교육의 부재는 현 시대의 특징과 교회에서의 언약백성에 대한 교육적 감독의 소홀이 그 원인이라고 볼 수 있다. 현 시대의 특징을 흔히 포스트모더니즘이라고 부른다. 먼저 포스트모더니즘에 대해 살펴보면 다음과 같다.

우리는 현 시대를 가리켜 포스트모더니즘이라고 부른다. 포스트모더니즘은 모더니즘에 대한 비판과 이에 대한 극복이라고 볼 수 있다. 모더니즘의 특징은 이성에 대한 절대적 신뢰로 인해 이성으로 인한 과학의 발달과 산업화가 인간에게 행복과 무한한 발전을 가져다 줄 것이라는 믿음을 가지고 있었다. 따라서 종교보다 도덕이나 윤리가 중시되고 계량과 계측의 엄밀한 방법론이 강조되었다. 모더니즘의 정신은 이성에 대한 절대적 신뢰로 인해 주지주의, 절대주의, 과학주의, 진보주의 성격을 띤다(전광식, 1994). 이에 반해 포스트모더니즘은 모더니즘의 상징이라고 볼 수 있는 이성의 절대성에서 벗어나 비합리주의 내지 탈합리주의, 동질성보다는 이질성, 일의성보다는 다의성, 단수성보다 복수성을 주장한다. 즉, 다양성과 상대성의 특징을 가진다.

이러한 특징을 지니는 포스트모던시대의 가정의 변화를 이규민(2013)은 랜드버그(Lendberg)의 "다가오는 세계변혁"(The coming world transformation)을 인용해 "소멸하기 직전 상황"에 직면하게 될 것이라고 서술하면서 오늘의 한국 사회를 DINK와 YIFFIE로 설명하고 있다. DINK는 Double Income, No Kid을 의미하며 YIFFIE는 Young, individualistic, freeminded, Few현상을 의미한다. 위의 현상이 보여 주듯이 오늘날 가정은 여러 측면에서 해체의 위기를 맞이하고 있다(맞벌이, 여러 종류의 가정-동성애부부, 한부모가정, 미혼모가정, 조손가정, 청소년이 가장인 가정, 결혼하지 않은 가정 등). 또한 모더니즘 시대에 가부장이 가졌던 권위는 포스트모더니즘시대에는 그 질서가 무너졌다고 볼 수 있다. 이러한 현상 속에서 가정에서의 자녀를 위한 신앙교육은 이루어지기 어렵다.

신앙의 세대 계승이 어려운 또 다른 이유는 교회에서의 언약백성에 대한 강조가 매우 약하다는 데 있다. 구약시대의 백성들과 언약을 맺으신 하나님께서는 언약의 징표로 난지 8일 만에 사내아이들에게 할례를 행하도록 하셨다. 이러한 구약시대의 전통은 신약시대에 와서 유아세례를 통해 그 맥을 이어가고 있다. 유아세례는 자녀가 아직 어리지만 자녀의 부모가 언약백성으로서 자신의 자녀가 성장하여 예수님을 구주로 영접할 수 있도록 하나님의 말씀으로 잘 양육하겠다고 하는 것을 교회의 온 회중과 하나님 앞에서 서약함으로써 이루어진다. 이러한 맥락에서 볼 때 유아세례는 그리스도인 부모들에게 유아세례에 대한 의미와 그 교육적 책임의 중요성을 인식시켜 주는 역할과 더불어 교회는 유아세례를 베풂과 동시에 그 부모가 자신의 자녀를 하나님의 말씀으로 잘 양육하고 있는지를 감독하고 교육해야 할 책임을 지닌다고 볼 수 있다. 이처럼 언약사상과 맥을 같이 하는 세례와 이를 위한 교육의 중요성은 교회의 역사에서 세례 예비자에 대한 교육을 통해 잘 드러나고 있다. 2세기 초엽, 이미 알렉산드리아(Alexandria)에서는 세례 예비자를 위한 교리문답학교(Catechetical School)가 설립되어 운영되었으며, 종교개혁기에는 유아세례를 받은 어린이가 입교할 수 있도록 어린이를 위한 교리문답서를 작성하여 교육을 시켰으며, 칼빈의 제네바 교리문답(Geneva Catechism)이나 웨스터민스터 요리문답(Westminster Catechism)을 비롯한 많은 교리문답이 어린이의 신앙교육을 위해 만들어졌다(J.E. Neve, 1971).

그러나 현실적으로 교회에서 유아세례를 받은 유아의 부모를 감독하며 교육하는 일은 잘 이루어진다고 볼 수 없다. 한 예로, 교회에서의 부모교육은 5월 가정의 달이나 특별한 일이 있을 때에만 일회적으로 이루어지고 있는 모습을 들 수 있다. 이러한 교회에서의 언약백성에 대한 교육적 감독의 소홀은 결국 가정에서의 부모의 자녀에 대한 신앙교육의 중요성에 대한 인식을 흐리게 하였으며, 신앙 전수를 위한 가정에서의 신앙교육의 부재를 초래하였다고 볼 수 있다.

기독교 가정에서의 신앙의 세대 전승을 위한 방안

그렇다면 기독교 가정에서 신앙의 세대 전승을 위한 방안은 무엇일까?

첫째로, 교회에서의 부모교육이다. 앞에서 포스트모던시대의 특징을 해체성, 다양성과 복수성 그리고 상대성이라고 살펴보았다. 이러한 특징이 낳는 결과는 동성애라든지, 결혼하지 않고 동거를 한다든지, 또는 절대성을 거부하는 것으로 여기에는 진리가 발을 붙일 수 없다. 따라서 하나님께서 제정해 주신 결혼제도에 대한 혼란을 가져오며, 한걸음 더 나아가 그리스도인이 이 세상에서 어떻게 살아야 하는지에 대한 가치관을 흔들어 놓는다. 따라서 성경의 교리를 부모들에게 가르치므로 부모들이 붙들어야 할 가치는 무엇인지에 대한 분명한 방향을 제시하고 부모가 먼저 그리스도인으로서 세상을 어떻게 바라보아야 할 것인지와 자녀에 대한 신앙교육의 중요성을 교육하는 것이 필요하다. 또한 부모가 되었으나 자녀를 어떻게 신앙적으로 가르쳐야 하는지를 잘 모르므로 교회에서 부모교육을 통해 부모됨이 무엇인지, 자녀는 어떠한 특성을 갖는지, 자녀가 무엇을 위해 살아야 할지, 이 시대에 자녀들의 마음을 사로잡는 것은 무엇인지, 그리스도인으로서 이 시대를 어떻게 살아야 할지를 교육함으로써 가정에서의 신앙교육을 위한 도움을 주는 것이 필요하다. 이러한 내용의 부모교육은 언약백성으로서 자신의 자녀를 하나님의 말씀으로 양육해야 할 중요성과 교육적 능력을 부모들에게 배양시키게 되며 언약백성에 대한 교회의 교육과 감독의 역할을 감당하는 일이다.

둘째로, 통합예배이다. 신앙의 세대 계승은 공동체에서의 예배를 통해 가장 잘 이루어진다고 볼 수 있다. 따라서 교회에서 부모와 자녀가 함께 예배드림으로써 세대 간의 공동체성을 갖고 말씀을 함께 공유함으로써 신앙의 세대 계승을 꾀할 수 있다. 이때 단순히 한 공간과 같은 시간에 예배드린다는 공동체성만을 강조할 것이 아니라 통합예배를 드리고 그 내용을 가정에서 함께 나눈다면 신앙의 세대 계승의 효과는 매우 클 것이다. 자녀의 연령이 매우 어리다면 설교의 말씀을 자녀가 얼마나 이해했는지를 묻고 모르는 부분은 쉽게 설명을 해 준다든지, 자녀와 함께 은혜 받은 부분을 나눈다든지, 생활에서 적용해야 할 부분은 무엇인지를 서로 나눈다면 통합예배를 통한 신앙의 세대 전승을 효과적으로 꾀할 수 있다.

셋째로, 가정예배이다. 하나님께서는 "사람의 독처하는 것이 좋지 못하니 내가 그를 위하여 돕는 배필을 지으리라"(창 2:18)고 하시면서 하와를 만드시고 인류 최초의 가정을 세워 주셨고, 인류의 첫 부모는 에덴동산을 거닐고 계셨던 하나님을 예배하였다(조엘 비키, 2002). 리차드 백스터는 그리스도인의 가정을 그리스도인들이 모여 이룬 교회로 하나님을 더 잘 예배하고 봉사하려는 목적을 가진 공동체로 보았으며, 청교도인 윌리엄 퍼킨스는 성도들의 가정을 '작은 교회'라고 불렀다(리랜드 라이큰, 2003). 가정은 하나님을 예배하는 것을 그 존재의 목적과 의의로 삼고 있다. 따라서 개인으로서만이 아니라 언약공동체의 일원으로서 가족이 함께 모여 하나님께 예배하는 것은 하나님께서 그 코에 생기를 불어넣어 만든 영적 인간이 마땅히 해야 할 일일 뿐만 아니라 신앙 전승을 위해 매우 중요한 일이다.

현대의 가정은 자녀는 자녀대로, 부모는 부모대로 서로 너무 바쁘고 다른 할 일이 많기 때문에 대화의 시간조차 30분에서 1시간 미만이다. 이 수치는 부모의 생각의 전수뿐만이 아니라 신앙의 세대 전수를 불가능하게 한다고 볼 수 있다. 그러나 하나님의 형상으로 지음 받은 영적 존재이며 가정을 통해 살아가야 하는 그리스도인 부모들은 하나님을 예배하는 것이 가정의 목적이라는 것을 기억하고 신앙의 세대 전수를 위해 최선을 다해야 한다. 가정예배는 언약을 지키시는 하나님께서 세대를 지나면서 그의 구속을 확장시키기 위하여 우리에게 주신 가장 능력 있는 것이다. 가정예배를 통해 우리의 자녀들이 살아계신 하나님을 예배하고 그와 교제하는 자리에 나아오게 된다.

참고자료

리랜드 라이큰, 김성웅 옮김, 『청교도-이 세상의 성자들』(서울: 생명의 말씀사, 2003)

신승범, "기독교교육의 장으로서의 가정의 재발견", 「복음과 신학」 제14집(평택대학교 피어선기념성경연구원, 2013), pp.185-206.

이규민, "세계화시대를 위한 기독교가정교육의 방향성", 「기독교교육논총」 제33집(한국장로교출판사, 2013), pp.145-173.

조엘 비키, 김준범 옮김, 『가정예배』(서울: 고려서원, 2002)

전광식, "포스트모더니즘에 대한 기독교세계관적 비판", 「통합연구」 제7권 2호(통합연구학회, 1994), pp.17-67.

Neve, J.E., 이장식 역, 『기독교교리사』(서울: 대한기독교서회, 1971)

| 글쓴이 | 정희영 교수는 총신대학교 유아교육과 교수이며, 한국기독교유아교육학회 회장이자 총신대부속유치원 원장이다. |

06-6 다음 세대를 위한 전략

‘다음 세대’를 앞장서 가는 한국 교회와 부모가 세상 사람들이 주목하는 만큼 구별된 모습을 보여 주지 못하고 있다. 그렇게 때문에 심각한 청소년 공동화 현상을 겪고 있다고 본다. 우리는 저학년으로 내려갈수록 주일학교의 비율이 감소하고 있다는 사실에 주목해야 한다. 교회가 다음 세대를 놓치면 아무것도 기대할 수 없다. 교회에서 다음 세대가 사라지면 한국의 미래도 없다. 지금부터 교회가 다음 세대를 위해 해야 할 사역을 체감해야 하고 점검해야 한다.

많은 교회가 다음 세대에 대한 목표와 비전을 가지고 있지만, 정작 다음 세대들은 교회가 자신들을 향한 비전이 있다는 것을 피부로 느끼지 못하고, 그저 교회는 장년들을 위하여 움직이고 있는 것으로만 느끼고 있다. 교회는 결코 표어 등을 통하여 다음 세대를 감동시킬 수 없다. 다음 세대 사역의 핵심은 관계이다. 예수님께서 이 땅에서 제자들과 함께 먹고 마시며 사역하신 것처럼 우리도 다음 세대와 뒹구는 사역을 할 때 다음 세대의 새로운 영적부흥을 경험하게 될 것이다.

다음 세대를 위한 전략

다음 세대를 위한 전략에는 무엇이 있을까?

첫째로, 관계를 통한 회복이 있다. 다음 세대 사역은 관계 회복이 첫걸음이다. "만나야 한다". 목적지향적인 만남은 감동이 없고, 감동 없는 만남은 변화가 없다. 그냥 편하게 만나야 한다. 집단적 만남이 아니라 개별적 만남이 의미가 있다. 직접적 만남을 대신할 그 어떤 목회적 도구도 없다. 나는 매주 아이들과 만남을 갖고, 아이들을 늘 가까이 했고, 항상 아이들 편에서 생각했다. 그러니 그 약발이 한 주간 정도는 남아서 출석율이 유지가 되고 출석율이 올라가는 현상이 나타났다. 그러면서 교회 청년부는 매달 40명씩 급속도로 늘어나 예배도 나눠 드리게 될 정도로 부흥했다.

그리고 관계를 맺으려면 먼저 자신의 진술한 모습을 보여 주어야 한다. 다음 세대의 신상명세를 외워야 한다. 그들의 생각을 끄집어낼 수 있는 좋은 질문을 해야 한다. 그들의 문화를 이해해야 한다. 이메일, 문자와 음성 서비스, 메신저, 전화, SNS 등으로 주중에 자주 연락해야 한다. 그리고 학생들의 행사에 기쁜 마음으로 참여해야 한다.

관계적 사역은 전 세대가 동일하다. 청소년 상담을 하다 보면 가장 큰 문제는 부모와 자녀 간의 소통이 막혀 있다는 것이다. 이처럼 교회에서도 사역자나 목사님과의 관계에서 소통이 막혀 있는 경우가 많다. "목사님, 우리와 딱 3분만 있어 주세요."라는 아이들의 소리를 듣지 못하고 일에 치우쳐 지나쳐 버리는 경우가 얼마나 많은지 모른다. 청소년이나 장년 모두 함께 시간을 갖고 관계를 형성하기 원한다. 24시간 쉼과 소통이 없는 교육 현장에서 쉼과 소통이 있는 관계로 패러다임을 바꾸어야 한다.

둘째로, 교육은 감동으로부터 시작하고 '진심'과 '지속'은 관계의 기본이다. 나는 초등학교 6학년 때 가족과 함께 도미했고, 목회자가 되어 다시 서울에서 청소년 사역을 감당했다. 교회 성도수는 2천 명을 넘었지만, 고등부 학생들은 40명 정도밖에 안 되었다. 그래서 창피함을 무릅쓰고 매일 아침 학교 앞에 서서 기가 죽어 등교하는 학생들과 하이파이브를 했다. 하교 때도 학교 앞에 서 있다가 학생들을 불러 모아 자장면과 떡볶이를 사 먹었다. 교회 나오라는 소리는 일절 하지 않고, 먹을 것만 사 먹이고 돌려보냈다. 그런데 학생들과 관계가 형성되니까 학생들이 스스로 교회를 나오기 시작했다. 그리고 주일

말씀도 집중해서 들었다.

예전에 섬기던 교회는 달동네에 있었는데, 상고에 다니던 한 여학생이 가난한 집안 형편 때문에 학교에서 교사에게 가난하다고 무시당하며 뺨까지 맞은 것을 고백했다. 나는 도저히 참을 수 없어서 교무실 문을 박차고 들어가 그 교사와 크게 싸웠고, 교사는 교장으로부터 책망을 들었다. 그후 그 여학생은 16장에 달하는 감사편지를 보내왔다. 그래서 가난하고 부모 없는 학생들 6명이 나를 '아빠'라고 불렀다. 또한 성적이 안 좋은 학생들에게 공부까지도 지도하면서 열심을 쏟았다. 그들이 다음 세대 사역의 기초가 되었다. 다음 세대의 모습을 그대로 응원하고 기뻐해 줄 수 있기를 기대한다.

호산나교회 부임 후 첫 대학부 집회 인사가 "너희들은 나의 꿈이야!"였으며 "담임목사는 너희의 빽"이라는 사실을 강조했다. 다음 세대를 키우는 교회가 되기 위해서는 먼저 청소년들과 젊은이들의 편이 되어 주어야 한다. 그들을 편을 들어 주고 그들을 따뜻하게 안아 주고 그들이 흔들릴 때 옆에 있어 주는 것이다. 다음 세대를 옆에서 응원해 주는, 다음 세대의 친구 같은 편안한 교회가 되어 주어야 한다.

셋째로, 아이들과 관계를 위해서는 돈과 시간의 희생이 있어야 한다. 아이들은 관계가 형성되고 마음에 감동이 있으면 언제든지 변화된다. 다음 세대 사역에 재정과 시간을 투자하고, 청소년 사역자를 길러 내야 한다. 그런데 사역자와 아이들이 관계 형성을 하려면 구체적인 희생이 있어야 한다. 헌신은 자신의 열심보다 희생이다. 헌신에는 '재정과 시간의 희생'이 필수다. 다음 세대 사역은 희생이 없이는 실패한다.

관계를 통한 사역

관계사역을 하기 시작하면 행복해지고 교회도 건강해진다. 목사의 설교도 새로워진다. 예수님도 철저하게 관계사역을 하셨다. 청소년 사역자들이 아이들과 가까이 해야 하는데, 그들은 교회에서 설교 준비만 하고 있다. 아이들과 함께해야 설교도 나오는 것이다. 한국 교회는 지금까지 아이들에게 말로만 사랑한다고 하고 우리의 꿈이라고 해왔다. 아이들을 목적 없이 만나서 관계를 맺어야 한다. 아이들은 무조건 관계 형성을 통해 인생이 변화된다. 지속적으로 만나야 한다. 비싼 어른 집회 한 번 덜 하고, 아이들 집회 한 번 더 하는 것이 훨씬 좋다.

또한 다음 세대들은 들으면 변한다. 그러나 듣기까지는 반드시 '관계 형성'의 과정이 전제되어야 한다. 듣기까지 관계 형성을 위해 목숨 걸어야 다음 세대를 살릴 수 있다. 들어도 잘 변하지 않는 기성세대보다 들으면 변하는 다음 세대를 향한 구체적인 사역방법이 필요하다.

다음 세대의 잘못을 보고 바로 "너 잘못됐어!"가 아니라 "그냥 난 네가 좋아!"라고 말해 보는 연습을 해야 한다. 다음 세대에게 친해지고 싶다고 자주 표현해야 한다.

사랑을 받고 자란 자녀는 다른 사람의 아픔과 기쁨에 공감한다. 공감한다는 것은 배려한다는 말이다. 이기적인 아이는 결코 사회에서 성공할 수 없다. 교회는 다음 세대에게 더불어 사는 법을 가르쳐 주어야 한다.

관계사역은 교회의 본질이다. 교회에서 행정적이고 재정적인 문제를 중요하게 다루는 당회 같은 현실이 다음 세대 사역에도 있다. 만나지 않고 일만 처리하면 시험에 들고 하나님을 향한 열정도 식게 된다. 관계와 만남을 통해서만 성도를 향한 사랑을 보여 줄 수 있고 하나님의 은혜를 경험할 수 있다. 그러므로 구체적인 사역의 열매들은 만남을 통해 이루어진다. 그것은 만나(출 16:31-36)의 은혜와 같다. 그래서 아무리 바빠도 꼭 심방해야 한다.

기독교적 세계관으로 가르치라

'다음 세대' 이것은 우리 교회만의 비전이 아니다. 다음 세대를 양육하고 그들에게 신앙을 전수하는 것은 하나님께서 모든 교회에게 주신 비전이다. 하나님은 교회들이 다음 세대를 양육하고 그들을 세워 가며 하나님의 사람으로 온전해지기를 소망하신다.

그런데 우리가 반드시 기억해야 할 사실은 자녀를 믿음의 사람, 하나님의 사람으로 온전히 서게 하려면 자녀에게 분명한 기독교적 세계관을 가르쳐야 하며, 부모가 먼저 무릎으로 기도하며 겸손과 인내를 보여야 한다는 것이다. 그래서 설령 자녀의 인생에 환란과 역경이 닥치더라도 꿋꿋이 이겨낼 수 있도록 교육하고 방향을 설정해야 한다.

간혹 부모들 중에는 공부에 은사가 없던 부모가 자녀에게 그것을 바라는 경우가 있다. 자신이 못 배운 것이나 자신이 하지 못했던 일을 자녀에게 이루고 싶어 하는 것이다. 그래서 초등학교 때부터 해외로 언어연수나 유학을 보내기도 하고, 부모가 하고 싶었던 일을 하라고 권한다. 옆집 아이가 하는 거라면 자기 자녀에게도 시켜야 직성이 풀리는 부모가 있다. 자녀가 다른 집 아이들처럼 하지 못하면 스스로 자신을 한심하게 여기거나 자녀에 대해 부모 노릇을 하지 못했다는 괜한 자괴감을 갖는다. 설령 그 부모 자신은 자신의 생각대로, 계획대로 다 살아왔다고 하더라도 자녀들도 그래야 한다는 것은 지나친 착각이다. 믿음의 부모라면 먼저 자녀를 믿음으로 주님께 맡겨 드려야 한다. 하나님은 사람마다 다른 은사와 달란트를 주셨다. 자녀에게도 주신 달란트가 반드시 공부가 전부가 아닐 수 있다. 그러므로 자녀를 세상적 방식으로 키울 것이 아니라 믿음의 부모라면 기독교적 세계관에 입각하여 심각하게 결단해야 한다. 하나님의 인도하심을 믿는다면 "자녀가 빈부귀천, 어떤 형편에 있든지 하나님이 자녀와 함께하신다.", "주님! 나는 세상적인 기준과 방식으로 자녀를 키우지 않겠습니다."라는 결단이 필요하다.

우리에게 주어진 과제는 다음 세대에게 '성경의 진리'를 제대로 가르치는 것이다. 성경을 배우지 않고는 어느 누구도 온전한 하나님의 사람으로 성장할 수 없기 때문이다. 온전해지지 않으면 선한 일을 행할 능력을 갖출 수 없다. 그러기에 성경을 듣고, 배우고, 묵상하며, 삶속에서 체질화시키는 일은 다음 세대를 세우는 데 있어서 가장 중요하면서도 시간을 요하는 작업이다. 우리는 이 일을 놓쳐서는 안 된다. 이것이 전제되지 않고는 다음 세대를 온전한 사람으로 세울 수 없기 때문이다.

다음 세대 사역은 사람이 한다

교회는 다음 세대를 위해 투자해야 한다. 여기서 투자란 영적 투자만 말하는 것이 아니라 실질적인 투자를 병행해야 한다. 시간과 물질을 투자해야 한다. 다음 세대와 관계를 맺고, 그들의 가슴속에 꿈과 비전을 심어 주는 일은 말로만 되는 것이 아니다. 시간과 물질을 들여서 사역하는 훈련을 해야 한다.

그리고 각 교회에서 청소년 사역자들을 양성해야 한다. 한 명의 사역자를 통해서 아이들은 변화된다. 다음 세대 사역자는 아이들을 좋아하는 사역자여야 한다. 차세대 사역은 아이들을 좋아하는 사역자를 통해 하나님이 역사하신다. 차세대 사역에 평생 부름을 받지 않았다 할지라도 다음 세대를 사랑하는 사역자를 선발해서 세워야 한다. 더 나아가 좋은 교사를 훈련해야 한다. 관계가 없는 가르침은 우이독경일 뿐이다. 평생 잊을 수 없는 교사가 되게 하라. 목숨을 바치는 뜨거운 열정이 학생을 감동시키고, 그들과 함께 뒹굴며 가르쳐라. 사람 앞이 아니라 하나님 앞에서, 예수의 심장으로 가르쳐라. 교사의 영성이 학생의 영혼을 좌우한다. 테크닉이 아닌 삶을 통해 가르쳐라. 학생들의 삶의 변화에 목숨을 거는 교사가 되라.

그러면서 차세대 교육 시스템을 갖추어야 한다. 교육목사의 위상을 세우고, 전문사역자를 양성해야 한다.

다음 세대, 모든 교회의 비전과 희망

이 시대는 말로만 다음 세대를 걱정하고, 생각으로만 중요하다고 여기는 리더가 아니라 시간과 마음을 쏟을 사람이 진정 필요하다. 주님의 위해 비전과 방향을 정해 달려간다면 이 세상을 뒤집어 놓을 수 있다고 격려하고 싶다. 주님과 하나님 나라를 위해 헌신하는 새벽이슬 같은 다음 세대를 위해 기꺼이 헌신할 사역자들이 나와야 한다. 그래야 다음 세대가 여기에 함께 응답할 것이다.

교회들이 키운 다음 세대가 10년, 20년이 지나서 우리나라 정계부터 교육계까지, 사회 각 영역에서 기독교적 세계관으로 섬기고 이끄는 꿈을 꾼다. 하나님의 사람으로 온전하게 된 다음 세대가 나라를 섬길 때 하나님의 공의와 사랑이 강물처럼 흐를 것을 기대하기 때문이다.

조만식 장로나 이승훈 선생, 이상재 선생처럼 민족을 변화시킬 지도자가 될 다음 세대를 세우는 일은 단회적 이벤트로는 불가능하다. 그렇기에 그들과 함께 많은 시간과 비전을 공유하고 땀과 눈물을 흘리며 동고동락해야 한다.

130년의 역사를 가진 한국 교회는 다음 세대를 다시 세우는 일에 전력을 다하고 있는지 점검해야 한다. 지금이라도 늦지 않았다. 더 이상 시기를 늦춘다면 다가오고 있는 미래를 잃게 될지도 모른다.

| 글쓴이 | 홍민기 대표는 브리지임팩트사역원 대표이며, 부산호산나교회 담임목사를 맡고 있다. |

07
기독교와
경제

07-1 기독교와 경제정의

오직 정의를 물 같이, 공의를 마르지 않는 강 같이 흐르게 할지어다.(암 5:24)

예수님은 이 땅에 오셔서 가난하고 소외된 이웃들의 친구가 되셨다. 자신의 힘으로는 인간으로서의 존엄성을 유지할 수 없었던 사람들을 긍휼히 여기시며 그들의 병을 고쳐 주셨고, 그들을 찾아가 그들의 필요를 채워 주는 것이 곧 예수님 자신에게 한 것이라 가르치셨다. 구원의 복음은 적용대상의 제한이 없지만, 이 땅에 계시는 동안 예수님의 따뜻한 관심과 시선은 항상 약한 자와 사회적으로 소외된 자들에게로 향해 있었다.

한국 교회는 이 땅에 소외된 이웃들과 경제적 약자들, 긴급 도움을 필요로 하는 자들에게 도움의 손길을 뻗어 왔다. 강도 만난 사마리아인들을 돌보는 마음으로 소외된 자들을 돌보는 일은 그 자체로써 매우 귀한 사역이다. 그러나 약하고 소외된 자들을 섬기는 사역은 강도 만난 사마리아인을 사후적으로 돌보는 데서 한걸음 더 나아가 그들이 강도를 만나지 않도록 예방하는 사전적 돌봄으로 확장될 필요가 있다. 한국 교회가 우리 사회의 경제정의와 구조적 요인에 대해 관심을 가져야 할 이유가 바로 여기에 있다.

건강하고 정의로운 경제란 무엇인가?

한 나라 경제의 궁극적 목적은 국민들의 먹고사는 문제를 해결하고 생활의 질을 높이는 데 있다. 그 목적을 효과적으로 뒷받침하는 경제가 건강한 경제이고, 정의로운 경제이다. 경제의 외형이 아무리 화려해도 국민들이 땀 흘린 대가를 제대로 받지 못하거나 극심한 생활고를 겪고 있는 사람들이 돌봄을 제대로 받지 못하다면 그 경제는 정의롭다고 말할 수 없다.

한 나라의 경제는 생산-분배-소비-투자-생산의 순환과정이 선순환을 이룰 때 경제 본래의 목적을 효과적으로 달성할 수 있다. 생산은 잘 되는데 그 과정에서 창출된 과실(한 나라 안에서 한 해 동안 새롭게 창출된 생산활동의 과실을 GDP라고 함)이 생산에 기여한 경제주체들에게 조화롭게 분배되지 않으면 구매력 약화로 인한 소비 감소로 이어지고, 이어 투자도 줄어 경제가 건강하고 정의로운 선순환을 이루지 못한다.

물론 기업의 입장에서 보면 국내 소비가 줄더라도 해외시장에서의 소비가 늘면 투자를 늘리고 생산을 증대할 수 있다. 그것이 수출주도형 경제성장 전략이고, 그동안 우리나라가 채택해 온 성장전략이다. 그러나 성장의 과실이 국민들에게 고루 분배되지 않을 경우 그러한 전략은 국민들의 삶의 질 향상이라는 경제의 궁극적 목적을 달성하는 데 실패했다고 볼 수 있다. 국가와 일부 수출대기업의 부는 갈수록 커지는데 상당수 국민들은 가난한 상태에 머무는 양극화 현상이 심화되고, 경제의 대외의존도가 높아져 해외요인에 의해 경제가 흔들리기 쉬운 취약성을 키우게 된다.

우리 경제의 현주소는 어떠한가?

우리나라의 경제는 2013년 기준으로 GDP 규모 면에서 세계 15위이고, 수출 규모에서는 세계 7위, 수입 규모에서는 세계 8위를 차지하고 있다(출처: 세계은행, 국제통화기금 IMF). 뿐만 아니라 세계적 기업으로 성장한 우리 기업들이 상당수 있어서 포브스가 2014년 5월 7일에 발표한 세계 2,000대 기업 명단에 65개 한국 기업이 이름을 올렸고,

한국의 대표적 기업인 삼성은 22위를 기록했다. 경제의 순환고리 중에서 '생산' 측면은 세계 어디에 내놓아도 당당할 수 있는 수준에 이르렀으며, 국민들이 해외에 나가면 피부로 느낄 수 있듯이 우리나라의 국력과 우리 기업의 세계적 위상은 국민들이 자부심을 가질 만하다.

그러나 화려한 국가 경제력과 세계적 기업들의 위상 변화 이면에는 부와 소득의 양극화라는 어두운 그림자가 길게 드리워져 있다. 우리나라의 부와 소득의 양극화는 1997년 외환위기 이후 갈수록 악화되어 왔다. 2013년 3월 기준 한국의 전체 가계자산에서 부동산이 차지하는 비중은 미국의 31.5%와 일본의 40.9%보다 훨씬 높은 67.8%를 차지하는데(출처: 통계청 가계금융조사), 토지보유 실태를 보면 면적 기준으로 상위 1%가 전체 사유지의 31%(상위 10%가 73%)를 소유하고 있으며, 토지가액 기준으로는 상위 1%가 22%(상위 10%가 56%)를 소유하고 있는 것으로 나타났다(국정브리핑 2014.7.29.). 주식의 소유편중은 부동산보다 더 심하다. 재벌닷컴의 분석에 따르면, 2013년 12월 24일 종가 기준으로 우리나라 상장사 상위 1% 주식부자들이 보유한 주식가치가 78조 원에 육박하는 것으로 나타났다. 이것은 우리나라 상장사 전체 주식가치의 62.6%를 차지한다. 주식보유자 상위 10%로 넓혀 보면 그들이 보유한 주식가치는 전체 주식가치의 92.9%를 차지한다.

한 해 동안 경제 주체들이 참여하여 새롭게 창출한 부가 각 경제 주체들에게 분배되는 현황은 어떠할까? 새롭게 창출된 부(GDP)는 다양한 경제 주체들에게 분배되는바, 노동을 제공한 근로자에게는 임금으로, 돈을 댄 투자자나 채권자에게는 배당이나 이자로, 부동산을 빌려 준 사람들에게는 임대료로 분배되고, 그중 일부는 미래투자를 위한 사내유보금으로 기업에 남겨진다. 분배 측면에서 나타나는 두드러진 특징은 근로자들에게 분배되는 임금소득의 비율이 갈수록 작아지고 있다는 점이다. 국민소득에서 임금소득이 차지하는 비중은 1996년 75.2%에서 2012년에는 63.7%까지 낮아졌다. 이런 결과는 1997년 외환위기 이후 지속적으로 가계소득 증가율이 국민소득 증가율에 미치지 못한 결과이다. 1985-1995년에는 국민소득 증가율이 8.9%이었을 때 가계소득 증가율도 8.6%로 비슷한 증가율을 보였으나, 1996-2007년에는 국민소득 증가율이 4.7%였으나 가계소득 증가율은 그에 못 미치는 3.7%에 머물렀다. 2008년 발생한 세계 금융위기 직후인 2010년에는 그 격차가 더 벌어져 국민소득 증가율이 6.2%였지만 가계소득 증가율은 3.2%에 그쳤다. 반면 기업에 분배되는 몫은 갈수록 커져서 1985-1995년에 7.1%였던 기업소득 증가율은 1996-2007년에는 8.1%로 국민소득 증가율을 웃돌았고, 2010년에는 11.2%로 국민소득 증가율을 크게 웃돌았다(한국은행, '국민계정-제도부문별 소득계정').

고소득층과 저소득층 간 소득 불평등 역시 갈수록 악화되고 있다. 통계청 자료에 따르면 소득 상위 10% 가구의 월평균 소득은 1990년 1분기에 약 210만 원이었던 것이 2014년 1분기에 약 1,063만 원으로 5.1배 정도 증가하였다. 반면, 같은 기간 소득 하위 10% 가구의 월평균 소득은 약 25만 원에서 약 90만 원으로 약 3.6배 증가하는데 그쳤다. 그 결과 소득 상위 10% 가구와 하위 10% 가구 간 소득격차는 같은 기간 8.5배에서 11.9배로 확대되었다(출처: 경향신문 2014.6.8). 소득 불평등 정도를 나타내는 대표적 지수인 지니계수(Gini coefficient)를 보더라도,[1] 도시가구만을 포함한 지니계수 값이 1990년 0.256에서 2001년 0.277로, 2013년에는 0.280으로 계속 악화되었다(전체가구를 포함한 지니계수 값은 2013년 기준 0.302). 또한 1990년부터 2010년까지 10년 동안 아시아 28개국의 지니계수 변화추이를 발표한 ADB(아시아개발은행)의 자료에 따르면, 우리나라 지니계수의 상승폭은 중국, 인도네시아, 라오스, 스리랑카에 이어 5번째로 빠르게 상승했다. 그만큼 빠르게 소득불평등이 심화되고 있다는 것이다(출처: 경향신문 2014.6.19. 참조).

저소득층 서민들의 삶은 매우 핍절한 상태에 놓여 있다. 그들의 소득은 생활비용을 충당하지 못해 빚으로 부족분을 메우고 있으나, 그나마 이자율이 낮은 제1금융권을 이용할 수 없어 이자율이 높은 제2금융권이나 대부업체 혹은 사채 등을 이용하고 있다. 그러다 보니 빚의 규모는 점차 늘어나고, 부채상환 부담 또한 지속적으로 증가하고 있다. 통계청 자료에 따르면 소득 하위 20%의 연소득 대비 부채비율은 2010년 143.1%에서 2011년 201.7%로 증가하여 가계가 매년 빚을 갚아나가는 부담이 갈수록 커지고 있다(출처: 통계청, '가계금융조사', 2011). 그들은 갑자기 목돈이라도 들어갈 일이 발생하면 한순간에 빈곤이나 신용불량자로 전락할 위험에 노출되어 있다고 볼 수 있다.

우리나라가 선진국이라고 하지만, 서민들의 핍절한 현실은 다른 선진국과 비교할 때 심각한 상황이다. 중위소득의 절반 수준에도 못 미치는 가구의 비율인 상대빈곤율은 우리나라가 12.1%로써 OECD 30개 국 중 6위에 해당하며, 65세 이상 노인의 상대빈곤율은 더 심각하여 2014년 기준 49%(OECD 평균은 13%)로써 OECD 회원국 가운데 1위를 차지하고 있다. 생활의 핍절함은 자살률로 이어져 2012년 기준 우리나라 전체 자살률은 10만 명당 29.1명으로 OECD 34개 국 중 1위(OECD 평균은 12.1명)이며, 65세 이상 노인의 자살률은 더 심각하여 2010년 기준 OECD 25개 국 평균 자살률 20.9명보다 4배에 가까운 80.3명으로 부끄러운 1위를 차지하고 있다.

경제불균형을 심화시키는 주요 메커니즘은 무엇인가?

이렇게 경제불균형을 심화시키는 메커니즘으로는 첫째로 불균형 경제성장 전략의 명과 암을 들 수 있다.

우리나라는 1960년대 경제개발을 추진하면서 성장 우선 정책과 불균형 성장전략을 추진하였다. 당시 자본이 절대적으로 부족한 상황에서 해외에서 차입해 온 자금을 소수의 기업에 집중적으로 지원함으로써 그들로 하여금 경제성장의 견인차 역할을 수행하도록 했다. 1971년 노벨경제학상을 수상한 쿠즈네츠(Kuznets)는 저개발국의 경우 불균형이 경제성장을 견인하는 반면, 어느 정도 경제성장이 이루어진 다음에는 오히려 경제성장을 저해한다는 역U자형 관계를 제시하였는데, 그의 이론에 따르면 경제발전 초기에 채택한 불균형 성장전략은 우리나라의 경제성장을 견인하는 데 긍정적 역할을 했다고 볼 수 있다.

그러나 문제는 현 시점에서 불균형 성장전략에 따른 재벌 중심의 경제구조가 우리 정치, 경제, 사회의 건강한 발전에 어두운 그림자를 드리우고 있다는 점이다. 불균형 성장전략이 내세운 낙수효과(trickling down effect) - 컵을 피라미드처럼 쌓아 놓고 맨 꼭대기의 컵에 물을 부으면 맨 위의 컵부터 차면서 자연스럽게 아래에 있는 컵들로 흘러내려가듯이 재벌 대기업 등 선도부문이 경제성장을 견인하면, 연관 산업을 통해 후발주자나 낙후된 부문으로 자연스럽게 유입되는 효과 - 는 실제 나타나지 않았고, 지금은 재벌계 대기업의 경제력 집중[2]과 소득의 양극화가 심화되는 현실에 직면해 있다.

재벌계 대기업의 경제력 집중은 중소기업들과의 불평등한 원·하청 관계로 이어져 중소기업들의 견실한 성장을 억제하고, 균형 잡힌 소득 분배를 제약하는 요인으로 작용해 왔다. 우리나라의 재벌계 대기업들이 부가가치를 창출하는 과정을 들여다보면 대부분 중소기업들에서 부품을 제공받거나 서비스를 제공받아 완제품을 시장에 공급하는 구조를 가지고 있는데, 불평등한 원·하청 관계에서 납품단가 삭감 등을 통해 경제성장의 열매를 재벌계 대기업이 독식하는 현상이 보편화되어 있다. 그러다 보니 하청업체들, 그중에서도 2차, 3차 하청업체들은 정규직보다 비정규직 직원들을 과다하게 채용하게 되고, 그러한 업체에 속한 근로자들의 임금소득은 크게 제약받을 수밖에 없다. 이것이 성장의 과실이 분배되는 채널에 심각한 병목현상이 발생하는 이유이다.

둘째로, 불완전 고용으로 심화되는 비정규직화를 들 수 있다.

2014년 처음 도입된 고용형태공시제는 상시 근로자 300인 이상 사업장이 근로자 고용형태를 공시하도록 하고 있는바, 시행 첫해인 올해 공시대상 기업 2천 947개 기업 중 2천 942개(99.8%) 기업이 자율적으로 공시한 기업들의 고용형태를 보면 전체 근로자 436만 4천 명 중 기간제와 파견·하도급·용역 등 소속 외 근로자(간접고용)는 87만 8천 명으로 20.1%를 차지했다. 그중 제조업(40만 명)과 건설업(16만 명)이 전체 간접고용의 64%를 차지하는 등 기간산업 분야의 간접고용이 두드러졌다. 제조업 중에는 조선(64.5%), 철강금속(37.8%) 업체의 간접고용 비율이 높았다(연합뉴스 2014.7.29.). 이처럼 정규직 대신 비정규직의 비중이 높아질수록 기업의 입장에서는 이윤을 키울 수 있겠지만, 비정규직화의 심화가 임금소득 분배율을 크게 낮춤으로써 소득의 양극화를 심화시키는 구조적 요인으로 작용하게 된다.

셋째로, 부당한 부의 이전 메커니즘을 들 수 있다.

불균형 성장전략에 따른 경제력 집중이 정상적 소득분배에 병목현상을 일으키는 구조적 요인이라면 부당한 부의 이전은 또 하나의 심각한 경제부정의이다. 노벨 경제학상 수상자 조셉 스티글리츠(Joseph E. Stiglitz)는 부자가 되는 비결이 두 가지 - 하나는 부를 창출하는 것이고, 다른 하나는 다른 사람들로부터 부를 빼앗아 갖는 부의 이전 - 임을 지적하면서 미국 상위 계층이 획득한 부의 태반은 부의 창출이 아니라 부의 이전에서 비롯된 것이라 지적하였다.[3] 이러한 현상은 우리 사회가 미국보다 더 하면 더 했지 결코 덜하지 않을 것이다. 우리 사회에서 부당하게 부를 이전시키는 대표적 메커니즘으로는 불균형한 부동산 소유구조에 따른 주택가격 및 임대료의 과도한 상승, 담합과 민관유착, 시장독과점과 기업주의 편법적 회사공금 빼돌리기 등이 있다.

주택가격 및 임대료의 과도한 상승은 집 없는 서민들의 소득을 과도하게 이전해 간다는 점에서 문제가 심각하다. 서민들의 가계소득은 늘지 않는데, 이미 크게 오른 집값은 너무 높고 임대료는 가파르게 상승하니 서민들의 생활에서 주거비 부담은 갈수록 악화되고 있다. 주택가격을 보면 소득 3분위(소득 하위 40%-60%)에 속한 중간층이 연간 평균저축으로 같은 중간층이 보유한 주택 중 평균가격에 해당하는 주택을 구입하는 데 약 27년이 걸리는 것으로 계산되었다(새로운 사회를 여는 연구원, 『분노의 숫자』(동녘, 2014)). 소득 2분위(소득 하위 20-40%)는 40년이 넘게 걸리고, 소득 1분위(소득 하위 20%)는 소득보다 지출이 많은 적자상태이기 때문에 계산이 무의미하다. 주택 임대료도 가파르게 올라 서민들의 주거안정을 크게 위협하고 있다. 2010-2012년 사이에 1인당 실질소득 평균 증가율이 8.6%였던 데 반해 같은 기간 전체 주택의 전세가 평균 상승률은 16.3%, 아파트 전세가 평균 상승률은 21.2%로 실질소득 증가율을 크게 웃돌았다. 유럽 선진국들은 전체 주택수의 20% 전후에 해당하는 공공임대주택을 서민들에게 공급함으로써 시장에서의 과도한 주택가격 및 임대료 상승에 따른 피해를 막아 주지만 우리나라는 민간주택 시장에 서민들을 방치함으로써 그들의 소득이 부동산 과다보유자들에게 이전되고 있는 것이다.

담합과 민관유착은 우리 사회의 고질병으로 자리 잡고 있다. 일례로 지난 2014년 7월 27일 공정거래위원회는 호남고속철도 건설공사 입찰 과정에서 담합한 28개 건설사에게 시정명령을 내리는 동시에, 과징금 4,355억 원을 부과하였다고 발표하였다. 이번에 적발된 입찰담합 규모는 3조 5,980억 원에 이르는 것으로 나타났다. 그런가 하면 지난 2010년에는 공정거래위원회가 6개 액화석유가스(LPG)회사의 가격담합을 적발하고 이들 회사들에게 6,690억 원의 과징금을 부과한 바 있다. 대형 국책사업을 추진할 때마다 입찰담합은 반복적으로 일어나고, 그로 인해 엄청난 국민의 혈세가 부당하게 담합한 업체들로 흘러들고 있으며, 민간영역에서의 담합도 시장경쟁을 무력화시키고 소비자의 부를 부당하게 이전해 간다.

관피아(관료+마피아)로 불리는 민관유착 또한 심각한 수준이다. 정부의 정책을 집행하거나 감독 기능을 수행하던 관료들이 퇴직 후 피감독기관이나 업체에 들어가 해당 기관이나 업체들이 불의한 이익을 챙길 수 있도록 뒷받침해 주고 그 대가로 직위와 급여를 보장받는다. 관피아의 사익추구행위의 공적인 대가는 정부 정책집행의 왜곡과 감독기능의 무력화로 나타난다. 2014년 4월 16일 발생한 세월호 참사를 통해서도 확인된 바와 같이 큰 사건 사고의 이면에는 관피아의 폐해가 도사리고 있다. 법원이나 검찰의 요직에서 근무했던 법조계 인사들이 퇴직 후 대형 법무법인에 들어가 과도하게 특별대우를 받는 것도 전관예우의 폐습을 통해 법의 집행이나 법적 판결에 음성적으로 영향을 미치는 데 따른 보답으로 받는 부당한 이득이다. 그러한 폐습이 법의 정의를 왜곡시켜 '유전무죄, 무전유죄'라는 불의한 법조계 토양을 만든다.

독과점과 불의한 기업 소유주의 회사공금 빼돌리기 또한 심각하다. 자유로운 시장경쟁을 가로막는 독과점은 해당 기업들이 경쟁가격보다 높은 독과점 가격을 통해 소비자들로부터 부당이익을 취하게 하는가 하면, 연구개발(R&D)에 대한 투자 비중을 낮춰 시장혁신을 떨어뜨림으로써 자본주의의 건강한 발전을 저해한다. 기업 소유주의 회사공금 빼돌리기도 우리 사회에 뿌리내린 불의한 부의 이전 메커니즘이다. 세월호 참사는 불의한 기업 소유주들이 어떻게 회사공금을 불법적, 편법적으로 빼돌리는지 그 단면을 생생하게 보여 주었다. 수사결과에 따르면, 세모그룹의 소유주였던 유병언 씨는 각종 명목으로 계열사 자금을 빼돌렸는데, 서류상 회사를 차려놓고 2010년부터 컨설팅비로 120억 원, 2008년부터 상표권 사용료 명목으로 98억 원을 빼돌렸다. 뿐만 아니라, 자신이 찍은 사진을 계열사들로 하여금 고가에 매입하게 하는 방식으로 446억 원을 챙겼다 (조선일보 2014.7.22). 이러다 보니 회사는 부실화되어 망해도 소유주는 부당하게 벌어들인 부를 누리는 불의한 현실이 우리 사회에 똬리를 틀고 있는 것이다.

경제정의를 향한 여정

한 국가의 경제가 발전하는 과정에서 모든 면이 문제없이 균형 있게 발전할 것을 기대하기는 어렵다. 발전단계마다 환경이 다르고 현안과제의 우선순위가 다르기 때문에 특정 시점에 가장 중요한 현안과제를 해결하다 보면 그 이면의 부작용이 누적되어 새로운 현안과제로 떠오르기 때문이다. 우리나라는 전쟁의 폐해 가운데서 경제를 일궈야 했기 때문에 성장에 우선순위를 둘 수밖에 없었고, 산업자본이 부족한 상황에서 경제성장을 이루기 위해 불균형 성장전략을 채택하는 것이 불가피했다고 볼 수 있다. 그리고 우리 사회의 부와 소득의 불균형과 경제 양극화는 그러한 선택의 결과라고 할 수 있다.

과거 불균형 성장전략에 기초한 성장우선정책의 불가피성을 인정하더라도, 현 시점에서 중요한 것은 우리 사회가 최우선적으로 해결해야 할 현안과제가 바뀌었다는 점을 인식하고, 정책의 우선순위를 바꾸어야 한다는 점이다. 그리고 우리 사회가 그러한 변화를 합리적으로 이뤄 낼 수 있는 역량을 갖춰야 한다는 점이다. 한 사회의 저력은 그 사회가 안고 있는 난제를 합리적 제도를 통해 풀어낼 수 있느냐에 달려 있다고 볼 수 있기 때문이다.

이미 앞에서 살펴본 바와 같이 우리 사회의 경제 불평등과 양극화는 심각한 상태에 있다. 스티글리츠 교수는 "불평등은 시장경제의 역동성, 효율성, 생산성을 모두 마비시키고, 이것이 다시 효율성과 무관한 분배구조를 고착화하며 파멸적인 악순환 고리를 형성해 사회 전체를 침몰시킨다"고 경고한다. 정치권도 우리 사회의 불평등과 양극화에 대한 국민들의 우려가 임계점에 이르렀다는 점을 인식하고 있다. 그렇기 때문에 2012년 말 대통령 선거에서는 여당이든 야당이든 공히 경제민주화를 내세워 유권자의 표를 얻고자 했다. 그러나 대통령 선거가 끝나고 경제민주화를 추진하려는 정책기조 전환의지는 사라져 버렸다. 합리적 정책선택 과정에 의해 정책기조가 결정된다면 당연히 최우선순위에 올라와야 할 경제민주화 정책이 기존 정책기조 하에서 형성되어 고착화된 기득권 세력의 거센 반대에 부딪혀 실종된 것이다.

우리 사회가 이제는 성장 우선 정책에 대한 집착에서 벗어나 성장과 분배가 수레의 두 바퀴가 되어 균형적인 발전을 이끌어 갈 수 있도록 경제정책의 패러다임을 바꾸어야 할 때이다. 경제성장의 과실이 중소기업들의 수익성 증대와 좋은 일자리 증대를 통한 가계소득 증대로 연결되고, 그것이 다시 소비의 증대로 이어져 기업의 생산활동을 견인하는 선순환이 이루어질 수 있도록 경제구조와 분배 메커니즘을 새롭게 짜야 한다. 대기업과 중소기업들 사이에 먹이사슬처럼 몇 단계로 엮여져 있는 불공정한 원·하청 계약 관계를 청산함으로써 수출대기업의 이익이 중소 협력업체들에게도 적정하게 흘러들어 가고, 중소협력업체에서 근무하는 근로자들의 가계소득으로까지 연결될 수 있도록 해야 한다. 비용절감을 위해 정규직을 줄이고 비정규직을 늘리는 기업들의 불완전고용을 해소함으로써 동일한 일을 하고도 단지 비정규직이라는 이유 때문에 터무니없이 낮은 임금을 받는 불공정을 해소해야 한다. 이러한 구조적 문제를 해결하기 위해 기독교가 관심을 기울여야 한다.

주

1   0부터 1 사이의 값을 갖는 지니계수의 값이 작을수록 그 사회의 소득분배 상태가 양호함을 나타내고 그 값이 클수록 소득불균형이 심각함을 나타낸다.

2   국가 자산에서 재벌그룹 자산이 차지하는 비중이 2012년 말 기준 57.37%에 이른다. 2001년에 그 비율이 46%였던 것에 비하면 재벌의 경제력 집중도는 갈수록 심해지고 있다(경제개혁연구소, '재벌 및 대기업으로의 경제력 집중과 동태적 변화분석' 보고서, 2014). 한국거래소와 재벌닷컴 등에 따르면 총수가 있는 자산순위 10대 그룹의 올 상반기 영업이익이 상장사 전체 영업이익의 70%를 넘어섰는데, 특히 삼성과 현대자동차 2개 그룹의 영업이익이 전체 상장사의 50%를 돌파했다.

3   조셉 스티글리츠, 이순희 역,『불평등의 대가: 분열된 사회는 왜 위험한가』(열린책들, 2013)

| 글쓴이 | 양혁승 교수는 연세대학교에서 경영학을 가르치고 있으며, 교수평의회 의장을 맡고 있다. |

07-2 기독교와 기업경영[1]

기업경영을 기독교적으로 어떻게 이해할 것인가는 기업의 이해와 경영의 이해로 구분하여 설명할 수 있다. 기업은 실체이고 경영은 그 실체를 움직이는 과정이어서 서로 분리될 수는 없지만 구분되어야 한다. 기업을 경제적 기관으로 이해하는 방식과 사회적 기관으로 이해하는 방식 중, 본 글은 후자의 관점에서 접근한다. 지난 100여 년 이상 경영은 인적 가치 창출(human 'value creation')과 인간 가치 창출('human value' creation) 관점의 지난한 갈등의 역사라고 할 수 있다. 이 중 필자는 후자의 관점에 기반하여 논의한다. 경영을 철학적 기반(philosophical base)에 따라 바람직한 성과(performance) 추구를 위해 목적(purpose), 과정(process) 및 사람(people)의 상호작용으로 이해하고, 이 각각의 구성요소들의 상반된 입장들에 대해 논의한다.

기업이란 무엇인가?

'기업이라는 실체(entity)는 무엇인가'라는 질문은 여러 의미들을 담고 있기 때문에 답하기가 매우 까다롭다. 이 질문과 연계해서 역사적 의미, 기업의 본질 그리고 사회에서의 위치 등의 내용을 살펴보는 것이 필요하다. 우선 역사적 의미는 무엇인가? 기업은 단순히 우리의 삶을 영위해 가는 데 필요한 재화와 서비스의 제공이라는 우리의 필요에 응답하기 위해 존재한다는 측면이 있다. 그러나 기독교적으로 보면 여기에 그치지 않고 신칼뱅주의의 관점에서 보면 역사적 분화(differentiation)의 과정으로 이해할 필요가 있다. 즉, 하나님의 문화적 명령에 순종하며 반응하는 존재로서의 인간이 피조세계에 숨겨진 잠재력을 개발하고 발현하는 과정 속에서 더 효과적으로 반응하는 실체로서의 기업출현을 생각해 볼 수 있다.

그러면 기업의 본질은 무엇인가? 이 질문에 대해 간단히 두 개의 극단적인 입장으로 대별하여 비교하는 경향이 있다. 한 가지 관점은 기업을 경제적 기관(economic institution)으로 이해하는 것이고, 다른 관점은 사회적 기관(social institution)으로 이해하는 방식이다. 전자는 밀턴 프리드먼 등의 신고전주의 경제학 관점에서 주로 기업을 이해하는 방식인데, 기업을 제품과 서비스를 제공하면서 이윤을 추구하는 실체로 이해하고, 고용을 하고 세금을 내고 이자를 갚은 것으로 할 일을 다 하는 것이라고 이해한다. 여기에다가 사회적 책임을 지워 더 부과하는 것은 기업의 역할을 넘어서는 것이라고 본다. 따라서 기업의 구성원과 그 속의 활동들이 이 맥락에서 이해되어야 한다고 본다. 반면, 사회적 기관으로 파악하는 관점은 기업은 사회 속의 실체이기 때문에 기업활동 자체가 매우 포괄적인 삶의 양상이 다 포함되는 것이어서 매우 풍성하다는 것이다. 즉, 경제적 양상만 존재하지 않고 사회적, 법적, 정치적, 윤리적 측면들이 다 포함된 종합적인 삶의 영역이라는 것이다. 따라서 구성원들을 관리하는 것이나 활동 자체가 광범위하고 포괄적이다.

세 번째 질문으로 '기업이 사회에서 차지하는 위치는 어떠한가?'이다 원론적인 답으로 기업은 기업의 위치를 지키는 것이 중요하다. 요즘 가끔씩 한국에서 기업을 시장과 구분시키지 않고 시장논리로 기업을 관리하여 구성원들끼리 경쟁시켜서 잘하면 연봉을 높이고 못하면 퇴출시키는 제도를 도입하는 경향이 있다. 이것이 정답이고 이것 외에는 길이 없다고 생각하는 사람들도 있다. 그러나 이것은 기업을 시장과 구분시키지 못하는 오류를 범하는 것이다. 역으로 기업을 다른 영역보다 우위에 있다는 관점에서 다른 영역을 지배하려는 경향도 바르지 못하다. 이것은 다른 영역을 기업으로부터 구분시키지 못하고 기업지배적 패러다임을 갖게 하는 오류가 있다. 그러나 기업, 시장, 대학, 정부 등의 사회적 기관은 각각의 고유한 기능과 역할이 존재한다. 그래서 중요한 것은 기업을 기업의 위치에 갖다 놓는 것이 중요하다.

경영의 구조와 방향

경영의 이해를 위해서는 경영의 구조와 경영의 방향을 구분하여 설명할 필요가 있다. 경영의 구조란 경영이 무엇이며 어떤 요소로 구성되어 있느냐에 대한 것이다. 경영의 정의와 구성요소에 대한 입장은 다양하나 본 글에서는 경영을 바람직한 성과(performance) 추구를 위해 목적(purpose), 과정(process) 및 사람(people)의 상호작용으로 이해하고자 한다. 그래서 경영의 구조는 목적, 과정, 사람 그리고 성과 등이다. 여기에다 철학적 기반(philosophical base)과 여기에 따라 도출되는 원리(principle)는 경영의 방향을 결정하는 것이다.

경영의 구조라고 볼 수 있는 네 가지 P의 각각에 대해 매우 상반된 입장이 존재한다. 성과(performance)의 경우 큰 논점 중 하나는 성과가 단일차원인가, 아니면 다차원성(multidimensionality)을 갖는가의 문제이다. 단일차원을 주장하는 입장은 이익극대화, 효용극대화 등을 제1목적으로 놓고 그것이 성과지표가 되어야 하고 다른 것은 부차적으로 돌리거나 중요시 하지 않는 것을 말한다. 그러나 다차원성을 인정하게 되면 재무적 이익, 고객만족, 직원의 행복 등 다양한 이해관계자의 성과를 병렬해 놓고 결과의 분배를 논의해야 하므로 이것은 매우 다른 시사점을 제공한다.

목적(purpose)의 경우도 성과와 매우 비슷한 논의가 있다. 이윤 추구 등과 같이 목적을 협의로 정해 놓고 사람을 수단화할 수도 있고, 목적 자체를 보다 더 고상한 차원에서 정리할 수도 있다. 사회적 기관으로 보는 입장에서는 대개 제품과 서비스 창출을 통해 가치 창출을 하여 인류의 삶을 보존하고 향상시키는 목적에 정렬시키는 경향이 있다.

과정(process)은 목적을 이루어 가는 제반 수단적 절차를 말한다. 제도를 도입하고, 의사결정을 하며, 수립된 전략을 수행하는 등 다양한 목적 성취의 활동으로 구성된다. 과정의 경우, 방향을 결정하는 철학적 기반과 원리에 따라 매우 상반된 모습을 보이게 된다. 일사분란한 기계적이고 계층적인 절차를 가질 수도 있고, 개방적이고 유기적인 절차를 갖기도 한다.

[그림 1] 경영의 구조와 방향

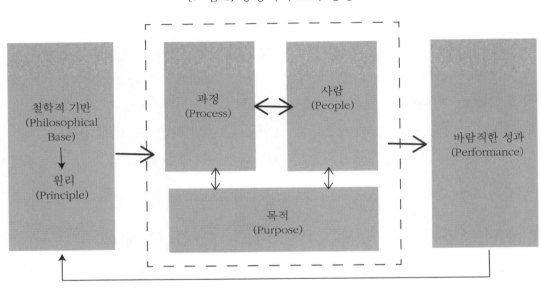

자료: 배종석(2013)의 "인적 '가치창출'과 '인간가치' 창출: 경영의 철학적 기반"(경영학연구, 42(2), p.577)을 수정 보완한 것임.

사람(people)의 경우도 다양한 이슈가 있는데, 주체와 객체 사이에서의 갈등, 주체성을 인정하면서도 연대성을 얼마나 줄 것인가의 문제 그리고 개인과 전체의 관계성 등 다양한 이슈가 존재하며, 이런 이슈들도 앞서 설명한 기업의 이해와 경영의 방향에 따라 매우 상이하게 존재할 수 있다.

경영의 방향은 철학적 기반과 원리가 결정한다. 지난 100여 년 이상 경영학의 역사 속에서 철학적 기반에는 인적 가치 창출(human 'value creation') 과 인간 가치 창출('human value' creation)이라는 두 관점이 존재해 왔고, 이 두 관점의 지난한 갈등이 있어 왔다. 전자는 가치 창출을 위해 사람을 수단화하는 경향을 갖는 반면, 후자는 사람이 가진 본질적 가치를 향상시키는 맥락에서 경영을 수행하는 관점이다. 이런 철학적 기반에 따라서 경영에 적용되는 핵심원리를 도출할 수도 있겠다. 전자의 관점에서 강조하는 것은 경쟁을 통한 창조, 책임에서의 효율성, 형평성을 강조하는 공의 등이 포함될 것이다. 그러나 후자의 관점에서는 [그림 2]에서 보여 주는 핵심원리가 균형 있게 포괄적으로 적용될 것이다. [그림 2]의 핵심원리는 기독경영연구원에서 만든 것인데, 성경에서 도출한 경영을 위한 핵심원리이며, 각 핵심원리의 영어 이니셜을 따서 JusT ABC 원리라고 부른다.

[그림 2] 경영의 핵심원리: JusT ABC

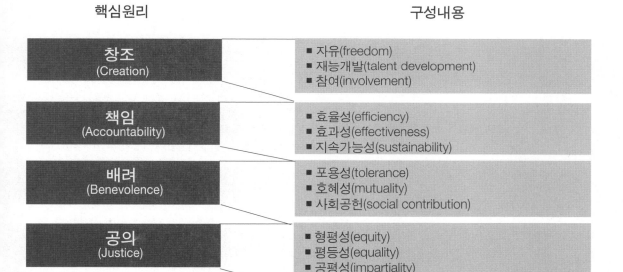

자료: 배종석, 박철, 황호찬, 한정화, 『기독경영 JusT ABC』 (예영, 2010), p.49.

결론적으로 기독교적 관점에서의 기업경영은 결국 하나님 나라의 가치와 성경적 원리에 기반한 경영일 것이다. 기업은 하나님의 문화명령에 순종하는 우리 시대의 대표적인 사회적 기관이며, 이런 바른 기업관에 기반하면서 경영의 구조적 측면을 바른 방향 하에서 수행해 가는 것을 기독경영이라 부를 수 있을 것이다.

주

1   본 글은 배종석·박철·황호찬·한정화의 『기독경영 JusT ABC』(예영, 2010)과 배종석(2013)의 "인 적 '가치 창출'과 '인간 가치' 창출: 경영의 철학적 기반"(경영학연구, 42(2): 573-609)을 기반으로 작성한 것임을 밝혀 둔다.

참고자료

리처드 츄닝·존 애비 저, 안동규·한정화 옮김, 『신앙의 눈으로 본 경영』(한국기독교대학협의회·한국 기독학생회출판부, 1995)

배종석·박철·황호찬·한정화, 『기독경영 JusT ABC』(예영, 2010)

배종석·양혁승·류지성, 『건강한 교회, 이렇게 세운다』(IVP, 2008)

배종석·신기형·황호찬·김승욱·임성빈·한정화·주우진, 『기업이란 무엇인가: 그리스도인의 기업이해』 (예영, 2006).

신기형, 『기업윤리: 언약적 해석과 계약적 해석을 중심으로』(한들, 1998)

글쓴이   배종석 교수는 현재 고려대학교 경영학과 교수로 재직 중이며, 사단법인 기독경영 연구원 원장이다.

07-3 수쿠크법, 어떻게 이해해야 하나?

┃ 수쿠크란 이슬람 금융상품으로서 이 세상에 존재하는 수만 가지 금융상품 중 하나에
불과하다. 수쿠크법은 이 수쿠크라는 금융상품에는 단 한 푼의 세금도 매기지 않도
록 면세혜택을 주는 특혜법을 지칭하는 용어로 통상 사용되고 있다. 즉, 2009년 정부 발
의 법안으로 국회에 제출된 조세특례제한법 개정안으로서 21조 등 새 조항을 신설하여
일명 이슬람 채권이라 불리는 수쿠크에 대해서는 모든 국세와 지방세를 면세해 준다는
내용이었다.

수쿠크법의 탄생배경은 무엇인가

우선 이 수쿠크법의 사회적·경제적 문제점을 지적하기 전에 수쿠크라는 금융상품의
탄생배경을 살펴볼 필요가 있다. 수쿠크는 무슬림 형제단을 중심으로 한 이슬람 원리주
의자들이 지향하는 '전 세계가 알라의 것이 될 때까지 거룩한 전쟁을 수행한다'는 지하
드의 한 형태인 금융지하드의 일환으로 고안되었다.

9·11 테러 이후 말레이시아의 마하티르 전 총리 등을 비롯한 일부 무슬림들을 중심으

로 자성의 움직임이 일어났다. 9·11 테러와 같은 방식의 지하드는 하급전술이라는 것이다. 왜냐하면 고비용일뿐 아니라 자신들의 희생도 크고, 무엇보다 전 세계에 경각심을 고취시켜 자신들의 일거수일투족을 경계하고 감시하게 만듦으로써 일하기 힘들어졌다는 것이었다. 이들은 희생도 없고, 경계나 감시도 받지 않고, 오히려 수익을 창출할 수 있는 새로운 상급전술의 일환으로 금융 지하드로의 전환을 도모하게 되었고, 그 방편의 하나로 수쿠크에 착안하게 되었다.

수쿠크란 금융상품을 급속도로 유통시키고, 천문학적인 수익을 창출하고, 이를 통해 이슬람 포교와 테러 자금을 조달할 뿐 아니라 이슬람 율법에 따라 운영하게 되어 있는 수쿠크의 특성상 수쿠크 자금으로 온 세계를 알라의 지배 하에 두겠다는 계획이 수쿠크를 이용한 금융 지하드의 골자이다. 그리고 그들은 이 금융 지하드의 동아시아 교두보로 한국을 지목했다. 중국은 엄청난 인구를 가진 좋은 시장이기는 하나 종교활동을 엄격히 통제할 뿐 아니라 무슬림과 테러에 대해서는 항상 즉각적으로 초강경 대처를 해 왔기 때문에 교두보로 적합지 않다는 것이다. 예를 들면, 신장 위구르 지역에서 무슬림 몇 명에 의한 테러가 있었을 때 중국 정부는 특전사단을 보내 즉각 사살해 버렸다. 일본 역시 타민족에 대한 배타적인 국민의식 때문에 무슬림의 접근이 워낙 용이하지 않은데다, 일찌감치 마호메드의 신상에 대한 숨겨진 일화들을 저술한 일본 소설가를 무슬림들이 알라를 모욕한 죄로 무슬림들이 처참하게 공개 테러하면서 많은 일본 국민들은 무슬림에 대한 공포심을 가지고 있는 상황이다. 결국 중국과 일본은 접근이 어려운 반면 한국은 글로벌 코리아에 걸맞게 산업근로자, 유학생, 이민자 등 모든 면에서 무슬림에게 열려 있을 뿐 아니라 금융시장 역시 전 세계에서 가장 활발하고 규모가 큰 자본시장 중의 하나이다 보니 수쿠크를 이용한 금융 지하드의 매력적인 교두보로서 조건을 두루 갖춘 셈이다.

수쿠크법의 경제적·사회적 문제점은 무엇인가

우선 수쿠크법의 경제적·사회적 문제점을 살펴보면 다음과 같다.

첫째로, 공평과세를 무너뜨린다.

면세혜택을 주는 근거로 정부는 이자수취를 금지하는 코란의 규정을 지키기 위해 수쿠크는 다른 채권과 달리 이자의 형태가 아닌 임대료, 양도차익, 인건비 등의 형태로 수익을 지급하기 때문에 이자소득에 대한 비과세하는 다른 외화표시 채권과의 형평성을 맞추기 위해 수쿠크가 지급하는 임대료, 양도차익, 인건비 등을 모두 면세하겠다는 것이다. 우선 채권이란 실물거래 없이 이자소득만 지급하는 것인데, 수쿠크는 이름은 채권이라고 주장하면서 실물거래를 반드시 수반하게 되어 있어 다른 나라의 경우 이를 채권으로 보지 않고 신탁으로 보기도 한다. 과연 수쿠크를 채권으로 간주하여 임대료, 양도차익, 인건비 등을 이자로 간주해 면세하는 것이 타당하냐는 문제가 제기된다.

결과적으로는 실물거래에 대한 일체의 면세가 되기 때문에 국세와 지방세 일체를 납부하는 다른 자금, 즉 수쿠크가 아닌 모든 자금, 미국, 유럽, 중국, 일본 등의 외국자금과 모든 국내자금에 비해 과도한 특혜가 된다. 즉, 우리나라 자금이나 다른 나라 자금으로 땅 사고 집 사고 주식 사면 취득세, 등록세, 양도세 등 모든 세금을 내는데, 수쿠크로 땅 사고 집 사고 주식 사면 이 모든 세금을 한 푼도 내지 않게 되는 형평성의 문제가 발생하게 된다.

둘째로, 수쿠크가 우리 경제를 블랙홀처럼 빨아들일 가능성을 배제할 수 없다.

다른 자금으로 거래하는 것보다 수쿠크를 이용해 거래하는 것이 이처럼 과도한 혜택을 누린다면 점점 수쿠크를 이용하려는 비율이 높아지게 되고 이슬람 율법에 따라 자금을 운용해야 하는 수쿠크의 특성상 우리 경제가 이슬람 율법의 영향권 하에 놓일 가능성이 높다. 뿐만 아니라 수쿠크는 세금을 부과하지 않기 때문에 대한민국 정부의 세수, 즉 재정수입은 줄어드는 반면 온 세계가 알라의 것이 될 때까지 거룩한 전쟁을 한다는 지하디스트들의 수입은 눈덩이처럼 불어나는 결과를 초래하게 되는 것이다.

셋째로, 대한민국을 불법, 탈법, 범죄의 온상으로 전락시킬 가능성이 농후하다.

수쿠크는 이슬람 율법에 의해 하왈라라는 송금방식을 사용하는데, 송금 즉시 송금내역 및 관련 서류들을 즉각 파기하기 때문에 불법, 탈법, 범죄자금들에 의해 악용될 소지가 다분하다. 전 세계 어떤 나라도 시도하지 않은 전대미문의 면세 특혜를 우리나라가 준다면 1원이라도 수익이 더 나는 곳으로 몰려가는 자본의 속성상 전 세계 수쿠크 자금이 우리나라로 몰려들 것은 자명하다. 그렇게 되면 마피아, 야쿠자 등 전 세계 범죄 자금이 우리나라로 몰려올 가능성은 농후하다. 범죄 자금이 가는 곳에 범죄조직이 따라 오는 것이 당연한 귀결이다. 범죄 천국이 되는 것은 시간 문제이다.

뿐만 아니라 이러한 불투명한 거래 관행은 불법 상속, 증여, 재벌의 계열사 부당지원 등에 악용될 소지가 크다. 특히 수쿠크는 해외 특수법인을 설립하여 모든 거래를 하는데 이 해외 특수법인은 국세청이 조사할 수 없는 케이만 군도, 말레이시아의 르브완 같은 조세피난처에 대부분 세워지기 때문에 탈세의 온상이 될 수 있다.

넷째로, 수쿠크 자금의 테러 자금화, 정치적 무기화 등의 우려가 있다.

수쿠크 자금의 운영과 관련한 모든 의사결정은 샤리아 위원회에서 하도록 되어 있는데, 이 위원회의 위원은 다음의 세 가지 요건을 동시에 충족하는 사람이어야 한다. 이슬람 성직자인 이맘, 법률 전문가, 금융전문가이다. 전 세계에서 이 세 가지 자격증을 동시에 가진 사람의 명단을 분석한 결과, 절대 다수가 무슬림원리주의자인 것으로 드러났다.

샤리아 위원회는 해당 국가의 국내법보다 이슬람 율법을 반드시 우선 적용하도록 되어 있으며, 정관에 '전 세계를 이슬람에 복속시키기 위해 필요한 각종 폭력수단의 동원을 명령할 수 있다', '모든 종교가 알라의 것이 될 때까지 거룩한 전쟁을 하는 것을 목표로 한다' 등의 내용을 포함하고 있다. 2006년 브리티쉬 에어로스페이스사의 사례는 실제로 수쿠크 자금이 무슬림들에 의해 정치적 무기로 활용되었음을 보여 주고 있다.

또 수쿠크 자금의 경우 수입금의 2.5%를 떼어 자카트라는 단체에 보내도록 의무화되어 있는데 CNN, 뉴욕타임즈, 영국의 선데이 타임즈 등 서방언론들은 이 자카트가 알카에다와 탈레반의 자금줄이라는 구체적인 근거들을 지속적으로 제시해 왔다.

그럼에도 불구하고 수쿠크법을 지지하는 측은 다음과 같은 사실이 아닌 주장들을 유포해 왔다.

첫째로, 다른 나라들이 수쿠크에 면세혜택을 주는데 우리나라만 안 주면 이슬람에 대한 차별이며 심지어 외교 문제까지 발생할 수 있다는 것이다. 그러나 이것은 정반대이다. 현재 지구상에 존재하는 309개 나라 중에 그 어떤 나라도 주지 않는 과도한 법정 면세혜택을 우리나라만 주게 되는 것이다. 현재 수쿠크에 약간이라도 면세혜택을 주는 나라는 단 세 나라로서 영국, 싱가포르, 아일랜드뿐이다. 영국의 경우는 이중과세의 피해를 받지 않게 해 주는 정도의 소폭 혜택이며, 아일랜드와 싱가포르도 취득세, 법인세 정도의 소폭 혜택이므로 우리나라처럼 취득세, 등록세, 부가가치세, 법인세, 양도소득세, 배당소득세, 이자소득세 등 모든 국세와 지방세를 모두 면제해 주어 단 한 푼의 세금도 안 내게 해 주는 나라는 없다. 미국과 프랑스 사례와 관련해서도 정부의 주장은 사실과 다르다. 미국의 경우 수쿠크와 관련해 발생하는 모든 소득을 이자로 간주하고 이자소득세를 부과하고 있다. 단, 매매는 수익권 양도로 해석한다. 프랑스의 경우 세무처리지침으로 수쿠크를 채권으로 간주하고 있기 때문에 정부의 주장은 사실과 다르다.

둘째로, 기독교인들이 수쿠크법을 반대하려면 오일머니를 아예 쓰지 말고 오일도 쓰지 말고 차도 타지 말고 걸어 다니라고 한다. 그러나 이것은 수쿠크 자금과 오일머니의 차이를 혼동한 주장이다.

이슬람 율법에 의해 운영되는 수쿠크 자금과 그 이외의 오일머니는 분명히 구분되어야 한다. 뿐만 아니라 수쿠크법은 그 위험한 수쿠크 자금에 유례를 찾아볼 수 없는 전대미문의 과도한 면세특혜를 주어 우리나라로 깔때기처럼 몰려들게 날개를 달아 주는 법이기 때문에 반대하는 것이다. 수쿠크 자금과 상관없는 오일머니 자체를 반대하는 것이 아니다. 견강부회다.

셋째로, 수쿠크법 통과는 외화도입선 다변화 차원에서 필요하다는 것이다. 그러나 이것은 자본시장의 현실을 모르는 이야기다.

이슬람 율법에 따라 운영하는 수쿠크 자금이 아닌 오일머니는 이미 부동산 투자, 주식투자, 벤처캐피털 등의 형태로 약 30조 원가량이 국내에 들어와 있다. 이런 형태의 오일머니는 얼마든지 더 들어올 수 있고 길은 활짝 열려 있다. 수쿠크만 놓고 보더라도 우리나라가 수쿠크 자체를 금지하는 것은 아니기 때문에 현재 면세혜택을 전혀 주지 않는 전 세계 다른 나라들에 수쿠크가 이미 들어가 있는 것처럼 지금도 언제든지 들어올 수 있다. 다만, 전 세계 유례가 없는 과도한 면세 특혜까지 주면서 수쿠크금융을 활성화할 필요가 없기 때문에 수쿠크법 통과를 반대하는 것이다.

넷째로, 수쿠크법을 기독교계가 반대하는 것은 정교 분리에 위배된다는 것이다. 그러나 이것은 사실이 아니다. 오히려 수쿠크법 자체가 정교 분리에 정면으로 위배된다.

수쿠크법(조세특례제한법 개정안)의 내용은 이자수수를 금지하는 코란의 규정을 지키면서 자금을 조달하기 위해 이자의 형태가 아닌 임대료, 양도차익, 인건비 등의 형태로 수익을 지급하기 때문에 이자소득에 대한 비과세하는 다른 외화표시 채권과의 형평성을 맞추기 위해 수쿠크가 지급하는 임대료, 양도차익, 인건비 등을 모두 면세하겠다는 것이다. 즉, 이자수수를 금지하는 이슬람 종교의 율법을 우리 법 체계 안에 넣는 것으로 정교 분리의 원칙에 정면으로 위배되는 것이다. 수쿠크법을 반대하는 기독교계가 정교 분리 원칙을 위배하는 것이 아니라 정교 분리 원칙을 위배하는 수쿠크법을 기독교계가 반대하는 것이다.

그리고 수쿠크법은 당시 외국자금의 무분별한 유입을 제한하기 위해 취해진 정부의 다른 조치들에 역행하는 것이었기 때문에 수쿠크법의 강행 배경에 대해 여러 가지 의구심을 가질 수밖에 없다. 당시 증권시장에서 발생한 매물폭탄 사태 등으로 과잉유동성 문제가 심각했고, 또 외국자금의 무분별한 난입으로 각종 문제가 발생하자 정부는 그동안 면세해 주던 외국인 채권투자까지 과세로 전환하는 법을 통과시켰다. 그런 상황에서 정부가 유독 수쿠크 자금에 대해서만 과도한 면세특혜를 주는 법안을 밀어붙이려 한 것은 그 누구도 납득하기 어려운 일이었다.

글쓴이   이혜훈 교수는 17, 18대 국회의원을 역임하였고, 현재 연세대학교 특임교수로, 유관순기념사업회 이사장으로 활동하고 있다.

07-4 기독교의 사회적 기업과 협동조합

우리 사회에서 사회적 경제에 대한 논의가 활성화된 것은 사회적 기업이 프론티어 역할을 하였기 때문이다. 사회적 기업은 지역개발, 취약계층에 대한 일자리 제공, 사회 서비스 제공 등 사회적 목적을 추구하지만, 이를 수행하는 수단은 영업활동을 수행하여 지속 가능한 수익을 창출하는 조직이다. 일견 '좋은 일을 한다'는 것과 '돈을 번다'는 것이 마치 "뜨거운 얼음"이라는 말처럼 양립되기 어려워 보이지만, 바로 이러한 모순의 충돌에서부터 우리는 생명과 창조를 향한 새로운 에너지가 창출될 것이다.

그러면 최초의 사회적 기업가는 누구일까? 바로 예수님이다. 마태복음 20장에 나오는 포도원 주인은 "먼저 와서 일하였으니 품삯을 더 달라."는 일꾼에게 그와 약속한 것은 지켰으니 "네 것이나 가지고 가라 나중 온 이 사람에게 너와 같이 주는 것이 내 뜻이니라."(마 20:14)라고 한다. 세상이나 경영학에서 가르치는 형평(equity)의 논리처럼 각자가 기여한 몫만큼 배분받는 것이 정의라고 생각하는 이 세대의 지혜로서는 이해하기 어려운 처사이다. 누구는 수확철이라 어떻게든 일손을 마련하려는 행동으로, 또 누구는 최저임금의 논리를 들어 이 본문을 설명하지만, '나중 온 이 사람'에게도 똑같이 은혜를 베푸시는 하나님의 사랑을 그리고 고아와 과부와 가난한 이웃들을 돌보라는 하나님의 공의를 이해할 때 우리는 비로소 이 포도원 주인으로 표상되는 예수님의 마음을 알 수 있다.

이와 같이 사회적 기업은 바로 기독교 원리에서부터 출발된 것이라 하겠다. 세상에 나아가 특별히 경제 영역, 기업 영역에서도 하나님의 나라가 이루어지도록 할 책임이 기독경영인들에게 있다고 할 때 비즈니스 선교의 원리도 사회적 경제와 다르지 않을 것이다. 이 시대에 사회적 기업과 함께 짝이 되는 협동조합을 사용하시어 어려운 자들, 연약한 사람들을 세워 스스로 경제생활을 영위할 수 있게 하는 총체적 구원의 역사를 이끌어 가시는 분도 바로 하나님이시다. 오늘날 자활기업, 마을기업, 비영리조직 등과 함께 국가와 시장 사이에 존재하면서 사회적 요소와 경제적 요소를 가진 조직인 사회적 경제 조직들은 지속 가능한 일자리를 창출하고 복지전달체계를 혁신하는 핵심 경제활동으로 성장하고 있다. 한국 교회들도 선교와 구제 등의 각 사역 현장에서 사회적 경제에 대하여 주목하고 이와 연계하여 실천하여야 할 것이다.

사회적 경제의 출현과 하나님의 경제에 대한 요청

한국 사회에서의 사회적 경제는 1997년 외환위기 이후 급속히 증가하는 실업과 심화되는 양극화 문제를 해결하려는 노력에서 출발하였다. 2007년 사회적 기업육성법 제정에 의해 활성화된 이후 2010년을 기점으로 민간 주도, 지역 중심, 지속 가능한 수익 창출 등을 주요 원칙으로 하여 직접지원보다는 자생적 성장을 할 수 있도록 생태계를 조성하는 간접지원 방식으로 전환하여 2014년말 현재 1,200여 개의 인증 사회적 기업과 1,400여 개의 예비 사회적 기업들이 활동하고 있다. 한편, 2011년 말 협동조합의 자유로운 설립과 사회적 협동조합 인가, 지원을 핵심으로 하는 협동조합기본법이 국회에서 여야 만장일치로 제정된 이후 2015년 2월 현재 6,700여 개의 협동조합이 설립되는 등 폭발적인 증가세를 보이고 있다.

선진국에서도 1970년대 이후 복지에 대한 수요가 폭발하면서 정부의 한계, 시장의 실패로 인해 이에 제대로 대응하지 못하다가 비영리조직 활용을 통한 개선방안을 모색하였으나, 결국 새로운 대안으로서 사회적 기업과 사회적 경제가 나타나게 되었다. 한국도 현재 급증하는 복지 및 고용 수요에 대하여 새로운 방식의 대응이 필요한 현실이다. 2004년 이후 고용, 복지, 보건 예산은 약 3배 이상 증가하였으며, 향후에도 지속적으로 증가할 것으로 예상되므로 사회적 경제를 통한 고용, 복지 해결이라는 새로운 패러다임이 우리 사회에 요구된다.

개인의 자조, 자립을 근간으로 하여 공동체의 사랑과 통합, 지역 발전을 이루어 내고자 하는 사회적 경제는 한국 사회의 변화를 이끌어 갈 견인차가 될 것으로 전망된다. 이미 사회적 기업, 협동조합 이외에도 자활기업, 농수산공동체기업 등을 합쳐서 사회적 경제조직들은 10,000여 개를 넘어섰다. 여기에 개별법상의 협동조합, 비영리단체 등을 합치면 이미 고용의 5% 이상을 차지하는 비중을 보여 주고 있기에 대기업의 사회적 책임(CSR), 공유가치 창출(CSV) 등 민간 자원연계를 효과적으로 이루어 내면 더 큰 발전의 가능성이 있다.

결국 사회적 경제가 출현하게 된 배경을 돌아보면 그중심에 양극화의 심화 현상이 있다. 이윤 창출을 최고의 목표로 두는 경제의 대안적 개념으로 자본보다 사람을 우위에 두는 경제 개념이 필요하였기 때문이다. 세상의 경제가 '돈을 위하여 사람을 사용하는 것'이라면, 하나님의 경제는 '사람을 위하여 돈을 활용하는 것'이라고 본다. 즉, 사람을 살리고 섬기기 위해 경제활동을 하는 '하나님의 경제'는 사회적 경제와 상통하는 바가 크다. 사회적 경제의 원리 역시 단순히 봉사나 기부, 자선이 아니라 한 사람의 변화를 이끌어 내어 그들의 자립, 자조를 기반으로 하여 지역의 경제기반을 만들어 내고, 사람들을 기업가로 세우는 활동을 하는 것이다. 즉, 물고기를 잡아 주는 것(전통적 복지모델)이 아니라 물고기를 잡는 법을 가르치고, 더 나아가 어업계 전반의 혁신까지 목표로 하는 '사람 잡는 어부'들을 불러 사회적 기업가로 세우고 있는 것이다.

그동안 한국 교회에서 흔히 볼 수 있었던 두 개의 세계, 이분법적 관점에서 벗어나 사업과 사역을 일치시키는 비즈니스 선교의 관점에서도 사회적 경제를 주목할 필요가 있다. 한국 교회는 흔히 거룩과 세속을 구분하면서 교회가 사회에 영향력을 끼치고, 빛과 소금의 역할을 행하도록 인도하는 데 한계가 있었다. 종교개혁을 일으킨 마르틴 루터도 "밭에서 일하는 농부나 설거지를 하는 주부들도 모두 성스러운 직업이며, 거룩한 일을 하고 있다"고 말한 바와 같이 세속에 있는 회계사, 예술가, 목수도 거룩한 일을 하는 것이다. 기독교인, 하나님의 사람들, 교회는 '경제계는 물론 이 세상 어느 것도 하나님의 통치 하에 있지 않는 것은 없다'라는 믿음으로 사회에 나아가 변혁하는 역할을 하여야 한다.

사도 바울도 자비량 선교사(Tent-maker)로서 활동하였고, 브리스길라와 아굴라와 같이 자신의 사업과 사역을 일치시켜 선교하는 모습을 우리는 초대교회에서 볼 수 있다. 성경 속의 요셉과 다니엘뿐만 아니라 18세기 영국에서 노예제 폐지를 주창한 윌리엄 윌버포스는 정치계에서 복음을 선포하고 실천한 정치가였다. 이와 같이 경제계에서도 한국 교회는 아굴라와 브리스길라, 다니엘, 요셉을 찾아야 한다. 그들을 제자로 훈련시키고 멘토링하여 하나님의 인격, 경배와 찬양의 사랑, 경영윤리를 갖추게 하여야 한다. 그리하여 그들을 이 시대의 시장(marketplace)인 로마로, 바빌론으로, 애굽으로 보내야 할 사명이 있다.

실제 사회적 기업이 갖는 두 가지 특성과 비즈니스 선교(Business as Mission, BaM)를 비교해 봐도 다음과 같은 동일한 특성을 갖고 있다는 것을 알 수 있다.

첫째, 이들 모두 실제 존재하는 상업적 비즈니스를 행하는 기업이다. 둘째, 각각 사회적 가치를 창출한다는 것과 복음을 전한다는 의도적 목적성을 갖고 있다. 셋째, 경제적 측면에서의 성과는 상업적 적합성과 지속가능한 재무적 수익성으로 나타난다. 넷째, 가장 중요한 사회적 측면에서의 성과도 상호 일치하는데, 제품과 서비스를 창출하여 지역주민 등의 삶의 가치와 질을 향상시킨다. 이외에도 '경제적 빈곤에 처한 이들과 나그네, 이민노동자 등에게 일자리를 창출해 준다', '어찌 해 볼 수 없는 무능과 차별의 상황에 처한 이들에게 비즈니스를 통한 해결책을 제공해 준다', '사회적 혁신을 행하여 기존의 적폐나 부조리를 해결한다' 등이다.

기독교 사회적 경제의 역사와 사례

그렇다면 이러한 목적들이 어떻게 달성되고 있을까? 기독교 역사에 나타난 사회적 경제의 모습과 현재 활동하고 있는 사회적 경제조직들의 사례를 통해 알아볼 수 있다. 성경은 초대교회가 협동에 의하여 세워져 감을 보여 주고 있다. 기독교는 하나님과의 개인적 관계를 기반으로 이웃과의 집단적 관계에서 온전히 서야 함을 가르친다. 애굽 광야의 수도원, 공동체운동, 사업과 신앙을 함께 행한 모라비안 선교단, 유럽의 협동조합 시스템에 이르기까지 협동의 원리는 역사 속에서 지속되어 왔다.

19세기 영국에서 독실한 기독교인이며 의사였던 윌리엄 킹이 협동조합에 대하여 설파한 후 이를 계승한 곳이 바로 로치데일 협동조합이었다. 독일의 라이파이젠은 기독교 정신에 근거하여 자조와 연대책임에 바탕을 둔 농촌신용협동조합을 창안하고 보급하였는데, 이 조합은 현재 100여 개국에서 5억 명의 조합원과 90만 개의 지점을 지닌 협동조합으로 발전했다. '1인은 만인을 위하여, 만인은 1인을 위하여'는 라이파이젠 은행의 상호유대정신을 강조하는 슬로건으로 유명하다.

한국의 기독교도 협동조합 등 사회적 경제조직과 함께 해 왔다. 일제하 YMCA와 장로교를 중심으로 협동조합이 이루어져 왔으며, 이는 해방 이후에도 이어져 왔다. 가장 가까운 시점으로는 일산에 소재한 거룩한빛광성교회가 탈북자 등을 위한 사역을 해 오다가 2014년 사회적 협동조합을 설립한 사례를 들 수 있다. 협동조합은 자본 중심이 아니라 사람 중심으로 민주적인 운영을 함으로써 상호 존중, 공존을 도모하는 공동체 정신을 함양하기 때문에 기독교 정신과 일맥상통한다.

그러나 사회적 경제조직이 성장하기 위해서는 무엇보다도 토대가 되는 가치관과 정신이 바로 서야 한다. 비록 출발선은 동일하게 만들어 주기 위해 사회적 기업에 대하여 3년간의 한시적 인건비 지원이 있지만, 이후 자립을 위한 노력이 계속되어야 한다. 행정의 지원만으로는 사람들의 의식이 변화될 수 없다. 충분한 준비가 되지 않았거나 '옳은 일을 하니 당연히 남들은 나를 도와야 한다'는 식의 생각으로 일을 한다면, 지속가능한 자립기반을 구축하기는 어려울 것이다. 예수님이 연약한 자들을 세워서 제자로 삼고 훈련시키셨듯이 한국 교회가 가난하고 어려운 사람들이 스스로의 힘으로 설 수 있도록 섬겨야 하고, 정신적 기반을 제공해야 한다.

적극적인 활동을 펼치고 있는 사회적 경제조직들

　기독교인과 교회에 의해 시작되어 오늘날 적극적인 활동을 펼치고 있는 몇몇 대표적인 사회적 경제조직의 사례를 소개한다.

　먼저 E3Empower이다. 재미교포가 실리콘밸리 지역에서 세운 E3Empower는 애초에는 미국 내의 남는 자원들을 재활용하여 선교지에 기부하면서 선교하는 모델을 지향하였으나, 이에 한계를 느끼고 사회적 기업을 설립하였다. 캄보디아, 아이티 등 동남아와 아프리카, 중남미 등 선교지를 대상으로 하여 깨끗한 식수와 태양열 발전을 통한 빛의 제공을 목표로 하여 시작하였다. 이의 기반에는 스탠포드대학교 D-School 재학생들이 적정기술로 개발한 정수기와 태양열 충전 램프가 큰 역할을 하였다. E3Empower는 단순히 기부에 그치지 않고, 정수기 설치를 통한 공동체 정수장 사업을 구상하고 태양열 충전 램프와 더미 컴퓨터 설치 사업 등을 연결하여 마을공동체를 만들고 지역기반 비즈니스를 세우는 사회적 기업가들을 키우고 있다.

　이러한 활동은 E3Empower의 설립자가 비즈니스맨이면서도 자비량 선교를 하면서 제3세계에서 만났던 수많은 소기업가들, 마이크로 크레딧 현장의 경험에 기반하여 경제, 사회 영역 전반에 있어 총체적 구원을 위한 비즈니스 선교를 해 왔기 때문에 가능하였다. 특별히 태양열 충전 램프 판매 사업은 그저 주부로서 남편에게 경제적 의존을 해 왔던 여성들이 마이크로 크레딧을 통해 램프를 팔아 수익을 만들면서 자녀들에게 맛있는 음식을 먹이고 학교교육을 시키며 아플 때 병원을 보낼 수 있는 '자랑스런 어머니'(proud mom)으로 변신하는 과정을 보여 준다.

　오늘날 해외에서의 선교는 비즈니스가 아니고서는 문을 열기가 어려울 정도로 열악한 상황으로 변화되고 있다. 사회적 기업과 협동조합 등 사회적 경제를 통하여 비즈니스 선교의 새로운 장이 열리기를 기대한다.

　둘째로, 열매나눔재단이다. 열매나눔재단은 사회복지법인으로서 높은뜻연합선교회(김동호 목사)에 의해 설립되었다. 소외된 이웃이 스스로 자립하는 것, 궁극적으로 우리 사회의 건강한 구성원으로 성장하여 또 다른 이들의 자립을 지원하는 것이 열매나눔재단이 꿈꾸는 생산적인 복지, 새로운 나눔이다. 주요 사업으로는 저소득층 자활·자립을 위한 마이크로 크레딧 사업, 교육 및 컨설팅 사업, 일자리 창출 지원 사업, 연구, 조사, 세미나 및 책자 발간 등이 있다. 그동안 5개의 사회적 기업을 설립하여 (주)메자닌아이팩(2008년), (주)메자닌에코원(2009년), (주)고마운 손(2009년), 블레스&블리스(2010년), (주)고마운 사람(2010년) 등이 있으며, 74개의 사회적 기업과 290여 개의 개인 창업 가게 지원을 지원하였다. 2014년부터는 한국 사회적기업진흥원의 위탁을 받아 사회적 기업가 육성사업도 수행하고 있다.

셋째로, 굿윌 스토어(Goodwill Store)이다. 굿윌 스토어는 미국의 본부를 두고 있는 비영리 단체로 한국 등 13개 국가에서 Goodwill movement를 전달하고 있는데, 한국의 경우 한국밀알선교단 등 사회복지재단, 개교회들이 사업단 형태로 운영하고 있으며 서울(도봉, 송파), 수원, 창원, 부산 등에 소재하고 있다. 미국 감리교 애드가 햄즈(Edger J. Helms) 목사님에 의해 시작하여 보스턴 지역의 이민자들과 가난한 이들에게 기증물품을 수선하여 저렴한 가격에 판매하는 일자리 제공하는 데 목적이 있다. 자선이 아니라 일할 기회를 제공하려는, "사람, 기업, 환경"을 생각하는 사회적 기업이다.

넷째로, 월드휴먼브리지(분당 만나교회)가 있다. 월드휴먼브리지는 만나교회가 중심이 되어 설립된 국제구호개발단체로 사단법인 형태이다. 지구촌 곳곳에서 빈곤과 차별로 시름하고 있는 이웃들의 아픔을 예수 그리스도의 마음으로 품고 그들이 당면한 문제를 돕기 위해 설립되어, 1% 나눔 캠페인, 유산기부운동 등의 기부운동 그리고 공익카페 파구스 사업, 모아사랑, 엔젤맘, 아이러브, 사랑의 곳간, 사랑의 설렁탕 나눔 등을 펼치고 있다. 특히 해외 지원사업으로 볼리비아, 르완다, 케냐 등을 지원하고 있다.

다섯째로, 유은복지재단 나눔공동체가 있다. 장애인의 직업재활을 통한 존엄성과 행복 추구를 위해 기독교 정신으로 대안을 찾고자 1994년 장애인 자활자립장인 '나눔공동체'를 설립하였고, 2002년 장애인근로작업장인 '사회복지법인 유은복지재단'을 설립하여 미션을 이루어 가고 있다. 주요 사업은 친환경 새싹채소, 베이비채소, 콩나물 재배 및 판매사업이다. 이 사업장은 원칙 있게 만들어 진정성 있는 품질을 인정받았고, 한 사람의 온전한 삶의 변화를 이루어 내었으며, 사회 문제를 해결하는 사회적 기업으로서의 면모를 분명하게 드러내고 있다.

기존 업체들이 자동재배기를 사용하는 데 반해 수작업이라는 차별화로 대응하고 표준화 및 항온, 항습, 항균 공조시스템 등 최상의 재배환경을 수립하여 최고의 품질로 시장에서 인정받아 현재 새싹채소시장의 40%를 점유하는 성과를 냈다. 그리고 장애인 58명, 고령자 7명, 새터민 2명을 고용하여 수급자가 아니라 어엿한 납세자로 자립하게 하였으며, 이 중 32명이 대학에 진학하여 학사학위를 취득하는 변화가 있었다. 소득취약계층에게 사회적 일자리를 제공하여 경제적 자립기반을 확보하고 지역사회의 통합을 이룬 사례이다.

한국 교회가 나아갈 길

기독교와 사회적 경제의 관계를 생각해 볼 때, 한국 교회는 우선 사회선교의 일환으로서 사회적 경제를 바라보고 특히 비즈니스 선교와 연계하는 방안을 모색하여야 한다. 성속을 구분하는 이원론적 관점을 배격하고, 기업세계에 적극적인 선교를 시행하여 사업과 사역을 일치시킬 수 있도록 기독교 세계관으로 무장하고, 리더십과 경영자들을 훈련시켜야 할 것이다.

두 번째로 한국 교회가 사회적 경제 영역에 관여할 때, 조직을 정비할 필요가 있다. 현재 많은 교회에서 선교의 목적, 재정 투입의 우선순위, 투명한 재정운영 등에 대하여 고민하고 있다. 지역사회에서의 역할, 이웃과의 관계, 세금 문제 그리고 투명한 교회 재정 등을 위해서 교회와는 분립된 법인을 설치하여 이 사역을 담당하게 하는 것이 바람직하다는 의견들이 앞서 실천해 왔던 목회자들과 크리스천 지도자들로부터 나오고 있다. 물론 사역단체 법인의 지배구조에 교회 리더십들이 참여하여 효과적으로 연계시킬 필요가 있을 것이나 교회 재정과는 분리하여 투명한 의사결정, 재정 운용이 이루어져야 한다는 것이다.

마지막으로 한국 교회 중에는 역량 있는 교회가 많으며, 많은 인적, 물적 자원을 가지고 있는 것이 현실이다. '부름받은 자들'인 교인들이 교회에서 은혜받고 훈련되어 사회에 나아가 세상을 변화시키도록 선한 영향력을 발휘하게 해야 한다. 또한 하나님께서 주신 물질들도 어렵고 연약한 사람들에게 흘려보내어 이들이 자립할 수 있도록 돕는 방법을 모색하여야 한다.

일시적 시혜나 자선이 아니라 지속가능한 사업기반을 통해 사람들을 세워 사회를 변화시키는 한국 교회의 미래를 그려 본다.

참고자료

1   김형미, '협동조합운동에 스며든 기독교 사상', 「기독교사상」(2013. 07)

글쓴이	김재구 교수는 명지대학교 경영대학 교수이며, 한국 사회적기업진흥원장, 한국기업경영학회 차기회장이다.

성경적 재정훈련, 왜 중요한가?

"You cannot serve both God and Money."(마 6:24b, NIV)

당신의 영성은 신용카드 지출내역서와 일치한다. 기도는 흉내 낼 수 있고, 찬양은 과장할 수 있다. 바리새인들은 장터에서 사람들의 눈을 의식하며 자신들의 경건함을 포장할 수 있었다. 그러나 돈에 대한 그들의 탐욕은 숨길 수 없었다.[1] 참된 영성은 그가 돈을 어떻게 쓰는지를 통해 드러난다. 초대교회에서 일어난 충격적인 부부 사망 사건(아나니아와 삽비라)[2]은 주의 영을 시험한 재정적인 거짓의 문제였다. 베드로는 이 문제를 심각하게 보았고 무겁게 다루었다.

한국 교회와 목회자의 건강성은 재정적 투명성에 있다. 설교를 청산유수처럼 하고, 기도에 능력이 있고, 강력한 리더십을 발휘한다 하더라도 그 목회자의 영성의 뿌리는 재정 문제에 있다. 재정을 유용하고, 돈을 함부로 쓰는 사람의 영성이 절대로 건강할 수 없다. 광야에서는 금송아지가, 교회에서는 돈이 우상이 된다. 예수님은 마태복음 6장 24절에서 돈(맘몬)이 하나님의 자리에서 경배받을 수 있음을 경고하셨다. 돈의 지배력은 강력하다. 모든 그리스도인은 두 종류이다. 돈의 종이든지, 하나님의 종이다. 그중간은 없다. 우리의 영성은 카드 지출내역과 일치한다. 무엇이 영적인가? 우리의 일상을 지배하는 것이 가장 영적인 것이다.

It's the economy, stupid!

"문제는 경제야, 바보야!"(It's the economy, stupid!)

1992년, 클린턴 진영의 대선 전략은 한 문장으로 요약됐다. 이 구호가 이라크전쟁을 승리로 이끈 아버지 부시 대통령을 재선에서 실패하게 만들었다. 이후, 이 문장은 많은 유행어를 양산시켰다. 한국 대선도 마찬가지였다. 한 번이라도 경제 문제가 대선 전략 우선순위에서 밀려난 적이 있었던가? 아버지 세대와는 비교할 수 없는 풍요를 경험하며 자라난 자녀 세대 역시 언제나 문제는 경제이다. 알파치노와 키아누 리브스가 주연을 맡았던 "데블스 에드버킷"(The Devil's Advocate)이라는 영화가 있다.[3] 이 영화는 악마가 세상을 장악하기 위해 사용하는 최고의 도구가 법과 돈이 될 수 있음을 사실적으로 보여 준다. 돈으로 최고 로펌의 변호사들을 고용하여 모든 악을 합법적으로 정당화시키는 과정은 끔찍하기까지 하다. 돈은 법의 하수인들을 통해 가해자를 피해자로 둔갑시키고, 법의 공정성과 평등성을 비웃는다. 한국 국민 10명 중 8명은 유전무죄, 무전유죄라고 생각한다는 설문조사도 있었다.[4] 돈은 최고의 권력이자, 힘이며, 모두가 사모하고 추구하는 것이 되었다. "부자 되세요"가 최고의 인사요, 축복이 되어 버린 세상을 우리는 살고 있다.

돈과 물질은 하나님이 우리에게 주시는 여러 축복 중의 하나일 수 있다. 그러나 돈을 사랑함은 일만 악의 뿌리이다. 이 세상이 말하는 성공은 쉽고, 빠르고, 편하게 많은 돈을 버는 것이다. 이 목적을 이루기 위해 수많은 부정과 부패의 어두운 고리들이 생겨난다. 강준만 교수가 쓴 『룸살롱 공화국』(인물과사상사, 2012)이라는 책의 부제는 "부패와 향락, 패거리의 요새 밀실접대 65년의 기록"이다. 이 책은 일제강점기부터 70, 80년대를 지나 현재에 이르기까지 짙게 드리워진 돈의 어두운 그림자들을 보여 준다. 교회는 세상의 빛이다. 어두움을 걷어 내고 상처를 치유하는 빛의 전위대이다. 지금 이 세상은 돈에 상처받아 목숨을 끊고, 돈을 잃고 부부관계마저 깨어지고, 돈 때문에 부모와 자녀가 원수가 되고, 돈을 놓고 형제와 자매가 등을 돌리는 일들이 너무 많다.

불신자뿐만 아니라 성도들도 돈에 허덕이며 산다

2014년 말, 한국의 가계부채 총액은 이미 1,089조 원을 넘어섰다. 갓 태어난 아이부터 노인까지 모든 국민이 약 2,150만 원씩의 빚을 지고 있는 셈이다.[5] 주일날 예배를 드리는 많은 성도들의 마음과 어깨를 짓누르는 것은 경제적인 문제이다. 성도들은 매일매일 돈과의 전쟁 속에서 부대끼며 살다가 교회에 나온다. 그들에게 설교는 간혹 공허하고 이상적인 이야기로만 들려진다. 전세, 월세, 대학등록금, 공과금 고지서, 카드대출 연체료를 며칠 내로 해결해야 하는 그들에게 현실과 신앙의 괴리는 더욱 크게 느껴진다. 말씀의 위로와 소망도 반복되는 현실적 장벽 앞에서 한없이 초라해지고 작아진다. 믿음을 갖고 하나님을 의지하려 하지만 사회의 거대한 경제적 구조 속에서 약자로 살아가는 자신의 처지가 힘겹기만 하다.

한국 경제가 높은 성장률을 기록하며 발전해 갈 때, 한국 교회 역시 희망과 부흥의 메시지로 함께하며 성장을 거듭했다. 성공주의 신학과 기복주의 신앙의 폐단 속에서도 성도들은 하나님의 축복을 의지하며 희망을 노래했다. 그러나 이제 희망의 노래는 잦아들었다. 미래의 전망은 밝지 못하다. 부동산 거품이 빠지고 1, 2차 베이비붐 세대인 1,640만 명이 은퇴하는 2028년이 되면 교회 헌금은 반 토막이 나면서 목회와 선교의 엔진은 꺼질 것이라고 예측한다.[6] 물론, 하나님은 사람의 예측을 넘어서서 역사하신다. 단지 지금 한국에서 살아가는 대부분 성도들의 삶이 녹록지 않다는 것이다. 신앙은 전인격적인 변화를 일으켜야 한다. 육과 영혼이 조화를 이루듯, 현실적 삶과 초월적 믿음이 균형을 이루며, 오늘과 더불어 내일을 견인해야 하는 것이다. 현실의 고통을 외면하며 내세만을 강조하는 신앙이나 다가올 하나님의 나라를 대망하지 않고 오늘의 찰나적인 풍요만을 누리는 신앙은 모두 건강하다고 할 수 없다. 그런 의미에서 성경은 오늘의 질문에 응답하며, 내일의 대안을 제시하는 힘을 갖고 있다. 성경에는 경제적 문제에 대한 지혜로운 대답들이 많이 있다. 그러나 불행하게도 성도들은 성경에서 경제적인 답을 구하지 않는다.

성경은 돈에 대해 분명한 해답을 제시한다

성경은 구원, 하나님 나라, 영생에 대한 주제를 다루지만, 놀랍게도 돈과 재물에 관한 내용도 2,340번이나 언급하고 있다.[7] 아브라함, 이삭, 야곱은 목축업의 유업을 이어받은 족장들로 부유함의 복을 받았다. 엘리야와 엘리사, 세례 요한 같은 선지자들은 가난하고 검소한 삶을 살았다. 잠언 30장에 나오는 지혜자 아굴의 기도는 성경적 물질관에 대한 귀한 교훈을 준다. "내가 두 가지 일을 주께 구하였사오니 내가 죽기 전에 내게 거절하지 마시옵소서 곧 헛된 것과 거짓말을 내게서 멀리 하옵시며 나를 가난하게도 마옵시고 부하게도 마옵시고 오직 필요한 양식으로 나를 먹이시옵소서 혹 내가 배불러서 하나님을 모른다 여호와가 누구냐 할까 하오며 혹 내가 가난하여 도둑질하고 내 하나님의 이름을 욕되게 할까 두려워함이니이다."(잠 30:7-9) 아굴은 부함을 구하지 않았다. 그는 일용할 양식과 하나님의 영광을 구했다. 성경이 말하는 부유함은 그 소유의 넉넉함에 있지 않다. 경제적 풍요를 축복으로 단정할 때, 예수님은 축복을 많이 받지 못하신 것이 된다. 주님은 이 땅에서 부자가 아니었다. 주님은 산상수훈에서 이렇게 가르치셨다. "낙타가 바늘귀로 들어가는 것이 부자가 하나님의 나라에 들어가는 것보다 쉬우니라 하시니"(눅 18:25) 낙타가 바늘귀를 통과하는 것처럼 어려운 일이 부자가 하나님 나라에 가는 것이다. 그럼에도 한국의 성도들은 부자가 되기를 간절히 바란다. 이는 역설적으로 하나님 나라에 들어가는 일을 스스로 점점 어렵게 만드는 것이다. 부유해지려는 마음은 곧 탐심(貪心)으로 이어지고, 사도 바울은 이 탐심을 우상숭배라고 불렀다.[8] 이 마음을 떨쳐 버리기가 쉽지 않다. 바알과 아세라의 또 다른 이름은 풍요와 쾌락이다. 이것을 관대하게 표현하면 넉넉함과 즐거움이다. 가난과 고행을 자처해야 된다는 말이 아니다. 소유욕을 이기기가 그만큼 어렵다는 말이다. 인류 역사에서 소유욕이 무너지고 가난이 사라진 때가 있었다. 오순절 성령이 예루살렘교회에 임했을 때, 사람들은 자신의 것을 자신의 것이라고 하지 않았다. 그들은 자신의 소유를 사도들의 발 앞에 두었고, 각 사람의 필요를 따라 나눠 주었다. "그중에 가난한 사람이 없으니 이는 밭과 집 있는 자는 팔아 그 판 것의 값을 가져다가 사도들의 발 앞에 두매 그들이 각 사람의 필요를 따라 나누어 줌이라."(행 4:34-35) 그중에 가난한 사람이 없었다는 것은 놀라운 선포이다. 하나님의 영이 임하고 사람들의 눈이 열리자, 자신이 가진 것이 자기 것이 아님을 자각한 것이다. 물질이 고여 있지 않고 흘러가자 가난이 사라지고 하나님의 나라가 공동체 안에 임하는 것을 보게 되었다.

성경이 가르치는 물질관은 하나님의 소유권에서 시작된다. 하나님의 형상대로 지음 받은 우리는 관리자로 부름받았다. 우리에게 주어진 돈과 시간과 재능을 낭비하지 않는 것이 주님의 뜻이다. 정직함과 성실함으로 청지기의 역할을 다하는 것이다. 자신의 재물에 대해 소유자가 아닌 관리자의 정체성을 갖고 경영할 때, 주어진 재물은 하나님 나라와 가난한 이들의 구제와 선교적 사명과 선한 일들을 위한 도구가 되는 것이다. 성경은 이처럼 돈과 재물에 대해 분명한 해답을 제시한다.

양극화와 가난의 대물림은 하나님의 뜻이 아니다

개인이 질병을 앓듯이, 사회와 국가도 치유해야 할 질병이 있다. 빈부 격차의 심화는 심각한 사회 문제이다. 하나님은 이스라엘을 출애굽시키신 후, 시내산에서 그들과 언약을 맺으시고 자기 백성으로 삼으셨다. 그리고 그들을 약속의 땅 가나안에 들어가게 하셨는데, 이는 그 땅에 하나님의 백성을 통한 하나님 나라를 실현하기 위함이었다. 가나안 땅에 실현될 하나님의 나라는 부익부빈익빈의 양극화를 치유하는 사회이다. 살다 보면 능력의 정도와 여러 가지 상황으로 인해 시간이 흐르며 빈부의 격차가 일어나게 된다. 하나님은 이 빈부 격차가 심화되는 것을 원치 않으셨다. 모세 율법에는 다양한 약자 보호법이 존재한다. 추수할 때 모퉁이의 곡식까지 추수하는 것은 금지된다. 그것은 나그네와 가난한 이들을 위해 남겨 두어야 한다. 추수할 때 땅에 떨어진 곡식들도 다시 주어서는 안 된다. 심지어 가난한 이들이 배고플 때 타인의 포도원에 들어가서 포도를 먹거나 곡식밭에서 손으로 이삭을 따서 먹는 일까지도 허락되었다. "네 이웃의 포도원에 들어갈 때에는 마음대로 그 포도를 배불리 먹어도 되느니라 그러나 그릇에 담지는 말 것이요 네 이웃의 곡식밭에 들어갈 때에는 네가 손으로 그 이삭을 따도 되느니라 그러나 네 이웃의 곡식밭에 낫을 대지는 말지니라."(신 23:24-25)

하나님은 약자들의 생존권을 보장하셨다. 전당물을 취할 때도 채무자가 자신의 집에서 주고 싶은 것을 주도록 하셨다. 그 전당물이 옷일 경우에는 해가 지기 전에 돌려 주어야 했다. 일용직 노동자의 품삯은 반드시 당일에 주도록 하셨다. 희년은 안식년이 7번 반복된 후, 50년째 되는 해에 선포되는 기쁨의 해이다. 희년에는 종을 해방시키고, 모든 부채를 탕감하게 하셨다. 부모의 가난이 자식에게 대물림되지 않도록 50년마다 모든 것을 원점으로 돌리셨다. 그러므로 땅의 경계를 정해 놓은 지계석(地界石)을 옮기는 것은 죄가 되었다.[9] 지계석은 토지를 환원시키는 기준이 되기 때문이다.

자본주의는 발전해 왔다. 산업혁명 이후 시대마다 많은 부작용도 나타났지만, 수정하고 보완하면서 발전해 왔다. 오늘날 하나님의 공의를 가로막는 대표적인 자본주의의 병폐는 양극화와 가난의 대물림이다. 이것은 한국에서 교육의 양극화로 나타나고 있다. 비정규직이 많아지고, 청년실업이 높아지면서 빈부는 고착화되고 있다. 부모가 비정규직일 때 자녀가 비정규직인 비율은 78%에 달한다.[10] 자본주의 토대 위에서 살아가는 교회와 그리스도인들에게는 사명이 있다. 자본주의의 병폐가 깊어져서 사회구성원들의 고통이 높아질 때 그 병폐를 성경의 대안으로 치유하고 건강한 사회로 만들어 갈 책임이 있는 것이다.

불예측성으로 인해 불안함의 유령이 도시를 배회하고 있다

미국발 금융위기로 세계 경제 전체에 어두운 그림자가 드리워졌던 2008년 11월, 영국 엘리자베스 2세 여왕이 런던정경대(LSE)를 방문했다. 영국을 대표하는 경제학자들이 당시 금융위기가 왜 발생했고 현재 세계 경제가 어떤 상황인지를 설명했다. 이때 여왕이 던진 단순한 질문에 세계 최고를 자부하는 학자들 누구도 답을 하지 못했다. "이렇게 뛰어난 학자들이 많은데 왜 아무도 금융위기를 예측하지 못했나요?"[11] 불예측성이 커지면 불안함도 함께 커진다. 현대 사회는 불안함이 퍼져가는 사회이다. 특별히 경제위기에 대한 막연한 불안감이 심리적 안정감을 깨뜨린다. 노후에 대한 불안은 그 어느 때보다 크다. 성경은 고대 근동의 경제구조를 완전히 변화시킨 7년 풍년과 7년 흉년 사건을 보여 준다. 어떤 전문가도 예측할 수 없었던 국가적 재앙이 될 자연재해를 요셉은 하나님의 지혜로 미리 알았고 대비했다. 이 사건 전과 후의 애굽 국가경제와 군사력, 토지법과 왕권강화 등은 비교할 수 없을 정도로 달라졌다. 하나님은 역사의 통치자이시며 주관자이시다. 미래가 불투명하고 예측할 수 없다 할지라도, 역사의 주관자이신 하나님은 역사의 본질과 인생의 원리를 보여 주신다. 다니엘이 해석했던 느부갓네살 왕의 꿈처럼 세계 역사를 지배했던 제국들은 모두 역사 속으로 사라졌지만, 그리스도가 세우신 하나님의 나라는 영원하다.[12] 경제적 상황은 여러 변수와 사건들로 인해 늘 흔들릴 것이다. 언론은 언제나 경제적 위기를 말할 것이다. 그러나 진리의 본질과 역사의 원리를 알고 있는 사람은 흔들리지 아니한다. 이것이 어떤 경제적인 전문지식이나 정보보다 성경적 재정원리를 신뢰해야 하는 이유이기도 하다. 물론, 전문적인 지식과 정보는 유용하다. 그러나 불변하지는 않는다. 우리와 우리 자녀들의 행복한 삶은 성경이 가르쳐 주시는 경제적 원리들과 깊이 연결되어 있다.

크라운 성경적 재정훈련의 토대 위에서 더욱 높이 비상하자

정신은 육체를 통해 표현되고, 이상은 방법을 통해 실현된다. 성경적 재정원리를 배울 수 있는 구체적인 과정이 이미 한국에 소개되어 있다. 바로 크라운 성경적 재정훈련이다. 크라운 재정사역(Crown Financial Ministries)은 세계에서 가장 큰 재정사역 단체로 래비버킷의 크라운 재정원칙 사역(1976)과 하워드 데이튼의 크라운 사역(1985)이 2000년 9월 합병하면서 설립되었으며, 전 세계 80개 이상의 나라에 7천만 명 이상의 사람들에게 성경적 재정원칙들을 전파하며 가르치고 있다. 크라운 한국지부는 2008년 5월 설립되었다. 교육과정에는 10주 과정의 성경적 재정훈련과 비즈니스 리더를 위한 성경적 경영훈련, 대학생과 청소년을 위한 성경적 재정교육들이 있다. 소그룹 훈련을 기본으로 하며, 훈련된 리더를 통해 교회에서 실시할 수 있다. 필자는 2007년부터 크라운 성경적 재정훈련을 접하였고, 소그룹훈련에 리더로 참가하였다. 물론 제주성안교회도 크라운 성경적 재정훈련을 실시하고 있다. 2009년부터 시작된 재정훈련은 원기를 시작으로 1

년 2회 실시하여 현재 10기까지 350여 명의 수료자를 배출하였다.

크라운 성경적 재정훈련은 매우 좋은 훈련이지만, 한국적 상황에 맞지 않는 부분도 있다. 예를 들면, 한국의 많은 가정들은 자녀들의 사교육비 문제로 고민하며, 경조사비 지출이 적지 않다. 미국적 문화와는 다른 한국적 특수성이다. 소망하기는 성경적 재정훈련의 전문가들이 앞으로 한국적 상황에 적합한 우리 교재를 속히 집필하기를 바란다. 필자는 중국 교회를 주시하고 있다. 중국 교회는 급격한 성장 속에서 지도자들의 신학적, 성경적 지식과 리더십을 요청하고 있다. 특별히 중국사회는 빠른 경제성장 속에서 양극화 같은 자본주의의 많은 문제가 대두되고 있다. 중국 교회가 성도들의 가정과 교회뿐만 아니라 중국사회의 문제들을 성경적 재정원리로 치유하고 대안을 제시할 수 있다면 중국 교회는 중국사회를 선도하는 리더 그룹으로 부상하게 될 것이다.

서아프리카에서 에볼라 바이러스가 급속히 퍼지면서 감염자가 확산되고 이로 인한 사망자가 급증할 때, 치사율이 높다는 것도 두려움이었지만, 제대로 된 백신과 치료법이 없다는 것이 더욱 큰 두려움을 주었다. 경제적 위기는 우리 삶의 모든 부분을 무너뜨린다. 신용불량, 가정해체, 자살, 노후빈곤, 양극화, 생계형 범죄증가, 실업과 경기침체 등 수많은 문제가 연쇄적으로 파생된다. 악한 영들은 어떤 이들은 가난으로, 어떤 이들은 부에 대한 집착으로 그들의 영혼을 병들게 한다. 성경은 우리 가정과 교회와 사회를 치료할 강력한 백신을 갖고 있다. 이것은 성경 속에 나타난 하나님의 경제원리이다. 사람들이 성경적 재정원리를 배워 삶에서 주님의 뜻에 순종하는 곳에서 작은 하나님의 나라들이 서게 될 것이다.

교회여, 병든 가정과 사회에 성경적 재정훈련의 백신을 보급하라.

주

1   눅 16:14, 바리새인들은 돈을 좋아하는 자들이라 이 모든 것을 듣고 비웃거늘, 개역개정

2   행 5:1-11

3   1997년에 제작된 테일러 핵포드 감독의 미국 영화, 악마에게 고용된 변호사의 파멸과정을 그렸
    다.

4   YTN 설문조사, 성인남녀 2,900여 명을 대상으로 신뢰 수준 95%에 ±1.8% 오차 범위, 2011. 4.
    25.

5   조선일보, 2015. 2. 28, 경제면

6   최윤식,『2020 2040 한국 교회미래지도』(생명의말씀사, 2013), p. 62

7   한국크라운재정사 저,『크라운성경적재정교육』(코리아크라운출판부, 2012), p. 14

8   골 3:5

9   땅의 경계를 나타내는 표지석, 개역개정에서는 경계표로도 번역, 잠 23:10, 신 19:14, 27:17, 호
    5:10

10 한국일보, 2015. 2. 12. 사회면, 성공회대 대학원 사회복지학과 김연아 씨의 박사학위 논문 '비정
    규직의 직업 이동 연구'

11 동아일보, 2014. 10. 11, 경제면

12 단 2:31-45

글쓴이   류정길 목사는 크리스챤 경제훈련을 통하여 가정을 세우는 재정훈련 전문가이며,
         제주성안교회 담임목사로 주목받는 차세대 목회자이다.

08
한국 교회의
연합운동

한국 교회 연합운동의 현실
:주요 교단의 분열과 한기총, 한교연 출범을 중심으로

1989년, 한국기독교총연합회의 창립은 그다지 큰 주목을 받지 못했다. 복음주의 진영의 연합단체라고 하지만, 관변단체라는 이미지를 쉽게 지우지 못했기 때문이다. 그러나 창립 후 10여 년을 넘어서면서부터 한기총은 한국 교회를 대표하는 복음주의 진영의 연합기구로 인정받기 시작했고, 2000년대 들어 정점을 찍었다.

2012년 3월 또 하나의 복음주의연합단체가 창립했다. 가칭 한국 교회연합. 이 단체의 이름 앞에는 '한기총 정상화를 위한'이라는 가제가 달려 있었다. 이름에서부터 한기총에 어떠한 문제가 발생했음이 감지된다. 한교연은 "한기총의 친이단적인 행보와 정관개정의 파행에 맞서기 위한 고육지책"이라고 창립 배경을 설명했다. 그러나 이면에는 '자리'를 바라는 '사람들'이 있었다.

'이념' 대립으로 시작된 교단의 분열

130년 전 언더우드와 아펜젤러 등 서구 선교사들은 복음을 전하기 위해 낯선 동양의 작은 나라를 찾아왔다. 이들은 각자 교육 혹은 의료의 현장에서 제 역할을 감당하며 복음을 전했다. 두 사람이 속한 교단은 달랐지만 '하나님'을 위해서라면 교파를 초월하여 '연합'에 힘썼다. 이미 한국 교회는 복음이 전파되던 초기부터 '연합'의 중요성을 알고 있었던 것이다. 교리와 신학은 달라도 복음을 위해서라면 얼마든지 하나가 될 수 있다는 확신이 있었다. 이때까지만 해도 연합은 다른 교파가 하나의 목적을 위해 함께하는 것이었다. 그런데 안타깝게도 한국 교회는 같은 교파 안에서 싸움이 일어나기 시작했고, 한 번 시작된 교단의 분열은 멈추는 방법을 모르는 듯 가속도를 냈다.

장로교는 대한예수교장로회라는 이름으로 출발했지만, 1952년 신사참배 논쟁으로 고신이 분립했고, 신학적 노선 차이로 예장과 기장으로 다시 갈라졌으며, 세계 교회협의회(WCC) 가입문제로 1959년 통합과 합동이 분열됐다. WCC를 둘러싼 갈등으로 표면화됐지만 통합에서는 박형룡 목사의 '3천만환 횡령사건'이 원인이라는 입장을 굽히지 않고, 합동은 여전히 WCC를 다원주의, 용공주의로 몰아붙이고 있다. 갈라진 교단들은 다시 하나가 되지 못한 채 세포분열을 거듭했다.

예장 합동에서 합신이 또 떨어져 나가고, 합동 개혁, 합동 보수, 호헌 등 제각각 명분을 내세우며 교단을 만들어 냈다. 성결교회 역시 기독교대한성결교회와 예수교대한성결교회로 갈라졌으며, 그 이면에는 한국기독교교회협의회(NCC) 가입이 깔려 있었다. 신학의 대립이라기보다는 1950년 한국전쟁 이후 한국 사회에 팽배한 '이념'의 대립이라는 말이 더 어울리겠다.

진보와 보수로 갈라진 연합운동

한국 교회의 연합운동은 '분열'에 대한 반성으로 시작됐다. 모두 다른 교리와 신학을 고집하고, 자신이 옳다고 주장하는 가운데 사회적으로나 국가적으로 해야 할 일에 힘을 내지 못하는 것이 기독교의 현실이었다.

현재, 한국 교회를 대표하는 연합기구는 총 3개로 정리된다. 진보 단일기구인 한국기독교교회협의회, 보수 연합기구인 한국기독교총연합회, 복음주의 연합기구인 한국 교회연합 등이다.

1924년 조선예수교연합공의회로 창립된 한국기독교교회협의회는 한국전쟁과 민주화 과정을 거치면서 한국 교회를 대표하는 에큐메니컬 연합기구로 자리 잡았다. 교회협은 70-80년대 혼란한 사회상황 속에서 사회적 약자들을 위한 목소리를 높였으며, 88선언을 통해 남북한의 막힌 물꼬를 트며 민간 통일운동의 선봉에 나섰다. 그러나 교회협은 변화하는 시대상에 빠르게 대처하지 못했다. 산업화 성장과 신자유주의 물결 속에서 에큐메니컬운동 역시 물량과 자본의 힘을 빌렸고, 오랜 세월 민주화에 헌신한 인사들은 김대중, 노무현 정권으로 이어지는 진보 정권으로 자리를 옮겼다. 순수했던 진보 신앙은 정치와 결탁하면서 비난을 받았고, 에큐메니컬운동의 순수성마저 구설에 오르기 시작했다. 에큐메니컬운동이 힘을 잃게 된 원인을 많은 이들이 여기에서 찾는다. 지금 교회협은 정통 진보도, 그렇다고 보수도 아닌 어정쩡한 정체성 속에서 90년이라는 오랜 역사를 부여잡은 채 명맥을 유지하고 있다. 사회적 약자를 위한 목소리는 여전하지만 전 교회적 공감대를 얻지 못한 채 편향적인 단체로 전락하고 있다.

두 번째 연합기구는 앞서 언급한 한국기독교총연합회다. 이만신 목사는 한기총 10년사에서 "한국 교회는 1970-1980년대를 거치면서 급성장했지만, 한국 교회를 대표할 만한 단체가 없어 늘 아쉬움이 있었다"며 "한국 교회를 대표할 연합기관 창립을 원로들이 논의했다"고 밝히고 있다. 당시 원로들은 한경직 목사가 머물던 남한산성에서 한기총 조직을 결의한다. 당시 한국 교회는 부활절연합예배 등 연합이 필요할 때는 NCC 계열과 비NCC 계열의 연대를 형성했다. 사안별 연합이었다. 그러나 한기총 창립 후 2000년대에 들어서면서부터 한기총은 교회협의 정식 파트너로 인정받기 시작했고, 대사회적 영향력을 갖추면서 복음주의 연합기구로 명성을 얻었다.

민주화 이후 교회협의 영향력은 상대적으로 줄어들고, 진보 정권이 들어서고 보수진영의 연합이 거세지면서 한기총은 더욱 적극적인 행보를 거듭했다. 광장으로 나가 정치집회까지 개최하면서 개신교의 '실력'을 드러냈다. 정부로서도 한기총은 좋은 파트너가 아닐 수 없었다.

명성이 높아지던 시점에서 한기총의 추락이 시작된 것은 '금권선거' 파동이다. 중대형회원교단 총무단의 추대로 대표회장을 선출하던 방식에서 직접선거로 전환하면서 금권선거 논란이 계속되어 왔다. 이 과정에서 합동측 후보가 잇달아 낙선의 고배를 마시고,

수차례 합동에서 대표회장 배출을 못하자 두 번이나 대표회장을 연임한 길자연 목사를 대표회장 후보로 추천하면서 한기총의 갈등은 본격화되었다. 길자연 목사의 3선을 반대하던 통합측 인사를 중심으로 대표회장 직무정지 소송이 진행됐고, 이후 한기총은 각종 소송전에 휘말리면서 법정에서 대표회장 직무대행을 파송하는 낯부끄러운 상황까지 연출됐다. 사회법에 의해 개혁의 기로에 놓인 한기총은 개혁정관이라는 7·7 정관을 채택하면서 회생의 길을 모색했지만 복귀한 길자연 대표회장이 정관을 다시 복귀시키고, 차기 대표회장을 홍재철 목사에게 넘겨 주면서 혼란은 가속화됐다. 7·7 정관의 폐기는 끝내 한기총의 분열을 불러 왔고, 회생 가능성에 대한 기대 역시 크지 않았다.

한기총의 혼란과 분열의 배후에는 소위 말하는 '장자교단'의 보이지 않는 갈등이 자리하고 있었고, 이단성 논란에 휩싸인 일부 교단들이 혼란을 틈타 내부로 진입하면서, 이 과정을 지켜본 교단들은 강하게 반발했다.

예장 통합과 합동, 백석, 합신, 고신, 침례, 기성, 예성 등 총 15개 중대형 교단이 탈퇴하거나 행정보류를 결정한 상황에서 한기총에 새로운 희망이 발견된 것은 '기독교대한하나님의성회'의 적극적인 개입, 즉, 이영훈 목사의 대표회장 취임이다. 합리적 복음주의자로 알려진 이영훈 목사는 한국 교회의 분열을 이대로 묵과할 수 없다는 책임감을 안고 한국기독교총연합회에 뛰어들었다. 그러나 이영훈 목사의 개혁은 쉽지 않아 보였다. 한국 교회 복음주의 연합기관이 두 개일 필요가 없다며 '대통합'을 선언했지만, 여전히 한기총의 이단해제는 발목을 잡는 부분이었다. 늦어도 정도를 걷겠다는 이영훈 목사의 개혁은 2015년 상반기 현재진행형이다. 일단 이단 재론을 위한 특별위원회를 구성하는 데 성공했다. 남은 과제는 한국 교회 전체의 의견을 얼마나 충실히 수용할 것인가에 달려 있다. 이 과제를 수행하고서야 한교연과 대통합 논의는 본격화될 것으로 보인다.

세 번째는 한국 교회연합이다. 7·7 정관 폐기 등 한기총의 파행 운영에 문제를 제기한 교단들이 지난 2012년 창립한 단체다. 창립 첫해에 사단법인까지 창립하며 자신의 지위를 굳건히 하고자 했지만, 한교연의 위상과 역할은 그다지 높은 평가를 얻지 못한다. 한기총 정상화를 표방했지만, 창립에 임박해서는 언제 그랬냐는 듯 별도의 단체로 차별화했다. 이 과정에서 일부 인사들이 '자리다툼'이 있었고, 초대 대표회장 선출부터 치열한 선거전이 일어났다. 개혁의 명분은 온데간데없이 한기총의 '아류'처럼 태동한 한교연은 급격한 세 불리기를 모색하며 한기총 이탈 교단들을 흡수하는 데 급급했다. 그러나 여전히 합동과 고신의 불참, 기하성의 가입 보류 등으로 절반의 복음주의 단체라는 한계를 벗어나지 못하고 있다.

제4의 기구설까지, 한국 교회 '춘추전국시대'

한기총과 한교연의 동반 추락은 복음주의권을 더욱 곤란한 지경으로 몰고 갔다. 연합기관의 분열은 한국 교회의 신뢰와 위상을 실추시키는 원인으로 지목되기도 한다. 대정부 창구도 없고, 기독교계의 단일화된 목소리도 내지 못하는 상황에서 교계는 스스로 부끄러움을 감추지 못하고 있다. '대표성'이 없는 한국 교회를 바라보는 외부의 시선도 안타깝지만 기독교계 안에서 '조급증'이 발동하면서 새로운 연합기구 창립 논의가 일어나고 있다. 정규 M.Div.과정을 운영하는 교단장끼리 '교단연합'을 만들자는 의견이 조심스럽게 일고 있다. 그러나 교회협과 한기총 등 기존 연합기관들의 견제 속에서 1년직 총회장들이 교단연합을 구성하는 일은 쉽지 않아 보인다.

이처럼 한국 교회 연합운동이 사분오열된 가운데 한기총과 한교연의 통합만이 대안이라는 목소리가 높아지고 있다. 새로운 연합기구는 결국 '제4의 기구'를 넘어서지 못할 것이라는 우려 섞인 전망과 함께 기존의 단체를 통합해서 하나로 만드는 일이 선행되어야 한다는 것이다.

중요한 것은 한국 교회 안에서 상당수 교단과 교회들이 건강한 연합기관을 갈망하고 있다는 사실이다. 극단 이슬람이 세력을 확대하고, 이단이 횡횡하며, 동성애 등 다원주의 물결이 우리 사회에 만연한 가운데 이미 대외적으로 구심점을 잃은 기독교는 공격의 대상이지 동정의 대상이 아니다. 심지어 정부에서조차 종교인 납세와 학사관 세금 폭탄 등 교회를 '부유한 사업체'로 바라보면서 압박을 가하고 있는 실정이다. 이런 대내외적인 공격 속에서 우리 스스로를 지켜 내지 않으면 교회의 존립이 어렵다는 위기감을 기독교계는 오래전부터 체감하고 있다. 교회를 지키고, 대정부, 대사회적 목소리를 높일 수 있는 방법은 '연합'밖에 없다는 사실을 직시하고 있다.

연합은 하나님의 준엄한 명령이다. 예수님께서는 십자가 죽음을 선택하면서까지 갈라진 형제들을 하나로 이어 주는 일에 혼신을 쏟으셨다. "우리와 같이 저희도 하나가 되게 하옵소서."(요 17:11)라는 말씀은 지금 우리 한국 교회를 향하신 예수님의 기도이자 요청이요, 명령이라는 것은 의심의 여지가 없다.

그나마 다행인 것은 장로교단 안에서 '교단 통합' 움직임이 일어나고 있다는 점이다. 예장 백석을 중심으로 일어난 '교단 통합'은 단순히 교세의 확장이 목적이 아니라 하나님의 명령에 순종해 200여 개에 이르는 장로교를 하나의 단일교회로 만들어야 한다는 공통의 과제로 확장되고 있다. 인간적인 기득권을 내려놓고 대화에 나선다면 통합은 그리 어려운 일이 아니다. 모든 교단의 통합이 어렵다면 장로교회부터 '연합장로교회'로 한 교단 다체제를 이루고, 나아가 '연합교회'로 여러 교파가 한 지붕 아래에 들어오는 날이 오기를 기대한다.

교회연합운동이 가능한 이유는 '성경을 정확무오한 하나님의 말씀으로 믿으며, 삼위일체 하나님을 경외하는 공통분모'를 통해서이다. 여기에 정치와 이념이 섞이면 연합은 어렵다. 교리와 신학을 내세워도 안 된다. 즉, 교회연합운동이 분열을 넘어 다시 하나의 힘을 회복하기 위해서는 '영적 갱신'과 '신앙적 소통'이 선행되어야 한다. '성령이 하나 되게 하신 것을 힘써 지키라'는 명령에 순종하는 참된 믿음의 대화만이 한국 교회를 하나로 묶어 낼 수 있다. 기득권을 내려놓고 하나님의 말씀에만 귀를 기울인다면 머지않아 교계를 대표하는 연합기구의 복원이 가능할 것이라 확신한다.

글쓴이	장형준 국장은 크리스천기자협회 회장을 역임하고, 기독교연합신문사 편집국장으로 활동하며, 20년 이상의 교계언론사의 생활을 통하여 한국 교회의 방향을 제시하고 있다.

08-2 지금은 종교개혁의 때이다

지금까지 한국 교회가 개혁을 논하지 않았던 때는 한 번도 없었다. 한국 교회의 개혁을 부르짖는 학자나 목회자들이나 성도들은 이구동성으로 종교개혁의 정신인 성경으로 돌아가야 할 것을 외치고 있다. 그런데 자기 자신의 사상과 삶이 비성경적이었음을 고백하거나 통회하는 사람은 아무도 없다. 도리어 모든 지도자나 평신도 할 것 없이 모두 자기 자신이 성경적이고, 복음적이며, 개혁주의적이라고 주장한다.

작금의 한국 교회는 개혁주의 교회라는 이름이 무색할 정도로 개혁주의와는 거리가 멀어져 가고 있다. 그러다 보니 민족을 구원하고, 사회를 변화시켜야 할 교회가 오히려 사회로부터 비판을 받는 지경에 이르고 있다. 우리 주 예수 그리스도에게 영광을 돌리기는커녕 욕을 보이고 있는 것이다. 이를 안타깝게 여기는 많은 사람들이 한국 교회는 새롭게 다시 개혁해야 한다고 요구하고 있다. 그런데도 한국 교회는 조금도 변하지 않고 있다.

변화가 없는 교회 개혁

"그래도 이건 아니다"라고 생각하는 뜻 있는 이들이 "교회 개혁"을 부르짖고 있다. 그런데도 아무런 변화를 찾아볼 수 없다. 왜 그런가. 그 이유는 교회를 개혁하겠다고 나선 소위 지도자들의 신뢰성에 문제가 있기 때문이다. 교회 개혁은 목회현장에서 기득권을 가진 신뢰받는 지도자가 앞장서야 한다. 한국 교회는 기득권을 가진 지도자들이 교회 개혁의 필요성을 말하면서도 그 기득권을 내려놓지 않고, 즐길 것 다 즐기고, 먹을 것 다 먹고 그 자리를 떠나거나 은퇴한 후에야 비로소 '교회 개혁'을 운운하니, 아무도 그를 신뢰하는 사람이 없다. 그의 발언은 하나의 넋두리에 지나지 않는다. 그래서 사람들은 "너나 잘하라"며 외면하고 있다.

이제 '성경적이다'를 판가름할 잣대마저 모호하게 되었다. 사람들은 자신들의 입지와 신앙의 내용을 정당화하기 위하여 성경을 자기편의에 맞게 주관적으로 해석하기 때문에 누구의 건의나 충고도 받지 않는다. 그래서 자기의 신앙을 절대화하고, 상대방을 용납하지 않거나 거부하는 상황에서 종교개혁의 정신인 성경으로 돌아가자는 구호도 맥없는 소리에 불과하게 되었다.

'개혁교회'는 개혁이 끝난 교회가 아니라 역사 속에서 끝없이 개혁하는 교회이다. 그러므로 한국 교회도 개혁이 필요하다. 그러나 누가, 무엇을, 어떻게 개혁하자는 것인가 하는 물음에는 구체적 안이 제시되지 않는다.

오늘 한국 교회 안에서, 교회의 공공성 회복이란 말이 회자되고 있다. 그것은 신앙공동체가 지녀야 할 공동체성과 사회적 연대성을 상실했기 때문이다. 한국 교회는 축복주의, 개교회주의, 성장주의, 이기주의에 집착한 나머지 공교회성을 잃어버리고 국민으로부터 외면받는 종교가 되었다. 그것은 한국의 기독교가 성직자 등 특정인의 사유물로 전락하고, 민족에게 희망을 주던 교회가 세상 속에서 빛을 잃어버리고, 소금의 역할을 감당하지 못한 결과이다. 이런 것을 통제할 수 있는 시스템의 상실은 교회를 사유화시키고 이단화시키고 사이비로 전락시키는 결과를 만들게 된다. 이것은 한국 교회가 공교회성을 상실하고 있다는 것을 단적으로 보여 주는 것이며, 사회와 유리되어 가고 있다는 것을 증명하는 것이다.

교회 개혁의 5대 과제

　종교개혁 498주년을 맞이하는 지금 한국 교회는 심각한 위기를 맞이하고 있다. 사회에 영향력을 잃어가고 있으며, 병든 시대를 고치고 바로 잡을 수 있는 영적 감화력도 떨어지고 있다. 종교개혁 498주년을 맞이하며 교회의 교회다움이 절실한 이때에 한국 교회의 회복과 개혁 교회로 거듭나기를 위하여 '교회 개혁의 5대 과제'를 다음과 같이 제안한다.

　첫째로, 무자격 목사안수 남발과 목회자 대량 양산의 개혁이다.

　교단의 분열과 함께 나타난 일부 교단과 선교단체의 무자격 목사안수 남발은 한국 교회가 안고 있는 가장 심각한 문제로, 차후 한국 교회를 혼란에 빠뜨릴 것이다. 정상적인 신학과 인격의 검증 없이 목회자가 양산되는 것을 막아야 한다. 그러나 한 교단에 하나의 신학대학이라는 등식이 깨지고, 거기에 대학원까지 우후죽순으로 늘어나고 있는 현실에서 그것은 어려워 보인다.

　현재 대학 당국은 "교단에서 알아서 하겠지" 하는 안일한 생각을 갖고 있고, 교수들은 정년이 보장되어 있기에 불구경하듯 하고, 교단은 교세를 키우기 위해 목회자를 계속 대량 배출하는 등식을 따르고 있다.

　교단과 신학대학 스스로 구조조정에 나서야 한다. 먼저는 각 교단이 자율적으로 자기 구조 갱신을 이루어야 하고, 신학대학들도 구조조정을 통하여 한국 교회와 한 공동체라는 의식을 갖고 정상적인 테두리 안에서 함께하려는 의지와 노력을 경주해야 할 것이다

　둘째로, 현재 진행 중인 대형 교회의 교회 대물림, 즉, 세습의 개혁이다.

　이는 한국 교회가 겪고 있는 가장 심각한 문제이다. 교회 세습은 공교회(公敎會)를 사교회(私敎會)로 전락시키는 행위로, 목회자의 사적(私的) 욕심에서 비롯된다. 이 문제는 사회로부터 도덕적·윤리적 지탄을 받아왔으나 장정개정을 통해 '세습금지법안'을 통과시켜 교단의 면모를 새롭게 하였고, 예장 통합교단과 기장교단이 이에 가세함으로 한국 개신교의 자정(自淨) 능력을 보여 주었다. 이제 예장 합동 교단의 결의에 뒤이어 타교단과 한국 교회가 여기에 응답할 차례이다.

　세습은 이 시대의 십자가를 함께 지고 가는 동료 목회자들에게 심리적 박탈감의 원인

이 될 뿐 아니라 소명의식을 약화시키는 이유가 되고, 목회자가 되려는 신학도들에게 사역의 길을 포기하게 만드는 원인이 되고 있다. 세습 목회는 한국 교회를 불행케 하는 일로, 세습을 시도하려는 교계의 일부 세력들의 어떠한 행위와 시도도 허용해서는 안 될 것이다.

세습을 구약의 제사장직의 대물림과 연결하여 정당화하려는 시도가 있으나 이 역시 옳지 않다. 왜냐하면 구약의 제사장직은 하나님께서 아론 가문에게만 맡기신 것이고, 신약의 제자와 사도, 감독직은 특정 가문에게 맡기지 않으셨다(딤전 3:1-7). 신약성경에서는 주의 일이 가문적으로 내려오지 않았다. 사도직이 자녀에게 승계된 경우가 신약성경 어디에 있는가?

세습은 하나님의 뜻을 묻기 전에 이미 혈연으로 담임목사가 결정되는 것이다. 이것은 인간의 혈연을 하나님의 뜻보다 앞세우는 것이므로 잘못이다. 교회법에 의하면 교회의 정당한 평가와 결의에 따라 담임목사가 결정되어야 하는데 담임목사의 자녀라는 이유로 후임목사가 된다면 교회법을 어기는 것이다. 세습을 하겠다는 생각은 교회의 결의와 무관하게 이미 결정된 것이기 때문이다.

또한 세습은 담임목사직을 지원한 다른 사람과 공정한 경쟁을 허락하지 않으므로 불공평한 일이다. 예수님도 예수님의 혈연을 '가족'이라고 부르지 않고 하나님의 뜻대로 하는 자가 예수님의 가족이라고 하심으로써, 신자들은 다 같은 가족이고 다 공평한 위치에 있다고 가르쳐 주셨다. 그런데 담임목사의 자녀라는 이유로 후임목사가 된다면 그것은 불공평하고 악한 일이다.

담임목사가 큰 교회로 발전시킨 공로를 인정해서 그의 자녀에게 특혜를 주어도 된다는 생각은 비신앙적인 발상이다. 교회를 성장케 하시는 분은 오직 하나님이시다. 그런데 교회 발전의 공로를 목사에게 돌리는 것은 하나님의 역사를 사람의 힘으로 돌리고 하나님의 영광을 가로채는 비신앙적인 자세이다.

셋째로, 지도자의 의식 개혁이다.

지난해 각 교단 총회에서 드러난 일부 교단의 비윤리적이고 도덕성을 상실한 행위는 한국 교회 전체에 해악을 가져왔다. '성총회'는 교단과 교회의 도덕성과 영성을 평가하는 우선적 기준이다. 그런데 일부 교단에서 불거진 지도자급 인사의 비윤리적 행태나

연금재정 의혹 건이나 찬송가 공회 문제 등은 한국 교회가 갖고 있는 투명성에 오점을 남기고 있다.

또 총회에 용역을 동원하거나 출입기자들의 취재 및 언론보도를 막은 행위는 상식이 결여된 것으로, 이를 바라보는 양식 있는 신앙인들을 아연실색하게 하였다. 사회를 비판하고 정화해야 할 교계 지도자의 리더십이 사회보다 오히려 뒤처져 있다는 증거이다. '총회장'이라는 직책이 정치투쟁의 전리품으로 전락하는 것은 한국 교회 모두를 위하여 불행한 것이다.

총회에서 목회자의 정년 연장 시도 등은 한국 교회의 역사를 후퇴시키려는 반시대적 행위로 용인되기 힘들 것이다. 한국 교회는 그 어떠한 희생을 감수하고서라도 도덕성과 신뢰성 회복을 반드시 이루어 내야 할 개혁의 과제로 삼아야 할 것이다.

넷째로, 빗나간 이단논쟁의 개혁이다.

상대의 다름을 이단시하는 것은 교계를 분열시키는 중대한 범죄가 된다. 연합기관의 이단 문제는 '오직 성경'에 근거하여야 하고 신중하고도 신학적이며 객관적이어야 한다. 정치적 판단이나 힘에 의해 '정치적 이단'을 만들면 공신력을 인정받기 힘들고 오히려 비난거리가 되기 십상이다.

현재 연합기관들의 이단 논쟁은 소모전에 불과하다. 그러기에 분열과 이단 시비로 나가기보다는 연합과 하나 되는 길을 모색해야 할 것이다. 특히 한국 교회에 가만히 스며든 신천지 등 분명한 이단 문제에 대해서 공동대처가 시급하다.

다섯째로, 연합운동의 개혁이다.

한국 교회의 대표적 연합기구는 금권선거와 타락선거 등으로 얼룩져 쪼개졌고, 보수와 진보는 균형점을 찾지 못하고 서로를 헐뜯는 데 혈안이 되어 있다. 그러면서 부활절 연합예배가 두 개로 나눠지고, 두개의 찬송가 발행으로 분열의 모습을 더해 왔다. 이제는 이런 분열의 악순환으로 한국 교회와 역사 앞에 부끄러움을 남기지 말아야 할 것이다. 그러기에 한국 교회의 미래를 생각하는 교계지도자들이 함께 모여 머리를 맞대고 기도하며 연합운동의 새 장을 열기 위해 대타협을 이끌어 내야 할 것이다.

이제는 나서야 할 때이다

이제는 한국 교회의 개혁을 위해 40-50대 현장 목회자들이 나서야 한다. 16세기 종교 개혁에 참여한 개혁자들은 하나같이 30-40대 젊은 목회자들이었다. 앞길이 창창한 젊은 사제들과 유능한 신학자들이 교회의 개혁이 필요하다는 데 뜻을 같이 한 것이다. 심지어 그들은 '이단'으로 몰려 교회에서 쫓겨나고 일신상의 위협을 감수하면서도 교회의 개혁이 더 중요하다고 판단한 것이다.

루터와 쯔빙글리는 34세, 칼빈과 오이콜람파디우스는 35세, 뮌쩌는 27세, 부처는 26세, 헤디오는 23세, 멜랑히톤은 22세에 개혁운동에 참여했다. 이들은 로마교회의 전통과 가르침을 그대로 따르기만 하면 주교도 되고 대주교도 되고, 법관도 되고 교수도 되어 사회적 지위를 누리며 당당히 살 수 있는 지식인들이었다. 그런데도 그들은 동료사회의 손가락질을 받으며, 자신들의 보장된 지위를 버리고 하나님의 말씀에 충성하고자 했다.

한국 교회도 진정으로 개혁이 필요하다면 젊은 목회자들이 나서야 한다. 그런데 개혁을 논의하는 교계의 어떤 모임에도 젊은 목사들을 찾아보기 어렵다. 모두가 이미 은퇴한 사람들만 모여 교회가 왜 이 모양이 되어 가느냐며 개탄하고 있는 것이다.

한국 교회의 미래를 진정으로 걱정하는 사람이라면 지금 자신이 지닌 기득권과 리더십을 최대한 활용해 교회 개혁에 영향을 미쳐야 한다. 목사의 목회생활은 짧지만 교회의 역사는 오래도록 이어져야 한다. 개혁신앙을 외면하거나 교회 안에서 자기 의나 소영웅주의에 빠져 있어서는 미래가 없다.

500년 전 개혁자들의 생명을 바친 개혁운동이 없었다면 우리는 아직 예수 그리스도의 복음을 접하지 못했거나 기독교를 만났다 하더라도 로마화한 변질된 기독교를 예수 그리스도의 참된 교회인 줄로 믿고 있었을 것이다. 그런 의미에서 우리는 그들 개혁자들에게 많은 빚을 지고 있다. 우리가 이 시대 교회를 바로 세우지 않고 후손에게 물려 주는 것은 그 빚을 갚지 못할 뿐 아니라 우리의 사명을 다하지 못하는 것이다.

종교개혁 500주년이 다가오고 있다. 마르틴 루터가 종교개혁의 횃불을 든 지 498년!

아직도 교회의 개혁은 끝나지 않았고, 그때의 문제는 오늘의 것으로 그냥 남아 있다. 루터나 칼빈이 살던 시대나 오늘날이나 인간은 모두가 부패성을 갖고 있고 죄인이라는 점은 다를 바 없다. 그러므로 교회의 개혁은 끊임없이 계속되어야 한다.

이제 한국 교회의 목회자, 성도들은 신앙적인 주체의식을 갖고 두 눈을 부릅뜨고 영적 판단력과 분별력을 가져야 한다. 날마다 개혁신앙을 갖고 자신을 개혁해 나감으로 영적 지도력, 즉, 영적 권위를 회복해야 한다. 지금 한국 교회는 개혁정신을 회복하며 교회의 본질을 보여 주어야 할 시점에 와 있다.

참고자료

이성덕, 『종교개혁 이야기』 (경기: 살림출판사, 2006)

조성기, 조용석 편역, 『종교개혁과 현대 오이크메네』 (서울: 한들출판사, 2010)

도널드 디머레이 편집, 윤종석 옮김, 『루터에게 듣는다』 (서울: 두란노, 1992)

강춘오, "종교개혁 496주년을 돌아본다" 인용, 「교회연합신문」 (서울, 2013. 10. 16.)

| 글쓴이 | 정성진 목사는 거룩한빛광성교회 담임목사이며, 한국 기독교 선교 130주년 대회장 및 광복 70주년 준비위원장을 맡고 있다. |

08-3 동로마제국의 멸망과 한국 교회 연합운동의 미래 전망

한국 교회는 과거 조국의 등불과 축복의 시온소 역할을 했다. 3·1 운동의 발화점이 된 기미독립선언서를 발표한 33명 중 16명이 기독교인이었다. 당시 우리나라 기독교 인구는 2%도 안 되었다. 그런데 기독교 인구 중 90%가 만세 시위에 참여했다. 뿐만 아니라 독립운동을 이끌었던 유관순, 남궁억, 안창호, 조만식, 서재필, 이승만, 최기철, 박관준, 이시영 등이 다 기독교인이었다.

대한민국 정부 초대 대통령인 이승만 박사도 장로였으며, 제헌 국회에서 개회기도를 했던 이윤영 의원도 목사였다. 또한 한국 교회는 6·25 전쟁의 폐허 속에서 대한민국을 일으키고 경제 발전과 민족중흥 운동에 앞장서는 원동력이 되었다. 노벨경제학상을 받은 케임브리지대 교수 아마르티아 센은 국가가 부흥할 때는 먼저 기독교의 영적 부흥이 선행이 되었다고 말한다. 또한 중국 베이징대 엔써 경제학 교수도 20세기 초 교회가 부흥되고 기독교 복음 전파가 활발하게 전파되었던 곳이 경제가 발전했다고 역설했다.

미국도 1, 2차 대각성운동 이후에 세계 최강국 일류국가가 되었다. 이것을 중국 경제학자들이 알고 한국을 중국 경제성장의 모델로 삼아 중국 종교성에서 한국 교회 부흥운동을 연구했다고 한다. 그만큼 한국의 눈부신 경제성장의 저변에는 한국 교회의 폭발적인 영적부흥운동이 있었다는 반증이다. 그래서 한국 기독교 선교 100주년을 맞는 지금 한국은 OECD 10위가 되었으며 G20 정상회의 의장국가가 되는 경제대국이 되었다.

그런데 민족 부흥의 진원지요, 발흥의 원천이었던 한국 교회는 점점 침체와 쇠퇴의 징조를 보이고 있다. 미래학자 최윤식 박사는 그의 저서 『한국 교회 미래 지도』(생명의 말씀사, 2015)라는 책에서 한국 교회는 잔치하는 시대가 끝나 버렸다고 경고한다. 그는 한국 교회가 이대로 가다가는 500만, 아니, 300만으로도 줄어들 수 있다고 예견한다. 그런데 지금부터 10년이 아주 중요하다는 것이다. 그러므로 한국 교회는 큰 교회건 작은 교회건 위기의 원인과 변화의 내부 진원지를 빨리 파악하고 부지런히 미래 해법을 찾아야 한다. 본 글은 한국 교회 쇠퇴의 원인을 교회 분열의 관점에서 살펴보며, 동로마제국 패망의 역사를 거울 삼아 경고적 교훈을 얻고자 한다. 왜 동로마제국은 비참한 최후를 맞았는가, 그리고 오늘날 한국 교회 연합운동에 어떠한 교훈을 주고 있는가.

동로마제국 멸망의 원인과 한국 교회 연합운동에 주는 교훈

동로마제국은 왜 멸망했을까? 그 원인을 살펴보면 다음과 같다.

첫째로, 동로마제국이 멸망한 것은 복음의 본질을 잃었기 때문이다. 로마가 기독교를 공인하고 국교화하자 예수를 안 믿는 사람은 바보가 되는 사회가 되어 버렸다. 그래서 아데미 종교를 섬겼던 제사장들이 먹고 살 길이 없으니 불만이 폭발하기 시작했다. 그러자 기독교에서 예수의 어머니 마리아를 여신으로 신성시하면서 이들을 정치적으로 달래며 타협하기 시작하였다. 그러다가 431년 에베소 회의에서 교부 시릴에 의해서 마리아의 신성을 논의하기 시작한다. 그래서 동로마제국의 교회는 성경은 가르치지 않고 성화를 통해서 성경을 가르치기 시작했다. 당시 12개의 교육용 성화를 가지고 예수님의 생애를 가르치는 것이 보편적이었다.

그러자 소수의 성화반대파는 계속 성화숭배가 우상숭배라고 주장했다. 그러나 계속해서 동방교회는 성경보다는 성화가 그들의 신앙세계를 지배하게 했다. 이처럼 동로마교회는 복음의 본질에서 이탈하기 시작하였다. 그런데 7세기 후반부터 이슬람 세력이 커지면서 동로마 제국의 변방을 조금씩 정복해 오기 시작했다. 그러자 성화반대파들이

"비잔틴 제국이 힘을 잃어 가는 것은 교회가 성화를 숭배했기 때문이다. 이번 전쟁의 패배는 우상숭배를 했기 때문이다"라고 소리를 치며 개혁의 기치를 높였다.

결국 성화반대파가 레온 2세와 결탁해서 성화숭배파들을 몰아내고 교권을 잡게 되었다. 그렇다면 이때라도 성화반대파가 본질 개혁을 했다면 좋았을 것이나 성화반대파도 교권을 잡자 복음의 본질보다는 교권에 눈이 멀고 말았다. 그때 성화숭배파의 지도자들은 갑바도기아에 가서 와신상담을 하며 성화를 그리고 있었다. 그런데 또 세월이 흘러 성화숭배를 지지하는 황제가 나타나서 성화숭배파와 손을 잡고 성화반대파를 몰아냈다.

이처럼 동로마교회는 복음의 본질을 잃어버린 채 끊임없는 성화 논쟁을 일삼으며 분열하고 다투었다. 그러다 보니 교회도 힘을 잃어버리고, 국가의 힘도 서서히 쇠퇴하기 시작했으며, 그 넓은 비잔틴 제국의 영토가 조금씩 튀르크족들에게 점령당하게 되었다. 콘스탄티노플의 전성기 때에는 도성 안에 살았던 인구가 100만 명이나 되었다. 그러나 멸망 직전에는 5만 명의 인구밖에 남아 있지 않았다. 급기야 성화반대파 중 1만 5천 명의 기독교인들이 돈을 받고 오스만 튀르크의 군사가 되어 버렸다. 당시 콘스탄티노플을 지키는 군사는 7천 명밖에 안 되었다는 것을 볼 때 얼마나 큰 타격이었겠는가. 교권을 잡은 기득권층 기독교인들을 얼마나 증오했으면 그들이 이슬람과 손을 잡고 콘스탄티노플을 무너뜨리는 일에 앞장을 섰겠는가. 그들이 복음을 아는 진정한 기독교인이었다면 어떻게 그렇게 할 수 있었겠는가. 결국 동로마제국은 기독교도들에 의해서 망하게 된 것이다.

지금 한국 교회도 복음의 본질을 잃어버린 채 얼마나 비본질적인 기득권 싸움과 내부 파워게임을 하며 갈등하고 분쟁하고 있는가. 겉으로는 개혁을 외치고 정의와 윤리, 도덕을 말하지만 그 속에는 바벨탑의 욕망이 감추어져 있다. 그래서 그 욕망에 기인하여 주도권을 잡기 위해 끊임없이 교회를 흔들고 분열시킨다. 그러다가 변방으로 밀려났다고 생각하는 사람들이 교회를 개혁한다고 세상의 시민단체나 외부 세력과 손을 잡고 합세한다. 그리고 언론 플레이를 하고 법정 싸움까지 한다. 그들의 외적 캐치프레이즈는 교회 개혁과 하나님의 정의를 외치지만 결과는 교회 이미지를 추락하게 하고 교회를 침몰시키며 공멸의 나락으로 떨어뜨리고 있다.

둘째로, 교회가 끝없는 분쟁과 싸움을 하며 연합하지 못했기 때문이다. 메흐메드 2세의 아버지인 무라드 2세는 동로마제국과 상호 불가침 평화협정을 맺고 위장된 안정을 심어 주면서 내부적으로는 치밀하게 전쟁 준비를 해 왔다. 콘스탄티노플로 가는 해역에 루멜리성을 지어 놓고 서방 기독교와 심지어는 러시아의 배들까지 통행을 차단시키며 동로마제국을 고립시켜 나갔다. 뿐만 아니라 무라드 2세는 동로마의 제국 귀족과 서방 기독교 국가의 왕의 딸 등 독실한 기독교인들과 정략결혼을 하여 친이슬람세력으로 만들어 갔다. 메흐메드 2세 역시 그의 아버지가 비잔틴 주교(목사)의 딸과 결혼하여 낳은 아들이었다.

그런데도 동로마제국은 계속 내적 분쟁과 싸움만을 일삼으며 연합하지 않았다. 실제로 메흐메드 2세는 콘스탄티노플 도성을 점령한 후에 성 소피아 성당의 문을 열면서 이렇게 외쳤다. "내가 어릴 때 나의 어머니에게 배웠던 기독교는 평화의 종교였다. 그런데 왜 너희들은 한 하나님을 섬기고 같은 예수님을 믿으면서도 늘 싸우기만 한단 말이냐. 그래서 내가 너희들에게 알라의 이름으로 평화를 주러 왔노라." 이 얼마나 수치스럽고 부끄러운 이야기인가?

서방 기독교 국가와의 관계도 마찬가지였다. 동로마제국이 함락되기 전에 황제 마누엘 2세가 위기를 직감하고 서구 기독교 국가들에게 도움을 구하러 순방하였다. 그러나 서구 기독교 국가들은 교리가 다르다고 외면하였다. 그래서 동로마 황제는 구걸 외교를 하게 된다. "형제들이여, 우리가 다 똑같은 기독교인이 아닙니까? 교리가 좀 다르면 어떻습니까? 만약에 콘스탄티노플이 망하게 되면 언젠가는 유럽도 다 이슬람화가 되어 버리고 말 것입니다. 그러니 제발 도와주십시오." 그렇게 구걸을 해도 그는 냉소와 질시만 받고 말았다.

그러나 훗날 이런 일도 있었다. 이슬람이 동로마제국을 점령하자 서구 유럽과 교황청까지 점령하려고 30만 명의 군사를 거느리고 출정했다. 그 전투가 유명한 비엔나전투였다. 당시 비엔나에는 1만 5천 명의 군사밖에 없었다. 그러나 유럽의 관문인 비엔나가 무너지면 유럽 전체가 이슬람화가 되어 버릴 상황이었다. 그때 베네치아의 수도사였던 마르코가 목에 핏대를 올리며 호소했다. "여러분, 유럽 교회가 하나가 되어 이슬람을 물리쳐야 합니다. 그렇지 않으면 서유럽도 동로마처럼 이슬람화되어 버리고 말 것입니다." 그래서 서구 기독교 국가와 교회들이 총집결하기 시작했다. 특별히 오스트리아와 정치적으로 사이가 좋지 않았던 폴란드의 왕 얀 소비에스키가 직접 군사를 이끌고 나와서 비엔나전투를 총 지휘했다. 비엔나가 무너지면 폴란드도 무너지고, 유럽의 기독교가 다 무너질 것이기 때문이다. 그리하여 얀 소비에스키는 이슬람의 30만 군대를 초토화시켜 버렸고, 그 결과 이슬람은 쇠퇴하기 시작했고 기독교는 유럽 전역에 찬란한 부흥의 꽃을 피웠다.

그런데 오늘날 한국 교회는 여전히 지나치리만큼 편집증적인 전통과 교리적 자존심에 때문에 서로 싸우며 연합하지 못하고 있지는 않은가. 물론 우리는 성경의 객관적 권위와 축자 영감을 부인하는 주장이나 종교다원주의 사상을 절대 용납해서는 안 된다. 그럼에도 불구하고 기독교가 연합해야 할 때는 반드시 힘을 모아야 한다. 한 하나님을 믿고 예수 그리스도의 구원 진리를 고백한다면 약간의 신학과 교리의 차이가 나도 그들이 이단이나 이슬람 세력보다는 더 낫지 않는가. 바로 그 연합의 힘이 한국 교회를 지켜주고 조국의 영적 버팀목이 될 수 있기 때문이다. 교회사를 보면 신학이나 교리를 앞세울 때는 항상 분열과 다툼이 있었다. 그러나 사랑과 섬김을 앞세울 때는 교회가 하나 되고 연합하였다. 그러므로 이제 분쟁과 다툼을 그치고 무조건 연합해야 한다.

셋째로, 하나님 중심이 아닌 자기 중심적 신앙을 가졌기 때문이다. 웨스터민스터 대, 소요리문답의 제1문에 보면, 인생의 목적은 하나님을 기쁘시게 하며 영원토록 그를 즐거워하는 것이라고 했다. 우리의 신앙은 하나님을 기쁘시게 하며 하나님이 목적이 되어야 한다. 우리는 언제나 먹든지 마시든지 하나님의 영광을 위해 살아야 하며 살아도 주를 위해 살고 죽어도 주를 위해 죽어야 한다(고전 10:31, 롬 14:8). 그럼에도 불구하고 신앙이 자기중심적이 되어 버리면 탐욕과 탐심이 생긴다. 그래서 자기 욕망을 채우기 위한 신앙생활을 하기 시작한다.

동로마교회의 역사가 그랬다. 성화반대파가 교권을 잡을 때도 어떻게 하면 하나님을 기쁘시게 하고 하나님께 영광을 돌릴 것인가 하는 것에는 전혀 관심이 없고 성화숭배파를 짓밟는 데만 정신을 쏟았다. 성화숭배파는 처음에는 성화를 교육용으로 그렸지만 나중에는 성화를 팔아먹으면서 교회 성직자들이 제사보다는 젯밥에 더 관심을 갖게 되었다. 그래서 당시에 교회 성직자가 되는 것은 부와 권력과 성공의 상징이었다. 그러다 보니 성직자들 역시 하나님께 영광 돌리는 일보다는 자기 사욕을 채우는 데만 관심을 두었다. 탐욕에 물든 동로마제국의 모습 속에서 오늘 이 시대의 자화상을 다시 바라볼 수 있어야 한다. 한국 교회는 내 이익보다는 하나님의 영광과 그 이름이 목표가 되고, 함께 서민의 옷을 입으며, 소외되고 낮은 곳에 있는 자들을 포용하며 섬겨야 한다.

넷째, 지도자의 지도력 부재나 무능한 리더십 때문이다. 동로마제국은 전성기 때는 황제의 리더십이 파워가 있었다. 그런데 황제의 리더십이 떨어지고 무능해지면서 제국은 쇠락의 길로 가게 되었다. 그러나 콘스탄티노플을 점령한 메흐메드 2세는 유능하고 리더십이 출중했다. 그의 명령이라면 일사불란했고, 절대로 'No'가 없었다. 메흐메드 2세 자신도 명철하고 지혜로우며 카리스마가 있었지만 모든 각료와 부하들이 무조건 따르고, 'Yes'만 했다. 그래서 그는 나중에 콘스탄티노플을 점령하고 나서 최초로 파티(Fatih), 즉, 정복자라는 칭호를 받았다.

그런데 콘스탄티누스 11세는 너무 유약하고 무능한 사람이었다. 하나님 앞에 늘 울면서 기도한다고 하지만 너무 감상적 신앙에 빠져 있고 자기 연민에 빠져 있었다. 저녁마다 꿈을 꾸면 꿈속에서 죽은 황후와 만나서 "황후여, 너무나 보고 싶소, 난 너무 힘들다오." 이런 무능한 푸념만 하고 있었다. 제국의 황제라면 백성들의 마음을 설득하여 군사를 모집하고 국방력을 강화해야 하지 않겠는가. 아니, 방위성금이라도 모금하여 화약을 만들어 튀르크군보다 더 강력한 대포를 쏘아야 하지 않겠는가. 그런데 지도자가 자기 연민에 빠져 눈물만 흘리고 있었으니 제국의 미래가 어떻게 되었겠는가.

그런데 그렇게 황제를 무능하게 했던 사람들이 동로마의 각료와 종교지도자들이었다. 콘스탄티노플 도성이 풍전등화의 위기에 있을 때 로마 교황청에서 이시도르스라는 대주교를 보내서 "우리가 군대를 파송해 주겠으니 대신 너희들이 우리와 하나를 이루어야 한다"고 했다. 그런데 말이 그렇지 이 말은 동방정교회가 로마 교황청에 굴복하고 예속하라는 것이다. 그래도 황제는 제국의 등불을 꺼트리지 않기 위해 성 소피아 성당에서 사인을 하고 동서합동 예배를 드렸다. 그러나 당시 노타라스라고 하는 대공이 왕의 리더십을 따르지 않았다. 또 동방정교회 지도자인 게오르디오스와 스쿨라리우스, 겐나디오스 등이 백성들을 선동하였다. "여러분 우리가 옛날 십자군 전쟁 때 서방 십자군들에게 얼마나 수치와 모욕을 당했습니까? 그런데 우리가 뭐하려고 합칩니까? 황제가 노망을 한 것입니다. 그러니 우리가 황제를 따르지 맙시다. 로마 교황청과 우리가 합치게 되면 우리는 교황청에 예속됩니다. 추기경의 모자를 쓰느니 차라리 술탄의 터번을 씁시다." 그러자 황제가 서명을 하는 날, 주교와 각료들, 백성들도 오지 않았다. 황제의 최측근들만 일부 온 것이다. 이처럼 동로마제국 황제의 리더십은 완전히 땅바닥까지 추락한 상황이었다. 그래서 결국은 나라도 망하고 교회도 망하고 노타라스 대공을 비롯한 반대자들까지 다 공멸해 버리고 말았다. 아니, 그들의 자녀들까지 다 비참하게 처형당했다.

그런데 오늘날 한국 교회는 지도자의 지도력 부재에도 원인이 있지만, 지도자를 끌어내리는 풍조가 만연해 있다. 평생 모셔왔던 아버지 같은 영적 지도자나 원로를 하루아침에 끌어내리려 하고, 세상 법정에 고발하고 고소까지 한다. 그리고 교계 역시 연합기관이 나눠지고 통일된 지도력을 발휘하지 못한다. 그러므로 한국 교회가 다시 연합하기 위해서는 지도자의 지도력이 회복되어야 한다. 그러기 위해서는 먼저 지도자들이 뼈를 깎는 고통을 감내하며 영적 리더십을 행사해야 한다. 동시에 지도자를 존경은 못할지언정 무시하고 끌어내리려는 풍조도 사라져야 한다.

그래도 교회가 이 시대의 희망이다

동로마제국 멸망사는 한국 교회 연합운동을 위한 미래적 경고요, 교훈이다. 이제 한국 교회가 다시 연합하기 위해서는 먼저 복음의 본질을 회복하고 연합과 일치를 이루어야 한다. 또한 하나님 중심의 신앙과 지도자의 리더십을 회복되어야 한다.

한국 교회여, 이제 분쟁과 싸움을 그치고 연합하자. 거친 폭풍을 헤치며 민족복음화, 통일조국, 세계 선교라는 더 큰 바다, 소망의 항구를 향해 나아가자.

글쓴이	소강석 목사는 새에덴교회 담임목사로, 미국 낙스신학교에서 목회학 박사학위를 취득하였고, 한국문인협회 시인 및 칼빈대학교 석좌교수로 한국 교회 차세대 대표 목사로 주목받고 있다.

08-4 세계 교회의 변화와 한국 교회의 연합운동

지금 한국 교회가 위기다. 사회적 신뢰도가 땅에 떨어져 전도가 막히고 교인수마저 감소하고 있다. 세계에서 가장 빨리 성장했지만 가장 빨리 노화 혹은 퇴화하고 있다고 진단받고 있는 한국 교회는, 이제 종교개혁 500주년을 앞두고 먼저 자기 자신을 철저히 개혁해야 할 때다. 위기의 원인은 여러 가지가 있으나 그중 중요한 것 하나가 바로 뿌리 깊은 개교회주의와 분열주의다. 한국 개신교회의 교단수는 무려 2백 개가 넘으며, 극심한 내부 분열과 갈등에 시달리고 있다.

예수께서는 이 땅에서 드리신 마지막 기도에서 "아버지여, 아버지께서 내 안에, 내가 아버지 안에 있는 것같이 그들도 다 하나가 되어 우리 안에 있게 하사 세상으로 아버지께서 나를 보내신 것을 믿게 하옵소서"(요 17:21)라고 기도하셨다. 분열된 교회는 예수께서 하나님과 한 분임을 증언할 능력이 없다. 이제 교회연합(에큐메니컬)운동은 21세기 한국 교회를 살리고 재도약하게 만드는 가장 중요한 일이 되었다.

'에큐메니컬'(ecumenical)운동이란 무엇인가?

'에큐메니컬'(ecumenical)이라는 말은 신약성서에 15번 사용된 그리스어 '오이쿠메네' (oikoumene)에서 유래한 말로 '사람이 살고 있는 온누리'를 뜻한다. 내 교회, 내 교단, 내 지역이 아니라 사람이 살고 있는 온 누리, 곧 지구 전체를 사고의 지평으로 삼으니 그것은 태생적으로 포용적이고 개방적이다. 그런데 한국 교회 안에서 이런 에큐메니컬(교회 연합)운동과 정신이 고양되기 위해서는 먼저 우리가 '에큐메니컬'이 '에반젤리컬'의 반대라는 잘못된 도식부터 극복해야 한다. '에큐메니컬'의 반대말은 '에반젤리컬'(evangelical, 복음주의)이 아니라 '섹테리언'(sectarian, 분파주의)이다. 분파주의란 자기 교파의 신앙체험과 고백만이 유일한 진리인 것처럼 주장하는 고답적이고 배타적인 태도를 말한다. 이에 반해 에큐메니컬이란 교파적 신앙고백의 부분성을 인정하고 세계적 지평에서 그리스도를 통한 연합을 이루려는 운동이다. 그것은 곧 자기 초월과 자기 비움의 신앙적 결단이다.

이러한 '에큐메니컬'은 철저한 '에반젤리컬'이다. 에반젤리컬이란 예수 그리스도의 '복음'(evangelion)을 최우선시 하고 거기에 모든 것을 헌신하는 삶과 신앙을 말한다. 예수 그리스도의 복음은 그가 공생애를 시작하시면서 선포하신 이른바 '사명선언'(Mission Statement)에 잘 나타나 있다. "주의 성령이 내게 임하셨으니 이는 가난한 자에게 복음을 전하게 하시려고 내게 기름을 부으시고 나를 보내사 포로된 자에게 자유를 눈먼 자에게 다시 보게 함을 전파하며 눌린 자를 자유롭게 하고 주의 은혜의 해를 전파하게 하려 하심이라."(눅 4:18-19) 여기 예수께서 말씀하신 것들, 곧 포로된 자에게 자유를 주고, 눈먼 자를 보게 하며, 억눌린 자를 자유롭게 하는 것들이 바로 '복음적 이상'이며, 한국 교회와 세계 교회의 역사에서 에큐메니컬운동은 언제나 이 복음적 이상의 구현을 위해 앞장 서 왔다. 예수님은 "그들의 열매로 그들을 알리라"(마 7:20)고 말씀하셨다. 에큐메니컬은 '탈복음주의'도 '후기 복음주의'도 혹은 '세속주의'도 아니다. 그것은 예수 그리스도의 복음에 가장 충실하려고 하는 지극히 복음적인 운동이다. 에큐메니컬을 에반젤리컬에 반대되는 말로 오해하는 이분법적 도식부터 극복해야 한국 교회의 연합운동이 시작된다.

기독교 근본주의는 왜 위험한가?

에큐메니컬의 반대는 에반젤리컬이 아니라 섹테리언(분파주의)이라고 했다. 그런데 이 분파주의의 뿌리는 기독교 근본주의(fundamentalism)라는 신학이다. 근본주의는 단순한 보수주의가 아니다. 미국 기독교 근본주의 연구의 대가 조지 마르스덴(George M. Marsden)이 지적한 것처럼, 기독교 근본주의란 전투적이고 호전적인 보수주의로서, 한마디로 자신이 믿는 근본적 교리를 수호하기 위해서는 전쟁을 치를 각오도 되어 있는 사람들이다. 기독교 근본주의는 본래 기독교 자유주의(liberalism)와의 수준 높은 신학적 논쟁에서 시작되었다. 하지만 1930년대 이후 미국의 근본주의는 점차 편협하고 독선적이며 비난과 정죄를 일삼는 '배타적 분리주의' 혹은 '호전적 분리주의'로 변모하고 말았다. 본래 '불신앙'(자유주의)으로부터 분리를 추구하던 운동이 자신의 교리에 동의하지 않는 모든 이들로부터 분리를 추구하는 '싸움과 분리'의 진흙탕 운동이 되어 버린 것이다. 당시 '크리스천 투데이'(Christian Today) 지가 보도했듯이, "원래 높은 수준의 신학적 논쟁에서 시작한 근본주의가 고양이와 개 싸움으로 전락"한 것이다. 불행히도 이 싸움을 위한 싸움, 분리를 위한 분리가 1950년대에 한국에서 재현되어 오늘날 한국 교회는 극심한 교파주의와 분열주의로 고통받고 있는 것이다.

몇 년 전 타계한 세계 복음주의의 거장 존 스토트 목사는 자신의 저서 『복음주의적 진리 Evangelical Truth』에서 기독교 근본주의와 복음주의를 구분하는 10가지의 유용한 잣대를 제시했었다.

첫째로, 근본주의는 반지성주의 경향을 보이지만, 복음주의는 인간의 지성 역시 하나님이 주신 것으로 소중하게 여긴다. 둘째로, 근본주의는 문자주의에 치우치지만, 복음주의는 성경의 비유와 시적 표현 등을 인정하고 문학적 방식을 따라 해석한다. 셋째로, 근본주의는 성경의 영감을 기계적으로 받아들이지만, 복음주의는 하나님께서 성서의 저자들이 가진 재능을 충분히 사용하셨다고 본다. 넷째로, 근본주의는 성서의 본문이 자신을 위해 쓰인 것처럼 직접 적용하려 들지만, 복음주의는 성서의 문화적 맥락을 고려하고 현재 상황에 맞게 적용하려고 노력한다. 다섯째로, 근본주의는 교회연합(에큐메니컬)을 거부하지만, 복음주의는 세계교회협의회(WCC)에 대해 비판할 것은 비판하면서 지지할 것은 지지하는 분별력을 발휘한다. 여섯째로, 근본주의는 자신의 생각과 맞지 않는 어떤 집단과도 교제를 거부하지만, 복음주의는 교리적 순수성을 지키면서도 관용의 시작으로 바라본다. 일곱째로, 근본주의는 세상의 가치와 기준을 무비판적으로 답습하거나 배척하지만, 복음주의는 세상을 본받지 않되 세상을 변화시키기 위해서도 헌신한다. 여덟째로, 근본주의는 사회적 차별을 옹호하는 경향이 있지만, 복음주의는 인종적·사회적·성적 평등을 실천한다. 아홉째로, 근본주의는 교회의 소명이 단순히 복음의 선포라고 주장하지만, 복음주의는 전도를 우선하되 사회적 책임도 외면하지 않는다. 마지막 열째로, 근본주의는 종말에 대해 지나치게 교조적이고 세세하지만, 복음주의는 종말을 믿고 기다리면서도 세부사항에 대해서는 불가지론을 편다.

근본주의가 위험한 것은 그것이 보수주의여서가 아니다. 그것이 이슬람 원리주의처럼 극단적이고 폐쇄적이며 호전적인 분리주의이기 때문이다. 바로 이 근본주의라는 신학적 뿌리에서 자라나온 것이 분파주의(섹테리언)이다. 분파주의는 각 교파의 신앙고백의 다양성을 인정하지 않고 "하나의, 거룩한, 보편적, 사도적 교회"를 추구하지도 않는다. 다만 복음을 사유화한다. 불행히도 이러한 근본주의는 지난 20세기의 현상이었고 또 21세기에도 지속될 '지구적 종교'이다. 사실 기독교 근본주의는 단순한 종교적 현상이 아니라 사회적이고 정치적인 현상이다. 한마디로 그것은 "통절히 느껴지는 무질서에 직면하여 질서를 주장하는 것"이다. 근본주의는 앙시앵 레짐(구체제, ancien régime)이 해체된 후에 도래한 낯선 세계에 대한 불안을 먹고 자란다. 불확실성의 시대를 살면서 사람들이 단순하고 확실한 '하늘로부터 오는 표적'(마 16:1, 막 8:11, 눅 11:16)을 구할 때마다 나타난다. 바로 이러한 근본주의를 우리가 어떻게 극복하느냐가 바로 교회연합(에큐메니컬)운동의 미래요, 관건이라 할 수 있다.

변화하는 에큐메니컬운동 그리고 한국 교회의 교회연합운동

지금 세계 교회의 지형이 변화하고 있다. 기독교의 인구학적 중심은 처음에 예루살렘에서 소아시아로, 지중해 일대로 그리고 유럽으로, 이후 북미로 옮겨 갔다. 아직도 기독교는 유럽과 북미가 중심인 것처럼 여겨진다. 하지만 지금으로부터 약 40년 후인 2050년대가 되면 전 세계 30억 명의 기독교인 가운데 50% 이상은 아프리카에, 그다음 남미와 카리브 해에, 그다음은 아시아에 그리고 마지막으로 유럽과 북미에 살고 있을 것으로 예상된다. 이것은 세계 교회의 거대한 지형변화다. 하나님께서는 지금 세계 기독교의 촛대를 옮기시고 계신 것이다(계 2:5). 이 기독교의 인구학적 이동의 중심에는 아프리카와 남미와 아시아에서 꾸준하게 성장하고 있는 오순절운동과 복음주의교회들이 있다.

이러한 지형변화에 발맞춰 세계 교회의 연합(에큐메니컬)운동도 변화하고 있다. 지금까지의 전통적인 세계 에큐메니컬운동은 기성 개신교단들과 정교회가 중심이었다. 하지만 이제 오순절운동과 복음주의로 에큐메니컬운동이 확장되고 있다. 세계 교회협의회(WCC)는 이미 세계복음주의연맹(WEA)과 긴밀히 협력하고 있으며, 오순절교회와도 깊은 대화를 나누고 있다.

이러한 세계적인 변화 속에서 바로 지난 2013년 가을에 세계교회협의회(WCC)의 제10차 총회가 한국의 부산에서 열렸다. 전 세계의 수많은 나라 가운데 한국이 WCC의 총회장소로 선정된 데에는 특별한 이유가 있었다. 한국은 기독교 인구가 적은 아시아 국가이면서 인구의 4분의 1인 기독교인이고, 가장 높은 개신교 비율을 자랑하면서 종교 간 평화를 이루고 있다(다른 나라처럼 종교 간 유혈분쟁이 없고). 또한 놀랍게도 에큐메니컬과 에반젤리컬과 정교회와 오순절교회, 나아가 가톨릭까지 이미 서로 협력하고 있는, 그래서 세계 교회가 21세기에 나아가고자 하는 방향을 이미 제시하고 있는, 21세기 세계 에큐메니컬운동의 새로운 패러다임을 이미 보여 주고 있는 참으로 독특한 나라이다. 일부에서는 극심하고 격렬한 반대가 있었고, 일치와 연합을 추구하는 행사가 오히려 분열과 갈등을 조장했다는 비판도 있었지만, 눈을 들어 세계적인 큰 변화의 추세 속에서 바라보면 하나님께서는 역설적으로 가장 배타적이고 폐쇄적인 분파주의로 횡횡하는 한국 교회를 통해 예수께서 이 땅에서 마지막으로 드리신 그 고별기도에서 간구하신 제자들의 하나 됨과 교회의 일치의 새 역사를 시작하신 것은 아닐까 생각해 본다.

아직도 한국 교회 안에서 교회연합(에큐메니컬)운동을 논하는 것은 쉽지 않은 일이다. 왜냐하면 이 세계 그 어느 곳보다 배타적이고 원리주의적인 신앙이 강한 곳이 한국이기 때문이다. 너와 나의 다름을 인내하면서 차이를 차별하지 않고 서로 존중하는 사회를 만들기에는 우리의 역사가 너무나 고단했나보다. 상호소통 능력이 빈약한 '가부장 문화'와 '군사주의 문화'에 배타적인 '근본주의 신학'까지 결합하면서 한국은 에큐메니컬운동이 꽃피우기 척박한 토양이 되었다. 하지만 바로 그렇기 때문에 에큐메니컬 정신과 운동을 가장 필요로 하는 곳이 한국이라 할 수 있을 것이다.

오늘날 한국 교회가 처한 절대 절명의 위기를 있는 직시하는 사람이라면 더 이상 분열과 경쟁과 팽창과 성장의 모델이 한국 교회가 나아갈 길이 아님을 인정하지 않을 수 없다. 섹테리언(분파주의)에서 에큐메니컬(교회연합)로의 회심, 바로 그것이 지금 한국 교회 앞에 주어진 과제다. 교회의 일치와 연합을 위한 에큐메니컬운동은 교단통폐합운동도 아니고 하나의 획일적인 수퍼처치(super church)를 만들려는 기획도 아니다. 그것은 "몸 가운데서 분쟁이 없고 오직 여러 지체가 서로 같이 돌보게"(고전 12:25) 하려는 지극히 성서적인 정신이자 운동이다. 그것은 "분열이 있는 곳에 일치를" 달라는 성 프란체스코의 기도이자 그 무엇보다도 "아버지여 아버지께서 내 안에 내가 아버지 안에 있는 것 같이 그들도 다 하나가 되어 우리 안에 있게 하사 세상으로 아버지께서 나를 보내신 것을 믿게 하옵소서"(요 17:21)라고 하신 우리 주 예수 그리스도의 바람이자 분부이다.

한국 교회는 이제 과거의 오해와 갈등과 상처와 아집을 털어버리고, 인간의 지혜보다 높으신 하나님의 약속을 믿으며 세계 교회가 한국 교회 안에서 찾고자 했던 그 길, 21세기 새로운 에큐메니컬 운동을 향한 길을 믿음으로 달려갈 때다.

참고자료
김기홍, 『프린스톤 신학과 근본주의』(서울: 아멘서적, 1992)
신종철, 『한국장로교회와 근본주의』(서울: 그리심, 2003)
김성원 기자, "존 스토트 목사가 제시한 근본주의-복음주의 차이," (국민일보, 2011.8.1.)
김성건, "종말론 대두에 관한 사회학적 분석," 김성재 편, 『밀레니과 종말론』(서울: 한국신학연구소, 1999).

글쓴이	장윤재 교수는 이화여자대학교 인문과학대학 기독교학부 교수(조직신학 전공) 및 교목으로 재직하고 있다.

한국 교회 연합운동의 방향
: 교단연합기관을 중심으로

한국 교회는 현재 300개 내외에 이르는 교단이 분열과 결합을 지속적으로 행하면서 존재하고 있다. 이 가운데 한국 교회를 대표할 수 있는 주요 공교단의 수를 25개 내외로 본다. 공교단의 기준은 교육과학기술부에서 인가받은 신학대학 및 대학원 또는 대학원대학교를 직접 운영하고 있느냐를 기준한다.

공교단을 중심으로 결성된 단체를 연합기관이라고 지칭하는데 한국기독교교회협의회(이하 교회협)와 한국기독교총연합회(이하 한기총), 한국 교회연합(이하 한교연), 한국장로교총연합회(이하 한장총) 등을 꼽을 수 있다. 특수선교 목적을 위해 설립된 연합기관을 제외한 이들 연합기관은 한국 교회의 얼굴로서 대사회, 대정부에 대한 한국 교회의 목소리를 대변하는 기관이라고 할 수 있다. 그러나 현 시점에서 한장총을 제외한 연합기관 대부분이 그 역할과 기능, 책임을 감당하지 못하고 있는 아픈 현실에 직면해 있다.

이러한 현실에서 앞서 언급된 연합기관과 특수목적을 위해 설립된 연합기관 그리고 건강한 전문 단체와의 유기적인 협력 강화를 통한 연합운동 활성화를 심층적으로 모색해야 할 것으로 보인다.

한국 교회 연합기관의 현주소

우리나라 기독교를 이끌어 가고 있는 한국 교회 연합기관의 현실은 어떠한가?

우선 교회협의 현실을 살펴보자.

2014년 11월 23일 개최된 교회협 제64회 총회에서 김영주 목사의 총무 연임이 최종 확정됐다. 2014년 10월 한국기독교회관에서 열린 교회협 제62회기 제4회 정기실행위원회에서의 주된 관심은 김영주 목사의 교회협 총무 연임 건이었다.

결과는 실행위원 제적 80명 가운데 김영주 목사가 과반 이상인 44표를 얻어 총무 연임의 관문을 통과했다. 하지만 선거과정에서 결석위원 14명이 교체된 것이 예장 통합측으로부터 문제로 제기됐다. 교체 실행위원들의 표심이 김영주 목사의 연임을 이끌어 냈다는 주장이다. 실행위원 교체는 관례적이라는 측과 실행위원 선임은 총회의 헌장을 위반한 불법이라는 측이 상호 충돌한 것이다. 불법 여부를 떠나 몇몇 관계자들에 의해 김영주 목사를 차기 총무 후보로 통과시키기 위한 움직임에 대해 일부 실행위원들이 동의한다는 데 그 심각성이 있는 것이다.

교회협 총무의 정년은 만 65세다. 김영주 목사의 경우 4년 임기를 다시 시작할 경우 정년 1년을 앞두고 퇴임해야 한다. 일부에서 나이 제한 규정위반이 강하게 제기됐지만 김영주 목사는 결국 총무 연임에 성공했다. 총무 후보를 출마시켰던 예장통합측은 교회협의 회의 및 집회에 불참하는 사실상의 행정보류 상태를 지속하고 있다.

교회협은 김영주 목사가 총무 연임에 대한 개인의 욕구는 충족했지만 한국 교회 진보진영을 대변해 온 연합기관으로서의 위상을 더 추락시켰다. 교회협이 창립 90주년 신학선언에서 밝힌 "한국 교회를 새롭게 해야 하는 책임 감당"은 당분간 기대하기 어려울 것으로 전망된다.

이러한 결과에 대해 대한예수교장로회 통합측도 그 책임에서 자유로울 수가 없다. 교회협 회원 교단의 상당수 실행위원들의 반예장 통합측 정서가 결국 김영주 목사의 총무 후보자격에 다소 문제가 있음에도 지지를 하게 된 배경이라는 데 동의하기 때문이다. 예장 통합측에게는 대교회협 활동, 즉 에큐메니컬운동의 근본적 진단과 장기적 발전방안 모색이 큰 숙제로 주어진 셈이다. 교회협 내 활동에 대한 예장 통합측의 지형의 현실을 감안할 때 기독교대한감리회의 역할에 대한 필요성이 제기되고 있다.

교회협과 더불어 한국 교회 보수진영을 대변해 온 한기총이 처한 어려운 환경도 만만치가 않다. 2012년 홍재철 대표회장 체제의 한기총은 한국 교회 주요 교단들에서 이단으로 규정한 다락방전도협회 류광수 목사와 평강제일교회 박윤식 목사(2014년 12월 소천)에 대해 이단해제를 추진하면서 결국 '한국 교회연합'이 출범하는 명분을 제공했다.

이어 2013년에는 류광수 목사와 박윤식 목사에 대해 신학검증을 통해 이단성이 없다는 결론을 내리자 합동측은 한기총 탈퇴로 대응했다. 한기총은 예장 합동측의 탈퇴로 그동안 자임해 온 한국 교회 보수진영의 대표기관마저 상실하게 됐다. 홍재철 대표회장 주도의 사적 기관으로 전락한 것이다.

이러한 상황에서 기독교대한하나님의성회(여의도측) 총회장 이영훈 목사(여의도순복음교회 담임)가 2014년 9월 한기총 임시총회에서 제20대 대표회장으로 당선됐다. 연합기관의 기능을 상실하고 있던 한기총에 새로운 에너지를 공급하게 된 이영훈 대표회장은 취임의 변으로 "한국 교회의 영적지도력 회복과 연합을 이루는 데 매진하겠다"라면서 "한기총을 떠난 모든 교단의 조건 없는 복귀"를 촉구했다.

한기총을 이탈한 주요 교단들은 왜 이영훈 목사가 한기총 대표회장직을 맡았는지에 대한 궁금증을 가지면서 이영훈 대표회장의 조건 없는 복귀 요청에는 냉랭한 분위기다. 류광수, 박윤식 목사 건에 대한 분명한 입장 표명과 해결이 우선이라는 시각이 지배적이다. 우여곡절 끝에 이영훈 대표회장측은 2015년 2월 27일에 열린 한기총 임원회에서 홍재철 목사가 대표회장 재직시 이단에서 해제한 박윤식, 류광수 목사 등과 관련한 '이단 검증특별위원회' 설치를 통과시켰다. 그러나 한기총 이탈 주요 교단들의 한기총 복귀는 당분간 어렵다는 것이 대체적인 여론이다. 혹 예상하는 이상의 결과가 도출되어 상당수 이탈 교단들이 복귀하더라도 예장 합동측이 합류하지 않을 경우 한기총의 위상 회복의 노력은 큰 의미를 부여받지 못할 것이다. 한교연 대표회장 양병희 목사는 한기총과의 원칙적인 통합은 언제든지 환영한다는 입장이지만 논란이 되고 있는 류광수, 박윤식 목사 등의 이단 문제 해결을 전제로 하고 있다.

한기총의 이단해제 문제로 야기된 갈등에서 2012년 3월 출범한 한국 교회연합은 나름대로의 위상을 세워가고 있지만 한국 교회를 대변하는 연합기관으로 평가받기에는 아직은 시기상조다. 출범 당시 한기총 정상화를 위한 수식을 전제하고 한교연을 임시기구로 창립한 태생적 한계에서 자유로울 수가 없다. 한교연이 한기총 회원이었던 주요 교단 대부분을 한교연으로 이동시키는 데는 성공했다. 하지만 한교연은 한기총과의 결합과 더불어 대한예수교장로회 합동측을 회원교단으로 이끌어 내지 못한다면 한교연 또한 한국 교회 보수진영을 대표기관으로 공인받기 힘들다.

한교연과 한기총의 숙제를 풀어가기 위해서는 가장 중요한 위치에 있는 예장 합동측의 역할이 절실하다. 예장합동측은 연합활동을 앞장서 섬기는 기능에 있어서 유연성과 탄력성을 발휘하지 못하고 있다. 그 이유는 교단 내 여러 계파 구조에서의 한계성, 영호남 세력 간의 정치구조, 특출한 지도력 부재 등이 공론화되고 있다. 한국 교회 200여 장로교단 중 예장 통합측과 한국기독교장로회 등을 제외한 대부분이 합동측에서 분열되어 나온 교단이거나 분열된 교단에서 또 다시 나뉘어진 교단이다. 이런 측면에서 예장 합동측은 한국 교회 연합운동 활동에 있어서 한국 교회 최대 교단의 비중에 상응하는 책임을 선도적으로 감당해야 한다는 교단적 공감대 확산이 요청된다.

한국 교회의 연합운동 어디로 향할 것인가?

그렇다면 한국 교회의 연합운동이 나아가야 할 방향과 그 방법은 무엇인가?

첫째로, 형제 교단 간의 통합과 교류협력 프로그램 제도화가 필요하다.

한국 교회의 건강한 연합운동은 분열의 과정을 거친 형제 교단들이 먼저 하나 되는 길을 찾는 것이 중요하다.

한국 교회는 대한예수교장로회 합동측과 대한예수교장로회 통합측 양 대형 장로 교단이 어떠한 행보를 보이느냐에 따라서 연합운동의 풍향이 흔들리는 게 현실이다. 장로교 중심의 한국 교회 교세 분포 지형에서의 현실이라는 점에서 우선 양 형제 교단이 정례적인 만남의 장이 마련되는 공동 프로그램 실행기반 구축이 절실하다.

더불어 예장 합동측은 또 다른 형제 교단인 예장 고신측, 예장 합신측과의 지속 실행할 수 있는 공동 프로그램을 개발해야 한다.

예장 합동측은 2014년 11월 2년여간 유지했던 한장총에 대한 행정보류를 풀었다. 예장합동측이 교단 연합기관 중 유일하게 회원으로 참여하고 있는 곳이 한장총이다. 예장합동측 총회장 백남선 목사가 차기 한장총 대표회장을 맡는다는 점에서 한장총의 연합사업은 탄력을 받을 것으로 전망된다.

이러한 환경에서 한국 장로교 3대 교단으로 급성장한 예장 백석측은 장종현 목사가 총회장이 되면서 한장총뿐만 아니라 한국 교회 연합과 일치운동에 동력을 불어넣고 있다. 예장 백석측의 이러한 행보는 예장 대신측과의 교단 통합 추진으로 병행되고 있다는 측면에서 장로교를 넘어 한국 교회 전체에 하나 됨의 활력소를 제공하고 있다.

2014 한국 교회연합주소록에 수록된 한국 교회 교단수 252개 중에 장로교단이 무려 208개나 된다. 한국 선교 130년 역사의 여정에서 파생된 한국 장로교회의 부끄러운 자화상이다.

반면에 장로교 26개 주요 교단이 회원으로 참여하고 있는 한장총은 매년 '한국 장로교의 날', '한국 장로교단 신학대학 연합찬양제' 등을 개최하면서 장로교단 간의 연대의 틀을 견고하게 조성하고 있다. 한장총이 회원 교단들 간의 교류협력의 심화는 결국 한국 교회 전체 연합운동에도 간접적인 영향을 끼칠 것으로 예상된다.

성결교회도 형제 교단인 기독교대한성결교회와 예수교대한성결교회와의 교류협력의 장을 크게 확장해 나가야 한다. 대한기독교나사렛성결회를 포함하여 세 교단으로 구성된 한국성결교회연합회가 소속 교회들까지 참여하는 지속 가능한 공동 프로그램의 장을 넓혀 가야 할 것이다.

이른바 순복음이라 지칭되는 기독교대한하나님의성회(이하 기하성)도 마찬가지다. 현재 기독교대한하나님의성회는 여러 교단으로 갈라진 가운데 서대문측과 여의도순복음측이 중심축을 이루고 있다. 그동안 여러 차례 교단 통합을 결의했지만 추진과정에서 이견을 좁히지 못하고 실패를 반복해 왔다.

최근 양 교단은 통합의 대원칙에 동의하면서도 서대문측이 소유하고 있던 순복음교단의 역사와 상징성이 짙은 총회회관 매각과 관련하여 상호 충돌하면서 교단 통합의 대화가 중단된 상태다. 서대문측은 여의도순복음측이 매각 대화 중에 경매 참여를 통해 헐값에 총회회관을 매입하는 것은 비신사적 행위라면서 반발하고 있다. 양측이 이견을 해소하고 합의를 도출할 경우 교단의 통합은 의외의 열매로 귀결될 수 있다는 측면에서 관련된 핵심지도자들의 사심 없는 행보가 요구된다.

또한 여의도순복음교회 조용기 원로목사로 대변되는 기하성 양 교단의 통합이 성사된다면 조용목 목사로 대변되는 예수교대한하나님의성회와의 재통합도 재론할 수 있는 개연성이 있다는 측면에서 주목받고 있다.

둘째로, 특수선교 목적의 연합기관 발전 방안 모색도 시급하다.

2015년 한국 교회부활절연합예배는 한국 교회 주요 교단들이 중심이 되어 진행됐다. 수년 동안 교회협을 중심으로 한기총 때로는 한교연이 연대하여 부활절연합예배를 드려왔다. 이 과정에서 특정 연합기관이 주도하는 모양의 연합예배에 대해 일부 교단 관계자들이 불편함을 드러내 왔다는 점에서 새로운 변화임에는 틀림없다. 한교연이 교단 중심으로 추진된 금년 부활절연합예배에 적극적으로 협력한 반면 교회협과 한기총은 같은 날 각각 별도의 부활절예배를 드리는 풍경을 연출해 아쉬움은 남았다. 하지만 금번 부활절연합예배는 예장 합동측과 통합측, 기독교대한감리회 등이 함께하는 모양의 틀을 형성했다는 측면에서 긍정적으로 평가된다. 이후 해당 교단의 총회장뿐만 아니라 부총회장과 서기, 총무(사무총장) 등이 함께 참여하여 한국 교회 보수와 진보 진영이 함께하는 부활절 축제문화가 활성화를 될 때 연합운동의 지경이 넓어지게 될 것이다.

한국 교회 부활절연합예배를 위한 준비위원회 외에 특수선교 목적을 위해 설립된 교단 연합기관인 대한성서공회와 대한기독교교육협회, 대한기독교서회, 대한성서공회, 한국찬송가공회, 한국기독교군선교연합회, 한국세계선교협의회 등이 있다.

각 기관에서 실행되는 전문 분야별 활동이 투자 대비 효과를 위해서는 관계된 소속 교단 및 교회들과의 심층적 협력 강화가 요구되고 있다.

셋째로, 건강한 전문 단체들과의 연대사역이 활성화되어야 한다.

한국 교회에는 교단의 공식 결의를 통해 참여하는 연합기관 외에도 특별한 목적으로 위해 한시 또는 지속적으로 활동하는 건강한 단체들도 상당수 활동하고 있다.

한국 교회의 싱크탱크인 미래목회포럼과 교회의 국내외 사회복지 사업을 전문적으로 실행하고 있는 한국 교회봉사단을 비롯하여 한국창조과학회, 쥬빌리통일구국기도회, 평화통일을위한기독인연대, 한국 교회평화통일기도회, 한국기독교역사연구소, 한국기독교목회자협의회, 한국기독교환경운동연대, 한국 교회언론회 등 많은 단체들이 움직이고 있다.

교회협과 한교연, 한기총, 한장총 등 공적 연합기관들이 전문화된 이들 단체들과의 유대강화를 통해 전문 영역을 더욱 활성화하는 지원그룹으로 변화할 수 있는 유연성을 발휘될 때 한국 교회의 연합운동의 비전이 풍성해질 것이다.

"모든 겸손과 온유로 하고 오래 참음으로 사랑 가운데서 서로 용납하고 평안의 매는 줄로 성령이 하나되게 하신 것을 힘써 지키라."(엡 4:2-3)

글쓴이	이성철 원장은 C채널방송 미디어본부 방송본부장으로 재직 중이며, 한국기독교방송문화원 원장과 세계한인기독교방송협회 사무총장을 맡고 있다.

09
통일운동

09-1 통일에 대한 교회의 전략적 접근

2014년 독일을 국빈 방문한 박근혜 대통령은 통독의 상징 도시인 드레스덴에서 평화 통일 기반 조성을 위한 대북 3대 제안을 발표하며, '통일대박론'으로 국민들의 통일 열망에 불을 지폈다.[1] 박 대통령은 평화적 통일을 달성하기 위해서는 남북 간 교류협력의 확대가 가장 효과적인 방법임을 강조하면서 한반도 통일을 위한 장애요소와 이를 극복할 수 있는 실천적 과제들을 제시했다. 통일 문제가 사회적 관심의 우선순위로 부각되면서 언론과 시민사회에서도 평화적 통일의 경로와 수단을 둘러싼 토론도 활발하게 진행되었다. 북한 역시 남북관계 개선에 강한 의지를 표명하며 이산가족 상봉 행사를 개최하는 등 주목할 만한 움직임을 보여 주었다.

그러나 통일을 위해 얼마나 구체적으로 노력하느냐가 중요한 문제라고 생각한다.

한국 교회도 통일시대를 위해 준비해야 한다. 홍정길 목사는 "통일까지 시간이 얼마 남지 않았다"고 하면서, "교회들이 통일이 오게 해 달라고 기도는 하면서 실제 통일이 오면 어떻게 해야 할지 준비하지 않는다. 교회가 북한을 너무 모르는 경향이 있다"고 했다.[2]

성경적 관점에서 본 통일 준비

한국 교회의 통일운동은 정부나 사회단체의 통일운동과는 그 생각의 관점이 달라야 한다. 정부나 사회단체에서 제시하는 관점을 그대로 수용하거나 그들이 마련해 놓고 제시하는 프레임에 갇혀 무비판적으로 휘둘려서는 안 된다. 우리는 성경 가르침의 바탕 위에서, 기독교 신앙의 바탕 위에서 그들의 관점과 프레임 등을 평가해서 받아들일 부분은 받아들이고, 비평해야 할 부분은 비평하여 제시하고, 인도해야 할 부분은 그렇게 하도록 해야 한다.

하나님 중심의 통일운동은 먼저 하나님의 뜻이 하나님의 때에 하나님의 방법으로 이 땅에 이루어지기를 구하는 것이며, 통일운동을 통하여 하나님의 나라(하나님의 의의 통치)가 이 땅에서도 나타나기를 구하는 것이다. 따라서 '하나님께 속한 사람들을 도구로 삼아 우리의 통일을 주님께서 이루어 나가신다'는 굳은 믿음을 가져야 할 것이다.

하나님의 뜻을 구하는 점에서 우리는 먼저 "통일은 하나님의 뜻인가?"를 물어야 한다. 그리고 이에 대한 성경적 확신을 가져야 한다.

우리는 이웃을 사랑하고 나라와 민족을 사랑하고 공동체를 사랑하고 섬기는 운동을 함께 실천해야 한다. 아울러 통일에 대한 부정적 태도의 원인이 되는 통일에 따른 경제적 부담에 대한 염려와 남북의 이질감에 대한 염려 그리고 북한과 공산주의에 대한 혐오감(북한과 공산주의의 동일시)과 북한 정권에 대한 혐오감(북한 정권과 북한 주민의 동일시) 등을 구별하고, 또한 이를 위한 교회적·사회적 운동을 진행해야 한다.

통일시대를 위한 교회의 네 가지 전략적 접근

북한 사회의 독특함을 받아들이면서도 '하나님의 선교'(missio Dei)로 남북한 공동의 영성을 회복해야 하는 사명은 어떤 사역보다 중요하다. 남북한에서 함께 통일한국의 교회사를 이어가고 평양에서 일어났던 부흥운동과 각성운동을 회복하는 것은 우리 시대의 사명이다. 분단 이후 북한의 문화와 언어는 물론이고 세계관과 종교관도 다르기 때문에 피를 나눈 형제라는 이유만으로 그들에게 쉽게 다가설 수 없는 상황이다.

북한에서 복음을 전하는 일은 치열한 영적 전쟁(spiritual warfare)이 될 것이다. 그럼에도 우리는 그들 속으로 들어가야 한다. 때문에 전략적인 목회 준비가 필요하다. 준비하는 일은 실제 일을 진행하는 것보다 몇 십 배의 희생과 시간이 필요하다. '양병십년 용병일일'이라는 말이 있다. 하루전쟁에서 승리하기 위해서 10년을 준비한다는 말이다. 하나님도 준비된 자를 쓰시지 의욕만 가진 자를 사용하지 않는다. 한국 교회는 적어도 다음의 네 가지를 준비해야 한다.

첫째로, 탈북자들을 통일 역꾼으로 도와야 한다.

우리 사회에는 약 26,000명의 탈북자들이 있다. 이들도 포용하지 못하면서 어떻게 2,400만 북한 주민을 품을 수 있겠는가? 한국 교회는 이들부터 품어야 한다. 한 교회가 한 사람씩만 책임질 수 있다면 이것이 통일을 준비하는 첫걸음이라고 생각한다.

한국 교회는 사랑의 교제를 통해 정착을 도와야 한다. 성도들은 그들을 가정에 초대해 식사와 사랑을 나눈다. 직장도 알선해 주고 밑반찬도 챙겨 준다. 그들의 작은 돈을 교회에서 관리해 주며 은행보다 몇 배 높은 이자를 준다. 이는 자본주의사회를 경험시키고 적응을 돕기 위해서이다. 또한 전문가를 통해서 이들을 위한 의료법률 정착을 위한 상담도 돕고 있다. 갑자기 다가올지도 모를 통일시대에 이들은 이미 자유민주주의를 경험한 선배로서 통일의 충격을 줄일 수 있는 큰 자원이 될 것이라 확신한다. 특히 탈북자들은 생사를 걸고 넘어온 형제들이다. 이들을 돌보는 일이나 정착하도록 도움을 나누는 일이 통일의 큰 힘이라고 생각한다.

둘째로, NGO를 통해 남북교류가 활성화되도록 해야 한다.

북한을 지원하는 NGO의 70%를 교회가 감당하고 있다. 북한은 그동안 인도적 대북지원의 창구로 종교기관을 자주 활용해 왔다. 종교기관을 통한 인도적 대북지원은 상대적으로 정치적인 영향을 덜 받기 때문이다. 한국 종교단체들의 입장에서도 접근 자체가 쉽지 않은 북한 땅에 신앙의 씨앗을 뿌리는 것은 물론, 남북 교류협력의 장을 형성하여 통일한국으로 가는 과정에서 가교 역할을 할 수 있는 기회가 주어진다는 점에서 선호의 대상이 되었다.[3]

또한, 북한 사회의 변화라는 측면에서도 기독교 단체의 NGO 역할은 여러 가지 효용성을 발휘하고 있다. 우선 정치적인 차원에서 북한이 기독교 단체의 지원을 받는 것은 직접적인 경제적 이득이나 기술의 지원이라는 것 외에도 국제사회의 보편적인 특성을 접하는 기회를 제공해 준다. 그리고 북한의 국내 정치와 사회의 안정에도 종교단체의 대북지원은 긍정적인 역할을 한다. 또한 종교는 한 사회의 통합을 유지하는 가장 궁극적인 가치를 제공하는 기능을 한다. 따라서 기독교를 대표로 하는 종교단체들이 NGO를 통한 인도적인 대북지원 활동으로 민족의 일체감을 형성하는 데 중요한 역할을 한다고 평가할 수 있다. 그리고 기독교 종교단체들의 대북지원은 대부분 북한의 취약계층의 기아 문제를 해결하는 데 결정적인 역할을 함으로써 인도적인 차원에서 커다란 성과가 있었다.

셋째로, 통일헌금을 준비해야 한다.

이명박 전 대통령이 '통일세'를 제안했다가 논란이 된 적이 있다. 하지만 교회 차원에서 통일헌금은 필요하다. 우리는 점진적인 통일을 원하지만 우리의 소망과 달리 예상치 못한 방법으로 통일이 다가올 수도 있기 때문이다. 이럴 때 경제·사회적으로 부담이 클 수밖에 없다. 정부차원의 통일제원 마련과는 별도로 교회차원의 통일헌금을 준비할 시기라고 생각한다.

우리 교회는 매월 첫날 전 교인이 금식을 한다. 그리고 그날 하루의 양식으로 10년 전부터 통일헌금으로 준비하고 있다. 또한 북한 선교헌금을 하고 있다. 이러한 실천으로 성도들의 인식 속에 통일을 준비하는 마음이 각인되었다고 생각한다. 늦은 감이 있지만 총회도 통일노회를 구상하고 있고, 1년에 한 번씩은 전국 교회가 통일헌금을 해야 할 것이다.

넷째로, 통일기도회를 준비해야 한다.

하나님은 개인을 섭리하시고, 국가를 섭리하시고, 인류를 섭리하신다. 독일은 정치·경제·사회·문화 등으로 통일된 것이 아니다. 당시 전문가들은 20-30년이 지나도 독일의 통일은 불가능하다고 했다. 하지만 복음과 기도로 철의 장벽은 무너졌다. 군사력에 의존한 남북통일은 모두에게 불행이 될 것이다. 한반도도 독일통일처럼 복음과 기도로 이룰 수 있음을 믿어야 한다.

베를린 장벽을 무너뜨린 것은 기도였다. 한때 독일도 남한과 북한처럼 동독과 서독으로 분단되어 있었다. 하지만 1989년에 베를린 장벽이 무너지면서 독일은 통일이 되었다. 기도의 힘으로 독일이 통일되었다는 것은 누구나 공감하는 사실이다.

실제로 1981년 동독 라이프치히에서 시작된 월요기도모임은 9년간 촛불기도회로 이어지면서 결국 베를린 장벽을 허물고 통일을 이루는 계기가 됐다. 처음 7명의 성도들에 의해 시작되었으나, 이후 기도회에 사람들이 기하급수적으로 늘어나기 시작했다. 1989년 10월 23일, 라이프치히 평화기도회에는 30만 명이 운집하였고, 11월 4일에는 무려 50만 명이 모여 하나 된 독일을 요구했다. 이것이 베를린 장벽이 무너지는 계기가 되었다. 후일 동독 비밀경찰의 최고간부 '진더만'은 "통일을 막을 만반의 준비를 했었다. 그러나 한 가지를 생각하지 못했다. 그것은 교회에서 일어난 기도운동이다"라고 실토했다. 그렇다. 라이프치히 광장에서 시작된 기도가 도화선이 되어, 28년간 막혔던 철의 장막은 무너졌고 독일은 통일을 이루게 된 것이다.

기다리는 통일이 아니라 만들어 가는 통일로 가야 한다

이제는 정말 통일시대를 준비해야 한다. 한국 교회는 한반도의 통일을 주도적으로 이끌고 실질적으로 대비할 수 있는 역량이 절실하게 필요한 상황이다. 이상희 전략문제연구소장(전 국방장관)은 "기다리는 통일이 아닌 만들어 가는 통일로 가야 한다"고 주장했다.[4] 한국 교회는 갑자기 다가올지 모를 통일을 지금부터 준비해야 한다. 한국 교회는 통일시대를 이끌어 가겠다는 사명감을 갖고 신앙을 통해 작은 것부터 실천해야 한다.

한국 교회에서 신학생이 많이 배출되는 현상은 통일시대를 감당하는 일꾼으로 하나님께서 쓰시기 위한 준비라고 생각한다. 남북관계에서 기독교의 사랑과 지원은 민족에 대한 그리스도의 사랑과 통일시대를 위한 준비이다. 남한과 북한의 현실을 모두 경험하고 있는 탈북자들을 한국 교회가 한 사람씩 결연을 맺고, 정착을 도울 수 있다면 이들은 통일과 북한 선교에서 가장 중요한 자원이 될 것이다. 평화로운 한반도의 통일을 위해 남북관계의 '동반자', '조정자', '협력자'의 역할을 한국 교회가 감당해야 할 것이다.

이제 한국 교회는 통일시대를 위한 구체적인 전략을 준비해야 할 때이다. 통일 문제는 서둘러서 되는 일이 아니다. 그렇다고 포기해서도 안 된다. 우리가 흑백논리로 접근할 필요도 없다. 주체사상만이 존재하는 독재체재에서 예수를 믿느냐 안 믿느냐는 식으로 접근할 필요도 업다. 그저 기독교를 인식시켜 주기만 해도 된다. 통일은 남북 간 '신뢰의 형성'에서 시작될 것이다. 예를 들어 우리가 묵묵히 대북지원을 하면, 북한 사람들이 그냥 받는 것 같지만 다 어디서 보내는지 확인을 한다. 조선그리스도교연맹을 통해서 왔다고 하면 '조그런이 좋은 일 많이 한다'고 인정하는 것을 볼 수 있었다.

'통일은 어느 날 갑자기 다가올 수도 있다'고 전문가들은 예측하고 있다. 기다리고 있을 것이 아니라 준비해야 할 때이다. 북한 주민들은 종교적으로 마치 백지와 같아서 통일이 된 뒤에는 누가 먼저 복음을 전하느냐에 따라 종교가 달라질 것이다. 올림픽에서 100m 달리기 선수가 단 몇 초를 뛰기 위해서 4년이라는 시간을 피눈물 나게 준비하듯이, 우리도 준비해야 한다.

주

1   2014년 1월 6일 박근혜 대통령 신년기자회견.
     드레스덴 선언: 박근혜 대통령이 지난 3월 28일 독일 드레스덴 공대에서 발표한 한반도 평화통일을 위한 구상. ① 남북한 주민들의 인도적 문제 해결, ② 남북한 공동번영을 위한 민생 인프라 구축, ③ 남북 주민 간 동질성 회복 등 3대 제안을 담고 있다.
2   국민일보, 2007년 3월 25일 "북한 선교 빛과 그림자" 기획 특집
3   양병희, "북한 종교정책이 북한에 미치는 영향"(고려대 석사논문, 2008), p.84.
4   조선일보, 2014년 1월 22일.

글쓴이   양병희 목사는 영안교회의 담임목사로, 동북아한민족협의회와 한국교회연합 대표회장을 맡고 있다.

09-2 한반도 통일의 전망

2013년 10월 30일 북한에서 놀라운 사건이 발생했다. 김일성종합대학에서 엘벡도르지 몽골 대통령이 강연을 한 사건이었는데, 이것이 놀랄 만한 사건이라는 이유는 그 강연 내용에는 북한에서 감히 상상할 수 없는 파격적인 내용이 담겨 있기 때문이었다. 그는 이 강연에서 "자유는 개개인의 사람들에게 부여된 자산이다. 자유는 개개인으로 하여금 발전을 위한 기회와 변화를 찾고 그것을 실현하도록 만들어 준다", "어떤 폭정도 영원히 지속되지 못한다. 자유롭게 살려는 것은 인민의 욕망이며 그것이 궁극적인 힘이다", "자유란 사람이 실수를 할 수 있고 또 실수로부터 배울 수 있는 시스템이다", "몽골은 2009년 6월부터 사형집행을 완전히 중단했고 사형제도를 완전히 폐지했다. 21년 전에 몽골은 비핵지대를 선언했다"는 등 엄청난 내용들을 줄줄 쏟아냈다.[1]

북한의 변화와 개혁, 민주화를 주장하는 이러한 강연을 과연 누가 주선했을까? 김정은 정권이 첫 정상회담국으로 몽골을 선택하고, 몽골 대통령으로 하여금 김일성종합대학 청년들에게 이처럼 엄청난 자유의 바람을 불어넣으려고 했던 사람이 누구였을까? 아마도 장성택 부장이 아니었을까 싶다. 해명 요청을 받은 워싱턴의 몽골대사관 고위 외교관이 김정은과의 만남이 이루어지지 않은 이유나 김일성대 연설 배경에 대해 언급할 수 없다며 대답을 회피한 이유도 장 부장과의 관련 때문일 것이라는 의혹을 증폭시킨다. 북한의 변화를 추구하던 장성택은 김일성대의 청년 학생들에게 몽골 대통령의 입을 빌어 인간의 자유와 사형 금지, 비핵화를 성공적으로 추진한 몽골의 경험을 들려 줌으로써 북한 독재체제에 변화의 바람을 일으키고자 하지 않았을까 추측해 본다.

몽골은 사회주의 국가로서 작은 나라지만 개혁 개방을 성공적으로 추진한 대표적인 나라다. 북한은 언제나 중국의 개혁 개방과 비교하면서 중국은 큰 나라지만 북한은 작은 나라이므로 종심이 짧아 외부사조가 들어오면 전국으로 쉽게 퍼지기 때문에 모기장을 치듯 외부사조를 단속해야 한다며 김정일은 모기장 이론을 내세웠다. 그런데 몽골은 작은 나라이지만 체제개혁을 성공적으로 추진했으며 북한이 모델로 채택하기에 좋은 국가다.

북한 주민들의 움직임은 어떤가?

김정은 정권이 애초에 추구했던 경제건설 쪽으로의 중심 이동이 주민들이 생활과 의식에 그대로 반영되어 나타나고 있다. 2013년 서울대 통일평화연구원의 조사에 따르면, 북한 주민들은 과거와 달리 2012-13년에 경제가 호전되고 사회질서가 바로 잡히고 있는 것으로 인식하고 있다.[2] 김정은 정권 출범 이후 직장 내 생산규율과 사회질서가 회복되었고 지리적 이동과 한류접촉, 정치적 비판행위 등은 감소하는 안정 추세로 전환된 것으로 조사되었다. 물론 주민들의 장사경험은 탈북자들의 경험을 근거로 볼 때, 56.8%(2008년)→66.7%(2009년)→69.3%(2011년)→69.2%(2012년)→75.9%(2013년)로 꾸준히 증가하고 있고, 시장화가 가속화되면서 부자와 빈곤층이 함께 성장하는 빈익빈부익부 현상이 심화되고 있다. 또 상류층에는 200만 대의 휴대폰이 보급되어 있으나 생존의 위기에 놓인 빈곤층도 610만-900만 명이 존재하는 상황이며 보이지 않는 가치관과 개인의 생각은 자유를 추구하려는 욕망이 상승하고 있다. 그럼에도 불구하고 김정은 정권의 경제발전과 개혁정책이 주민들에게 상당한 영향을 미치고 있는 것으로 판단된다.

주민들 사이에서는 엘리트 집단에서와 같은 집단 갈등과 불만이 어느 수준이며 청년들의 데모나 주민 봉기가 일어날 가능성을 어느 정도로 보아야 하는가? 하나의 지표로 설명하면, 탈북 새터민 조사에서 "북한 주민들이 주체사상에 대해 얼마나 자부심을 가지고 있다고 생각하십니까?"라고 묻는 질문에 대해 '있다'고 답한 응답률은 약 64% 혹은 52%로 '없다'는 응답률 36% 혹은 48%에 비해 높게 나타났다. 최근 5년간의 추이를 보면, 63.7%(08년)→54.8%(09년)→59.8%(11년)→63.8%(12년)→51.9%(13년)로 등락하여 2013년 7월 현재 52%선을 유지하고 있다. 물론 80%의 수준을 유지하던 1994년과 비교하면 20년 사이에 30%가 낮아졌지만, 최근 몇 년간 50-60% 수준을 유지하고 있는 것은 주민들의 사상의식이 어느 정도 유지되고 있음을 증명한다.[3]

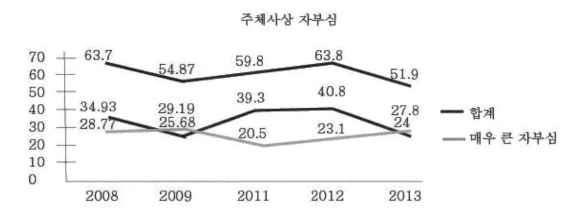

주체사상 자부심

김정은에 대한 지지도도 61.7%(13년) 수준으로 아직 주민봉기나 시위 가능성은 없을 것으로 판단된다. 김정일 위원장에 대한 주민들의 지지가 50% 이상이라고 평가한 응답자 비율이 49.3%(08년)→54.3%(09년)→55.7%(11년)→70.7%(12년)이었으며, 김정은 제1위원장에 대한 지지도 평가는 61.7%(13년)로 조사되었다. 사회 내적으로 김정은을 온화하고 개방적인 지도자로 부각시키고, 이를 통해 '인민사랑의 정치', 김일성 환생 이미지 창출을 시도하는 선전선동부의 활동이 작동하고 있기 때문이라 할 수 있다. 김정은 제1위원장이 김일성의 젊은 시절과 같이 머리를 짧게 깎고 나온다거나 현 지지도에서 지시를 하는 손짓이나 행동을 김일성처럼 함으로써 대중적 지지를 확보하는 선전전을 전개하고 있다. 부인 리설주를 대동하여 행사에 참여하고 모란봉악단을 통해 서구음악과 에니메이션을 방영하며, 농구선수 로드맨을 통해 대외 개방성을 과시하고 있다. 심각한 경제난과 시장화의 변화에도 불구하고 주체사상에 대한 자부심이 최근 연간에 급락하지 않고 유지되고 있다는 것은 북한 당국의 사상학습과 선전선동부의 활동이 그만큼 효과를 거두고 있는 것으로 평가할 수 있다.

동북아 정세와 남북관계는 어떠한가

작금의 한반도 문제는 2009년 7월 북한의 2차 핵실험 이후 중국의 대한반도 정책결정 이후 전개되고 있는 새로운 국면에 들어와 있다. 중국이 북한에 대해 경제·군사적 지원을 실시하고 북한을 안정화시킴으로써 북한의 비핵화를 달성하겠다는 중국식 해법을 제시하며 미국과 한국의 대북 압박을 통한 비핵화 해법에 정면으로 대응하고 있는 것이다. 중국이 이러한 결단의 시점을 다소 앞당겼던 배경으로 국제위기그룹(ICG)은 당시 김정일 위원장의 건강 악화로 인한 북한의 불안정한 정세에 개입해야 할 필요성이 커졌고, 미국이 금융위기를 겪으면서 8천억 달러를 빌려 주는 상황에서 한반도 문제를 치고 나올 수 있었다는 점을 지적한다. 사실 중국의 적극적 관여정책은 대체로 2013년이 될 것으로 예상했으나, 북한과 미국의 상황 변화가 발생하여 시점이 조금 앞당겨졌던 것뿐이다.

최근 일부 언론에서 북한이 2013년 2월 3차 핵실험을 단행한 이후 중국이 북한 붕괴와 한국 주도의 통일을 고려하고 있는 것처럼 보도되기도 했는데, 이러한 보도는 중국의 대한반도 정책에서 거의 영향력이 없는 일부 견해에 불과하다. 2013년 11월 서울대 통일평화연구원의 한중학술회의 결과, 베이징대 천펑쥔(陈峰君) 교수 등 중국의 주류학자들은 중국 정부가 북한을 설득해 줄 것으로 기대하거나 북핵 문제에만 매달리지 말 것을 권유했다. "박근혜 정부는 시진핑 정부의 중국이 북한을 더 압박하여 핵무기를 포기하도록 해 줄 것이라고 기대하고 있는데 그건 오산이다", "한미군사훈련을 계속하고 있는 한, 북한에게 핵을 포기하라고 설득할 명분은 없다", "한국은 한미동맹을 북한만을 염두에 두고 있지만, 중국은 미국이 우리를 겨냥하여 한국을 이용하고 있다고 보기 때문에 한미동맹을 단순하게 보지 않는다"는 의견을 개진하였다. 대신 남북한이 적극적으로 대화와 교류를 추진하라고 권유했다.

북한이 2012년 4월 헌법에 핵무기 보유국임을 명시하고 2013년 3월 31일에 '경제-핵무력 건설 병진노선'을 발표한 것이 중국이 이러한 입장을 곤혹스럽게 만든 것은 사실이다. 중국은 2013년 5월 말 최룡해 북한군 총정치국장을 중국으로 불러 북한이 '핵무력 건설'을 더 이상 공개적으로 언급하지 않는다는 선에서 타협이 이루어진 것이 아닌가 싶다. 북한은 2013년 8월 중국 광저우에서 개최된 학술회의에서 '핵무력'에 대한 발언을 극도로 자제하였으며, 2014년 신년사에서도 "당이 제시한 새로운 병진노선"이라는 표현으로 '핵무력 건설'에 대한 직접적인 표현을 피해 갔다. 핵무력 개발에 대한 공개적인 발언 때문에 불필요한 긴장이 조성되지 않도록만 관리하는 모드를 유지하고 있는 상황이다.

북한은 이러한 전략적 모호성을 유지하면서 지역자립 시장화와 특구 중심의 경제개발을 추진할 것이다. 주민들이 가장 필요로 하는 경제발전이 새로 들어선 김정은 정권의 안정성을 좌우할 것이므로 경제개발은 결코 소홀히 할 수 없는 국가적 과제이다. 뿐만 아니라, 군부와 조직지도부가 장성택을 제거한 이유가 자신들의 이권을 빼앗겼기 때문이 아니라는 사실을 증명하기 위해서라도 내각 중심으로 경제개발을 지도하는 '내각책임제'를 진지하게 추진해야 한다. 북한은 2013년 11월 2일 신의주특구와 송림, 와우도 수출가공구, 현동·홍남·위원 공업개발구, 북청·어랑 농업개발구, 만포·혜산·압록강 경제개발구, 신평·온성섬 관광개발구 등 13곳의 경제개발구를 공식 발표하였다. 새로운 시대의 희망과 비전을 상징화하기 위해 2013년 6월 북한은 30만 군병력을 건설인력으로 전환하여 문수물놀이장, 고층아파트, 승마장, 마식령스키장 등 건설사업을 추진했다. 이러한 맥락에서 신설한 특구와 개발구를 중심으로 외자유치 작업을 적극 추진할 것이다.

대외적으로는 주변국으로부터 핵보유국으로 인정받기 위해 핵개발에 대한 전략적 모호성을 유지하는 한편, 경제건설에 필요한 지원 확보 목적의 대남대화 및 공존정책을 추진할 것으로 보인다. 한국의 경제적 지원이 시급히 필요하지만 한국이 원하는 대로 끌려가지 않겠다는 의지를 피력하고 있으며 일본과의 수교협상을 진행하면서 한국과 미국을 초조하게 만들겠다는 전략도 구사하고 있다. 그러나 한국과 미국의 입장이 아직은 '관여정책'으로 돌아서지 않았고 '전략적 인내'를 지속하고 있어서 대화의 출구를 찾기 쉽지 않은 상황이다.

통일전망과 한국의 선택

　앞에서 보았듯이 북한이 아직은 내부 붕괴의 조짐이 심각하게 나타나지 않고 있고, 또 중국이 적극적인 관여정책을 펴고 있는 상황이어서 북한의 붕괴가 현실화된다고 해도 한국 주도의 통일은 시간이 꽤 걸리는 일이다. 뿐만 아니라 주관적으로 보아도 한국 사람들은 조기통일보다는 통일이 "불가능하다"(25.8%)거나 "30년 이상 걸릴 것"(18.3%)이라는 비관적 의견이 더 많다. 통일의 필요성에 공감하는 사람들도 55% 정도이며 23.7%는 이른바 '분리주의자'들이다. 특히 20대 젊은 세대들은 통일의 필요성에 공감하는 사람이 40%에 불과하며 통일을 반대하는 분리주의자는 30%에 이른다.

　이러한 상황에서 여러 제안을 할 수 있겠지만, 어떤 정책을 추진하든지간에 유념해야 할 세 가지 의견만 제시하려고 한다.

　첫째로, 앞으로 적어도 10년 혹은 20년까지도 북한체제가 유지된다고 보고 대북정책을 펴 나가야 한다. 탈냉전시기를 돌아보면 우리 사회 안에 끊임없이 북한붕괴론에 대한 기대와 환상이 압도하여 제대로 된 대북통일정책을 펴지 못했다. 1994년 김일성 사망 직후 북한이 곧 붕괴한다고 했고, 그후에도 김정일만 사망하면 모든 것이 해결될 것 같은 분위기를 연출하였다. 지난 20년 동안 체제가 유지되었기 때문에 앞으로 20년 동안 자동적으로 체제가 지속된다고 말할 수는 없지만, 보다 장기적 안목에서 대북정책을 펴야 할 필요가 있다. 동독의 붕괴가 갑자기 다가왔지만 역설적으로 말하면 서독이 그만큼 긴 호흡으로 정책을 추진했기 때문에 가능했던 것이기도 하다. 북한이 단기간 내에 붕괴할 것이라는 기대를 하며 기다리는 정책으로 일관하기보다는 지금부터 10년 혹은 20년을 염두에 둔 중장기 통일대북정책을 수립하고 펴 나가야 한다.

　둘째로, 통일을 준비하기 위해 한국 사회의 개혁과 변화에 초점을 맞추는 의식전환이 일어나야 한다. 통일이라고 하면 우리는 즉각적으로 '북한'에 초점을 맞춘다. 통일의 파트너가 북한이므로 북한에 대한 관심을 가져야 하고 북한체제가 민주화되고 더 개방되어야 함은 당연하다. 북한에 대한 부정적 의식이 통일을 방해하는 것이 사실이라 이해하지 못하는 바는 아니다. 그러나 북한에만 시각이 고정된 나머지 북한 때문에 아무것도 하지 못하는 어리석음에서 벗어나야 한다. 북한에 과도하게 집중되었던 시선을 한국과 한반도로 옮겨 분단체제의 한반도를 직시해야 한다. 분단체제 안에 놓여 있는 대한민국의 한계 상황, 지리적 폐쇄성과 경제군사적 비효율, 사회적 불안과 불신의 문제와 폐해를 보는 눈이 열려야 한다. 우리의 시선을 북한에서 대한민국으로 옮기면 우리는 북한이 좋든 싫든 우리의 미래를 열어 가기 위해 통일비전을 갖게 되고 이 비전을 실현하기 위한 전략으로서 북한을 상대한다는 현실감각이 생겨날 것이다. '통일이 미래다'(「조선일보」), '통일은 대박'(박근혜 대통령) 담론에 많은 사람들이 호응하는 이유도 바로 한국이 처한 이러한 한계상황에 대한 인식 때문일 것이다.

셋째로, 북한의 핵 문제에 대한 집착에서 벗어나야 한다. 북한의 핵 문제가 중요하기는 하지만, 핵 문제에만 집착하여 아무것도 하지 않는 것은 바람직한 선택이 아니다. 북한이 핵개발을 포기하지 않을 것으로 보이는 현실에서 북핵 문제에만 올인하여 아무것도 하지 않는 것은 현명한 정책이 아니다. 핵 문제를 볼모로 아무것도 하지 않는다면 중국의 대한반도 영향력이 점점 커지는 상황에서 시간이 흐를수록 한국의 대북입지는 더 좁아질 것이다. 따라서 핵 문제는 6자회담 채널로 외교부가 관장하여 대화하고, 남북관계 개선은 통일부를 중심으로 풀어 가는 투트랙(분리·병행) 정책을 추진해야 한다. 물론 6자회담이 재개되더라도 이제 '비핵화'의 수준이 달라져 북핵 문제 해결은 더욱 어렵게 되었다. 그럼에도 불구하고 북한의 핵 문제를 6자회담에서 다루기로 한다면 핵개발 동결 효과가 있고 그 사이 남북관계에서 논의할 수 있는 많은 문제들이 해결됨으로써 새로운 기회가 생길 수 있다.

남북 간에 가로놓여 있는 분단의 문제를 현 상태에서 방치하는 것은 더 위험한 일이다. 북한 문제에 적극 개입해야 할 시점이다. 이산가족 문제와 인도주의 지원, 개발협력은 더 이상 지체할 수 없는 사안들이며, 개성공단과 금강산관광 사업도 재개 및 확대해야 한다. 새로 지정된 북한의 신의주특구 및 13곳 경제개발구를 활용하는 대북 경제협력도 추진해야 한다. 비무장지대에 세계평화공원 조성을 위한 군사대화와 서해를 평화적 수역으로 만들기 위한 협력을 재개해야 한다. 무엇보다 남북 당국 간 재난·재해 협력을 시작하고 민간·시민사회의 참여를 확대해야 한다. 평양과기대, 장애자 지원 등 민간단체의 교육·의료 지원 및 취약계층의 인도주의 지원을 적극 추진해야 한다. 자유롭고 풍요로운 조국통일 건설을 지금 시작해야 한다.

주

1   "Freedom is an asset bestowed upon every single man and woman. Freedom enables every human to discover and realize his or her opportunities and changes for development···No tyranny lasts for ever. It is the desire of the people to live free that is the eternal power··· Freedom is a system where one can make a mistake, and also learn from the mistake···Since June 2009, Mongolia has fully stopped capital punishment We stand for full abolishment of capital punishment. Twenty one years ago, Mongolia declared herself a nuclear-weapon-free zone."

2   송영훈·김병로·박명규, 『북한이탈주민 통일의식조사 2008-2013: 북한이탈주민에게 묻다』(서울: 서울대 통일평화연구원, 2014).

3   김병로, 『주체사상의 내면화 실태』(서울: 통일연구원, 1994).

글쓴이   김병로 박사는 서울대학교 통일평화연구원 교수이며, 평화나눔재단 상임대표를 맡고 있다.

09-3 복음적 평화통일, 교회의 준비와 역할

올해는 광복 70주년이자 분단 70년이다. 우리 민족의 분단구조는 3단계를 거쳐 중첩적으로 형성되었다. 1945년 8월 15일 북위 38도선을 중심으로 미군과 소련군 점령으로 제1단계 '국토(영토) 분단', 1948년 8월 15일 대한민국 정부 수립과 9월 9일 조선민주주의인민공화국 수립으로 제2단계 '체제(주권) 분단', 1950년 6월 25일 북한의 남침과 3년여 동족상잔에 따른 제3단계 '마음(국민) 분단'으로 고착화되었다.

이제 2015년 국토 분단 70년, 2018년 평창올림픽 개최와 함께 체제 분단 70년, 2023년 국민 분단 70년을 맞이하게 된다. 2,600여 년 전 나라를 잃고 3차례[1]에 걸쳐 포로로 끌려갔던 남유다 백성들은 바벨론 포로 70년을 맞이하여 예레미야 예언을 말씀공부를 통해 기억하고, 금식과 기도 가운데 다시 예루살렘으로 돌아오기 시작했다. 포로 해방도 90여 년 동안 3차례에 걸쳐 진행되었다. 우리도 '동방의 예루살렘'으로 일컬어지던 평양을 다시 회복하고, 복음적 평화통일을 이뤄야 한다. 지금은 모든 가능성에 대비해서 통일을 준비해야 할 때다.

통일을 위한 준비

그렇다면 우리는 통일을 위해서 무엇을 준비해야 할까?

첫째로, 우리는 통일보다, 먼저 하나님 나라와 그의 의를 구해야 한다(Direction, 마 6:33).

복음적 평화통일이란 남한과 북한이 복음 안에서 평화롭게 하나가 되고, 평화를 함께 이뤄 가는 것이다. 복음적 평화통일 국가는 하나님 나라의 모습을 이 땅에 구현하는 나라라고 할 수 있다. 이런 나라를 만들기 위해서는 남한체제 확산론이나 남북한체제 수렴론을 넘어, 하나님 나라 중심의 변혁론적 접근이 필요하다. 남북한 통일의 결과로 더 궁극적인 목표인 사랑과 정의와 평화로 표출되는 하나님 나라가 이 땅에 구현되어야 한다(마 6:33). 그렇다면 상대방인 북한을 변화시키려고 애쓰기보다는 우리 사회에서부터 하나님 나라를 실현하도록 노력하는 것이 우선적이다.

무엇보다 먼저 하나님 나라 시각에서 우리 교회와 사회를 건강하게 만드는 것이 선행되어야 한다. 오늘날 우리 사회는 일일이 열거할 수 없을 정도로 너무 많은 곳에서 병들어 있는 모습이다. 일찍이 하나님께서는 예레미야를 통해 유다에게 음란과 부정부패와 거짓 문제를 경고하신 바 있다. 오늘날 우리 사회도 마찬가지다. 아니, 우리 교회도 예외는 아니다. 성도와의 추문으로, 교회재정 유용으로, 허세와 고소로 얼룩진 교회연합기구 혼란도 동일한 연장선상에 있다. 교인이기 때문에 더 성결하고, 더 경건하고, 더 정직하다는 평을 전혀 듣지 못하고 있다. 이런 맥락에서 IMF 경제 위기 사태(1997), 북핵 위기(2002)와 2차례 북핵 실험(2006, 2009), 김정일 사망(2011) 그리고 북한의 도발 가능성(2012)이 우리에게 주는 의미를 깊이 생각해 보아야 한다. 회개하고 돌이켜야 한다. 예레미야의 대언적 경고에도 불구하고 끝까지 회개하지 않았던 유다는 결국 망하고 말았다. 그러나 우리가 회개하고 돌이켜 건강한 교회와 사회를 만들어 나갈 때, 하나님께서는 우리에게 선물로 복음적 평화통일을 선물로 주실 것이다

둘째로, 우리는 좌로나 우로나 치우치지 말고, 하나님 말씀에 굳게 서야 한다(the Word, 수 1:7-9). 복음통일을 이루기 위해서는 '좌로나 우로나 치우치지 않는'(수 1:7-9) 균형 잡힌 인식이 필요하다. 우리는 한반도 통일 문제가 분단 70년이 되도록 오랜 세월 동

안 만들어진 구조적 문제임을 인식하고, 이를 해결하는 데 있어 극우 또는 극좌적 극단주의는 도움이 안 됨을 분명히 해야 한다. 한쪽 눈으로만 보면 입체감과 원근감을 상실하여 사물을 제대로 볼 수 없다. 또한 입체적·초월적 관점을 확립해 민족 문제를 해결하도록 노력해야 한다. 입체적 관점이란 좌우 대립의 1차원적 관점에서만 보는 것이 아니라 말 그대로 전후(과거·현재·미래의 시간적 맥락), 상하(천·지·인의 관계적 맥락)도 함께 살펴보자는 이야기다. 오늘의 문제들을 과거 우리 민족의 쓰라린 역사와 연계해서 심층적으로 반성하되, 미래 우리 민족의 발전 방향과도 연결해서 해결방법을 찾아보는 태도이다. 나아가 우리 선조들이 갖고 있던 하늘과 인간과 자연에 대한 겸허한 태도를 다시 살려서, 분쟁이 심화되는 국제 사회와 파괴되어 가는 자연환경에까지 참된 평화를 가져오려는 노력을 병행함을 뜻한다. 초월적 관점이란, 지금 현실에서는 실패처럼 보일지라도, 그것이 하나님 나라(사랑과 정의와 평화)를 먼저 추구한 결과라면 이미 성공한 것이라는 믿음의 자세를 견지함을 의미한다.

셋째로, 현실을 넘어 미래 비전을 가져야 한다(Vision, 사 19:23-25).

그동안 세계의 중심은 서진해 왔다. 4세기부터 14세기까지의 중세시대는 지중해를 중심으로 전개되었다. 문예부흥과 종교개혁 이후 16세기부터 20세기까지의 근대는 대서양을 중심으로 문명의 꽃을 피웠다. 그리고 21세기 태평양을 중심으로 하는 새로운 문명시대가 전개되기 시작하였다. 1996년부터는 태평양 인접 국가들이 주고받는 무역 총액이 대서양 인접 국가들의 무역 총액을 앞서기 시작한 것으로 알려진다. 2012년 현재 중국은 미국과 함께 세계를 이끌고 가는 G-2로 등장하고 있다.

이러한 21세기 태평양 시대에 우리는 과거와 같이 대륙세력과 해양세력의 접점에서 분단하여 대결하는 상태로 더 이상 머물러 있어서는 안 된다. 과거 한반도는 대륙의 힘이 강할 때 대륙의 영향력 하에 머물렀고, 해양의 힘이 커지자 해양의 속국(일제의 식민지)이 되었다. 그리고 대륙과 해양의 힘이 팽팽하게 대결할 때, 분단국(미·일 대 중·소 대결 구도 하의 남북한)으로 전락하였다. 따라서 우리는 민족의 화해와 평화통일을 통해 한반도 문제를 해결할 뿐 아니라 동북아의 평화와 번영, 나아가 인류의 공동발전에 이바지하려는 의지를 갖고 통일 문제를 진취적으로 풀어 나가야 한다.

우리는 G-3 시대를 준비해야 한다. 미국과 중국이 패권전쟁을 벌이는 것을 방관할 것이 아니라 통일한국을 이뤄 미국·중국과 함께 세계 평화와 복음화를 위해 일할 수 있어야 한다. 하나님은 이미 대한민국을 축복하셨다. 우리 모두 알다시피 제2차 세계대전 이후 출범한 신생국가 중 대한민국만이 유일하게 산업화와 민주화를 동시에 성취하였다. 그리고 드디어 전 세계 192개 국가 중(유엔 가입) 1인당 소득 2만 달러·인구 5,000만 명의 '20-50 클럽'에 7번째로 가입하는 나라가 되었다.[2] 나아가 북한과 통일이 된다면, 우리는 OECD 국가 중 4위 인구인 8,000만 독일과 같은 나라가 된다. 통일비용만 우려하고, 분단을 지속하려 할 때가 아니다. 우리 민족에게 주어진 역사적 소명을 생각해야 한다.

넷째로, 우리는 스마트 파워를 넘어, 온전한 힘을 키워야 한다(Whole Power, 슥 4:6).

미국 하버드대학교 케네디공공정책대학원장 조셉 나이(Joseph S. Nye, Jr)는 미국이 21세기에도 패권국가로서의 지위를 유지하려면, 군사력·경제력과 같은 경성 권력(hard power)과 가치관, 문화, 매력과 같은 연성 권력(soft power)을 적절히 병행하는 '똑똑한 힘'(smart power)을 구사하라고 제안한 바 있다. 오바마 정부도 '똑똑한 힘'의 시대를 지향할 것임을 선언했다. 그러나 한국으로서는 경성 권력과 연성 권력을 증대시켜 '똑똑한 힘'을 열심히 키워도 한정된 자원과 영토로 인해 주변 4대 강대국의 국력을 넘어서기가 결코 쉽지 않다. 우리 민족이 세계를 섬기기 위해서는 새로운 개념의 국력이 필요하다. 다름 아닌 총체적 국력인 '온전한 힘'[Whole Power: 경성 권력과 연성 권력에 영적인 힘(Spirit power)을 더한 것]이다. 다만 우리가 온전한 힘을 크게 키울지라도, 독선적인 나라가 되면 국제사회에 큰 화를 끼칠 수 있음은 늘 유념해야 한다. 과거 강대국들이 군사력과 경제력 중심의 압제적 패권과 정복을 추구했던 것과 달리, 통일한국은 십자가 사랑과 섬김 정신으로 정의와 평화를 추구하는 평화한국(Shalom Coreana)을 지향해야 한다.

다섯째로, 대결을 넘어, 그리스도의 십자가 절대사랑을 키워야 한다(Agape, 요 13:33-34).

영적인 힘과 관련하여 한국 교회는 남북한의 체제를 초월하는 민족교회로서 화해자(peace maker) 역할을 감당해야 한다. 남한의 입장에서는, 한국전쟁과 수많은 무력 도발을 일으키고, 무고한 사람들을 납치하고, 관광객을 저격하고, 연평도 포격을 자행한 북한 당국을 포용하기란 결코 쉽지 않다. 또한 '자유'를 중심으로 국가 발전을 이룩해 온 대한민국과 '평등'을 중심으로 체제 발전을 도모해 온 '조선민주주의인민공화국'이 하나

되기는 매우 어렵다. 그러나 '박애', 곧 '사랑'의 가치 안에서는 둘이 만날 수 있다. 예수 그리스도의 십자가와 절대사랑으로만 이 문제가 해결될 수 있다. 우리가 아직 원수되었을 때, 우리에게 친히 찾아오셔서 우리 죄를 대신 담당해 주시고 생명의 길로 인도하신 주님을 우리도 따라야 한다. 그것이 북녘 동포들에게 예수님을 전하는 방식이 되어야 한다(요일 4:11). 보이는 형제를 사랑하지 않는 자는 보지 못하는 하나님을 사랑할 수 없다(요일 4:20).

여섯째로, 조롱과 멸시를 넘어, 상생 정책을 수립·실천해야 한다(Coprosperity, 롬 12:19-21).

아직도 우리 사회에는 북한을 조롱과 멸시, 타도의 관점에서 바라보는 사람들이 많이 있다. 이런 자세는 복음적 평화통일에 도움이 되지 않는다. 남북 대결론적 자세에서 상생론적 자세로 태도를 전환해야 한다. 그러기 위해서는 상처를 치유하는 용서와 화해가 필요하다. 한국전쟁과 수많은 남북 갈등의 역사에 따른 원한과 증오에 더 이상 집착하지는 말되, 그럼에도 불구하고 이 같은 일들이 일어났던 원인과 배경에 대해서는 늘 유념하여 이 같은 일이 반복되지 않도록 해야 한다.

이런 맥락에서 교회는 정부와 함께 북한의 인생·인권·인도·인간 문제를 해결하기 위한 4인 정책을 추진해야 한다(롬 12:18-21). 인권 문제는 사람의 권리 문제로써, 정치범 수용소에 끌려가 있는 그리스도인들을 비롯한 북한 주민들의 인권 상황을 개선하는 노력이다. 인도 문제는 사람의 도리 문제로써, 경제난과 식량난으로 기아선상에 있으며 먼저 희생되는 노약자와 유아들을 포함한 북한 주민에게 식량과 의약품 등을 지원하려는 노력이다. 인간 문제는 사람과 사람 사이의 문제로써, 고령의 이산가족 생사 확인·연락 및 재회와 납북자 및 국군 포로 송환을 통해 깨진 가정을 회복하기 위한 노력이다. 인생 문제는 사람의 영생과 관련된 문제로써, 교회가 2,500만 북녘 동포들을 하나님 나라로 인도하기 위해 선교하려는 노력이다. 이런 맥락에서 볼 때, 그리스도인들은 더 이상 인도적 대북지원단체들을 '좌파 빨갱이'로 매도해서는 안 된다.

교회의 북한 선교 통로는 다양하다. 의료시설과 학교 운영 등을 통한 인도적 지원이 대한민국과 기독교에 대해 대단히 부정적 인식을 갖고 있는 일반 북한 주민들의 마음을 치유하는 북한 선교의 중요한 가교가 될 수 있음을 깊이 생각해야 한다. 조선말과 일제하 시기 선교사들과 우리 선배 기독인들이 그렇게 복음을 전했기 때문에 서양 귀신종교로 폄하되던 기독교가 민족교회로 이 땅에 뿌리내릴 수 있었음을 기억해야 한다.

일곱째로, 갈등·대결을 넘어, 평화를 이루어야 한다(Peace, 롬 12:18).

외교적으로는 향후 한반도 및 동아시아 변화를 잘 관리·대처하고, 세상에 평화와 희망을 줄 수 있도록 무지개전략(Rainbow Strategy)과 균형십자외교(Balanced Cross Diplomacy) 그리고 평화목자외교(Pastor' Peace Diplomacy)를 추진해야 한다. 무지개전략이란 국민적 품위와 호연지기를 갖고 국격과 국력을 키우며, 미국과 동맹관계를 미래지향적으로 재정립하여 강화하고, 이 축을 토대로 대북관계를 밀접하게 해서 동심원을 강화하며, 이를 기반으로 주변 3국(중·일·러)과의 관계를 발전시켜 나가는 것이다. 나아가 우리도 적극적 지지기반 국가(EU, 몽골, 베트남, 인도, 호주 등)를 확보해서 국제사회에서 일정한 목소리를 내는 주도 세력이 되는 것이다.

균형십자외교란 친미 또는 친중정책과 같이 어느 한 나라에 치우치는 것이 아니라 주변 4국 모두와 선린·우호·협력 관계를 유지함을 의미한다. 해양세력과 대륙세력의 접점에 있는 한반도가 미·중·일·러 주변 4국 모두와 선린·우호·협력 관계를 유지하여 평화·번영 지대가 되도록 하는 외교를 뜻한다.

평화목자외교란 국가 간의 패권쟁탈을 초월하여 평화질서를 구축하는 외교이다. 핵무기 개발을 통해 '독수리' 미국과 싸울 수 있는 능력을 키워 가는 '독사' 북한과 4마리 맹수인 '곰' 러시아, '사자' 중국, '악어' 일본, '독수리' 미국으로 둘러싸인 대한민국이 살 길은 함께 맹수 '호랑이'로 돌아가는 것이 아니다. 오히려 한 수준 높은 '인간', 그중에서도 제일 인격적인 '목자'로 발전해서 맹수들의 전쟁을 끝내고 '사자와 어린 양이 함께 뒹구는 세계'(사 11:6; 65:25)를 이뤄 감을 뜻한다. 북한의 공산화 통일 전략과 주변 4국의 대한반도 영향력 확대 경쟁 외교의 각축 속에서 우리는 남북한 관계 개선과 동아시아 평화를 끊임없이 구축해 나가는 동시에 우리 민족의 숙원인 평화적 통일을 이뤄 나가야 한다.

미국에 대해서는, 대한민국이 정의와 사랑과 평화의 가치 위에 자유민주주의 시장 경제 체제를 공유하는 통일한국이 될 것이며, 미국과 더불어 국제 평화에 기여하는 나라가 될 것임을 주지시키도록 한다. 중국에 대해서는 중국의 우려 사안(국경선, 소수민족 문제 등)들을 우선적으로 고려하면서 평화통일을 추진할 것이며, 중국의 장기적인 현대화 계획 추진 전략 완성에 기여할 것임을 설득해 나간다. 일본에 대해서는 한일 양국의 전략적 협력 관계의 기반 위에서 수평적인 한·중·일 동아시아 공동체를 함께 만들어 나갈 것임을 인식시킨다. 러시아에 대해서는 한반도 접경 지역에서의 러시아 이익을 존중하면서, 시베리아 유전 및 지하자원 개발과 유라시아 철도 연결 등 극동 지역의 경제개발에 기여하는 통일이 될 것임을 강조해 나간다.

여덟째로, 이 모든 것들의 실현을 위해, 더욱 기도에 힘써야 한다(Pray, 렘 29:10-14).

우리의 복음적 평화통일 문제는 혈과 육과 관련된 단순한 문제가 아닌 영적세계와 관련된 복합적 문제다. 과거 분단시대 동독 라이프찌히 성니콜라이교회에서 진행된 월요 평화기도회가 독일통일을 하나님의 시간에 놀라운 방법으로 이뤄 내는 데 기여한 바가 대단히 큼을 기억하자.

여호와께서 대사를 행하셨으니 우리는 기쁘도다

우리 민족이 직면하고 있는 문제는 단순한 문제가 아니다. 남북한은 분단 70년이 다가오도록 상호 불신과 증오를 심화시켜 왔다. 북한은 아직도 쉽게 믿기 어려운 공산주의 체제를 지속하고 있다. 따라서 이 같은 문제를 단숨에 풀 수 있는 길은 없다. 다만 주님 안에서 우리의 진실함과 꾸준함만이 그 해법이 될 것이다. 우리가 기도 가운데 좌로나 우로나 치우치지 아니하고, 먼저 그의 나라와 그의 의를 구하면서 낙심하지 않고 꾸준히 전진해 나갈 때, 주님께서는 주님의 시간에 주님의 방법으로 우리에게 가나안 땅 '통일한국'을 허락하시고, 세계에서 으뜸되는 민족으로 도약케 하시고, 주님의 지상명령과 문화명령을 실천하는 하나님의 백성으로 축복해 주실 것이다(신 28:1, 13-14).

주

1   1차 (BC 605) 느부갓네살 갈그미스 전투 이후 유다 침입, 여호와김을 봉신으로 삼고 다니엘과 세 친구를 포함한 상류층 인사 볼모로 잡아감.

2차 (BC 597) 여호야김이 애굽과 동맹을 맺고, 그 후계자 여호야긴도 바벨론에 비우호적 태도를 취하자, 느부갓네살 왕이 2차 침공해서, 여호야긴과 젊은 선지자 에스겔 등 1만여 명을 포로로 잡아감.

3차 (BC 586) 여호야긴 후계자 시드기야가 다시 애굽과 협상을 시작하자 느부갓네살 왕이 3차 침공해서, 오랫동안 예루살렘 포위한 후 성전과 성벽을 파괴하고, 유다 왕국을 붕괴시킴.

2   「조선일보」, 2012.5.28. 일본(1987), 미국(1988), 프랑스(1990), 이탈리아(1990), 독일(1991), 영국(1996)

| 글쓴이 | 허문영 박사는 통일연구원 북한연구센터 소장이며, (사) 평화한국 대표로 통일운동의 사명으로 헌신된 전문가이다. |

09-4 북한 인권의 실상과 과제

오늘날 북한 인권은 세계 '최악 중의 최악'이다. 지금 북한 주민들은 지구상에서 가장 열악한 처지에 놓여 아무런 희망 없이 인간 이하의 삶을 하루하루 연명해 가고 있다. 그래서 북한 정권의 인권 탄압은 국제사회가 당면한 가장 심각한 인권 문제 중 하나이며, 북한 주민의 인권 개선은 시급하고도 절실한 사안으로 간주된다. 동시에 민족적·국가적 차원에서 보면, 남북통일의 과정에서 반드시 해결해야 할 문제이기도 하다. 북한 주민의 인권보장과 정치의 민주화가 없이는 헌법적 명령인 자유민주통일이 불가능하기 때문이다. 아니, 같은 울타리 안에서 7천 5백만 겨레가 함께 어우러져 살려고 한다면, 북한 인권 개선은 마땅히 이루어져야 한다.

작금 북녘 동포들이 겪는 인간적 아픔과 정신적 고통을 감안하면, 북한 인권 문제의 제기 및 증진 노력은 그 자체 인도주의의 구현일 뿐더러 전체 한민족의 복리증진에 부합하는 것이다. 양심과 상식의 차원은 물론 도덕적으로도 옳은 일이다. 요컨대, 우리가 통일을 이룩하고자 한다면, 통일 준비의 일환으로 북한 인권 개선을 모색해 나가야 한다.

북한 인권의 실상

정치범수용소, 강제실종(enforced disappearance), 자의적 구금, 공개처형, 탈북자 강제
송환 및 가혹한 처벌, 언론·표현의 자유 침해, 만성적 식량난 등은 작금 북한의 인권 상
황을 규정하는 대표적인 용어이다. 즉, 북한 주민들은 굶주리고, 정식의 법 절차를 거치
지 않고 강제로 끌려가며, 억울하게 매 맞고 피투성이가 돼 죽어 가는 참상을 겪고 있다.
주민들은 항상 이중 삼중의 조직적인 감시체제 하에 놓여 있어 자유롭게 말할 수도 없
다. 공식적으로 국외여행의 자유가 인정되지 않기 때문에 식량난·경제난에서 벗어나기
위한, 이른바 생존을 위한 탈출은 불가피하다. 하지만 탈북은 조국반역행위로 간주돼
정치범수용소로 끌려가거나 중형에 처해진다. 따라서 '도망칠 권리'는 아예 생각할 수조
차 없다. 특히 북한 당국이 운영하는 정치범수용소는 열악한 북한 인권 상황의 종합 세
트장이라고 할 수 있다.[1] 한마디로 고유한 인격체로서 대접받지 못한 채 '인간 이하의
삶'을 살고 있는 것이 금일 북한 인권의 현실이라고 하겠다.

북한 인권 개선을 위한 우리의 역할과 과제

북한 인권 개선을 위해서 우리는 할 수 있는 모든 일을 다 해야 한다. 대화, 교류·협
력, (인도) 지원, 압박, 설득, 국제공조 등이 그것이다. 다음에서는 북한 인권 증진 및 개
선을 위해 우리가 할 수 있는 대표적인 과제 몇 가지를 설명하기로 한다.

북한 주민의 인권 증진을 위해서 우리가 가장 먼저 해야 할 일은 국제무대에서 북한
인권 문제를 공론화하는 것이다. 본질상 북한 인권 문제는 영향력 있는 한두 나라의 힘
만으로는 해결될 수 없다. 국제사회가 모든 역량을 모아 단합된 행동을 취할 때 조금씩
변화가 일어날 수 있음을 잊지 말아야 한다.

미국, 일본, 호주, 캐나다, 유럽연합(EU) 국가 등 인권선진국들은 북한 인권 문제에 많
은 관심을 가지고 그 개선을 위해 많은 노력을 하고 있다. 하지만 여전히 대다수의 국가
(중동, 아프리카, 중남미 국가)들은 북한 인권에 대해 무관심하다. 그런 나라들의 일반 시민

은 더 말할 것도 없다. 이런 점을 감안할 때 국제무대에서 북한 인권 문제를 공론화하고 국제적 관심을 지속적으로 환기시키는 일은 매우 중요하다. 그런데 이러한 활동은 민간단체(NGOs)와 국내외 언론이 '주도'하고 정부는 뒤에서 '지원'하는 것이 적절하다. 정부는 북핵 문제나 대북관계 등 여러 가지 정치적인 고려를 하지만, NGO는 그와 무관하게 순수성을 가지고 북한 인권 문제에 접근하기 때문이다.

그동안 (사)북한 인권시민연합이 일본, 체크(체코의 후신), 폴란드, 노르웨이, 영국, 호주, 캐나다에서 북한 인권·난민 문제 국제회의를 개최하여 북한 인권 문제에 대한 국제 공론화를 위해 노력해 왔다. 미국과 캐나다의 한인동포들도 지역 차원에서 북한 인권 세미나를 개최하고 이 문제에 대한 지역주민의 주의를 환기시키고 있는 것은 바람직한 일이다.

국제공론화의 방법에는 유엔인권고등판무관실에 탄원서 제출, 국제 세미나 개최, 외국 의회에서 북한 인권 실상 고발 청문회 개최, 북한 인권 관련 가두 캠페인, 북한-중국 대사관 앞에서의 시위, 메이저 언론에 광고 게재 등이 있다. 이 밖에도 온라인상에서 북한 인권 소식을 전달하고, 동영상을 비롯한 최신의 북한 인권 관련 자료를 게시함으로써 세계 시민들이 신속하게 북한 인권 정보를 공유할 수 있도록 해야 한다. 또한 『북한 인권백서』(통일연구원, 2009)나 북한 인권 관련 비디오 등 관련 자료를 각국의 유력 정치인과 해당 관리들 그리고 국제인권기구(유엔인권고등판무관실, 국제사면위원회, 휴먼라이트 워치 등)들에게 배포함으로써 정책 결정에 참고할 수 있도록 해야 할 것이다.

둘째로, NGO 중심의 북한 인권 공론화를 바탕으로 유엔 등 국제기구는 그의 개선을 촉구하는 결의안을 채택하여 대북 압박을 지속적으로 가해야 한다. 북한 인권 결의안은 인류사회의 양심을 표현하는 것으로 상당한 정치적 부담을 북한 당국에 지울 수 있다. 물론 유엔 등 국제사회가 후속조치를 취하는 근거가 되기도 한다.

지난 3월 22일 제19차 유엔인권이사회(United Nations Human Rights Council: UNHRC)에서 북한 인권 상황을 우려하고 그 개선을 촉구하는 대북 인권결의안이 구성원들의 합의로 채택되었다.[2] 유엔 인권전담기구인 인권이사회의 대북 인권결의안 채택은 그 전신인 인권위원회(United Nations Commission on Human Rights: UNCHR) 시절(2003-2005년간)을 포함하면 이번이 일곱 번째다. 또 유엔 총회는 2005년부터 2011년까지 7차례에 걸쳐 북한 인권 결의안을 채택한 바 있다. 이와 관련, 한국은 2008년부터 총회 결의안 그리고 2009년부터 인권이사회 결의안에 공동제안국으로 참여해 왔다.

우리 정부는 유엔 무대뿐만 아니라 주요 관심국인 미국, 일본, 영국, 호주, 캐나다 등의 나라들과 국제협력을 통해 북한 인권 개선을 위한 외교적 환경 조성에 주력해야 한다. 물론 국내외의 NGO들도 돈독한 유대관계를 지속적으로 유지하면서 기회가 있을 때마다 공동행동에 나서는 것이 필요하다. 이와 관련, 마르주끼 다루스만 유엔북한 인권 특별보고관 및 유엔인권고등판무관실과의 긴밀한 협조가 중요하다. 정부 차원이든 민간 차원이든 국제공조의 방향은 북한 당국이 先軍政治 대신 '先民政治'를 채택하고 인권보장에 관한 국제적 최소기준을 준수하는 것이 되어야 할 것이다.[3]

셋째로, 북한 내에 외부정보 전달하여 인권의식을 싹트게 하는 작업을 전개해야 한다. 국제사회가 밖에서 북한 당국에 인권 개선을 촉구하는 것만으로는 북한 주민의 인권 증진 및 보장에 한계가 있다. 주민들이 인권 개념을 갖고 북한 당국에게 삶의 질의 증진을 요구하는 노력이 병행돼야 실질적인 인권 개선이 이루어질 수 있다. 이런 시각에서 서구적 인권 개념과 인간답게 산다는 것의 의미, 자유민주주의의 가치 및 우월성 등 인권의식을 싹트게 하는 내용이 북한 주민들에게 전달되도록 해야 한다. 더불어 끊임없이 외부세계의 정보를 북한 내부에 유입시켜 바깥 세상의 소식을 알리는 한편, 이를 통해 '우리식 사회주의'의 구조적 모순 및 체제개혁·경제개방의 당위성을 깨닫도록 하는 것이 인권보장을 위해 긴요하다. 정보 전달은 대북 방송, 전단 살포, USB나 비디오 유입 등 다양한 방법을 동원해서 할 수 있다. 이러한 활동은 북한 주민의 '알 권리' 충족은 물론, 남북 주민 간 의사소통과 정보공동체 형성을 위해서도 의미 있는 작업이라고 하겠다.

넷째로, 북한 인권 침해기록과 북한 정권의 반인권범죄를 억제해야 한다. 북한 관리들에 의한 심각한 인권 유린을 억제함으로써 결과적으로 북한 주민의 인권증진 방안의 일환으로 1961년 서독이 니더작센주의 잘츠기터(Salzgitter) 시에 설치한 중앙범죄기록보존소(Dile zentrale Erfassungsstelle)와 같이 우리나라에 북한 인권 침해 사실을 기록하고 보존하는 가칭 북한 인권기록보존소를 설치·운영하는 것이 시급하다. 이 같은 기구는 북한 내의 인권 침해자들에게 그들의 반인권적 범죄행위가 구체적으로 기록·보존되어 장차 통일 후 형사소추의 근거가 될 수 있다는 경고를 함으로써 북한 정권이 스스로 인권 침해를 억제·자제하도록 하자는 데 근본취지가 있다. 그와 같은 조치는 북한 주민도 대한민국 국민의 일부라는 점, 대한민국 정부가 북한 주민의 인권을 등한시하지 않고 그 개선을 위해 노력하고 있다는 점을 천명하는 의미도 갖는다.

그동안 북한 인권법 제정과정에서 법무부, 통일부(산하 북한 인권재단) 그리고 국가인권위원회 등이 북한 인권기록보존소 유치를 위해 경합한 바 있다. 하지만 어느 기구가 됐든지 간에 정권 교체에 관계없이 통일되는 그날까지 일관되게 북한 인권 침해를 기록하는 것이 무엇보다도 긴요하다. 또 그래야 북한 당국에 의한 인권 침해 억제라는 소기의 성과를 거둘 수 있음을 명심해야 할 것이다.

아직까지 북한 인권법이 통과되지 못하고 있는 상황에서 국가인권위원회가 나름의 역할을 하고 있는 것은 주목할 만하다. 즉, 2012년 5월 국가인권위원회는 탈북자 등에 대한 면접조사를 통해 『북한 인권침해사례집』을 발간한 것이다. 이는 정부 차원에서 최초로 북한 인권 침해사례를 수집·정리·기록한 것으로 북한 인권 침해 사실에 대한 책임 있는 기록 및 정리라는 차원에서 볼 때 매우 의미 있는 일이라고 할 수 있다.[4]

다섯째로, 북한 인권교육 강화 및 북한 인권 법제 인프라를 구축하는 것이다. 북한 주민의 인권 보장을 앞당기기 위해서는 같은 민족으로 통일을 이룩하겠다고 하는 우리 국민의 관심이 매우 절실하다. 우리 국민이 북한 인권을 인류 보편 가치의 문제로 보고 이념적 차이에 관계없이 한마음으로 북한 당국에게 태도 변화를 촉구한다면, 북한은 결국 자세를 바꿀 수밖에 없을 것이다. 하지만 우리 사회가 북한 인권 문제를 둘러싸고 갈등과 대립을 반복한다면 북한은 이 같은 남남갈등을 역이용하려 들 것이다. 이런 맥락에서 본다면 자라나는 청소년 세대에게 북한 인권 문제의 심각성, 북한 주민의 인권 증진 노력이 현 단계에서 가장 시급한 인도주의 과업이라는 점, 나아가 자유민주통일을 위해서는 반드시 이 문제가 선결되어야 한다는 점 등을 교육하여야 한다. 이런 관점에서 통일교육 내용에 북한 인권 교육을 포함시킬 뿐만 아니라 그 비중을 확대해 나가야 할 것이다.

북한 인권 개선활동의 실효성 확보를 위해서는 국민적 관심, 정부의 적극적 의지, 북한 인권단체들의 역량 강화 및 국제협력이 긴요하다. 법제도적 뒷받침이 있어야 이러한 요구에 잘 대처할 수 있음은 두말할 것도 없다. 이와 관련, 미국과 일본의 북한 인권법 제정 등이 우리에게 주는 정치적 함의를 잘 새겨 보아야 할 것이다.

현재 국회 법사위원회에 계류 중인 북한 인권법안에는 북한 인권자문위원회, 북한 인권대사, 북한 인권재단, 북한 인권기록보존소 등의 제도 마련과 안정적 예산 확보를 명시하고 있다. 북한 인권법이 통과되면 북한 인권운동이 탄력을 받게 될 것이며, 양과 질의 면에서 한 단계 도약할 수 있을 것이다. 이런 점을 고려하여 국회는 빠른 시일 내에 북한 인권법을 제정해야 한다. 그것이 북한 주민을 우리 국민으로 보는 헌법정신과 법치주의를 구현하는 길이며, 통일지향의 대북정책에도 부합한다고 할 것이다.[5]

여섯째로, 탈북자 강제북송 실현을 위한 노력을 해야 한다.

이를 위해서는 우선 '난민' 또는 '인도적 지위'를 확보해야 한다. 중국이 탈북자를 난민협약상 '난민'(refugees)으로 판정하고, 협약에 따른 보호를 제공하도록 국제사회와 긴밀히 공조하는 가운데 직·간접으로 대중국 설득 외교를 지속적으로 전개해야 한다. 곧 국제 시민사회에서 난민 지위 인정의 당위성에 관한 광범위한 여론을 조성하고, 이를 배경으로 중국의 태도 변화를 모색해야 할 것이다. 하지만 중국 정부의 난민 판정이 실현되기까지는 상당한 시간이 걸릴 가능성이 크다. 이러한 점에서 서구의 여러 나라와 한국과 일본 등이 국내법에서 도입하고 있는 소위 '人道的 地位'[6](humanitarian status) 제도를 채택하도록 중국에 촉구하는 방안도 대안으로 고려할 필요가 있다.

또한 UNHCR의 탈북자 지원 활동 허용 및 정착촌 설치를 추진해야 한다. 주지하는 바와 같이 현재 중국 정부가 탈북자에 대해 난민 지위 인정을 거부하고 있다. 이런 상황에서 중·장기적으로는 유엔난민고등판무관(United Nations High Commissioner for Refugees: UNHCR) 사무소가 탈북자 보호 및 지원 활동을 묵인하는 한편, 중국 내에 탈북자 정착촌 조성을 허용하는 방안도 적극 추진할 필요가 있다. 이와 관련, 중국의 난민 지위 인정 및 UNHCR의 개입 허용을 관철시키기 위해서는 국내외의 NGO들의 연대활동 및 국제공론화가 매우 긴요하다. 그리고 탈북자 정착촌이 설치될 경우, 여기서 세계 여러 나라의 비정부 민간단체(NGO)들이 탈북자 구호활동에 참여할 수 있도록 해야 한다.

또한 보편적 정례검토 등 주요 계기 시 탈북자 강제북송을 공론화해야 한다. 정부와 북한 인권단체들은 당면한 현안으로 떠오른 탈북자 강제북송을 저지하기 위해서 유엔 사무총장과 유엔 북한 인권특별보고관의 북한 인권 보고서 제출, 유엔 총회 및 인권이사회의 북한 인권 결의안 채택 시 강제북송의 반인권적 실태를 고발하고, 개선을 위해 국제사회가 많은 관심과 노력을 기울이도록 계속 촉구해야 할 것이다.

그리고 '한국인증명서' 발급 및 대중 외교적 협조를 확보해야 한다. 우리나라는 탈북자 강제송환 방지 방안의 일환으로 해외 체류 탈북자를 대한민국 국민으로 인증(認證)해 '한국인증명서'를 발급해 주는 방안을 적극 추진할 필요가 있다. 여기서 한국인증명서는 여권이나 여행증명서를 가리킨다. 다만, 중국이 탈북자의 국내 입국 기록 부재를 들어 당해 증명서의 효력을 인정하지 않을 경우, 한국, 북한, 중국 간 탈북자를 둘러싸고 속인적 관할권(俗人的 管轄權)의 충돌 문제가 제기될 수 있다. 따라서 대중 압박 일변도로 나감으로써 중국을 자극하기보다는 국제사회의 탈북자 관련 여론을 배경으로 한·중 간의 물밑대화를 통해 실사구시적인 해결책을 강구하도록 해야 할 것이다. 예컨대, 국군포로·납북자 및 그 가족, 부 또는 모가 한국에 있는 미성년 탈북아동, 형제자매가 한국에 거주하는 경우부터 한국인증명서를 발급하고 그 대상을 점차 확대해 나가는 방안을 모색하는 것이 그러한 방안의 예가 될 수 있다.[7] 이와 관련하여, 선의의 대중 압박 외교와 더불어 '조용한 설득 외교'를 병행하는 지혜로운 외교전략 구사가 매우 긴요하다고 하겠다.

일곱째로, 실향민의 가족권 해결을 위한 노력이 필요하다. 북한 인권 문제는 협의로 사용할 경우, 북한 주민의 인권 문제(탈북자 문제 포함)만을 가리키지만, 광의의 북한 인권 문제는 북한 정권이 존재함으로써 발생하는 모든 북한 인권 문제, 곧 국군포로·납북자(전시 및 전후 납북자 포함)·이산가족 문제 등을 포함한다. 그중에서도 남북 이산가족 문제는 시간의 제약이 있는 절박한 인도주의 현안인 동시에 인간의 기본적 인권의 하나인 이른바 '가족권'(family rights)에 관한 사안이라 할 수 있다.[8] 이 점을 감안해 정부는 이산가족 상봉이 반드시 이루어질 수 있도록 다각적인 노력을 기울여야 할 것이다. 필요 시 식량·비료 등 대북지원 카드를 적극 활용하는 것도 고려해야 한다.

여덟째로, 분배 투명성 조건 하의 인도지원이 필요하다. 북한 인권 증진을 위해서는 위와 같은 채찍 외에도 당근을 병행하는 것이 바람직하다. 인도적 차원에서 임산부, 아동, 노인 등 취약계층에 대한 인도지원을 반대급부 없이 실시하는 것은 그런 방안의 대표적인 예가 될 수 있다. 인도적 지원의 품목에는 식량 외에도 의약품, 의류 등이 포함될 수 있을 것이다. 이 같은 지원이 체계적으로 이루어질 때 북한 주민의 식량권, 건강권, 의료권, 피복권 등의 증진에 많은 도움이 될 것으로 보인다. 나아가 북한이 이산가족 상봉, 국군포로·납북자 문제 해결 등에 호응해 나올 경우 분배 투명성을 조건으로 인센티브 차원의 인도지원을 추가로 제공할 수 있을 것이다. 중·장기적으로는 해외 탈북자나 정치범수용소 등 중대현안의 근원적 해결에 전향적인 태도를 보일 경우, 파격적인 대규모 지원도 고려할 수 있을 것이다.

북한 인권 개선전략과 장·단기 정책 로드맵을 마련해야 한다

우리는 북한 인권 개선이 너무나도 어려운 과업이라는 점을 유념하면서 가능한 모든 방안들을 짜내어 동시다발적으로 실행에 옮기는 것이 필요하다.

모든 세상사에 있어서 '관심' 혹은 '동기유발'이 시작이라고 생각된다. 관심은 '행동'과 '동참'을 불러일으킨다. 행동의 축적은 새로운 변화의 '역사'를 만들어 낸다. '관심→행동→변화'의 법칙은 북한 인권에 그대로 적용될 수 있다는 것이 필자의 기본 입장이다. 이런 관점에서 앞으로 정부와 시민사회는 북한 인권에 대한 국민적 관심을 제고하는 데 보다 더 많은 노력을 경주해야 한다.

한편 정부는 종합적인 북한 인권 개선전략과 장·단기 정책 로드맵을 마련해야 한다. 구체적으로 국제무대와 남북대화, 정부 차원과 민간 차원, 공식적 차원과 비공식적 차원, 온라인과 오프라인 등으로 나누어 내실 있는 북한 인권 개선방안을 강구하고 이를 단계적으로 실천에 옮겨야 할 것이다. 그럴 때 북한 주민들에게 생명의 빛, 인권의 빛이 도달하여 북한 주민들이 인간답게 살게 되고, 나아가 모든 한민족 성원들이 자유·복지·인간 존엄성을 누리는 통일의 날이 속히 찾아올 것이다.

주

1 제성호, "북한 인권 침해의 발생원인과 구체적 실태: 사상적·정치적·구조적 및 법제도적 측면을 중심으로," 강명세 편, 『북한 인권지표 및 지수개발연구』, 세종정책총서 2011-6 (2011.9), pp.215-268 참조.

2 금년 유엔인권이사회가 채택한 북한 인권 결의안(한·미·일 등 43개국의 공동제안)은 표결과정 없이, 동의로 통과되었는데, 이 같은 무투표 채택은 이번이 처음이다. 그만큼 북한 인권 상황이 심각하다는 데 국제사회가 공감하고 있다는 뜻이다.

3 북한 인권 개선을 위한 국제공조의 내용과 방향에 관해서는 제성호, "북한 인권개선을 위한 대북정책과 국제사회 공조방안," 평화문제연구소, 『2012 한반도 통일환경 변화 전망』, 2011 통일교육 연대사업(2011.11.15) 참조.

4 그간 민간 차원에서는 (사)북한 인권정보센터가 산하에 북한 인권기록보존소를 설치하여 나름대로 북한 인권침해 기록을 체계적으로 해 온 것으로 알려지고 있다.

5 제성호, "암울한 북한 인권: 우리는 어떻게 해야 하는가," 『북한』 통권 제473호(2011.5), pp.34-40 참조.

6 인도적 지위는 정식의 '난민 지위'(refugee status)는 아니나 '난민에 준하는 보호'를 부여하는 지위를 지칭함. 2012년 2월 한국이 제정한 난민법에서는 난민 외에 '인도적 체류자'라는 지위를 인정하고 있다.

7 제성호, "탈북자 국민인증, 추진할 만하다," 「문화일보」, 2012년 2월 28일자 참조.

8 제성호, "남북이산가족문제의 국제인권법적 접근 - 문제 해결을 위한 법적 논리 보강의 차원에서 -," 『서울국제법연구』 제18권 2호 (2011), pp.154-160.

글쓴이   제성호 박사는 서울대학교대학원 법학 박사이며 중앙대학교 법과대학 교수로 후진 양성과 외교통상부 인권대사를 역임했으며, 현재 통일준비위원회 위원으로 활동하고 있다.

09-5 남북관계와 이산가족 상봉

남북한 간에는 2014년 2월 20일부터 25일까지 사이에 북한 당인 금강산 지역의 면회소에서 남북 이산가족 '상봉'이 이루어졌다. 열아홉 번째로 남쪽의 '신청인'들이 그들이 지명한 북쪽의 이산가족들과 '상봉'한 뒤 철수하고 이어서 23일부터 25일까지 2박 3일 동안은 북쪽의 '신청인'들 역시 그들이 지명한 남쪽의 이산가족들과 '상봉'하는 형식으로 진행되었다.

이처럼 가족이 '이산'되고 '상봉'되는 데는 자연적 원인과 인위적 원인이 있다. 자연적 원인은 지진·홍수 등 천재지변으로 말미암아 가족이 이산되는 경우이고, 인위적 원인은 국제적 무력충돌·내란 또는 그 밖의 사회적·정치적 불안정으로 인하여 가족이 이산되는 경우이다. 이산가족을 포함하여 여러 가지 이유로 고향을 떠나게 된 사람을 실향민(uprooted)이라고 하는데, 여기에는 난민·무국적자·실향사민·망명자·소수자·전쟁희생자 등 유사개념이 많다.

이 가운데 난민(또는 피난민)이라 함은 자의에 의하지 않고 상주지(常住地)를 떠나 다른 곳에서 피난처를 찾는 사람을 말한다. 이때, 자의에 반하여 상주지를 떠나는 원인에는 자연적 재난과 인위적 재난이 있으나 그것이 고도의 정치적 의미를 갖게 되는 것은 주로 인위적 재난의 경우이다. 이들은 생명 또는 자유에 대한 위협 때문에 자국을 떠났으므로 국적국(國籍國)에 의한 재외자국민(在外自國民)에 대한 보호도 받지 못하고 피난지에서는 외국인일 수밖에 없으므로 현재 살고 있는 국가의 법적 혜택도 제대로 받지 못한다.

또한, 무국적자(stateless person)는 문자 그대로 국적이 없는 사람을 지칭한다. 무국적자가 되는 데는 여러 원인이 있지만, 주된 원인은 역시 난민과 실향사민(displaced person)에서 찾아야 할 것이다. 그러나 무국적자가 모두 난민이나 실향사민은 아니며, 반대로 난민이나 실향사민이 반드시 무국적자인 것도 아니다.

여기에서 실향사민은 타의에 의해 고향에서 몰려난 사람을 뜻한다. 원인은 천재지변일 수도 있고, 국제적 무력충돌이나 내란 또는 그 밖의 사회적·정치적 불안정 때문일 수도 있으나 그것이 정치적 의미를 갖게 되는 것은 후자에 의한 경우이다.

망명자(exile)는 박해를 면하기 위하여 상주국을 떠난 사람이다. 망명자는 보통 난민과 같은 의미로 쓰이나 후자가 자연력에 의한 재해로 고향을 떠난 사람까지 포함하는 것임에 반해 전자는 정치적·종교적 신념으로 말미암아 국외로 탈출한 자만을 가리킨다. 그래서 망명자를 정치적 난민이라고 할 때도 있다.

소수자(minority)는 한 국가의 국민 중 인종·언어·종교 등에 의해 소수집단에 속하는 사람들을 일컫는다. 따라서, 소수자는 무국적자도 아니며 난민이나 실향사민과 구별된다.

전쟁희생자(war victim)라 함은 전쟁으로 인해 피해를 입은 사람을 말한다. 한국에서 이산가족이라 함은 분단과 전쟁의 과정에서 처절하게 북한을 떠나 여기 대한민국 사회에 정착한 사람들로 한때 가족을 포함하여 1,000만 명에 달하기도 했다.

이처럼 남북적십자 화담을 통하여 '남북 이산가족 상봉'이 과연 현실적으로 이산가족 문제 해결방안으로 가능하고 있느냐의 여부를 판단해 보아야 한다.

이산가족 상봉의 진행

분단국가로서 한반도의 분단이 갖는 의미는, 특히 이산가족의 입장에서 볼 때, 특수한 점이 있다. 한반도 분단의 경우 처음에는 1945년에 등장한 북위 38도선이 일단 남북

간 국토 분단의 경계선이었지만 하나의 선(線)이었던 이 경계선은 1950년부터 1953년까지 발발되었던 6·25 전쟁으로 인해 1953년 7월 27일자로 발효된 '군사정전협정'에 의거하여 155마일에 이르는 '군사분계선'과 이 선이 남북으로 각기 2Km의 폭으로 설정된 비무장지대에 의하여 대체되었다. 말은 비무장지대였지만 휴전 이후 이 비무장지대는 남북 쌍방에 의하여 경쟁적으로 '중무장화'되어 온 결과로 1972년 남북적십자회담 본회의와 남북조절위원회 회의에 참가하는 남북 쌍방 인사들의 판문점을 경유하기까지는 공중을 날아다니는 철새를 제외하고 어느 누구도 통과가 허용되지 않는 장벽으로 남아 있었다.

그런데 1971년 8월 12일 한국적십자사는 북한 적십자위원회에 '1천만이산가족찾기운동을 위한 회담' 개최 제의, 이를 북측이 수락하여 1971년 8월 20일 판문점 중립국 감독위에서 첫 회담이 진행되었다. 1971년 9월부터 1972년 8월까지 남북적십자 본회담 개최를 위한 예비회담을 25차례에 걸쳐 진행, 이산가족 주소 및 생사 확인·서신 거래 문제 등 5개항의 본회담 의제 합의를 보았다. 그 25차례의 진행사항을 간추리면 다음과 같다.

남북적십자 본회담 개최를 위한 25차례 예비회담

1972.8-73.7 : 1972.8까지 평양에서 제1차 회담을 시작으로 7차례의 본회담을 평양과 서울에서 번갈아 개최하였다. 남한 측은 이산가족의 주소와 생사를 먼저 확인한 후 서신 교환과 자유방문 및 상봉, 재결합을 주장한 데 반해 북한 측은 이른바 '조건환경론'(국보법철폐 · 반공단체해체 등)을 제시함으로써 난항을 거듭하였다. 북한은 1973년 8월 28일 남북조절위 공동위원장 김영주 성명으로 '김대중 도쿄 납치사건'(73.8.8)과 '6·23 선언'을 들어 남북대화의 일방적 중단을 선언하였고, 이에 제8차 서울 개최 적십자 본회담에 불응함으로써 회담은 중단되었다. 그러나 1980년 10월 4일 한적 유창순 총재, 남북적의 수재물자 인도인수 작업종료 시점을 기해 북적 손성필 위원장에게 적십자 본회담 재개를 제의(10.29 북측이 수용의사를 표명함으로써 1985.5-12 동안 제8-10차 본회담 개최)하였다.

1985.5.27-5.30 : 제8차 적십자 본회담(서울)에서 '남북 이산가족 고향방문 및 예술공연단' 교환에 합의하여 1985년 9월 20일부터 23일까지 고향방문단 51명, 기자·수행원 50명, 예술공연단 50명 등 각 151명이 상호 방문(남한 측에서는 35가구가 재북 가족 45명과 상봉하고 북측에서는 30가구가 재남 가족 51명 상봉)하였다.

1989.1.24 : 한적, 국내 이산가족들의 재북 가족 생사확인 신청서인 '이산가족찾기 의뢰인 명부'(4,346명)를 북적에 전달하고 제11차 본회담의 개최를 제의하였다(1989.2.15). 북적 손성필 위원장, 'T/S 훈련 강행 상황에서 적십자회담 재개는 무의미하다'는 내용의 대남 서한을 발송하였다.

1989.5. 31 : 북적 손성필 위원장, 제2차 고향방문단 및 예술단 교환을 제의하였다.

1989.9-90.11 : 적십자 본회담 재개 및 제2차 이산가족 고향방문단 및 예술공연단 교환 관련 '실무대표 접촉' 10회 실시(*89.10.16) 제3차 실무 접촉 시 '방문단 교환일자'(89.12.8) 및 '본회담 개최일자'(89.12.15)에 합의, *89.11.21 제6차 실무 접촉 시 '제2차 고향방문단 및 예술단 교환' 관련 방문단 규모(총 571명과 원칙에 합의, * 90.11.8 제8차 실무 접촉 시 북측의 '혁명가극' 공연 주장으로 무산)를 제시하였다.

1990.7.20 : 정부, 이산가족 상봉과 민족 자유 왕래 실현을 위해 '민족대교류기간'(8.13-17)을 선포(8.4-8간 방북 신청을 접수하여 총 61,355 명의 방북 희망자 명단을 북측에 전달하려 했으나 접수 거부)하였다.

1991.2.8 : 국회 본회의, '이산가족 문제의 조속 해결'을 촉구하는 결의문을 채택하였다.

1992.5 : 제7차 고위급 본회담 시 '이산가족 노부모 방문단 및 예술단' 교환(각기 240명 중 노부모 100명)에 합의(92.5-8.7간 8차례의 실무접촉 과정에서 북측의 '이이인모 송환 · 핵사찰 문제 거론 중지' 등 전제조건 제시로 무산)하였다.

1992.9.15-9.18 : 제8차 고위급 본회담에서 '남북 교류협력 부속합의서 제3장 인도적 문제의 해결'에 합의하여 발효(9.17)시킴으로써 이산가족 문제 해

결의 기초를 마련하였다.

1992.10.29 : 한적 강영훈 총재가 '이산가족 문제 실천 협의 위한 제11차 적십자 본회담 개최'를 제의하였다.

1993. 3.19 : 이산가족문제 해결과 신뢰회복 등 남북관계 개선 분위기 조성을 위해 조건 없이 이인모의 방북을 허용(3.11)하고 입북 조치를 하였다.

1994.5.9 : 한적 강영훈 총재가 세계적십자의 날 기념사에서 '노부모 방문단 조기 실현 및 적십자 회담 재개'를 촉구하였다.

1994.8.9 : 국회 외무통일위가 '납북자 송환·이산가족 재회' 등과 관련 대북 결의문을 채택하였다.

다음 사항을 통해 이산가족 실현 내용을 대신 설명한다.

이산가족 고향방문단: 1985년 9월 20일-9월 23일
제1차 이산가족 상봉: 2000년 8월 15일 ~ 8월 18일
제2차 이산가족 상봉: 2000년 11월 30일 ~ 12월 2일
제3차 이산가족 상봉: 2001년 2월 26일 ~ 2월 28일
제4차 이산가족 상봉: 2002년 4월 28일 ~ 5월 3일
제5차 이산가족 상봉: 2002년 9월 13일 ~ 9월 18일
제6차 이산가족 상봉: 2003년 2월 20일 ~ 2월 25일
제7차 이산가족 상봉: 2003년 6월 27일 ~ 7월 2일
제8차 이산가족 상봉: 2003년 9월 20일 ~ 9월 25일[2]
제9차 이산가족 상봉: 2004년 7월 11일 ~ 7월 16일[3]
제10차 이산가족 상봉: 2005년 8월 26일 ~ 8월 31일[4]
제11차 이산가족 상봉: 2005년 11월 5일 ~ 11월 10일[5]
제12차 이산가족 상봉: 2006년 3월 20일 ~ 3월 25일[6]
제13차 이산가족 상봉: 2006년 6월 19일 ~ 6월 30일[7]
제14차 이산가족 상봉: 2007년 5월 9일 ~ 5월 14일[8]

제15차 이산가족 상봉: 2007년 10월 17일 ~ 10월 22일[9]

제16차 이산가족 상봉: 2009년 9월 26일 ~ 10월 1일[10]

제17차 이산가족 상봉: 2010년 10월 30일~ 11월 5일[11]

제18차 이산가족 상봉: 2014년 2월 20일~ 2월 25일

이산가족 화상상봉[편집]

제1차 이산가족 화상상봉: 2005년 8월 15일

제2차 이산가족 화상상봉: 2005년 11월 24일 ~ 11월 25일

제3차 이산가족 화상상봉: 2005년 12월 8일 ~ 12월 9일

제4차 이산가족 화상상봉: 2006년 2월 27일 ~ 2월 28일[2]

제5차 이산가족 화상상봉: 2007년 3월 27일 ~ 3월 30일

제6차 이산가족 화상상봉: 2007년 8월 13일 ~ 8월 15일

제7차 이산가족 화상상봉: 2007년 11월 14일 ~11월 15일

해외에서의 이산가족 상봉

이산가족의 상봉은 국내에서뿐 아니라 해외에서도 진행되어 왔다. 제리 코널리 연방 하원의원이 제안한 북한이 이산가족 상봉을 위한 노력을 강화하고 조치를 취할 것을 요구하는 법안이 4월 말 연방 하원 외교위원회를 통과한 것이 지난 5월 27일 확인됐다. 제리 널리 의원(민주·버지니아 주)은 에드 로이스 하원 외교위원장(민주·캘리포니아)이 공동발의한 북한 미사일 개발 억제 및 제재 법안(HR 1771)에 이산가족 상봉 촉구를 더한 수정안을 지난달 말 작성, 외교위원회에 회부해 만장일치로 통과시켰다.

제재법안 자체는 북한이 주민들에 대한 혹독한 통치를 자행하고 전 세계 안보를 위협하는 위험한 행동을 하는 데 대해 제재 강화를 촉구하고 있다. 이에 코널리 의원은 남북뿐만 아니라 미국 거주 이산가족도 상봉할 수 있도록 촉구하는 내용을 가미, 수정안을 작성해 외교위원회에 상정했다. 코널리 의원은 자신의 웹사이트에서 "우리는 2만 명이

정치범수용소에 수감돼 억압받고 비참한 생활을 이어가는 것을 외면할 수 없다"라면서 "북한 주민들이 자유를 요구하는 행동에 어깨를 같이 해야 할 것이며, 북한 당국이 이산가족 재회를 막고 있는 것을 못 본체 할 수 없다"고 강조했다.

한인 지역구를 기반으로 골수 친한파인 제리 코널리 의원은 한인사회의 요구에 정확하게 부응하여, 당초 제재에만 강조한 법안에 이처럼 이산가족 상봉 조항을 삽입한 것으로 알려졌다. 아울러 미주 한인 이산가족 단체인 '전미이산가족상봉추진위원회'(이하 상봉추진위)는 최근 자성남 유엔 북한대표부 대사 앞으로 북한에 있는 가족과 상봉할 수 있게 해 달라는 내용의 서한을 보냈다. 이 서한에서 상봉추진위는 북한에 있는 가족을 보지 못하고 눈을 감는 사람들이 늘고 있다며, 80-90대 고령 이산가족들의 고향 방문과 가족 상봉을 위한 대화에 북한이 적극적으로 나서 달라고 호소했다.

상봉추진위는 아직 북측으로부터 서한에 대한 답변을 받지 못한 것으로 전해졌다. 상봉추진위는 미국 내 최소 13개 시에 연락책임자를 두고 북한의 가족과 연락을 원하는 이산가족들이 국제 적십자사나 미국 정부의 지원을 받을 수 있도록 돕고 있다. 또 연방의회에서 이산가족 관련 법안들이 통과될 수 있도록 상·하원 의원을 상대로 설득 작업을 하고 있다.

이산가족의 문제는 '인도주의'가 아니라 '인권'의 문제이다

이 같은 '상봉'은 이산가족의 인도적 고통을 완화시켜 주기보다는 '찰나의 상봉'을 이용, 편승하여 남북분단의 성격을 왜곡 선전하는 무대를 북측에 제공할 뿐 아니라 이산가족 당사자에게도 '이산'의 고통을 해소시키는 것이 아니라 훨씬 더 고통스러운 '새로운 이산'의 시작을 가져오는 결과를 안게 되었다.

대한민국은 앞으로 강제성 없는 '인도주의'라던가 북측에 의하여 심각하게 왜곡, 변질된 '민족주의'의 관점에서 적십자회담을 통하여 남북 간 당국의 정무적 합의에 집착해 온 종래의 방식을 과감하게 탈피하는 것이 필요하다. 앞으로는 '인도주의'나 '민족주의'가 아니라 '인권'의 차원에서 그리고 남북 간의 정무적 해결보다는 국제사회와의 공조 및 연대를 통하여 북한에 대한 국제적 압력을 강화하는 데 더 큰 역점을 둘 필요가 있다.

국제법의 세계에서는 '가족'에 관하여 오래전부터 '인권'의 차원에서 논의하는 것이 보편성을 지녀왔다. 그러므로 '이산가족'에 대하여 국제법에서는 처음부터 '인권'이라는 차원에서 접근하는 것이 주류를 형성해 왔다.

또한 이산가족 문제에 관해서는 1980년 이후 유엔 내부에서 새로운 시각에 의한 접근 노력이 시작되었는데 그 결실이 1998년 등장한 '국내 실향 문제 해결지침'이다. 이것은 코피아난 유엔 사무총장의 지시에 따라 프랑시스 뎅 국내 실향민 담당 사무총장 특별대표가 작성하여 유엔 인권이사회에 보고한 문건이다. 이 문건은 2005년 9월 뉴욕의 유엔 본부에서 개최된 '세계정성회담'에 참석한 국가/정부 수반들이 '국내 실향민 보호를 위한 최소한의 국제적 규범'으로 인정함에 따라 실질적으로 국제법에 준하는 규범으로 간주되고 있다.

그러나 현실은 남북한 이산가족이 국제적으로 '난민'으로 인정받지 못하고 있다. 그것은 남북 국경분단의 모호한 성격 때문이다. 그럼에도 남북한 이산가족을 '국내 실향민'으로 취급하여 해결할 수 있도록 외교활동을 적극 전개해야 한다.

더 이상 늦출 수 없는 시한성 사업인 이산가족상봉 문제를 정치적 상황의 저속변수로 취급할 경우 진전은 요원하다고 할 수밖에 없다. 남북관계가 경색될 경우 정부 간 대화가 단절되면 NGO나 적십자 간의 대화도 자동으로 단절되어 버리는 현상을 타파해야 한다. 대화의 채널을 열어 두기 위해 민간기구나 적십자의 활동을 보장해 주어야 한다. 인도적 문제 해결의 주체로서 적십자사는 정부의 보조자로서 역할을 수행하지만 중립적이고 독립적인 본래 기능을 상실하지 않도록 정부도 적십자의 고유한 업무를 지켜 주어야 신뢰를 꾸준히 쌓아갈 수 있다. 더 나아가 기독교의 종교 간 강단 교류와 집회를 통하여 방문하는 형식으로 쌍방이 만나는 방식도 필요하며, 종교계가 '가족찾기서비스'를 진행해도 좋을 듯하다. 국제적십자위원회의 중재를 통한 해결방안도 모색해야 한다.

| 글쓴이 | 안찬일 소장은 국가인권위원회와 국제사법연대 자문위원으로, 한국정치학회 부회장으로 활동하며 (사)세계북한연구센터 소장을 맡고 있다. |

09-6 탈북민 3만 명 시대, 한국 교회의 과제

통일은 우리 민족과 한국 교회에게 있어서 피할 수 없는 소명으로 다가왔다. 정부의 정책들과 사회적인 이슈들은 물론 한국 교회의 시대적인 사명도 통일로 인식되고 있다. 물론 방법과 추구하는 방향은 다를지라도 통일을 염원하는 시대적인 흐름을 볼 때 이 민족의 회복을 위한 하나님의 때가 가까이 왔음을 부인할 수 없다. 그에 대한 가장 큰 증거가 바로 이 땅에 들어온 탈북민들이라고 생각한다. 지금 이 땅에는 탈북민들이 2만 8천여 명을 넘어서서 3만 명을 바라보고 있다. 탈북민은 하나님께서 통일을 이루기 위해 한국 사회와 교회에 주신 리트머스지와 같다고 볼 수 있다. 왜냐하면 이 테스트를 잘 통과할 수 있을 때 한국 사회와 한국 교회가 통일을 온전히 감당할 수 있기 때문이다. 특별히 한국 교회는 이 사역에 앞장서서 한국 사회에 하나님의 계획과 통일이 주는 희망을 보여 주어야 한다.

왜 탈북민들인가?

북한과 같이 폐쇄되고 철저하게 통제된 병영식 세습독재체제 속에서 우상숭배 세뇌

교육만을 받아왔던 북한 주민들이 그 땅을 탈출하여 사선을 넘어 2만 8천 명이나 이 땅에 들어온 것은 하나님의 계획과 인도하심이 아니면 설명할 수 없다. 이것은 분명히 북한을 향한 하나님의 회복의 때가 가까이 왔다는 사인이다. 또한 무너뜨릴 수 없는 사탄의 견고한 진처럼 보이는 북한이 하나님 앞에서는 아무것도 아니라는 것을 우리 그리스도인들에게 확신시켜 주는 사건이기도 하다. 그 뿐만 아니라 탈북민들의 출현은 그들을 통하여 하나님께서 이루실 분명한 계획들도 있다는 것을 보여 준다.

이 땅에 들어온 탈북민들은 북한에 남아 있는 2천 5백만의 축소판이라고 할 수 있다. 여러 조사자료에 의하면 2만 8천 명의 탈북민들과 2천 5백만의 북한 주민들의 계급별, 계층별 퍼센트가 거의 일치한다고 한다. 이것은 북한 인구의 1,000분의 1에 해당하는 탈북민들만 잘 알아도 북한에 남아 있는 2천 5백만의 동포들에 대해 알아갈 수 있음을 의미한다.

하나님께서 원하시는 통일은 단지 지리적이고 제도적인 통일만이 아니다. 복음적인 통일은 남과 북의 사람들이 그리스도 안에서 하나가 되는 것이다. 그렇다면 복음통일을 누가 준비해야 하는가? 두말할 것 없이 한국 교회가 준비해야 한다. 따라서 한국 교회가 복음통일을 온전히 준비하기 위해서는 탈북민 사역을 잘 감당해야만 한다. 2만 8천여 명의 탈북민들을 잘 품는 것이 곧 하나님께서 원하시는 그리스도 안에서 사랑의 통일을 준비하는 것이다.

한국 교회에 있어서 탈북민들은 누구인가?

그렇다면 한국 교회가 하나님의 관점에서 탈북민에 대해 새롭게 정의할 필요가 있다. 그것은 우선, 이 땅에 온 탈북민들은 단지 살 길을 찾아 남한 땅까지 흘러들어 온 사람들이 아닌, 한국 교회로 하여금 다가올 복음통일을 연습시키기 위해 먼저 보냄을 받은 사람들이라는 것이다. 북한을 위해 기도하는 많은 사람들이 말하는 것처럼 탈북민들은 한국 교회에 보내 주신 하나님의 선물이라고 생각한다.

여기에는 한국 교회를 향한 하나님의 사랑과 신뢰의 마음이 있다. 그것은 북한의 회복을 반드시 한국 교회를 통해 이루시기를 원하시는 마음이다. 물론 북한 땅도 우리의 땅이고 그 땅에 살고 있는 사람들도 우리의 동족이기에 한국 교회가 통일선교의 사명을 감당하는 것이 너무나 당연한 일이겠지만 그럼에도 불구하고 하나님께서는 그 일을 기뻐하신다는 것이다.

그동안 한국 교회가 복음통일을 위해 계속해서 기도해 왔지만 정작 복음을 전할 동족의 땅인 북한과 그 땅에 살고 있는 우리 동포들의 상황에 대해 제대로 알 수가 없었고, 그것으로 인해 한국 교회의 통일선교 사역은 한계에 부딪칠 수밖에 없었다. 그런데 하나님께서는 한국 교회의 그런 안타까움을 외면하지 않으시고 북한의 문을 여시기 전에 한국 교회로 하여금 복음통일을 준비케 하시려고 먼저 탈북민들을 보내신 것이다. 한국 교회는 탈북민들과 함께 이곳에서 작은 통일을 연습하고 또한 그들을 통해서 북한과 그 땅에 살고 있는 우리 동포들에 대해 잘 알아갈 수 있어 복음통일을 위한 구체적인 기도와 준비를 하게 되었다.

그런 의미에서 탈북민들은 복음통일을 이루기 위한 한국 교회의 동역자들이다. 한국 교회와 탈북민들이 함께 하나 됨을 연습하게 된다면 또한 북한의 문이 열릴 때에 더 큰 하나 됨을 이루어가게 될 것이다.

탈북민 사역에 대한 반성

90년대 후반부터 탈북민들이 남한에 들어오는 숫자가 증가하게 되자 북한의 회복을 위해 오랫동안 기도해 온 그리스도인들과 북한 선교의 비전을 가진 교회들은 북한을 향한 하나님의 때가 가까이 왔음을 느끼고 기대에 부풀어 탈북민 사역에 뛰어들었다. 하지만 그 기대와는 달리 탈북민 사역은 쉽지 않았다. 점점 탈북민들에 대한 기대는 무너지고 이 사역에 대한 허탈감이 엄습하기 시작했다. 하여 처음 이 사역에 뛰어 들었던 적지 않은 사람들과 일부 교회들이 오히려 상처를 입고 도중에 손을 떼는 안타까운 상황들도 있었다. 그들이 간과했던 것은 탈북민들의 눈에 보이지 않는 내면이었다. 언어도 같고 문화도 비슷해 보이고 외형은 같아 보이기에 특별한 방법이 필요 없다고 생각하고 북한 사람들에 대한 아무런 파악도, 준비도 없이 남한 사람들에게 접근했던 방식으로 그들에게 접근했다가 낭패를 본 것이다. 물론 시행착오를 겪으면서 어려움들을 이기고 탈북민 사역을 잘하고 있는 교회들도 있다. 탈북민 사역은 생각처럼 쉽게 이루어지는 것이 아니다. 여기에는 드러난 것보다 훨씬 더 많은 보이지 않는 수고의 땀방울과 하나님을 향한 눈물의 몸부림들이 있다.

탈북민 사역을 어렵게 하는 또 다른 하나는 탈북민 사역을 외국인 근로자들을 대상으로 하는 특수사역이나 독거노인이나 소년소녀 가장들을 위한 긍휼 사역처럼 생각한다는 것이다. 물론 탈북민들의 상황을 볼 때 그들도 어떤 부분에 있어서는 긍휼 사역이나 특수사역의 범주에 들어갈 수 있다. 하지만 단지 그들이 북한이라는 절망적인 사회에서 지금까지 힘들게 살아왔기 때문에 안쓰러운 마음에서 그것을 보상해 주려는 것과 같은 동정 형태의 사역은 결코 바람직하지 않다. 왜냐하면 그러한 접근은 탈북민들이 우리보다 약하고 늘 도움이 필요한 불쌍한 존재로 인지될 수 있어 그들의 사회 정착의 의지를 꺾을 수 있으며, 또한 신앙 안에서 사명자로 세워져야 할 정체성마저 잃을 수 있기 때문이다.

탈북민들을 특수대상으로 분류해 놓고 그들의 생각과 처지에 관계없이 교회가 가지고 있는 틀에 묶어 두며 신앙을 '강요'하는 사역방법 역시 그리스도 안에서 남과 북이 하나를 이루는 데 또 다른 벽을 만드는 결과를 낳을 수 있다. 그것은 교회 안에서도 북한 지체들에 대한 신앙적, 지식적, 문화적, 정신적 차이를 드러내는 것이 될 수 있기 때문에 그리스도 안에서 한 몸을 이루고 있는 평등한 지체라는 의식을 가질 수 없게 하고, 따라서 서로를 향해 진정한 마음의 문을 열 수 없게 한다는 것이다. 그런 사역방법이 탈북민들에게는 교회에서도 여전히 사역의 '대상'에서 벗어날 수 없다는 자괴감을 주게 되고 결국에는 그들의 영적인 성장을 이룰 수 없음은 물론 정착에도 어려움을 겪게 한다.

중국의 탈북자 난민 지위 인정, 어떨까?

탈북자에게 가장 중요한 첫 단계가 중국의 탈북자 난민 인정이다. 중국은 현재 탈북자들을 난민으로 인정하지 않고 강제북송과 이 문제에 대해 뒷짐을 지고 있다. 혈맹국인 북한과의 관계와 자국의 이해관계가 얽혀 있는 상황이기 때문이다. 이로 인해 중국에 거주하고 있는 탈북자들은 발각 즉시 강제북송되게 되며, 발각이 되지 않는다 하더라도 하루하루가 벼랑 끝에 몰린 삶을 살고 있다. 그들이 북으로 송환되게 되면 정치범 수용소나 관리소에 가게 되어 형사적 처벌 및 박해를 당하거나 심지어는 사형에까지 이를 수 있다는 것이 자명하기 때문에 이는 탈북자들의 인권 침해라는 관점에서 큰 문제가 아닐 수 없다. 중국은 1982년 '난민의 지위에 관한 협약'과 '난민 지위에 관한 의정서'에도 서명했다. 이에 근거하여 국제사회는 탈북자 강제북송이 유엔 난민협약 위반이라고 지적해 왔지만 중국은 탈북자는 경제적인 문제로 불법 입경한 이주민일 뿐 난민이 아니며 중국은 자국법과 북·중 의정서에 따라 돌려보내는 조치를 취할 뿐이라는 입장을 내세우고 있다. 더욱이 중국은 탈북자들이 난민 인정심사조차 받지 못하도록 유엔 난민최고대표사무소(UNHCR) 출입도 막고 있다.

탈북자 강제북송을 막기 위해 중국을 움직이는 방법은 중국과 긴밀한 관계를 유지하는 것이다. 대한민국 정부가 민간단체처럼 탈북자의 북송 문제를 중지하라는 압박만 하는 것으로는 탈북자 인권에 크게 도움이 되지 않을 것이다.

지금으로써는 민간단체가 탈북자 북송 문제에 대해 순수한 인권 문제로 접근하면서 북송반대 여론을 조성하는 역할을 수행함으로써 중국의 변화를 이끌어 내는 편이 나을 것이라는 것이 많은 전문가들의 의견이다. 그렇다고 해서 정부는 그들을 방관하지 말고, 문제 해결에 힘쓴 민간단체와 민간인들을 외교적·재정적으로 도와야 할 것이라고 생각된다. 탈북자를 무조건 북송하지 말고 난민심사를 받을 수 있도록 난민협약과 고문방지협약에 따른 이행을 촉구하며 '조용한 외교'에서 벗어나 적극적인 입장으로 전환해야 한다.

탈북민 사역, 어떻게 시작할 것인가?

그렇다면 탈북민 사역을 어떻게 시작해야 할 것인가?

첫째로, 한국 교회는 탈북민들을 북한 선교의 대상이 아닌, 그 사명을 이룰 동역자로 받아들여야 한다. 그리할 때 한국 교회 내에 탈북민 사역의 바른 방향과 방법이 제시될 수 있다. 그렇게 되면 더 이상 탈북민들에 대해서 단지 긍휼의 대상이나 특수 사역의 일환이 아닌 북한 회복의 사명을 감당할 하나님의 소중한 일꾼으로 바라볼 수 있게 되고 또한 그들과 함께 복음통일의 하나님의 역사들을 준비할 수 있을 것이다. 바른 탈북민 사역은 하나님께서 예비하신 복음통일의 관문을 열 수 있는 키워드라고 할 수 있다. 이 땅에 먼저 온 3만 명에 가까운 탈북민들을 한국 교회가 온전히 품고 세울 수만 있다면 하나님께서 북한의 문을 여실 때에 그곳에 있는 2천 5백만의 동포들을 복음화하는 것은 큰 문제가 아닐 것이다. 왜냐하면 그 땅에서 아픔과 고통을 겪었고 그들에 대해 가장 잘 알고 있는 탈북민들이 북한 회복의 주역이 되어 그 사명들을 잘 감당할 수 있을 뿐만 아니라 또한 한국 교회가 하나님께서 이 땅에 보내신 탈북민들을 품고 그 일을 함께 준비해 가면서 얻은 소중한 경험으로 통일한국에서 사람의 통일을 이루는 데 귀한 역할을 할 수 있을 것이기 때문이다.

둘째로, 탈북민들의 상처와 아픔을 이해하고 품을 수 있어야 한다. 남한 땅에 살고 있는 탈북민들이 안고 있는 문제는 북한에 남아 있는 동포들의 문제보다 훨씬 크다고 할 수 있다. 탈북민들은 북한 동포들이 갖고 있는 어려움들 외에도 탈북을 통해 안게 된 훨씬 더 큰 아픔과 상처들을 가지고 있다. 탈북민들 중에 많은 사람들이 어쩔 수 없이 가족의 해체와 이별을 경험해야 했고, 중국에 거주하고 있는 동안에도 북송의 위험 때문에 끊임없이 불안에 떨어야 했다. 또한 그중에 많은 사람들이 실제적으로 북송을 당해 헤아릴 수 없는 정신적, 육체적 고통을 겪었다. 특별히 여성들의 경우, 인신매매와 원치 않은 결혼으로 인한 수치심과 구타, 협박 등으로 인해 지울 수 없는 깊은 상처를 갖고 있다.

탈북민들이 한국에까지 오는 과정도 고통의 연속이라고 할 수 있다. 우선 목숨을 걸고 그 길을 결단해야 했다. 또한 여권과 비자도 없이 여러 나라의 국경을 넘어 한국에 이르는 그 모든 과정은 피를 말리는 긴장의 연속이라고 할 수 있다. 따라서 탈북민들은 한국 교회가 다 알 수도 없고 이해할 수도 없는 큰 아픔과 상처들을 갖고 있다.

하나님께서 한국 교회에 탈북민이라는 고난도 시험지를 주신 것은 북한 회복을 철저하게 준비케 하기 위함이라고 생각한다. 한국 교회가 이 시험을 잘 치를 수 있다면 북한 회복의 사명은 그리 어려운 일이 아닐 것이다.

셋째로, 이 사역을 위한 전문 사역자들을 세워야 한다. 이 사명을 잘 감당하기 위해서는 한국 교회가 실제적으로 이 사역에 대한 관심을 갖고 구체적인 방향과 계획을 정해야할 것이다. 오랫동안의 탈북민 사역 현장에서 느낀 것은 이 사역이 전문 사역자를 필요로 한다는 것이다. 이 땅에 온 2만 8천 명의 탈북민들을 교회가 잘 품고 세우기 위해서는 북한 선교의 사명을 갖고 또한 탈북민들의 상황을 잘 알고 이해할 수 있는 전문 사역자가 준비되어야 한다.

탈북민 사역은 특별한 교회들이나 중대형 교회들만이 감당해야 하는 사역이 아니다. 북한 선교는 선택이 아닌 한국 교회가 반드시 감당해야만 하는 하나님께서 주신 필수적인 사명이다. 때문에 각 교회의 담임목회자들이 의지적으로 이 사역을 위해 기도하고 준비할 때 하나님의 역사가 일어나게 되어 있다. 교회가 감당할 수 있는 한도에서 그 사명을 감당하는 것이 중요하다. 한 사람을 품어도 좋고 두 사람을 품어도 좋다. 담임목회자의 사명과 의지만 있다면 개척교회일지라도 이 사역을 감당할 수 있다고 생각한다. 교회가 이 사역에 대해 기도하고 마음을 여는 순간 북한 선교가 시작된다.

탈북민 사역은 한국 교회의 영적 도약의 발판이다

탈북민 사역은 한국 교회가 영적으로 도약할 수 있는 발판이라고 할 수 있다. 왜냐하면 이 사역이 곧 교회가 북한 선교를 위해 준비하는 과정이고, 또한 교회 안에서 그 사명을 감당할 사명자들이 준비되어 가는 과정이기 때문이다. 북한 선교는 이 시대 가운데 한국 교회를 통해 이루시기를 원하시는 하나님의 거룩한 계획이다. 우리 그리스도인들이 그러한 하나님의 마음을 깨닫고 그 뜻에 순종하여 그 자리로 나아간다면 분명히 한국 교회는 다시 영적인 활기를 찾고 하나님과의 첫사랑을 회복하게 될 것이다.

김정은 정권은 체제 유지를 위해 수단과 방법을 가리지 않고 탈북자들을 재입북시키려는 공작을 강도 높게 진행할 것이다. 이런 탈북민들의 현실을 감안하여 탈북민에 대한 교회의 역할이 너무나 중요하다. 교회가 이 사역을 잘 감당하여 탈북민들이 잘 준비

될 때에 한국 교회는 물론 한국 사회에도 통일의 가능성과 희망을 줄 수 있으며, 더 나아가 탈북민 자신들도 복음통일의 주역으로 쓰임받을 수 있기 때문이다.

글쓴이	마요한 목사는 남과 북의 성도들이 함께 통일한국에 세워질 모델교회를 준비하는 새희망나루교회의 담임목사이며, (사)북한기독교총연합회 회장으로 섬기고 있다.

10
미디어와
문화

10-1 스마트 시대의 성경적 의미와 영적 전쟁

2009년 국내에 아이폰이 출시되면서 촉발된 스마트폰 열풍이 2014년에 4천만 명으로까지 사용자가 확산되는 등 본격적으로 스마트 시대가 열리고 있다. 스마트 시대에는 네트워크, 플랫폼, 단말, 콘텐츠, 이용자 등 모든 참여자가 스마트 네트워크, 스마트 단말기, 스마트 콘텐츠를 활용하는 생태계에서 유기적인 연관을 가지며 언제 어디서나 다양한 서비스와 정보를 주고받는 유비쿼터스가 구현된다.

"스마트"라는 단어는 '똑똑하고 영리한'(intelligent)의 의미와 '깨끗하고 깔끔한'(Clean)의 의미를 담고 있는데, 스마트 기기는 '인공지능이 가미되어 있으며, 사용자 맞춤식 설정이 가능하고 소셜 네트워킹 기능을 갖고 있는'의 의미로 쓰이고 있다. 스마트의 깨끗하고 깔끔한 의미보다는 똑똑하고 영리한 방향으로 스마트 기술이 개발되고 있는 것이다. 예수님이 제자들을 세상에 보내시면서 명령하신 "…너희는 뱀 같이 지혜롭고 비둘기 같이 순결하라"(마 10:16)는 말씀과 같이 '똑똑하면서 깨끗하다'는 의미로 우리는 스마트 시대를 만들어 나가야 한다.

미국의 부통령이자 정보화 고속도로의 주도자였던 앨 고어는 한국 초청 강연에서 전 세계가 한국에 감사해야 할 두 가지가 있다고 하였다. 첫 번째는 인쇄술의 개발이다. 한국에서 세계 최초로 개발된 인쇄술인 직지심경이 1234년에 편찬되었고, 이런 인쇄술이

구텐베르크에게 영향을 주어 서양에서 금속활자가 개발되어 성경이 인쇄되고, 이것은 종교개혁과 산업혁명으로 이어지게 되었다고 하였다. 두 번째는 한국이 주도하여 스마트 시대를 열어가고 있는 유비쿼터스 혁명이라고 하였다. 현재 한국의 유-스마트 유비쿼터스 기술과 사례는 전 세계의 모델이 되고 있어 한국이 스마트 시대 유비쿼터스 구현의 중심에서 세계에 또 한 번 영향을 끼치고 있다는 것이다.

스마트 시대 유비쿼터스 구현 원리와 하나님의 창조 원리

유비쿼터스(Ubiquitous)는 원래 라틴어로 "하나님(신)은 언제 어디서나 함께하신다"라는 뜻을 담고 있는데 과학기술에 적용되면서 눈에 보이지 않는 극소형의 컴퓨터가 모든 사물에 내장되고 네트워크로 연결되면서 언제 어디서나 원하는 정보와 서비스를 주고받을 수 있는 세상을 뜻하게 되었다. 신학적인 명제가 이제는 첨단 과학과 미디어의 용어로 전이된 것이다. 컴퓨터의 기술이 배경으로 사라지고 복잡한 컴퓨터가 소형화되면서 모든 제품 속으로 들어가 사람들이 컴퓨터의 존재를 의식하지 못할 것이다. 이와 같은 개념으로 스마트폰처럼 '생활 속의 컴퓨팅'(pervasive computing), '눈에 보이지 않는 컴퓨팅'(invisible computing), '끊김 없는 컴퓨팅'(seamless computing)이 활성화된다. 스마트 시대에는 점차 모든 제품에 컴퓨터 칩이 장착되어 있어 정보와 서비스 접근을 용이하게 하게 될 것이다. 입는 컴퓨터가 출현하게 될 것이며, 스마트폰으로 텔레비전의 시청뿐만 아니라 가사와 제품의 구입 등 다양한 서비스와 콘텐츠의 이용이 가능하게 된다.

어떤 측면에서 스마트 시대의 유비쿼터스 구현은 하나님의 창조 원리를 인간이 발견하고 이를 활용한 것이라 할 수 있다. 스마트 시대는 3D, 즉, Digital, DNA, Design으로 유비쿼터스가 구현된다. 디지털로 말미암아 발전하는 기술은 두 가지이다. 전자 기술(IT)과 나노 기술(NT)이다. DNA로 말미암아 발전하는 기술은 두 가지이다. 생명공학(BT)과 환경공학(ET)이다. 디자인으로 말미암아 발전하는 기술은 두 가지이다. 문화 개발 기술(CT)와 우주공학(ST)이다. 이 여섯 가지 기술은 스마트 시대를 이끌어갈 과학의 근간이 된다. 우리나라는 이 여섯 가지 기술이 가장 발달하고 있는 나라 중 하나이다. 이러한 3D는 하나님께서 태초의 에덴동산을 창조하실 때 빛과 어둠(Digital)으로 세상을 만들고 생물을 개별 종별로 번성케(DNA) 하셨으며 모든 것을 조화롭고 보기에 아름답게 설계(Design)하신 것과 같은 원리이다. 예수 그리스도께서는 이 땅에 빛(Digital)으로 오셔서 생명(DNA)을 주시고 하나님과 인간, 인간과 인간, 인간과 자연과의 관계를 정립(Design)하여 주셨다.

스마트 시대 미디어와 콘텐츠의 영향력

스마트 시대에는 모든 것이 네트워크로 연결되어 개개인의 영향력이 엄청나게 된다. 미디어가 확장되고 생활 속 곳곳에 침투하게 되며 개인도 콘텐츠를 생산케 되어 개인이 미디어에서 어떤 콘텐츠를 즐기는지 그리고 또한 어떤 콘텐츠를 올리는지가 바로 빛의 속도로 전파되어 타인에게 엄청난 영향력을 미칠 수 있게 된다. 이미 우리는 인터넷의 위력을 경험했고 스마트 방송, 스마트폰, SNS 등 다양하고 생활 곳곳에 자리 잡기 시작하는 개인화 된 미디어를 통해 언제 어디서나 콘텐츠를 즐기고 또한 자신의 콘텐츠를 타인과 공유할 수 있게 된다.

특히 스마트폰과 SNS(Social Network Service)가 일반화되면서 일상생활의 더 많은 부분을 양방향으로 문자메시지, 영상 전화, 사진, 동영상 등으로 소통할 수 있게 하고 어플리케이션(앱)을 통하여 게임이나 영화, 음악, 방송, 신문, 소셜커머스 등 이루 헤아릴 수 없이 많은 콘텐츠와 서비스를 누릴 수 있게 한다. 하지만 이러한 스마트 미디어의 확산이 때론 모두에게 장점으로만 작용할 수 없는 것이 실상이다. 사생활 침범, 사행성, 음란성, 폭력성 및 음해성 콘텐츠가 범람하고 있어 미디어를 올바르게 사용하지 못할 경우 우리의 문화생활과 정서 그리고 가치관과 행동까지 심각한 피해를 입을 수 있다. 따라서 미디어를 통해 어떤 콘텐츠가 확산되고 향유하는가에 따라 스마트 사회가 천국이 될 수도, 재앙이 될 수도 있게 된다.

스마트 시대의 영적 전쟁

스마트 시대에는 결국 거대한 네트워크와 미디어에 어떤 콘텐츠가 담겨지게 되고 어떤 콘텐츠를 즐기는가에 따라 스마트 사회가 파라다이스가 될 수도, 재앙이 될 수도 있게 되는 것이다.

여기에 스마트 시대에 기독교 문화 활성화의 중요성이 대두되게 된다. 그동안 한국 교회는 디지털 혁명과 함께 도래한 인터넷 미디어에 적절히 대응하지 못해 미디어에서의 퇴폐 향락주의 문화에 굴복당하고 포스터모더니즘에 의한 상대주의와 종교다원주의에 제대로 대응하지 못해 왔다. 이에 따라 한국 교회는 사회적 영향력이 약화되고 젊은 세대로부터 외면당하고 교회의 세속화가 가속화 되는 문제가 계속되고 있다. 이에 반해 세상의 문화, 어떤 면에서는 사탄이 조종하는 문화는 인터넷을 적극 활용하여 세상에 영향력을 확대하고 있다. 이로 인해 나타나는 문제점은 다음과 같다.

첫째로, 허구 문화를 퍼뜨린다. 사탄은 특히 포스터모더니즘의 상대주의를 교묘히 악용하여 거짓이 상대적인 관점에서 보면 오히려 진실일 수 있는 것처럼 왜곡된 허구 문화를 퍼뜨리고 있다. 다빈치코드, 유다복음 같은 반기독교적인 거짓을 SNS 등 다양한 미디어를 통해 마치 진실인 양 급속히 퍼뜨리는 것도 그 일례이다.

이는 포스터모더니즘에서 강화된 상대주의의 역효과로 모든 것을 누구나 상대적인 관점에서 자의적으로 해석할 수 있고 거짓조차도 다른 관점에서 보면 오히려 진실일 수 있다는 시대적 분위기를 악용한 것이다. 특히 그동안 진실로 믿어 왔던 사실들을 부인하는 거짓을 주장하는 것이 마치 새로운 시각이나 감추어져 왔던 새로운 진실을 밝히게 된 것인 양 미화되고 관심을 유도하게 되는 상대적 문화 사조에 편승한 것이다.

사탄은 에덴동산 때부터 이브에게 인간이 선악과를 따먹는 것은 하나님 관점에서는 금기시되나 인간의 관점에서 보면 오히려 인간이 하나님과 같이 눈이 밝아지고 좋은 결과를 가져온다고 원래의 사실을 왜곡한 허구를 만들어 내고 이를 미화시켜 인간을 유혹하고 패망케 하려는 노력을 지금까지 지속해 오고 있다. 이러한 사탄의 노력은 모든 것이 보는 관점에 따라 달라질 수 있다는 상대주의 포스트모더니즘 시대에 더욱 강력한 영향력을 미치고 있다. 이처럼 상대주의 문화 사조가 기승을 부리는 포스터모더니즘 시대에 기독교계가 절대적인 권위에 의존하거나 교조적인 정죄만으로 이러한 반기독교적인 풍조를 이겨 내기에는 역부족이고 오히려 역효과만 강화시켜 역이용을 당하게 될 수 있다.

오히려 기독교계는 이러한 사탄의 노력과 반기독교적인 주장의 치명적인 약점인 날조된 허구의 거짓됨을 진실에 입각하여 분명히 밝히고 이를 적극적으로 알리는 노력을 경주해야 할 것이다. 어두움을 대응하는 가장 좋은 방법은 빛(진실)이 밝혀지게 되면 어두움(허구)은 힘을 잃게 된다는 예수님의 말씀에 최선의 길이 있는 것이다.

둘째로, 신영성운동(뉴에이지)이 확산된다.

이성희 목사(2006)는 최첨단 과학 시대는 동시에 영성 시대라고 하였다. 정보, 지식, 과학, 기술 등으로 대변되는 스마트 시대가 영성 시대라는 것은 역설이다. 인간의 과학은 발달하면 발달할수록 인간은 종교적일 수밖에 없다. 과학과 정반대의 것을 추구하며 초과학적인 것을 의지하게 되는 인간 심리 때문이다.

스마트 시대에 사람들은 반종교적이면서도 상당히 영적이다. 포스트모던의 문화는 방향을 묻고 다니는 당일치기 여행자들로 가득 차 있게 될 것이다. 그러므로 이 시대는 누구나 생명을 얻는 영성이든 아니면 생명 파괴적 영성이든 다 하나씩은 가지고 있다. 이런 맥락에서 영성은 좋은 것이지만 상당히 위험한 것일 수도 있다. 오늘날 서구에서는 이상한 일이 벌어지고 있다. 교회에 출석하는 사람의 수는 급격하게 줄고 있는데 영성에 관심을 가진 사람들의 숫자는 비율로 볼 때 늘어나고 있는 것이다. 이런 시대적 변화는 명목상의 그리스도인을 양산하고 반면에 영성에 대한 관심도 극대화 되는 이상 현상이 발생하고 있는 것이다. 미래학자들이 21세기에는 이단과 사이비가 횡행하게 될 것이라는 예측도 같은 맥락이다. 이러한 미래 현상은 과학기술과 조직 사회에 대한 반작용으로 나타나는 현상들이다. 사람들이 기계와 더불어 살고 조직적 사회에 살게 되면 자연히 이에 대한 반작용으로 영성을 추구하게 된다. 영성 시대에 교회가 건전한 영성을 사회에 제공하지 못하면 사회는 건전치 못한 영에 미혹되게 된다. 이런 영성은 신관과 세계관을 변화시키는 주요인이 되고 있다.

이처럼 사탄은 스마트 시대에 강화되는 사람들의 영성에 대한 추구를 교묘히 악용하여 자연스럽게 하나님을 멀리하게 만들어 가고 있다. 예를 들면 뉴에이지를 통해 신비주의와 인본주의 문화를 만들어 내고 이를 스마트 미디어를 통해 급속히 퍼뜨리고 있다. 명상 열풍이나 인간복제 추구 그리고 웰빙에 대한 집착 등도 이러한 문화현상의 결과이다.

셋째로, 반기독교적 문화와 가치관이 확산된다. 사탄은 스마트 시대 미디어와 콘텐츠를 통하여 반기독교적인 가치관을 담은 문화를 급속히 퍼뜨리고 있다. 몇 년 전 칸느영화제 수상작인 "친절한 금자씨" 같은 영화를 통해 잔인한 복수의 미화, 로또와 사행성게임을 통한 한탕 물질주의의 확산, 폭력 게임과 영상을 통한 폭력성 확산, 월드컵 붉은악마 응원단을 통한 우상숭배와 악마에 대한 우호감 형성, 인터넷과 드라마 등을 통한 막장 및 향락 문화 확산, 기이한 분장과 십자가를 불태우는 등 엽기적인 무대 매너, 반기독교적인 가사, 악마를 추구하는 사탄이즘 신봉, 음란 행위 내용을 담은 록그룹 밴드의 팬 확대 등 반기독교 가치관을 담은 문화의 확산이 더욱 기승을 부리고 있다.

이에 반하여 기독교적 가치인 사랑, 희망, 용서, 회개, 봉사, 섬김, 나눔 등 우리에게 교육적이며 유용한 정보와 건강한 재미를 주는 건전하고 유익한 콘텐츠를 확산시키고자 문화운동인 클린콘텐츠 운동이 전개되고 있다. 누구나 하루에 1개 이상 희망과 칭찬의 메시지를 보내는 클린데이 캠페인 참여와 SNS를 포함한 미디어의 건강한 사용과 건전한 콘텐츠 소비를 통해 아름다운 스마트 세상 만들기에 동참할 수 있다.

또한 클린콘텐츠국민운동본부의 웹사이트(www.cleancontents.org)를 통해서 매월 영화, 드라마, 음악, 공연, 출판, 교양, 오락 방송, 애니메이션, 게임, 인터넷, 광고, UCC 등 12개 장르별 건강한 클린콘텐츠가 소개된다. 이를 활용하여 좋은 콘텐츠를 선별하여 즐기고 자신의 의견과 함께 SNS에 올리는 등 좋은 콘텐츠를 소개하는 것 자체가 미디어를 통해 사회에 선한 영향력을 미칠 수 있게 된다.

스마트 시대에 건강하고 기독교적 가치를 담은 콘텐츠를 즐기고 확산하는 것 자체가 문화 전쟁에서 승리하게 만드는 중요한 역할을 기독교인 누구나 담당하게 된다.

스마트 시대를 사는 크리스천의 사명

 필자는 스마트 시대를 하나님이 우리 기독교인과 한국 교회에 주시는 엄청난 기회라고 생각한다. 초두에서 밝힌 바와 같이 스마트 시대에 유비쿼터스 기술로 한국이 세계의 중심이 되었고 세계가 한국의 기술과 사례에 영향을 받게 되었다. 만약 스마트 기기를 통해 전달되는 문화와 콘텐츠가 기독교적 가치 체계와 세계관을 담고 있게 된다면 이는 국내에서 문화를 통해 기승을 부리는 사탄의 세력을 몰아내고 하나님의 뜻에 합당한 사회를 만드는 데 결정적인 역할을 하게 될 것이고, 이러한 사례와 문화 및 콘텐츠는 전 세계에 기독교적 가치관의 확산에도 크게 기여하게 될 것이다.

 이제 한국의 교회와 기독교인, 특히 목회자들은 스마트 시대를 기독교 문화로 선점하고 이를 확산하기 위해 연합하고 격려하며 각자의 달란트를 최대한 발휘하는 노력을 경주해야 할 것이다. "내가 너희에게 분부한 모든 것을 가르쳐 지키게 하라"는 예수님의 지상명령은 스마트 시대 유비쿼터스 구현을 통한 기독교 문화의 확산이라는 교회와 기독교인에게 주어진 사명이기도 하다.

 이러한 측면에서 크리스천은 스마트 시대 하나님의 문화 첨병으로서 사명감을 갖고 사탄과의 영적 전쟁에서 승리하고 하나님이 허락하신 스마트 시대를 하나님 나라 확장의 도구로 적극 활용하도록 해야 할 것이다. 이를 위해 크리스천은 다음과 같은 노력을 경주해야 한다고 생각한다.

 첫째로, 크리스천은 항상 깨어 있어 악한 문화와 하나님의 문화를 구분하기 위한 노력을 해야 한다. 한국은 세계 최고의 인터넷 인프라를 갖추고 있다고 자부해 왔다. 하지만 안타깝게도 이러한 인터넷 인프라가 악한 영에 악용되어 퇴폐, 음란, 폭력, 도박, 사기, 엽기의 온상이 되어 이로 인한 악한 문화의 확산의 도구로 활용되어 온 것은 부인하지 못할 것이다. 이제 한국이 중심이 되어 새롭게 펼쳐지고 개인의 선택과 행동이 이웃의 삶과 문화 행동에 영향력을 끼치게 되는 스마트 시대에 크리스천은 항상 깨어 악한 문화는 보지 않도록 하고 더욱이 악한 콘텐츠를 만들거나 공유하지 말아야 한다. 한 걸음 더 나아가 크리스천은 하나님의 관점에서 좋은 문화, 예를 들면 사랑, 회복, 화해, 반성, 경외, 봉사 등의 사회문화적으로 유익한 기독교적 가치관을 담은 클린콘텐츠를 적극

이용하거나 이러한 클린콘텐츠를 만들고 전파시키는 데 주어진 환경과 달란트를 최대한 활용해야 할 것이다. 이러한 크리스천의 노력이 확산되면 스마트 시대에는 건전하고 유익한 클린콘텐츠의 활성화를 통하여 기독교적 가치관을 담은 좋은 문화가 세상에 넘쳐나게 되고 이로 인해 현재 범람하는 악한 문화가 점차 위력이 떨어지고 설 자리를 잃게 될 것이다.

스마트 시대에 우리 기독인들은 "근신하라 깨어라 너희 대적 마귀가 우는 사자 같이 두루 다니며 삼킬 자를 찾나니"(벧전 5:8)라는 말씀을 항상 묵상하며 미디어와 콘텐츠의 사용에 있어 항상 깨어 있어야 할 것이다.

둘째로, 크리스천은 하나님이 주신 달란트를 개발하고 적극적으로 활용해야 한다. 하나님은 어느 누구에게나 나름대로의 달란트를 허락하셨다. 양팔과 두 다리가 없이도 아름다운 그림을 그리는 구필 화가나 손가락 4개로 아름다운 음악을 연주하는 피아니스트 등 우리 인간은 자신에게 주어진 상황이나 환경에 상관없이 개발하여 활용하면 아름답게 빛나는 하나님이 주신 달란트가 있다.

이제 우리 크리스천은 이러한 달란트를 하나님 관점에서 합당하게 적극적으로 개발하고 활용하도록 노력해야 한다. 이미 악한 영에 사로잡힌 사람들은 현재도 오히려 적극적으로 자신의 역량을 최대한 발휘하여 악하고 미혹하는 문화를 만들고 전파하는 노력을 열심히 하고 있다. 이로 인해 세상의 문화는 하나님의 뜻에 대치되고 기독교적 가치관에 반대되는 악한 문화가 더욱 기승을 부리고 있는 것이다. 이제 크리스천과 교회가 일어서야 한다. 교회와 크리스천은 각기 주어진 상황과 가지고 있는 달란트를 적극 개발하여 스마트 시대에 좋은 콘텐츠, 감동적인 콘텐츠, 즐겁고 유익한 콘텐츠를 적극 만들고 이를 적극 이용하며 확산시키는 데 기여함으로써 하나님의 나라가 이 땅에 실현되고 기독교적 가치를 세상에 널리 퍼뜨리는 사명을 담당해야 할 것이다.

셋째로, 크리스천은 스마트폰과 스마트 기기를 기독교 문화 확산과 복음 전파 차원에서 적극적으로 활용해야 한다. 스마트 시대에 스마트폰과 스마트 기기로 하루 종일 네트워크 안에서 연결되어 이전보다 타인과의 만남을 수시로 할 수 있는 환경이 조성되었다는 것을 활용하면 기독인들은 스마트 미디어와 SNS를 친교와 전도의 기회로 삶을 수 있다. 이제는 손안에서 펼쳐지는 스마트 미디어와 SNS를 활용하여 불신자와의 관계를 친숙한 관계로 발전시켜 생활 속에서 관계 전도를 실천할 수 있게 되고 또한 신앙과 영적 교제 시간과 공간을 확장할 수 있게 된다.

기독인들은 일상생활의 자투리 시간, 즉, 출근 시간, 점심 시간, 퇴근 시간 등에 찬송가, 성경 퀴즈, CCM, 말씀 묵상을 돕는 앱 등을 활용하여 평상시에도 경건생활과 영적 생활의 기회로도 선용할 수 있다. 주일예배만으로 일주일을 은혜로 살기에는 부족할 수 있기 때문에 스마트폰을 통해, 평일에도 적극적으로 교인들과 영적으로 교제하고 소통함으로써 하나님의 은혜를 함께 나눌 수 있다.

기독인들은 스마트 미디어인 스마트폰과 스마트패드와 SNS인 페이스북, 트위터, 카톡과 밴드 등을 전도와 선교의 도구로 잘 활용할 수 있도록 친숙해지는 노력을 해야 한다. 교회 및 선교단체들은 스마트 시대에 맞는 핵심 역량을 갖춘 스마트 미디어와 SNS 관련 전문 인력을 양성하고 스마트 미디어 시대에 적합한 기독인의 생활 윤리를 정립하고 전파해야 한다. 2014년 스마트선교아카데미가 설립되어 기독교인과 목회자 및 선교사의 스마트폰을 기독교적 관점에서 적극적으로 활용할 수 있는 전문 역량을 교육시키고 있다. 이런 교육을 확산하여 크리스천이 스마트 시대의 스마트 역량을 갖춰 세상을 리드하고 기독교적 가치관과 복음을 전파할 수 있어야 한다.

또한 기독인과 기독교계 및 기독 언론은 공히 협력하여 이 세상에 기독교적인 가치관을 담은 양질의 클린콘텐츠를 제작하고 확산하는 데 동참하고 스마트폰 등을 통해 확산하여 아름다운 세상을 만들어 가는 데 각자의 처소에서 최선을 다해야 할 것이다. "너희는 내 법도를 행하며 내 규례를 지켜 행하라 그리하면 너희가 이 땅에 안전히 거할 것이라 땅은 그 산물을 내리니 너희가 배불리 먹고 거기 안전히 거하리라"(레 25:17-19) "그러나 너희가 내게 청종치 아니하여 이 모든 명령을 준행치 아니하며 나의 규례를 멸시하며 마음에 나의 법도를 싫어하여 나의 모든 계명을 준행치 아니하며 나의 언약을 배반할진대 내가 이같이 너희에게 행하리니 곧 내가 너희에게 놀라운 재앙을 내려…"(레 26:14-16)라는 성경을 통한 하나님의 경고는 스마트 시대의 우리가 가슴에 항상 품어야 하는 메시지라고 생각된다.

우리 크리스천은 스마트 시대에 우리의 행동과 노력에 의해 이웃에게 우리가 원하든 원하지 않든 영향을 미치게 되므로 아담같이 죄를 세상에 들어오게 할 수도 있고 작은 예수로서 하나님 나라를 구현하는 역할을 할 수도 있다. 따라서 스마트 시대의 크리스천은 예수님의 명령에 따라 세상의 빛과 소금이 되어야 할 것이다.

참고자료

김성일, "신구약시대의 문화전쟁," CBS 유비쿼터스와 문화전쟁 세미나 발제문(2006)

안종배, "미디어의 트렌드와 영향력," 「월드뷰」(기독교세계관연합회, 2012)

안종배, "스마트 시대 통신정책과 스마트 기술의 미래," 아우럼, 방송통신전파진흥원(2012)

안종배, "유비쿼터스 시대 크리스천의 사명," CBS 유비쿼터스와 문화전쟁 컨퍼런스(2006)

이성희, "유비쿼터스 시대의 세계관," CBS 유비쿼터스와문화전쟁 세미나 발제문(2006)

존 스토트, 『현대사회 문제와 그리스도인의 책임』(IVP, 2011)

| 글쓴이 | 안종배 교수는 한세대 미디어영상학부 교수는 미디어 선교의 선두자로서 20년 전부터 인터넷 선교에 앞장섰으며 문화와 미디어를 통한 기독교적 가치관과 복음 전파에 노력하고 있다. |

10-2 안티 기독교 문화, 바로 알고 대처하기

"아이들아 지금은 마지막 때라 적그리스도가 오리라는 말을 너희가 들은 것과 같이 지금도 많은 적그리스도가 일어났으니 그러므로 우리가 마지막 때인 줄 아노라."(요일 2:18)

기독교의 시작, 즉, 초대교회부터 지금까지 기독교를 배척하는 집단에 대해 흔히들 안티 기독교라고 일컫는다. 안티 기독교 현상은 영적으로는 하나님의 역사를 방해하려는 사탄의 궤계가 그 원인이나(살후 2:4; 요일 2:18 등), 역사적으로 볼 때는 여러 근거가 혼재되어 있다. 예를 들면, 종교적(이슬람, 중·근대 가톨릭 박해, 대표적으로 프랑스 칼뱅파 위그노 탄압 등), 정치적 이유(로마 황제 네로, 도미티아누스, 현대 러시아 사회주의 혁명, 독일 나치 시대 등)가 원인이 되며, 또한 민족적, 국가적 이유가 안티 기독교 만행을 발생시키기도 했다. 그 범위는 가히 세계 곳곳에서 이루어졌다. 현재는 일부 사회주의 국가나 이슬람 문화권에서 정치적 의도로 여전히 진행 중에 있음을 알 수 있으나 보다 광범위한 안티 기독교 현상은 문화 속에서 이뤄지고 있다. 그런 의미에서 안티 기독교 현상은 진리를 둘러싸고 벌어지는 문화 전쟁의 일환이라 하겠다.

특히 최근 일어나고 있는 안티 기독교 현상은 '개독교'라는 폄하적 표현과 함께 미디어를 타고 급속하게 대중 속으로 파고드는 또 하나의 특이한 반기독교적 현상이다. 안티 기독교운동을 부채질하는 통로가 바로 대중문화이며, 이는 현대과학과 포스트모더니즘 여파에 따른 무신론 사상, 인본주의 비판의식, 종교혼합주의 등이 주동이 되어 주류 역사와 거대담론을 파괴하려는 대중적 해체주의의 한 양상이라 하겠다.

한편에서는 기독교 교리의 특수한 배타성으로 인한 반작용으로 안티 기독교의 활동이 이루어지고 있고, 인터넷의 발달로 인해 그 세력은 보다 더 조직적이고, 체계를 갖춘 집단으로 형성해 가고 있다. 안타까운 점은 기독교인의 독선적 행동이 안티 기독교 현상을 불러들인 원인이 되기도 했다는 점이다. 교회 내부로부터 폭로된 교역자와 교인들의 비리, 갈등, 분쟁 등이 세상의 지탄을 받으면서 그 위상이 떨어지고, 세상을 변화시켜야 할 교회가 오히려 세상의 근심거리가 되었다는 지적이 가시화되면서 안티 기독교 현상은 사라지지 않고 있다. 한국에서의 기존 안티 기독교 세력은 그다지 크게 대두되지는 못했으나, 이제는 평범한 비기독교인들도 기독교에 대해 부정적인 선입견을 가질 정도로 안티 기독교의 세력은 일정 부분 동조 그룹을 형성할 정도로 그 기세가 죽지 않고 있는 실정이다.

한국 안티 기독교 세력의 발생과 확산

한국에서 일어난 안티 기독교의 시작은 가톨릭 선교와 함께 발생했다고 볼 수 있다. 조선을 지배하고 있던 유교 사상에 교리적으로 타협할 수 없었던 점이 유생 및 대원군과 같은 권력층들과 마찰을 일으키고 급기야 신앙인들이 탄압당하며 순교에 이르기까지 하였다. 이는 정치적, 이념적 안티 기독교라 하겠다. 1920년대 이후 일어난 안티 기독교 현상은 종교사회적인 측면이 강하다. 사회주의자들의 비판이 시초라고 볼 수 있다.

일제하 반기독교운동은 1920년대 중국에서 일어난 반종교운동의 영향을 받았다. 특히 1922년 4월 사회주의자들이 북경에서 개최한 반기독교 동맹 대회가 중요한 계기가 되었다. 이 대회는 기독교를 제국주의와 자본가의 주구라고 비판하면서 '종교박멸론'을 제창하였는데 이 소식이 식민지 지식인 사회의 반종교 논의에 기폭제 역할을 한 것이다.[1]

그러나 사회주의자들이 주장하듯 반종교적인 분위기보다는 한국 교회의 권위주의적 모습과 배타성 그리고 목회자들의 낮은 질적 수준을 문제시하였다. 이광수는 『금일 조선 야소교회의 결점』[2]에서 이렇게 지적한다. 흥미로운 것은 현재와 백 년 가까운 시간 차이에도 그 현상에서 유사점이 발견된다는 것이다.

1   조선 교회는 계급적이다. 교역자가 되는 것을 예전의 관리가 되는 것과 같은 명예와 권세로 생각한다.

2   조선 교회는 세상과 교회를 너무 이분화해서 교회에만 치중하고, 학문을 천하게 여기는 등 다른 일과 의무에 대해서는 소홀히 한다.

3   상당수 개신교 목사들의 학문 수준이 형편없다.

4   조선의 기독교는 미신적이다. 옛날부터 전해 내려오는 미신을 이용하여 천당 지옥설과 사후 부활과 기도 만능설 같은 것으로 몽매한 민중을 죄악에서 구제하려 한다.

이밖에 사회주의자들의 안티 기독교 운동은 광복 이후 교계가 군사정권의 반공주의와 맞물리면서 우리나라에서는 거의 사라지는 듯 보였다. 그러나 진보주의자들에게는 더 거센 반발을 당하는 결과를 낳게 되었고, 이후로도 정권과 결탁하여 권력에 순응하는 종교라는 오명을 쓴 채 많은 반발을 사게 된다. 그 한 예로 1970년대 이후 국무총리를 위한 기도회, 국가를 위한 기도회 등이 열리면서 교계 원로, 지도급 교역자들이 민의와 관계없이 정권에 오른 권력자들을 위해 기도하는 모습이 비난을 받기에 이르렀다. 성경 해석도 정치적 입장을 견지한 바 있는데, 예를 들면 로마서 13장 1절의 "각 사람은 위에 있는 권세들에게 복종하라 권세는 하나님으로부터 나지 않음이 없나니…"라는 말씀을 한 고위 정치인이 이렇게 변질하여 논란이 되기도 하였다. "교회는 정부에 순종해야 하며 정부는 하나님이 인정한 것이다." 기독교가 정치와 만나는 것은 피할 수 없는 상황이다. 그러나 기독교는 하나님의 통치, 공의와 정의, 의의 질서를 이루어 가는 편에 서 있어야 한다. 그렇지 못할 경우 변명의 여지없이 안티 기독교 세력에게 반발거리가 됨을 알 수 있다.

그동안 비주류에 속했던 한국의 안티 기독교 세력은 현재에 이르러 인터넷의 발달로 인해 급격히 세력을 확장하며 실제적인 집단으로 등장하였다. 현재 우리나라에서 확인할 수 있는 안티 기독교 사이트는 대략 30개 정도에 육박하며 회원 수는 3만 명가량이며, 기타 일반 커뮤니티 사이트에서도 많은 교류가 이루어지고 있다.[3]

또한 길거리에서도 시민들을 대상으로 다양한 반기독교 홍보를 하는데, 특히 반기독교시민운동연합에서는 '개독방역'이라는 이름으로 회원들이 오프라인상에 모여 반기독교 홍보 책자를 나눠 주며 사람들에게 기독교의 폐해를 알리는 일을 하고 있다. 뿐만 아니라 클럽안티 기독교에서는 『우리는 왜 기독교를 반대하는가』라는 제목의 책을 장기간 집필, 발간하여 보다 더 점층적인 안티 기독교운동을 벌이고 있다.

안티 기독교, 그 주장의 양면

안티 기독교 세력의 목적은 그들의 표현을 빌자면 "기독교 박멸"인데, 실제로 그런 표현을 서슴지 않는 이들은 급진주의자들이고, 여기에 동조하는 이들의 주장 일부분을 들어 보면, 막상 기독교계의 자성, 올바른 신앙생활, 교리 확립을 내포하고 있음을 살펴볼 수 있다.

우리나라 최대의 안티 기독교 단체인 반기독교시민운동연합의 발기선언문에 의하면 이들은 기독교 박멸의 당위성을 "기독교의 해악이 극에 달한 점"을 말하고 있으며, 그들의 활동 방향 역시 "기독교가 더 이상 패악질을 일삼지 못하도록 기독교를 박멸하는 데" 둘 것임을 명시하였다.[4]

앞서 언급하였으나 그들의 구체적인 주장들을 살펴보자면 크게 네 가지로, 기독교 지도자들의 부도덕한 행실, 교회가 세금을 내지 않는 것, 평신도들의 올바르지 못한 행실, 마지막으로 교리적으로 타종교에 대한 기독교의 배타성 등이다.

안티 기독교에 대한 대안

안타깝지만 이제는 기독교에 대한 인식이 사회 전반적으로 부정적인 면이 적지 않다는 것을 인정해야 한다. 교계 스스로도 자성해야 한다는 이야기가 많이 나오는 편이기는 하나, 아직도 이미지 개선의 여지는 미미한 편이다. 이전에는 일부 교회, 일부 교인만 부도덕하다고 여겨지는 것이, 이제는 특히 인터넷에서 소수 교회만이 양심을 지키고 대다수의 교회는 부패했다는 인식이 전반적으로 지지받고 있는 실정이다. 이전에는 교회 장로, 집사라고 하면, 사회에서 선망 받고 본받을 만한 사람이라고 평가받았으나, 이제는 미디어에 등장하는 사건, 사고 기사에 적잖이 등장하는 사례가 되어 기독교의 이미지를 손상시키고 있다. 기독교인 모두가 반성해야 하지만, 특히 교역자, 직분자의 경우에는 더욱 더 중요하다.

"범사에 네 자신이 선한 일의 본을 보이며 교훈에 부패하지 아니함과 단정함과 책망할 것이 없는 바른 말을 하게 하라 이는 대적하는 자로 하여금 부끄러워 우리를 악하다 할 것이 없게 하려 함이라."(딛 2:7-8)

앞서 춘원 이광수의 글은 사실 그가 교회에게 권고를 하고 교회가 개혁하기를 바라는 마음에서 작성한 것이었다.

"내가 결점을 말하는 것은 비방하려는 것이 아니고 충고하려는 것입니다. 어떤 측면
에서 보든지 오늘날 조선에서는 너무 언론계가 적막합니다. 이것은 좋지 않습니다.
그러므로 내가 예수 교회의 결점을 말하는 것 또한 무익한 일은 아닌 줄 압니다."[5]

안티 기독교 세력에는 여러 부류가 있다.

첫 번째 부류로 사탄과 연합한 세력이다. C.S.루이스의 저서 『스크루테이프의 편지』에 나오는 영적 존재와 같다. 기독교의 존재를 부정하고 파괴하려는 음부의 권세를 말한다. 여기에 대해서는 단호한 대처가 필요하다. 즉, 영적 전쟁을 선포하는 것이다. "그런즉 너희는 하나님께 복종할지어다 마귀를 대적하라 그리하면 너희를 피하리라."(약 4:7)

두 번째 부류는 인본적 휴머니즘으로 무장하고 기독교를 공박하는 이들이다. 이들 안에서도 두 부류로 나눌 수 있다. 매파에 속하는 이들은 자연과학, 무신론, 동서양 사상으로 혼합된 신비주의로 이론을 갖추고, 기독교를 대적하며, 비둘기파에 속한 이들은 시민적 비판의식으로 기독교를 그래도 객관적으로 분석, 비판한다. 이들은 기독교의 정치, 사회적 판단과 행동이 과연 합리적인가를 따진다. 여기에 대해서는 베드로 사도의 말씀이 적확하다. "⋯너희 속에 있는 소망에 관한 이유를 묻는 자에게는 대답할 것을 항상 준비하되 온유와 두려움으로 하고"(벧전 3:15)

세 번째 부류는 교회에서 실족한 이들이다. 그들은 교회에도 출석하였고 복음에 관해서도 모르는 바 아니었다. 한때는 친기독교적인 이들이었다. 그러나 어떤 이유로 인해 실족하여 안티 기독교 편에 서게 된 이들, 이들에게는 예언서의 말씀이 시급하다. "⋯너희는 위로하라 내 백성을 위로하라."(사 40:1) 돌아오는 탕자를 기다리시다 마중 나가 품에 안고 기뻐하시는 아버지의 마음으로 실족한 이들을 포용할 수 있어야 한다.

안티 기독교 현상은 기독교계가 어떻게 대처하느냐에 극복 방안이 달려 있다. 그것이 영적 전쟁으로 파악될 때, 기독교계는 성전(聖戰)을 선포해야 할 것이다. 복음의 진리를 무너뜨리려는 사탄의 어떤 궤략에 대해서도 단호하게 말씀으로 대처해야 한다. 그 외의 안티 기독교 논리는 교계가 '대답할 것을 준비'하여 대안을 제시하고, 온유와 겸손함으로 이웃과 세상을 섬긴다면, 하나님의 시간과 통치 속에서, 머지않은 장래에 주 예수께서 예수 그리스도의 영이 충만한 그의 나라가 이루어지게 하실 것이라 믿는다.

주

1   장규식, 『일제하 한국 기독교민족주의 연구』(서울: 혜안, 2001), p.165

2   이광수, 『금일 조선 야소교회의 결점』(청춘 11, 1917. 11.)

3   김지방, 『정치교회』(교양인, 2008), p.75

4   김영동, "반(反)기독교 운동의 도전과 선교", 「장신논단」 제38호(장신대 기독교사상과문화연구
     원, 2010), pp.357-379

5   이광수, 위의 책

참고자료

반기독교시민운동연합. http://www.antichrist.or.kr

안티 기독교 대응 전략 연구 자료실. http://blog.daum.net/antistudy

글쓴이	추태화 교수는 안양대학교 기독교 문화학과 교수로, 우리 사회가 건강한 문화적 상상력을 통해 맑고 풍요로워지기를 꿈꾸는 기독교 문화 운동가이다.

10-3 영화·영상문화 트렌드와 기독교

문화체육관광부가 발표한 "2012 문화향수 실태 조사"[1] 발표에 따르면 우리나라 사람이 연극이나 뮤지컬, 미술전람회, 음악회 등 예술 행사를 관람한 비율은 69.6%로 계속 증가하는 추세에 있다. 그런데 흥미로운 사실은 우리나라 사람이 경험하는 문화예술 가운데 영화는 64.4%를 차지함으로써 거의 압도적인 수치를 기록하고 있다는 점이다. 이는 2008년의 58.9%나 2010년의 60.3%와 비교할 때 영화가 한국인에게 갖는 의미가 매우 특별함을 나타나고 있는 것이다. 영화진흥위원회의 보고서에 따르면 2013년 한 해 영화 관객은 2억 1천 322만 명에 이르고, 1인당 영화 관람 편수는 4.23편에 달하는 것으로 나타났다. 전국의 2,184개에 스크린을 보유한 대한민국에서의 영화란 가장 손쉽고 저렴한 비용으로 문화예술을 경험할 수 있는 매체로 자리 잡은 셈이다.

따라서 영화의 사회적 영향력도 클 수밖에 없다. 황동혁 감독의 "도가니"(2011)는 우리 시대의 가장 대중적인 작가인 공지영의 동명의 원작 소설 『도가니』가 해내지 못한 사회적 영향력을 과시하며 우리 사회 '도가니 신드롬'을 몰고 오기도 했다. 청각장애아동을 가르치는 학교에서 일어난 교장과 교직원들의 성폭력 사건을 묘사한 이 영화는 2006년에 광주 인화학교에서 일어난 실제 사건을 다루고 있으며, 2009년 공지영 작가를 통해 소설로 등장하면서 화제가 되었다. 그러나 그것은 어디까지나 문화적 이슈였지 사회적 문제가 아니었다. 그러나 이번에는 달랐다. 대통령과 대법원장 그리고 경찰청장과 여야 국회의원들이 앞다투어 영화를 봤고, 장애인들을 향한 성폭력에 강력 대처하는 법안, 즉, 이름하여 '도가니법'을 만들기에 이르렀다. 그것은 레닌이 말한 대로 "영화는 가장 힘 있는 예술"이기 때문에 가능한 일이었다. 2014년 김한민 감독의 영화 "명량"이 1천 6백만 명이 넘는 관객을 모으며 '이순신 신드롬'을 일으키고 있는 것 또한 한국 사회에 영화가 갖는 막강한 영향력을 보여 주는 예라 할 수 있다.

영화의 사회적 영향력을 한국 교회는 잘 알고 있다. 선정적이고 폭력적인 영화의 역기능에 대한 경계를 늦추지 않으면서도, 한편으로 영화가 갖고 있는 기독교교육과 선교의 역할에 한국 교회는 내심 기대를 걸고 있는 것이다.

한국 기독교 영화 제작의 현실

한국영화연감에 수록된 작품들 가운데 제대로 된 한국식의 기독교 영화는 1977년도에 비로소 나타나게 된다. 강대진 감독의 "사랑의 원자탄"과 임원식 감독의 "저 높은 곳을 향하여"가 바로 그 주인공이 된 영화들이다. 그 이후로 1980년대와 1990년대는 이장호 감독의 "낮은 데로 임하소서"(1981)를 대표격으로 한국 기독교 영화가 극영화를 중심으로 전개되어 온 것을 볼 수 있다.

한국 기독교 영화의 획기적인 전환점이 된 것은 2009년 개봉되어 16만 관객 동원에 성공한 신현원 감독의 "소명"이었다. 이때부터 기독교 다큐멘터리의 전성시대가 열리기 시작했다. "소명"은 남미 아마존의 바나와 원시부족을 섬기는 강명관 선교사 부부의 선교 현장을 담아 관객들에게 감동과 도전을 제공했다. "소명"은 그 이후로도 3편까지 시리즈물로 제작되어 기독교인들의 지속적인 관심을 받고 있다.

2010년 1월에 개봉한 김종철 감독의 "회복" 역시 15만 관객을 거뜬히 넘긴 기독교 다큐멘터리 영화다. 우리의 생각 밖에 있었던 메시아닉쥬(Messianic Jew, 예수 믿는 유대인)들이 자신의 민족인 유대인들로부터 박해를 받고 살아가는 현장은 가히 충격이었다. 김종철 감독은 "회복"의 성공을 바탕으로 팔레스타인의 기독교 선교 현장을 담은 "용서"

(2011)를 제작하기도 했다.

그 밖에 남아프리카공화국에서 축구를 통해 빈민가 청소년들에게 복음과 희망을 전하는 이홍석, 박성준 감독의 "희망의 별-이퀘지레템바"(2010)와 김상철 감독의 "나의 선택-잊혀진 가방 그 못다한 이야기"(2011) 그리고 기독교 최초의 음악 다큐멘터리라고 할 수 있는 "블랙가스펠"(2013)에 이르기까지 극장 상영용으로 제작된 기독교 다큐멘터리는 매우 현실적인 선교 현장의 현실을 보여 줌으로써 기독교 영상예술의 획기적인 변화와 발전을 이루었다.

기독교 영화의 미래와 발전을 위한 제안

한국 기독교 영화의 밝은 미래는 2014년도에서 다시 한 번 확인할 수 있었다. 최근 붐을 일으킨 기독교 다큐멘터리 장르는 관객의 시선을 사로잡을 만한 좋은 소재들을 많이 가지고 있는 한국 기독교 안에서 비교적 제작이 용이한 장르로 인식되어 왔다. 오지에서 헌신적으로 사역하는 선교사들이 적지 않고 기독교에 대해서 배타적인 세상을 향해 용서와 사랑을 실천하는 그리스도인들을 카메라에 담을 경우 그리스도인들에게는 도전이 될 것이고 세상을 향해서는 좋은 기독교 이미지를 형성할 수 있어서 복음 전파에도 도움이 될 수 있으리라는 생각은 쉽게 할 수 있다.

그러나 극영화 제작의 경우, 다큐멘터리와는 비교가 안 될 만큼의 세밀한 기획과 풍부한 제작 능력 그리고 막대한 제작비를 필요로 하는 까닭에 쉽게 엄두가 나지 않아서 최근 주춤할 수밖에 없었다. 배우라는 한 가지 조건만 놓고 생각하더라도 대중의 인지도가 높고 실력을 겸비하면서도 저예산의 현실을 이해하면서 기독교 신앙의 색깔을 잘 드러낼 수 있는 주연급의 연기자를 찾는 일이란 쉽지 않다. 그런데 김진무 감독의 "신이 보낸 사람"(2014)이나 이장호 감독의 "시선"(2013)은 김인권이나 오광록 같은 대중에게 익숙하면서도 풍부한 연기 경험을 갖춘 배우들이 주연으로 나선 점에서 기독교 극영화의 재건을 가능케 만든 일이었다.

그러나 아직도 기독교 영화가 갈 길은 멀고도 험하기만 하다. 극장 상영용으로 제작할 경우 흥행성을 무시할 수 없고, 수준이 높은 대중의 눈높이도 맞춰야 할 뿐만 아니라 성경적 가치관을 충실히 반영해야 하는 까닭에 일반 제작자가 갖지 못한 이중, 삼중의 고민이 뒤따를 수밖에 없다. 이를 해결하기 위해서는 한국 교회와 그리스도인들이 영화를 보는 가치관의 변화와 전폭적이 지원이 뒤따라야만 한다.

기독교 영화 제작을 위해 필요한 것은 무엇일까?

가능성이 열려 있는 기독교 영화, 제작을 위해서는 무엇이 필요할까?

먼저, 복음 전파를 위한 교회의 영화 제작과 제작 지원이 필요하다.

지금까지 영화 제작은 그것이 상업적인 목적이든 아니면 선교적 목적을 두고 행한 것이든 모두 교회 밖의 전문적인 제작사를 통해 이루어져 왔다. 교회가 기독교 혹은 기독교적인 영화를 필요로 하면서도 직접 영화 제작에 뛰어들지 못한 이유는 영화 제작과 유통에 대한 크리스천 전문인력의 부족이나 자본 조달의 어려움 등 전통적인 교회 사역으로는 감당하기 힘든 부분들이 많다고 생각했기 때문이었다. 이것은 영화의 범주를 너무 제한한 결과라 할 수 있다. 즉, 우리가 생각하는 영화란 일반극장에서 상영을 위해 만들어진 장편 극영화만을 생각하고 있기 때문이다. 거기다 잘 구성된 시나리오와 화려한 연출, 멋진 배우들이 등장해서 하나님께 영광을 돌리는 영화를 생각하기 때문에 감히 제작할 엄두를 내기 어려운 것이다. 이것을 논자는 '벤허 증후군'이라 부르기를 주저하지 않는다. 한국의 크리스천들은 기독교 영화를 언급할 때 "벤허"(Ben-Hur)를 가장 으뜸으로 치며 "벤허"와 비교하기를 주저하지 않는다. "벤허"는 오락적 가치는 물론 신앙적으로나 작품의 완성도 측면에서 완벽하다고 해도 과언이 아니며, 비그리스도인들에게조차 감동을 선사했다는 점은 기독교 영화의 모델로 손색이 없어 보인다. 따라서 "벤허" 같은 영화를 만들고 싶은 열망과 목표를 갖는 일은 어쩌면 기독교 영화 제작을 꿈꾸는 사람들이 가져야 하는 기본적인 신념 같은 것으로 이해할 수 있다.

그러나 한국에서 기독교 영화를 제작하려면 대형 영화인 "벤허"를 이상화 하는 생각으로부터 벗어날 때 비로소 가능하다. 기독교 영화 제작은 단편영화나 다큐멘터리와 같은 소형 영화나 독립영화로 시작할 수 있고, 교회에서 예배나 교육에 사용할 수 있는 선교보고용 다큐멘터리나 심지어 UCC도 영화 제작의 연장선상에서 이해될 수 있다. 영상물제작의 저변 확대와 잦은 활용이 어느 시점에 이르렀을 때 제2의 "벤허"를 탄생시킬 수도 있는 것이다.

둘째로, 기독교 영화제를 통한 영화의 유통과 좋은 영화와의 만남이 필요하다.

영화 제작은 반드시 상영을 통한 관객의 만남을 전제로 한다. 아무리 좋은 영화라 할지라도 극장에서 상영되지 못하고 창고에 보관되어 있다면 그것은 영화의 역할을 제대로 하지 못한다고 볼 수 있다. 그러나 한국 영화계의 현실에서 기독교 영화나 교회에서 제작한 영화를 보게 되는 일은 쉽지 않다.

기독교 영화 제작의 활성화와 관심의 촉발 그리고 그것이 소비를 통한 새로운 영화제작의 선순환 구조로 이루어지기 위해서는 기독교 영화의 유통구조를 개선하고 영화제 등을 활성화하는 행사들이 필요하다.

서울에 근거를 둔 "문화선교연구원" 주관으로 2003년부터 "서울국제사랑영화제"(구 서울기독교 영화제)가 지난 11년간 꾸준히 진행되고 있는 것은 매우 고무적인 일이다. 작품성이 높은 해외의 기독교 영화들을 볼 수 있고, 사전제작비를 지원하는 제도를 통해 기독교 영화제작의 활성화를 꾀하는 한편, 단편 경쟁 부분을 통해 젊은 기독 영화인들을 격려한다는 점에서 매우 긍정적인 평가를 받고 있다.

셋째로, 기독교 영화의 활성화를 위한 첫 발걸음은 거룩한 소비라는 것을 알아야 한다.

대중영화들은 철저히 상업적인 가치에 의해 판단되며 제작, 소비된다. 이것을 풀이하자면 소비가 있는 곳에 생산이 있고, 관객이 보지 않는 영화는 제작되지 않는다는 사실을 뜻한다. 한국 기독교 영화의 현실이 꼭 그러하다.

2004년 작 "패션 오브 크라이스트"(Passion of Christ)는 철저한 기독교 영화였지만 한국뿐만 아니라 전 세계적으로 흥행에 성공한 바 있다. 이 영화의 흥행은 할리우드의 메이저 영화사인 "20세기 폭스사"는 기독교 영화만을 전문적으로 만드는 '폭스 페이스(Fox Faith)'라는 자회사를 설립하게 된 계기가 되었다.

넷째로, 신세대 그리스도인을 위한 영상교육이 필요하다.

기독교 영화의 미래를 논할 때 문제는 영화 자체가 아니라 좋은 영화들을 볼 기회가 적다는 데 있다. 자본의 논리에 지배를 받는 영화계는 돈이 될 만한 흥미거리에 치중할 뿐 하나님 형상대로 창조된 인간의 가치나 우리가 사는 세상의 의미를 밝히는 데는 무관심하다. 또한 영화에 대한 그리스도인의 무관심과 세상 사람과 다르지 않는 분별없는 선택은 영화 제작자들로 하여금 그들의 영화를 소비할 예비 대상에서 그리스도인의 존재를 잊어버리게 만든다. 생산과 소비의 순환적인 경제구조를 가지고 있는 영화계는 영화에 관심을 두지 않는 그리스도인을 위한 영화를 만들지 않고, 성경적 바탕 위에서 소비할 영화를 찾지 못하는 그리스도인들은 영화를 외면해 버리거나 세상적인 영화를 찾아가곤 하는 실정이다.

영화를 즐기는 젊은이들로 세상은 넘쳐나고 있다. 어린 시절부터 TV와 비디오, 인터넷 동영상에 길들여진 신세대는 영상 언어에 익숙할 뿐더러 영상의 세계 속에서 자신의 비전을 펼치기를 원하기도 한다. 이 영화의 세계는 하나님의 통치로부터 제외될 수 없는 영역이다.

교회는 기독교 세계관으로 준비된 젊은이들을 영화의 세상으로 보낼 필요가 있다. 예수님이 제자들을 짝지어 세상에 보내신 것과 마찬가지로 우리는 위험과 함정이 도사리고 있지만 영화의 세계를 정복할 수 있도록 능력 있는 주의 일꾼들을 파송해야 한다. 그리하여 우리는 그들을 통하여 스크린 위에서 하나님의 음성을 들을 수 있어야 한다.

주

1   "문화향수 실태 조사"는 우리나라 국민들의 문화향유 수요 및 실태를 파악하기 위해 2년 주기로
     시행되고 있으며, 이번 조사는 전국 16개 시도, 만 15세 이상 성인 남녀 5,000명을 대상으로 1:1
     방문 면접조사를 통해 실시되었다.

글쓴이   강진구 교수는 고신대학교 국제문화선교학과 교수이자 영화평론가이다.

10-4 게임과 기독교

"여호와는 영이 유여하실지라도 오직 하나를 짓지 아니하셨느냐 어찌하여 하나만 지으셨느냐 이는 경건한 자손을 얻고자 하심이니라…."(말 2:15)

하나님은 우리 가정을 찾아오셔서 '경건한 자손, 경건한 자녀, 경건한 후손, 경건한 다음 세대'를 얻기를 기대하신다. 마치 예수님이 무화과나무에 접근하셔서 열매를 기대하시면서 구하셨던 것처럼. 유감스럽게도 무화과나무는 잎은 무성하였으나 찾으시는 열매를 보여 드리지 못했기 때문에 저주를 받아 말라 버렸다. 오늘 우리 가정에 찾아오신 주님에게 우리는 경건한 자녀, 경건한 다음 세대를 열매로 내어 드려야 한다.

경건한 자녀를 노략하는 덫이 되고 있는 게임 중독

그동안 인터넷 음란물, 게임 중독, 자극적이고 폭력적인 게임들의 위험성으로 말미암은 엽기적인 사건이 도처에 일어나고 있지만, 교회와 그리스도인 부모들의 경각심은 그렇게 크지 않다. 여전히 컴퓨터 앞에 앉아 있는 자녀를 방치하고 있으며, 컴퓨터나 텔레

비전을 거실과 아이들 방에서 철거할 것인가를 놓고 고심하지 않는다.

정보통신부가 한국인터넷진흥원과 공동으로 "2007년 하반기 정보화 실태 조사"를 실시한 결과를 보면, 2007년 12월 기준 만3세-5세 인터넷 이용자는 51%를 넘어서고 있다. 음란물이 넘쳐나고, 자극적인 폭력게임이 쏟아지는 인터넷 앞으로 3세밖에 되지 않는 아이들의 51%가 들어가고 있으며, 7세가 되면 90% 이상의 아이들이 인터넷에 접속하고 있다. 그리고 지금 아이들은 그 속에서 경건한 자녀와는 거리가 먼 온갖 음란물을 접하고, 폭력게임에 접속해서 살인을 연습하며 살아가고 있다.

지구의 모든 정보를 흘려보내는 인터넷이라는 강물은 지금 아이들의 몸이 아니라 정신을 황폐케 하고 멍들게 하는 매우 위험한 정신의 독극물인 음란물과 폭력게임물에 오염되어 있다. P2P는 물론이고 주요 언론사 사이트조차 음란물과 매매춘을 홍보하는 배너가 덕지덕지 붙어 있고, 대형포털사이트에 서비스되는 UCC 영상들도 음란물이 넘쳐난다. 음란물에 접속하라는 스팸메일이 초등학생들에게조차 무차별적으로 배달되고 있다.

아이들이 인터넷에 접속해서 이용하는 것은 대부분 게임들이다. 7세 아이가 인터넷으로 글을 쓰겠는가, 댓글을 달겠는가, 정보를 검색하겠는가? 그들이 하는 인터넷은 대부분 게임이다. 그런데 이 게임이라는 것이 대부분 자극적인 살상을 반복하는 놀이이다. 물론 7세 아이가 컴퓨터에 앉자마자 총을 들고 다니며 사람을 죽이지는 않는다. 7세 아이들은 유아용 콘텐츠를 제공하는 포털사이트에 들어가서 "동물농장", "파니룸" 같은 것을 꾸미는 놀이를 한다. 그런데 이곳에서 놀이를 하려면, 막대기를 들고, 달팽이나 두더지를 열심히 잡아야 한다. 대부분의 부모들은 막대기를 들고 달팽이 잡는 게임이 무슨 문제인가라고 생각한다. 그러나 사람은 동일한 자극이 반복되면 점점 무뎌지고, 시시해지고, 내성이 생겨 좀 더 강한 자극을 찾게 되어 있다. 이제 1년이 지나 여덟 살이 되면 막대기로 동물을 잡는 것은 재미가 없다고 생각되어 짐을 싸서 칼을 들고 동물을 잡는 게임으로 옮겨간다. 이 게임이 1천 5백만 명이 하고 있다는 "메이플스토리"이다. 그러나 동물 잡는 게임을 1년 이상 하지 않는다. 사람을 때리거나 찌르거나 죽이는 게임으로 옮겨간다. "던전앤파이터", "겟앰프트"가 바로 그런 게임이다. 그리고 이미 상당수의 아이들은 그 과정을 거쳐 총으로 사람 머리를 떨어뜨리고, 피가 뿌려지는 게임에 빠져들고 있다. 이런 게임이 "서든어택"이다.

놀이미디어교육센터에서 조사해 본 결과, 현재 초등학생의 50% 이상이 스트레스를 풀기 위해, 또는 레벨을 올리기 위해 '사람을 때리거나 죽이는 게임'을 '재미있다'고 말하면서 이용하고 있다. 사람을 죽이는 게임을 하는 아이들에게서 좋은 성품을 기대할 수는 없다. 그리고 이러한 행태에 우리 자녀들도 예외 없이 노출되어 있다.

폭력적인 게임, 인터넷 음란물에 접속하는 행태에 있어 그리스도인 부모에게서 자라는 아이들, 교회에 출석하는 아이들은 세상의 아이들과 구별되어야 하지만, 현실은 그렇지 못하다는 것이 문제이다. 아이들은 컴퓨터 시간을 더 확보하기 위해, 폭력적인 게임에 접속하기 위해 몰컴(부모 몰래 하는 컴퓨터 게임)을 하고, 부모의 주민번호를 자기 멋대로 도용하고 있다. 부모에게 순종하고 공경해야 할 아이들이 인터넷 게임 속에서 부모를 속이고 불순종하는 반항의 아이로 자라고 있는 것이다. 그리고 아이들은 6학년만 되면 부모의 눈을 피해 음란물과 폭력게임에 접속해 들어간다.

경건한 자녀를 얻기 위한 부모의 책임

인터넷 게임에 빠져들지 않으면서도 현명하게 사용하도록 가정에서 부모의 역할은 무엇인가? 컴퓨터와 인터넷을 없애는 것이 최선의 대안인가? 없앨 것인가 말 것인가의 문제는 구분과 구별의 차이와 같다. 구분은 완전히 분리해 내는 것이다. 구별은 함께 섞어 놓은 상태에서 차이를 알아내는 능력이다. 인터넷 게임으로부터 아이들을 완전히 구분해 낼 수 없다. 그러나 인터넷 게임은 강력한 재미를 생산해 내는 상업적인 공간이기 때문에, 충분한 대응력(면역성)을 키울 때까지 가능한 늦출 수 있는 만큼 늦추어서 컴퓨터에 접속하도록 하는 것이 중요하다.

또 더 이상 구분해 낼 수 없는 시점이 되면, 좋은 것과 해로운 것을 구별할 수 있는 능력을 키워 주어야 한다. 이를 위해 부모는 자녀가 컴퓨터를 켜고 있을 때에는 가능한 시간을 내서 옆에 앉아서 안내자가 되어야 한다. 자녀 혼자 컴퓨터를 시작하는 것은 매우 좋지 않은 습관을 키우는 것이다.

또한 컴퓨터 사용은 욕망(desire)을 채우기 위한 목적이 아니라 필요(need)를 채우기 위한 것임을 스스로 배워갈 수 있도록 도와주어야 한다. 다시 말하자면, 하고 싶을 때 컴퓨터를 켜서 하고 싶은 만큼 하는 것이 아니라 분명한 목적으로 가지고, 약속된 시간에 접속해서 약속된 시간이 되면 스스로 전원을 끌 수 있는 습관을 훈련하는 것이다. 컴퓨터 앞에 앉으면 시간이 되어도 끄고 싶은 생각이 들지 않는다. 심심하면 제일 먼저 접속하고 싶은 것이 인터넷 게임이다. 그렇기 때문에 컴퓨터 없이 살아가는 훈련, 하고 싶지만 절제하는 훈련을 지속적으로 시켜야 한다.

다음 세대인 어린이, 청소년의 인터넷 게임 중독 문제를 교회가 심각하게 받아들여야 하는 이유는 이미 중독되면 치료가 쉽지 않은 질병이 된다는 것 때문이다. 그 어떤 약물 중독이나 행위 중독이 그러하듯이 인터넷 게임 중독도 치료를 위해서는 중독 요인으로부터 격리가 중요하다.

그러나 인터넷 게임은 접근성을 차단하기가 매우 어렵다. 집과 학교, 그리고 지역사회 공공기관이나 PC방 등에서 너무나도 쉽게 접속이 가능하기 때문에 인터넷 게임에 중독된 아동 청소년을 치료하는 일은 만만한 일이 아니다. 그렇기 때문에 철저한 예방교육과 중독 예방을 위한 정부의 정책수립과 기업의 사회적 책임을 부과하기 위한 다양한 장치 마련이 시급하다.

자녀의 게임 중독을 예방하기 위한 실천 지침

PC나 스마트폰을 통해 게임에 빠져들지 않도록 지도하기 위해서 부모는 자녀들이 직접 조절하는 훈련을 하도록 해야 한다. 그런데 문제는 대부분의 부모들이 조절을 직접 하고 있다는 것이다. "이제 컴퓨터 꺼라. 오늘은 안 돼."라고 늘 말하지만, 문제는 점점 악화된다. 심지어 마우스를 뽑아서 외출할 때마다 핸드백에 넣고 다니는 부모들도 적지 않다. 가정에 욕망을 조절장치가 있기는 있는데 그 장치가 부모의 입술이나 손에 달려 있다.

5학년 교실에서 교육을 하는 중에 한 학생이 가방에서 마우스를 꺼내 보여 주었다. "엄마는 외출하실 때마다 마우스를 뽑아 가지고 나가세요. 짜증나서 저도 하나 샀지요."

아이의 고백이다. 이렇게 부모가 대신 조절하면 아이들은 부모 몰래 컴퓨터(일명 몰컴)를 하기 시작한다. 한 초등학생은 3시간 컴퓨터 앞에 앉아 있는 자신의 모습과 엄마가 "이제 컴퓨터 그만해."라고 말하는 그림을 그려 놓고, 자신의 대답을 "엄마 나 30분밖에 안 했어."라고 설명하는 그림을 그렸다. 컴퓨터 앞에 앉은 아이들에게서 부모가 컴퓨터 그만하라고 말했을 때, 자주 듣는 말 중 하나는 "방금 켰는데…."라는 말이다. 그가 한 시간 혹은 두 시간 이상 앉아 있었을지라도 습관적으로 나오는 말이다.

이렇게 부모가 대신 조절하면 자녀들은 부모를 속이고 거짓말을 하는 방법으로 컴퓨터에 빠져든다. 대신 조절하는 방법으로 아이들을 절대로 재미와 욕망으로부터 자유롭게 만들 수 없다. 조절 장치는 부모의 입술이나 힘이 아니라 자녀 스스로에게 있어야 한다. 조절하는 힘이 부모에게서 자녀에게로 옮겨 가야 한다.

자녀가 스스로 조절하는 절제 훈련을 하기 위해서는 먼저 "약속"이 있어야 한다. 텔레비전이나 컴퓨터를 이용하는 시간을 일정하게 정하고 이용해야 한다. 약속 정하기에서 중요한 것은 사용하지 않기로 정한 날에 접속하지 않고 참는 훈련을 하는 것이다. 토요일에 컴퓨터 하기로 약속했다는 것의 의미는 토요일 이외의 나머지 6일 동안은 하고 싶지만, 할 수 있지만 참고 살아가는 약속을 지키는 것이다. 오늘이 토요일이 아니라면 아무리 하고 싶어도, 또 할 수 있어도 컴퓨터 없이 살아가기 위해 노력하는 과정이 있어야 한다. 그렇기 때문에 약속은 부모와 하는 것이 아니라 자기 자신과 하는 것이다.

약속을 정할 때 주의해야 할 것은 매일 30분, 매일 한 시간, 이런 식으로 정해서는 안 된다는 것이다. 중독은 매일 하는 것에서부터 출발한다. 알콜 중독은 '날마다 한 잔씩'으로부터 시작되는 것과 같다. 매일 하는 아이들은 하루만 접속을 못해도 금단현상이 나타난다. 가능한 3일 이내로 접속하도록 해서, 욕망을 거슬러 살아가는 날이 욕망을 채우는 날보다 많도록 훈련이 되어야 결국 욕망으로부터 자유로운 삶의 습관을 형성해 갈 수 있다.

약속은 정하는 것만으로는 지켜지기가 어렵다. 약속이 지켜지려면 약속을 어겼을 때 반드시 벌칙이 부과되어야 한다. 벌칙은 자신의 행동에 책임을 지는 훈련이다. 많은 부모들은 약속을 지키지 않고 '조금만 더'의 유혹에 빠져 있는 자녀들의 등 뒤에서 호통을 치고, 잔소리를 한다. 그렇게 하는 것보다는 약속을 지키지 못했을 때, 벌칙을 상기시키고 대가를 지불하도록 하는 것이 더 효과적이다. 벌칙 중에 제일 좋은 벌칙은 컴퓨터 금식이다. 약속을 지키지 못하면 벌칙으로 다음 한 주간 컴퓨터 접속을 제한하는 것이다. 한 주간 동안 컴퓨터 금식을 하면서 약속을 지키기 위해 다짐하도록 기회를 주어야 훈련이 된다.

마지막으로 절제훈련을 위해서는 자녀들이 스스로 약속을 지키는 것에 대해 자부심을 갖도록 가치를 부여해야 한다. 컴퓨터를 끄는 순간 칭찬을 해 주어 약속을 지키는 자신이 대견하게 여기도록 해야 한다. 컴퓨터를 자유롭게 많이 하거나 폭력적인 게임을 하는 친구들을 부러운 눈으로 보는 것이 아니라 불쌍하게 볼 수 있는 안목을 키워 주어야 한다.

병아리와 계란 후라이의 차이점은 스스로 깨고 나왔는가 아니면 남이 깨뜨려서 나왔는가에 달려 있다. 우리 자녀들이 중독적인 게임들로부터 자유롭고 생명력 있는 삶을 살기 원하는 부모들은 열심히 조절해 주는 방법을 버리고, 스스로 조절할 수 있도록 자녀를 훈련하는 방법을 선택해야 한다.

하나님은 우리 가정을 찾아오셔서 '경건한 자손, 하나님께 성실한 경건한 다음 세대, 하나님을 예배하는 세대'를 얻기를 기대하신다. 다윗처럼 목동으로 살 때나 왕으로 살 때나 언제나 예배자로 살아간 것처럼 우리 자녀들은 가정에서도, 교회에서도 그리고 그들의 삶의 현장인 교실에서도 예배자로 살아가도록 그 영을 지켜 주어야 한다.

가정은 아이들의 영을 결코 새롭게 할 수 없는 게임 같은 짝퉁 즐거움으로 만족하는 장소가 아니라 가족이 함께 예배하면서 그들의 생각과 마음, 영을 하나님의 임재로 새롭게 하는 에덴이 되어야 한다. 게임을 향한 자녀들의 눈을 가족에게로 돌이켜 이기는 자로 살아가도록 자녀들을 깨워야 한다.

"나 여호와가 시온의 모든 황폐한 곳들을 위로하여 그 사막을 에덴 같게, 그 광야를 여호와의 동산 같게 하였나니 그 가운데에 기뻐함과 즐거워함과 감사함과 창화하는 소리가 있으리라."(사 51:3)

거실의 TV, 책상의 컴퓨터, 가족의 손에 잡혀 있는 스마트폰에 눈과 귀를 빼앗긴 채로 황폐한 곳, 사막, 광야와 같이 변해 가고 있는 우리 가정을 돌아보라. 그리고 이 모든 미디어기기들을 멈추고(shutdown), 가족이 함께 모여 예배하면서 기뻐하고, 즐거워하고 감사하고 찬양하는 소리가 흘러나오는 에덴으로 회복할 때, 자녀들은 다윗처럼 예배하는 하나님 마음에 합한 사람(행 13:22)으로 자랄 것이고, 마지막 때에, 다니엘처럼 이기는 자가 될 것이다.

글쓴이

권장희 소장은 기윤실교사모임 창립을 주도하여 초대 대표로 활동했으며, 2005년에 우리나라 최초의 인터넷 게임 중독 예방 교육 민간기관인 놀이미디어교육센터의 소장을 맡아 청소년과 청소년 지도자들에게 영상미디어 중독의 위험성과 예방법을 나누고 있다.

10-5 기독교 저작권 바로 알기
: 한국 교회와 저작권 문제

하나님은 세상을 창조하신 후에 사람이 하나님의 창조물을 마음껏 누리도록 하면서 그 안에 질서와 균형을 두셨다. 이렇듯 세상에도 더 많은 사람들이 아름다운 창작물을 더 풍성하게 누리도록 하기 위해 법과 제도가 존재한다. 그리고 세상 사람들은 기독교인들이 먼저 이러한 제도와 법을 모범적으로 지켜 줄 것으로 믿고 기대하며 주목하고 있다. 그런데 안타깝게도 많은 기독교 저작물을 사용하고 있는 교회가 그동안 저작권법의 적용에 있어서는 상당 부분을 성역으로 여겨지거나 교회 저작물의 무단 사용에 대해서도 전도와 예배라는 절대 가치에 대한 도전으로 생각되어 관용적 혜택을 누려왔던 것이 사실이다. 그러나 최근 한·미 FTA, 한·EU FTA의 체결과 저작권에 대한 권리의식이 높아지면서 이제 교회도 더 이상은 저작권 문제에서 자유로울 수가 없고, 성경, 찬송, CCM, 영상 등 교회에 없어서는 안 될 수많은 기독교 저작물의 저작권 보호 문제를 방치할 수 없게 되었다. 이처럼 세상법은 존중되어야 마땅하지만 그렇다고 교회에 대한 무차별적인 저작권 집행으로 교회가 가이사의 법정에 세워지는 모습은 결코 바람직하지 않다. 바로 이러한 문제점을 해결하기 위해 한국 교회가 기독교 저작권을 바로 알고 어느 범위까지 저작권이 허용되는지 등을 파악하는 것은 중요한 시대적 과제가 되었다고 할 것이다.

성경에도 저작권이 있다

하나님의 말씀인 성경에도 저작권이 있을까? 저작권이 있다면 누구에게 있는 것일까? 일반인들에게 이런 질문을 던지면 십중팔구는 "에이, 하나님 말씀에 저작권이 어디 있어?"라고 답하거나 "하나님 말씀이니까 하나님께 저작권이 있는 것 아닌가?"라는 반문으로 답변이 돌아온다. 그렇다. 저작권법을 모른다면 누구나 그럴 수 있다. 그러나 우리나라 저작권법 제5조 제1항은 "원저작물을 번역·편곡·변형·각색·영상제작 그 밖의 방법으로 작성한 창작물은 독자적인 저작물로서 보호된다"고 명시하여 번역저작물도 2차적 저작물로서 독립적으로 보호하고 있다. 따라서 성경에도 저작권이 있는 것이다. 다만 성경이 최초 기록된 원본은 현재 발견되지 않고 초창기 원본을 바탕으로 한 필사본들만 전해져 내려왔기 때문에 성경 원본에 대한 저작권은 존재할 수 없고, 필사본을 재번역한 역본에 대한 저작권만 2차적 저작물로서 그 번역자에게 저작권이 인정되는 것이다. 그래서 성경과 관련한 대법원 판결문에서도 "성경과 같이 히브리어나 헬라어로 된 원저작물에 대한 저작권이 이미 소멸한 경우에는 원저작자의 동의가 문제로 될 여지가 없어 그 2차적 저작물인 번역본에 대한 저작권은 원저작자의 동의 여부에 관계없이 그 번역본의 작성자에게 귀속되는 것으로 보아야 한다"고 판시한 바 있다.(대법원 1994. 8. 12. 선고 93다9460 판결) 그리고 우리나라의 경우 성경에 대한 저작권은 대한성서공회가 업무상 저작물로서 가지고 있는 것이 대부분이지만, 최근에는 히브리어나 헬라어 성경을 직접 번역하거나 영어 성경을 우리말에 맞게 쉽게 번역하거나 뜻을 곁들여 번역하는 등으로 인해 다양한 성경 저작권이 존재한다.

한편, 최근에는 스마트 시대를 맞아 스마트폰이나 태블릿 피시 등을 통해 언제 어디에서든 쉽게 성경을 읽거나 찾아볼 수 있게 되었는데, 이러한 웹이나 앱 형태로 제공되는 성경도 저작권자의 사전 허락을 받아야만 제공이 가능하고, 교회별로 제작하는 큐티 책 등도 저작권자의 이용 허락을 받아야만 적법한 사용이 가능하다.

교회음악과 저작권 신탁의 문제

성경과 달리 교회에서 사용하는 찬송가에 대한 저작권 시비는 오래전부터 끊이지 않고 있는데, 이처럼 교회 성가대나 예배 시간에 흔히 부르는 찬송가나 CCM은 저작권법상 음악 저작물로서 작사가 및 작곡가에게 각각 저작권이 인정된다. 따라서 성가대에서 찬송가 등 원곡에 대한 악보를 구매하였더라도 이를 편곡하여 사용하고자 하는 경우에는 반드시 원저작자의 동의를 받아야 한다. 이와 같이 교회음악 저작물의 경우 작곡가/작사가 등의 저작권자 뿐 아니라 실연자, 음반제작사 등의 저작인접권자에 이르기까지 많은 저작권 관련자들로부터 복제권, 공연권, 공중송신권, 2차적 저작물 작성권 등 다양한 저작 재산권 내용에 대한 이용 허락을 받아야 하는 복잡한 문제가 있다. 그 때문에 교회가 아무리 저작권법을 지키고 싶어도 도대체 이 많은 저작 재산권의 허락을 어디에서 받아야 하는지조차 알 수 없어 어려움을 겪고 있기도 하다.

이에 저작권법은 신탁 단체를 통해 저작권의 이용 허락을 받을 수 있도록 하고 있는데, 특히 음악 저작물과 관련하여서는 한국음악저작권협회와 한국음악실연자연합회 등을 통해 일괄적인 이용 허락을 받을 수 있지만, 교회음악은 주로 예배용으로 사용된다는 점에서 일반 음악저작권신탁업체를 통해 구매하는 것은 비용적 측면이나 이용 허락 범위를 정하는 데 있어서 합리적이지 못한 경우가 많다. 이와 관련하여 최근 예배에서 사용하는 찬양의 저작권에 대한 관리권을 갖고 있는 기독교저작권라이선싱인터내셔널(CCLI) 한국지사가 설립되어 운영 중에 있지만, CCLI는 교회음악저작권 자체를 가지고 있는 신탁 단체는 아니기 때문에 한계가 있다. 이런 현실적 이유 때문에 찬양사역자들은 지금도 어쩔 수 없이 일반 음악저작권신탁단체인 한국음악저작권협회에 교회 저작물인 음악 저작권을 신탁할 수밖에 없는 것이다.

이러한 문제점은 한국 교회가 정말 시급하고도 중요하게 고민하고 현명하게 풀어야 할 당면 과제라고 할 것이다. 그런 의미에서 최근 설립된 한국 교회저작권협회(KCCA)는 소극적으로 기독교 저작물에 대한 이용자 단체의 지위에 머무르는 것이 아니라 이제는 적극적으로 나서서 새로운 기독교 저작물의 창작 환경을 조성하고 창작자들이 믿고 맡길 수 있는 기독교 저작물 신탁 단체로서의 기능까지 확장할 수 있도록 책임을 감당하는 사명이 요구된다고 할 것이다.

교회가 사용하는 소프트웨어의 저작권 보호

　최근 교회 안에서도 멀티미디어를 활용하는 경우가 대단히 많다. 예배 시간에 찬양 가사를 빔프로젝트로 띄우거나 악보 편집 프로그램 등을 통해 찬양집회를 하기도 한다. 또한 동영상 편집 프로그램은 없어서는 안 될 소프트웨어이고, 홈페이지를 운영하는 교회에서는 HTML 편집기나 그래픽 편집 프로그램 등을 활용하기도 하며, 교적 관리를 전산으로 하는 교회는 "디모데교회관리" 프로그램 등을 활용하기도 한다. 이처럼 교회 안에서 다양하게 활용되고 있는 소프트웨어와 서체 파일 프로그램 등 이제 교회도 소프트웨어 저작물을 활용하지 않고서는 예배나 교회 사무를 관리하기가 어려운 환경이 되었다.

　온 세상의 피조물이 다 하나님의 것이지만 누구나 고속도로를 달릴 때 통행료를 지불하고, 수돗물을 마실 때에 물세를 내듯 교회 안에서 사용하는 소프트웨어에 대해서도 당연히 정당한 대가를 지불하고 정품을 구매해서 사용해야 한다. 물론 소프트웨어가 고가이고 구매해야 하는 소프트웨어 종류도 많다 보니 갑작스럽게 생각지도 않았던 비용을 한꺼번에 지출해야 한다는 상황이 부담스러운 것도 사실이다. 그러나 이제 한국 교회 안에서도 이러한 변화를 받아들이는 결단이 필요하다.

　불과 20-30년 전만 해도 교회 문화가 세상 문화를 선도했고 교회에 오면 풍성한 문화가 있었다. 그런데 최근 IT 환경의 변화 속도를 교회가 따라가지 못하고 있다. 청소년들은 교회가 재미없다고 말하기도 하고, 크리스천 청년들이 교회를 떠나 빠르게 변화하는 세상 문화 속으로 이탈하는 현상이 심각한 수준이다. 이것이 교회가 바뀌어야 하는 이유이다. 이제는 교회가 장소적으로 머물러 있는 것이 아니라 앱의 시대에 맞추어 앱 교회를 준비하고 이를 통해 더 넓은 하나님의 나라를 이루어 가야 할 것이다. 이를 위해서는 한국 교회가 새로운 영역에 대한 비전 투입을 통해 다양한 소프트웨어를 적극 활용하고 정품 프로그램을 사용함으로써 더 빠르고 바른 기독교 문화를 열어 가야 할 것이다.

저작 재산권의 공정이용과 허용 범위

이처럼 그동안 한국 교회가 미처 생각하지 못했던 저작권 문제를 교회 안에서 논의하다 보니 예배 시간, 교회 사무실 운영, 홈페이지를 통한 실시간 예배 전송 등 도대체 저작권 문제가 걸리지 않는 부분이 없고, 저작권법이 오히려 전도와 선교를 사명으로 하는 교회와 예배에 장애요소가 되는 건 아닌가 하는 불편한 마음을 지울 수가 없다. 그러나 저작권법은 제1조에서 기본적으로 저작권자를 보호하면서도 일정한 경우에 저작물의 공정이용을 허락함으로써 저작권 보호의 궁극적 목적인 저작물 이용의 활성화를 통한 문화의 향상 발전과 균형을 이루고자 하고 있다.

이러한 저작물의 공정이용 규정을 교회가 어떻게 활용할 수 있을까를 생각해 보면, 먼저 예배시간에 성경말씀을 빔프로젝트로 띄우는 것은 저작권법 제28조 "공표된 저작물의 인용" 규정에 의해 정당한 이용 범위 내에서는 가능할 것으로 보이고, 예배시간에 성가대가 부르는 찬양이나 악기를 통한 연주, 성도들이 함께 부르는 찬송은 저작권법상 '공연'에 해당하지만, 교회 예배는 영리를 목적으로 하는 것이 아니기 때문에 저작권법 제29조 제1항 영리를 목적으로 하지 아니하는 경우에 공표된 저작물을 공연 또는 방송할 수 있다는 규정에 따라 정당화 될 수 있을 것이다. 또한 새벽 기도 시간이나 예배 시간을 전후하여 기도음악을 틀어 주는 CD(음반)의 재생 역시 공연의 개념에 해당하지만 저작권법 제29조 제2항에 의해 정당화될 수 있다. 나아가 최근에는 저작물의 통상적인 이용과 충돌하지 아니하고 저작자의 합리적인 이익을 부당하게 저해하지 않는 범위 내에서 저작물을 포괄적으로 이용할 수 있다는 규정을 신설함으로써 저작권 보호와 이용 활성화의 균형을 도모하기도 하였다.

그런데 문제는 교회 홈페이지나 앱을 통해 교회 예배를 실시간 중계하거나 업로드 한 예배 실황을 누구나 언제 어디에서든지 다운로드하여 다시 들을 수 있도록 편의를 제공하는 시스템이 과연 저작권법과 충돌하는 부분은 없을까 하는 점이다. 우선 목사님의 설교 동영상은 목사님과 교회에 저작권이 있으므로 문제될 소지가 적지만, 교회 홈페이지나 앱을 통해 예배 실황 전부를 업로드 하는 경우에는 찬송가 등이 그대로 전송되어지고, 이는 저작권법 제29조 제1항의 '공연' 범위를 벗어나 공중 송신에 해당하므로, 교회가 악보를 구매하여 이를 사용할 수 있는 권원을 확보하였다고 하더라도 별도로 공연권 및 공중 송신권(전송권)에 대한 사용 허락까지를 받았어야 하는 문제가 있다.

교회가 저작권을 보호하는 것은 교회의 시대적 사명이다

시대가 변하고 있고 다음 세대들의 이탈 현상이 심화되고 있다. 교회가 다시 한 번 다음 세대들이 열광할 수 있는 시대에 대응할 만한 기독교 저작권 문화를 만들어야 한다. 그러기 위해서는 먼저 교회가 타인의 창작물을 사용하는 데 대한 대가를 기꺼이 지불할 수 있어야 한다. 만일 교회가 저작권자의 권리를 인정하지 않으면서 이용자의 공정이용만 주장한다면 더 이상 기독교 문화의 부흥은 이루어지기 어려울 것이다. 중요한 것은 생각이다. 기독교 저작물을 공공재로 여기고 한국 교회가 지켜야 할 하나님의 산물이라고 생각한다면 기독교 창작환경을 조성하는 데 더 힘쓰고 창작자를 더 존중하며 소중하게 보호해야 할 것이다.

이제 한국 교회가 선한 청지기의 마음으로 한국 교회저작권협회(KCCA) 등을 통해 합당한 기준과 절차를 만들고, 저작권법 개정에도 관심을 기울이며 기독교 저작물 사용에 대한 정당한 대가를 지불하기로 결단하는 것이 요구된다. 바로 이러한 정직 운동을 통해 권리자와 사용자가 하나님의 나라를 더 넓게 열어 가는 따뜻한 동반자가 될 것이다.

글쓴이

윤용근 변호사는 중소기업청 법률자문, 노동위원회 공익위원으로서의 공익활동 및 저작권보호센터, 서울영상위원회, 기업·대학 등 저작권법 강의와 국회 저작권법 개정안 발제자 및 토론자로 참여하는 등 저작권법 전문가로서 폭넓게 활동하고 있다.

10-6 언론과 교회

언론의 출현은 주전 59년부터 발간된 로마의 "*Acta Diurna*"라고 할 수 있다. 이는 당시 원로원의 의사록과 평민원의 의회상황 등의 발표된 기록물을 총칭하는 것으로, 중요한 사회적, 정치적 사건들을 낱장짜리로 매일 발간하여 사람들이 많이 모이는 번화한 곳에 게시함으로 오늘날의 신문과 같은 기능을 한 것이다.

세상에서 매일 같이 일어나는 정치, 경제, 사회, 문화의 소식에 목말라하는 대중의 정보 욕구를 어느 정도 충족시켜 줄 수 있는 언론의 필요성은 세월이 흐를수록 증폭되어 왔다. 오늘날의 신문의 형태를 갖추기까지의 역사를 살펴보면 다음과 같다. 1609년 독일에서 세계 최초의 주간신문인 'Relation'과 'Aviso'가 나오고, 이어서 1618년경에 네덜란드, 1622년에 영국, 1631년에 프랑스 등에서도 주간신문이 발행되면서 발전을 거듭해 왔다. 전기의 발명과 더불어 급속한 전자기술 발전과 함께 언론은 종이신문에서 라디오와 텔레비전의 등장으로 엄청난 변화를 가져왔으며, 컴퓨터 발달과 인공위성, 스마트폰의 등장은 기존의 언론 시장의 대 혁명으로 언론에 대한 전혀 새로운 개념을 정립해야 할 필요성이 대두되었다.

인터넷과 SNS 그리고 왜곡된 보도

이제는 언론 전문회사가 가지고 있는 언론의 역할을 벗어나 컴퓨터나 스마트폰만 할 줄 알면, 블로그나 카페, 팟캐스트, SNS, 유튜브 같은 개인 언론도 소유할 수 있게 되었다. 특히 SNS의 초연결성으로 세상은 좁아지고, 국경과 지역을 넘어 정보의 유통을 빠르게 함으로 정규 언론들을 당황케 하고 있다. 사실 오늘날 여론을 주도하고 있는 것은 신문이나 방송보다는 신속성과 초연결성을 가지고 있는 인터넷 포탈과 SNS가 주도하고 있다고 해도 과언이 아니다. 언론의 폭발력은 정규 언론이 아니라 인터넷과 SNS이다.

우리나라에는 현재 2,000개(신문/방송/통신사 등)가 넘는 언론이 있다. 기자의 수도 엄청나게 많다. 그래서 누군가는 세계에서 가장 높은 기자 밀도를 가진 나라가 한국이라고 한다. 특히 언론사의 홍수를 이루는 인터넷 신문은 대부분 1-2인의 극소수의 종사자들이 운영하고 있어 언론의 새로운 문제를 던져 주고 있다. 더구나 언론도 아니면서 사회 여론을 주도하는 비대칭의 인터넷과 SNS가 한국 교회 이미지에 막대한 피해를 주고 있다. 기독교를 비난하는 온갖 유언비어가 수십 수백만 건이 난무하고, 모 선교단체에서 권리 신고로 아무리 삭제해도 끝없이 되살아나고 있다.

2013년 초반을 기준으로 페이스북에 가입한 사람은 12억 7천만 명이고, 우리나라에서 인기가 좋은 카카오톡 가입자도 2014년 5월 기준으로 1억 4천만 명에 육박한다. 인터넷포털에 접속하는 숫자는 매일 4-5천만 명이 넘는다. 100명의 팔로우를 가진 사람이 쓴 글을 또 다른 100명의 팔로우를 가지고 있는 두 친구에게 한두 번씩 클릭하여, 몇 단계만 넘어가면, 클릭 몇 번으로 억대에 가까운 사람들에게 순식간에 정보가 확산되는 엄청난 파급력을 가지고 있다. 특히 그것이 부정적인 정보일수록 매우 파괴적이고, 위협적이다.

더 큰 문제는 정보 속도전에 뒤진다는 강박관념에 쫓기는 기존 언론들이 SNS 여론에 너무 쉽게 휘둘려, SNS에 떠도는 정보를 인용하는 언론들이 점점 증가하고 있어 검증되지 않은 정보들이 사회를 혼란케 한다는 것이다. 이로 인해 왜곡된 보도로 인한 언론중재위원회의 중재나 구제 요청이 해마다 증가하고 있다. 한국 교회도 왜곡된 보도에 대해서는 소명자료를 갖추어 적극적으로 언론중재위원회를 이용해야 한다. 왜곡된 기사를 돈을 들이지 않고 신속하게 해결할 수 있는 좋은 제도이다. 언론 중재는 법적인 효력을 가진다.

〈표 1〉 2013년 언론중재위원회 각종 현황 및 통계

구분	계	신문	주간신문	시사주간지	방송	케이블TV	종합편성채널	잡지	뉴스통신	인터넷신문	인터넷뉴스서비스	기타
중재	190	2				4			8	104	72	
조정	2,433	380	130	12	188	38	62	10	112	1,130	369	2
시정	78	3							26	165		

왜곡된 기사들이 갈수록 많아지는 것은 독자층과 광고 물량은 한정되어 있는데 날이 갈수록 늘어나는 언론사들의 치열한 시장경쟁으로 인해 언론소비자의 관심을 끌어낼 수 있는 보다 더 자극적인 기사를 찾기 때문이다. 이로 인해 언론계에 황 색저널리즘이 횡행하면서 한국 교회가 많은 피해를 보고 있다. 같은 팩트를 두고도 팩트의 진실과는 거리가 먼 자극적인 기사 제목을 뽑아 일단 언론 소비자들의 시선을 끌고 보자는 심산이다.

불행하게도 소비자의 시선을 끌기 위한 선정적 경쟁이 극치를 이루면서 언론 종사자들도 Feeding Frenzy라고 불리는 무자비하고 광폭적인 특종 경쟁에 목숨을 건다. 소비자의 시선을 끌기 위해 Gotcha라는 파파라치식의 스캔들 같은 것만 들춰내는 보도 등이 난무한다. 호기심을 자극하는 범죄·괴기 사건·성적 추문 등을 과대하게 취재·보도하거나, 특정한 목적에 따라 프레임을 설정하고 진실을 왜곡하는 선동적, 선정적 황색 저널리즘의 홍수시대가 되었다. 사실에 의한 진실 보도가 언론의 기본적인 윤리인데 말이다.

왜곡된 언론, 왜곡되는 기독교

한국 교회는 기독교에 대해 비우호적인 80% 이상의 비신자들에게 둘러싸여 있다. 그러다 보니 빌미만 있으면, 한국 교회와 목사들은 일반 언론들의 좋은 사냥감이 되고 있다. 타 종교와 달리 한국 교회는 내부의 정보 제공자들이 너무 많은 것도 언론들에게는

호재다. 거기다가 모 교계언론사들은 반기독교적인 일반 언론사들과 기사 공유 관계를 맺고, 교계 내의 크고 작은 부정적이고, 일방적인 왜곡 기사들을 공급함으로써 한국 교회를 공격할 빌미를 제공한다. 한국 교회 내 가룟 유다인가?

MBC나 SBS의 특정 프로그램도 한국 교회와 목사에 대하여 파파라치나 Gotcha 수준의 황색 저널리즘에 빠진 것 같다. 특히 MBC "PD수첩"은 특정 대형 교회 목사와 교회 문제들을 집요하게 물고 늘어지면서 같은 교회, 같은 목사에 대해 몇 번씩 방송을 해 오고 있다. 교회 내 정보 제공자의 일방적인 제보를 마치 사실인양 일방적이고, 편파적인 왜곡 보도를 일삼는다. 부정적인 제보는 크게 다루면서 교회의 반론은 형식 갖추기 식으로 자기들에 입맛에 맞는 것만 조금 다루어 줄 뿐이다.

한국 기독교 역사상에 가장 악질적인 방송은 SBS가 2008년 6월 29일부터 시작한 "신의 길, 인간의 길"이라는 4부작 다큐멘터리였다. 『예수는 신화다』(미지북스, 2009)라는 책의 저자인 영국의 반기독교 신비주의 학자 "티모시 프리크"를 등장시켜, 예수를 고대 여러 중·근동 국가에서 떠돌던 신화와 동일시하고, 성경의 여러 내용들도 유대를 배경으로 신화를 재구성한 것으로 몰아갔다. 즉, 동정녀 탄생, 부활, 이적, 영생 등 기독교 교리의 핵심을 고대 신화에서 흡수하거나 차용한 것으로 설명하였다. 전 세계 인구의 1/3 이상이 믿는 예수 그리스도의 존재를 철저히 부정하는 내용이었다. 이 다큐멘터리에서는 정통 기독교 입장을 피력할 신학자는 철저히 배제시킴으로 방송의 기획·의도된 악의적인 방향을 시청자들에게 강요한 것이다. 이는 철저한 기독교 허물기다. 방송의 공정성과 윤리가 무너졌다.

이에 한기총을 중심으로 한 목사와 성도들이 SBS 앞에서 격렬한 항의 시위를 한 결과 SBS는 한기총 대표에게 5분간의 반론 보도를 제시하였다. 이에 한기총 대표는 반론 보도에 나섬으로 문제가 일단락된 것으로 여겼다. 그러나 이는 방송의 특성을 모르는 SBS의 악랄한 꼼수에 한국 교회가 철저하게 속은 것이다. 이에 한국 교회언론회가 중심이 되어 SBS대책위원회를 구성하여 치열하게 싸운 결과, SBS 회장과 사장의 구두 사과를 받고, 한국 교회에 사과방송을 요구했으나 불응함으로, 언론중재위원회에 제소하여 유감을 표명 받고, 재발 방지와 함께 관련 프로그램을 방송사 홈페이지에서 내렸다. 2008년 12월 SBS는 한국 교회에 보답할 양으로 "제중원"이라는 선교사에 관한 방송을 인기리에 방영해 주었다.

　정말 심각한 문제는 SBS보다는 한국 교회 목사와 성도들이었다. 자기들이 믿는 예수님이 조작된 신화라고 4부작 방송을 하는데도 별 관심을 보이지 않았다는 것이다. SBS는 바로 모래알과 같은 한국 교회의 문제점을 꿰고 있었기에 감히 "예수는 신화다"라는 방송을 한 달 동안 거침없이 해낼 수 있었던 것이다. 만약 모 종교에 대하여 그들이 믿는 신을 신화라고 했다면 어떠했을까? 아마 그 방송국은 불타서 없어지지 않았을까?

　세계 언론사들이 무슬림들의 테러에 대해서는 비난 보도를 쏟아 내지만, 이슬람을 공격하는 보도는 거의 하지 않는다. 국내 방송과 신문들도 이슬람에 대해서는 가끔 평화의 종교라고 보도한다. 국내에 들어온 무슬림들과 결혼한 한국 여성들이 막심한 피해를 보고 있는데도 이에 대하여 경계하는 기사 하나 쓰지 않는다. 왜일까? 유럽에서 모 만화작가는 무함마드를 희화한 만화를 그렸다가 생명의 위협을 당했다. 이슬람을 조금이라도 폄하하면 무자비하게 공격하기 때문이다. 몇 년 전 H신문사가 모 종교의 고위급 인사에 대하여 왜곡된 기사를 올렸다가 집단적인 물리적 공격을 받고 사주가 손발이 닳도록 빈 일이 있었다.

　2010년 정월, 모 대형 교회에서 담임목사가 부교역자들에 의해 테러를 당한 사건이 정초부터 한국 사회를 뒤흔들었다. 언론들이 신바람 났다. 한국 교회가 흑암으로 곤두박질했다. 그런데 그 비슷한 시기에 서울에서 가장 큰 모 사찰에서 주지승과 그 밑에서 일하는 승려 간의 피를 흘리는 난투극이 벌어졌다. 119가 오고, 경찰들이 달려왔다. 사건 내용은 모 대형 교회와 유사하였다. 그러나 목사들 중에 그런 기사를 보신 분들이 있는가? 일부 인터넷에서 잠시 나왔을 뿐 이내 사라졌다. 언론들의 침묵에 기가 찰 뿐이다.

　그 종교와 우리 한국 교회는 무슨 차이가 있기에, 언론에서 이런 현상들이 일어나고 있는가? 한마디로 이야기하면 한국 교회는 모래알이기 때문이다. 한국 대형 교회가 100교회만이라도 철저히 단결하여 일사분란하게 언론에 대응한다면 이런 현상들이 현저하게 줄지 않을까? 사건이라고 해서 언론들이 다 보도할 의무는 없다. 기사화 시키는 것은 언론사의 자유다. 언론들도 힘센 종교는 건드리지 않으려고 한다. 뒷감당이 안 되기 때문이다.

이제라도 한국 교회는 언론에 대한 심각한 대응책을 강구해야 된다. 남의 교회 사건이니까 강 건너 불구경 하듯 하고, 때로는 대형 교회에 대한 질투심 때문에 오히려 고소해 한다면, 미디어 시대에 한국 교회는 매도되고, 여론의 질타 속에서 서서히 무너져 갈 것이다. 한국 교회 목사들과 성도들을 보면 실험실의 개구리 같아서 마음이 아프다.

한국 교회는 이제 대응해야 한다

이제 한국 교회가 일치단결하여 언론에 대한 적극적인 대응책을 강구해야 한다. 그러기 위해서는 첫째로, 한기총과 한교연이라도 하나가 되어 일치된 목소리를 내야 한다. 정부와 언론들에게 한 목소리가 나가야 한다. 정부와 언론들이 가장 난처한 것은 한국 교회의 대표성이 어디에 있냐는 것이다. 한 목소리가 나가면 언론들도 한국 교회 문제를 왜곡하지는 않을 것이요, 희화화하지는 않을 것이다. 한국 교회의 막강한 인프라를 결집하라!

둘째로, 한국 교회 목사들의 혁신적인 변화가 있어야 한다. 한국 교회의 문제의 책임은 목사들이다. 가장 시급한 것은 목사들이 청렴과 거룩과 정직과 명예를 회복하는 것이다. 사회에 영향력을 미치는 목사가 되라! 내·외부 어떤 세력에 어떤 빌미도 주어서는 안 된다.

셋째로, 언론을 두려워하거나 기피 또는 적대시 하지 말고, 언론들이 한국 교회에 친화적이 되게 해야 한다. 타 종교에서는 언론에 엄청난 투자를 하고 있다. 언론에 인색한 것은 한국 교회다. 언론을 선교의 도구로 이용할 수 있어야 한다. 물론 일부 교회는 개교회적으로는 언론에 대한 대응을 하고 있지만, 그것은 개교회적이다. 모 종교는 엄청난 돈을 들여 한 개인을 성인화 시켜 많은 선교 효과를 누리고 있다. 교회 안에 그보다더 위대한 선교사가 얼마나 많은가? 프란체스코 교황을 보라. 그가 교황이 된 후 제일먼저 강화시킨 것이 교황청 내의 방송, 신문사에 투자하여 언론을 강화시킨 것이다. 그의 언론 마케팅 전략은 적중하고 있지 않은가! 한국 교회도 대형 교회를 중심으로 언론펀드를 조성하기 바란다. 여론은 참여하는 자들에 의해 주도되고, 언론은 적극 이용하려는 자들의 좋은 도구다. 미디어 시대에 언론만큼 더 좋은 선교매체가 어디 있을까?

넷째로, 인터넷과 SNS에 대한 엄격한 법적 대응이다. 한 번 당한 반기독교적인 네티즌은 악성 댓글을 달지 못한다. 인터넷과 SNS를 방치하면 한국 교회 이미지 개선이 어렵다. 전도가 안 된다. 스마트폰 시대인 많은 청소년들과 젊은이들이 교회를 떠나고 있다.

글쓴이   이병대 목사는 한국 교회언론회 사무총장을 맡고 있다.

11
미래전략

11-1 고령화 시대와 미래전략

한국의 미래 인구구조 변화를 근거로 고령화 시대에 대한 예측을 해 보자. OECD는 2010년 기준 65세 이상 노인 비율 순위가 10위인 한국은 2020년에는 세계 9위, 2030년이면 일본, 독일, 이탈리아 다음으로 4위가 될 것으로 예측했다. 필자가 통계청의 인구조사 자료를 바탕으로 컴퓨터 시뮬레이션 한 결과로는 2050년이 되면 전체 인구가 대략 800-1,000만 명 정도 줄어들게 되며, 60-90세까지의 인구가 전체의 46%를 차지하는 엄청난 초고령사회의 완전한 역피라미드형 재앙적 인구구조를 갖게 된다. 필자의 예측으로는 최악의 경우, 2050년이 넘어도 인구 감소율은 지속되다가 최고 1,200-1,500만 명까지 줄어든 다음에 다시 균형 피드백이 작동해서 출산율이 늘어날 것으로 예측된다. 현재의 출산장려정책의 수준으로는 가시적으로 인구 증가가 나타나는 시기는 2070년경이 될 것으로 예측된다.(모 기관의 예측처럼 2300년에 한국이 사라질 가능성은 전혀 없다. 사람들이 알아서 균형피드백을 가동하기 때문이다.)

초스피드로 진행되는 한국의 고령화

　　고령화와 저출산 문제로 한국은 5천 년 역사상 가장 극적인 인구구조의 변화에 직면해 있다. 2028년이면 한국 인구의 50-55% 정도에 해당하는 2,500-2,700만 명이 55세 이상 은퇴자일 것으로 예측된다. 65세 이상의 노인 비율도 2030년이면 1,181만 명이 되어 일본, 독일, 이탈리아에 이어 세계 4위가 될 것이다. 이대로라면, 대략 15년 후에 한국은 노인의 나라, 초고령사회가 된다. 한국은 2018년에 인구의 14%가 65세 이상인 고령사회로 진입하고, 2026년은 총 인구의 20%가 고령인 초고령사회로 진입한다. 2030년이 되면 인구의 24.3%인 1,181만 명이 노인이고, 2050년에는 그 비율이 46%를 넘어선다.

　　한국에서 고령화가 세계에서 가장 빠른 속도로 진행되는 이유는 저출산과 평균 수명 연장 속도가 세계 최고 수준으로 빠르기 때문이다. 한국은 1970년 4.53명의 출산율을 기록한 이래, 미래를 내다보지 못한 산아 제한 정책으로 1980년 2.63명으로 급격히 줄었고, 1990년 1.60명, 2000년 1.47명, 2009년 1.19명이라는 최악의 상황에 이르고 말았다. 1983년에 출산율이 2.1명으로 떨어졌을 때 신속하게 정책을 전환했어야 했는데, 정부가 적극적으로 저출산 대책을 시행하기 시작한 것은 2005년이 되어서였다. 대통령 직속으로 저출산 고령사회위원회를 만들고 향후 5년 동안 32조 원을 투자하는 등의 정책을 폈음에도 출산율은 더 감소했다. 그 결과, 초고령화사회로 진입하는 속도가 다른 나라들보다 현격하게 빨라졌다. 초고령사회에 진입하는 데 프랑스는 154년이 걸렸고, 미국 94년, 독일 77년, 일본 36년이 걸렸지만 한국은 26년밖에 되지 않는다. 속도가 엄청나게 빠른 만큼 부작용도 엄청나게 빠른 속도로 나타날 것이다.

　　고령화의 저주는 국가 재정 부담을 크게 늘려서 경제성장에 걸림돌이 될 뿐 아니라 평균 생활수준 하락, 부동산 가격 하락, 내수시장 규모 축소, 사회 활력 저하, 저축률 하락으로 말미암은 경제 펀더멘털의 약화, 농촌 및 중소도시의 경제 파괴 등의 문제를 양산할 것이다. 더 큰 문제는 내수시장의 급격한 침체다. 일본은 서브프라임 모기지 사태 이전부터 저출산과 고령화로 도요타 자동차의 내수 판매가 25% 줄고, 그 외에도 각종 서비스 산업이 줄줄이 위축되고 있었다. 각국의 연구 발표도 한 나라의 인구에서 25%가 65세 이상이 되면 그 나라의 평균 생활 수준이 18% 정도 하락할 수 있다고 경고하고 있다. 이는 일본이 잃어버린 10년 동안 날린 돈과 비슷한 규모다. 한국도 2030년경이 되면 지금과 비교해서 평균 18% 생활수준이 하락할 수 있다. 20년밖에 남지 않았다. 일본은 인구가 1억 2천만 명이나 된다. 그 절반에 불과한 우리로서는 일본과 비슷한 비율로 떨어져도 충격은 훨씬 더 클 수 있다.

현재도 한국 노인들의 소득은 국민 전체 평균 소득의 62% 수준에 머물러 있다. 이는 OECD 34개 회원국의 평균 90%와 비교해서 턱없이 낮은 최하위 수준이다. 더욱이 한국 노인들의 절반 정도는 45.6%밖에 되지 않아서 빈곤층으로 분류된다. 이는 OECD 전체 평균 노인 빈곤율인 13.5%보다 훨씬 높은 비율이다. 앞으로 1, 2차 베이비붐 세대 1,640만 명이 은퇴하여 노인 인구에 포함되면 얼마나 더 많은 사람이 빈곤층으로 전락할지 예측하기 어려울 정도다. 한국의 베이비붐 세대는 은퇴 후에도 부모와 자녀를 부양해야 한다. 서울대학교 노화고령사회연구소의 조사에 의하면, 베이비붐 세대의 71%는 부모가 생존해 있고, 80%는 성인 자녀와 함께 산다. 함께 사는 자녀의 65%는 취업하지 않았다. 시간이 갈수록 부모의 의료비와 자녀 교육비와 결혼 비용은 증가한다. 수입은 점점 줄어들지만, 부양 비용과 의료 비용은 점점 증가하는 결과가 빚어지기 때문에 시간이 갈수록 베이비붐 세대의 위기는 증가할 것이다. 그러나 조세연구원의 분석에 의하면, 공적 연금에 가입한 국민은 전체의 30%밖에 되지 않고, 한국 국민 40%는 공적이든 사적이든 연금에 전혀 가입하지 않았다. 공적 연금과 개인연금 등에 모두 가입해서 상대적으로 노후를 준비한 국민은 3.9%에 불과하다.

고령화가 만들어 내는 위기

고령화가 만들어 내는 미래 위기는 먼 20년 후만의 문제가 아니다. 10년이 채 되기도 전에 문제가 닥쳐올 것이다. 일본의 노무라연구소나 한국의 경제연구소들이 발표한 자료에 의하면, 한 사람이 일생에서 가장 많은 돈을 벌어들이는 시기가 40대 후반에서 50대 초반이다. 그때를 100세로 기준했을 때 65세가 되어 은퇴하면 소비의 40%를 줄인다고 한다. 이것이 고령화의 현실이다. 40대 후반에서 50대 초반에 한 달 평균 300만 원

정도를 소비했다면, 은퇴하게 되면 직장도 없고, 자녀도 다 출가하고, 부부만 남게 되어 평균 소비를 180만 원 정도만 해도 된다. 2018년이 되면 이런 인구가 전체의 14%가 된다는 말이다. 여기에 하나 더 문제가 있다. 65세라는 은퇴 연령은 산업주의 시대의 기준이었다. 지금은 평균수명은 증가하는 반면 은퇴 시기는 50-55세로 빨라졌다. 한국은 올해부터 인구의 14.6%에 해당하는 베이비붐 세대의 은퇴가 시작된다. 전체가 약 712만 명이고 그중에서 샐러리맨이 약 310만 명이다. 9년 동안 이들의 은퇴가 진행된다. 55-65세에 해당하는 이 인구는 고령 인구에도 잡히지 않는 사각지대의 인구다. 하지만 이들도 은퇴하게 되면 자신의 평균 소비를 40% 줄인다. 2018년경이면 65세 이상의 고령인구 14%와 베이비붐 세대 은퇴자 14.6%를 합친 28.6%(전체 인구의 1/3)가 평균소비를 40% 줄인다는 말이다. 여기에 저출산으로 말미암은 내수시장 폭탄이 더해진다.

고령화, 미혼과 만혼의 일상화, 저출산, 저수입으로 인해 세금은 줄어들고 사회복지 비용은 크게 증가한다. 인구구조의 변화는 산업 경쟁력을 악화시켜 기업들로부터 걷는 세금도 줄어든다. 주택 시장이 하향 평준화되면서 부동산 세수도 줄어든다. 한국은 특히 앞으로 더욱더 많은 복지비용을 지출해야 한다. 2010년 한국의 생산가능인구(15-64세)는 전체인구의 73%이지만, 2050년이면 53%로 급감한다. 여기에 0-14세 인구는 9%에 불과해서 아이들의 소비시장도 함께 줄어들면 내수시장도 급격하게 위축된다. 잠재성장률마저 마이너스가 될 것으로 예측된다. 지금 한국의 국민연금이 엄청난 보유 금액을 자랑하지만 2030년만 되어도 연금 수령액이 연 110조 5,579억 원이 넘게 된다. 박근혜 정부는 65세 이상의 노인을 대상으로 한 기초노령연금 공약을 성실히 수행하려고 하고 있다. 이 정책의 미래는 어떤 결과를 초래할까?

국민연금이 고갈되기 전까지는 현재의 정책이 전혀 문제가 없다. 하지만 연금이 고갈되는 2050년부터는 기초노령연금과 국민연금 모두 정부가 세금을 걷은 돈에서 지출해야 한다. 필자의 예측에 의하면, 한국은 2050년에는 정부 예산의 59%, 2055년에는 68%, 2060년에는 77%를 고스란히 2개의 연금을 지급하는 데만 사용해야 한다. 여기에는 건강보험 비용이나 기타 수많은 복지 비용이 포함되지 않는다.

고령화로 정부 부담이 늘어나고, 내수시장은 줄고, 젊은이들은 부족하고, 노인들이 인구의 절반을 차지하는 노동환경 그리고 높은 인건비에 비해 노동력의 질은 저하되는 환경에서는 제대로 된 기업 활동을 할 수 없다. 결국 대기업들은 더 빠르게 한국을 탈출하게 될 것이다. 젊은이들도 좋은 일자리를 찾고 세금 부담을 덜기 위해 해외로 급격하게 빠져나가는 새로운 악순환이 발생할 가능성이 크다. 전문가들은 고령화 문제를 집을 갉아 먹는 흰개미에 비유한다. 경제발전의 기반이 무너지기 직전까지도 침식의 원인이 눈에 잘 드러나지 않기 때문이다. 물론 노인들의 증가로 실버 시장의 규모는 2020년경에 148조 원 정도로 크게 성장하겠지만, 이는 어린아이와 장년층 시장의 축소분이 실버 시장으로 이전한 것일 뿐 새로 만들어지는 시장이 아니다.

은퇴 후 국가, 사회 심지어는 자녀에게까지도 도움 받을 수 없는 상황으로 40-50년을 홀로 생존해야 하는 노인의 미래를 상상해 보라. 한국도 일본처럼 노인이 사회나 가족에게 보살핌을 받지 못하는 '현대판 고려장'이 벌어질 가능성이 크다(지금도 한국의 65세 이상 노인 중에서 10%만이 국가의 최저생계비 지원을 받고 있다.). 이렇게 되면 노인 문제의 핵심인 '경제적 빈곤'으로 수많은 문제가 발생할 것이다. 예를 들어, 경제적 극빈층에 전락하는 노인이 상당수 발생하고 노인 관리 부실로 홀로 사는 노인이 사망해도 시신이 집에 방치되거나, 부모의 사망을 숨기고 연금을 대신 수령하는 등 가족과 지역사회의 관계가 파괴되는 심각한 문제가 발생할 것이다. 지하철 안에 노인석이 따로 필요 없게 될 것이다. 노인이 주류이기 때문이다. 오히려 아동석이나 여성의 특별 자리가 생길 수 있다. '저출산 저사망 시대'라는 말이 나타나고, 일자리를 두고 젊은이와 노인이 심한 갈등을 일으킬 가능성이 크다. 여기에 인구의 감소와 젊은 노동력의 감소를 메우기 위한 외국인 노동자 증가까지 겹치면 일자리를 두고 젊은이, 노인, 외국인 노동자가 다투는 3파전이 벌어질 것이다.

고령화 문제는 다양한 분야에 엄청난 파급효과를 가져오므로 개인, 기업, 정부가 미래전략을 짤 때는 반드시 고려해야 한다. 교회도 마찬가지다. 교회에서는 무슨 일이 발생할까? 전체 교인의 절반 이상이 은퇴자로 채워지면서 늙고 활력이 저하되는 교회가 속출할 것이다. 한국 교회는 2028년이 되면 전체 기독교인들의 60% 이상이 55세 이상의 은퇴자가 될 것이다. 고령화 여파로 헌금도 현재보다 절반 이하로 줄어들게 되어 재정 위기가 발발할 것이다. 상당수의 목회자가 국민연금의 사각지대에 있기 때문에 은퇴 후 30년 이상을 삶의 두려움과 경제적 고통 속에서 내던져지게 된다.

이런 위기를 피할 수 있는 시기는 이미 놓쳤다. 지금부터는 위험요소를 최소화하는 것이 중요하다. 고령화 사회를 준비할 시간이 많지 않다. 적게는 5년, 많아야 10년 안팎이다. 구약성경은 '장수'를 복으로 표현하지만, 교회에도, 목회자에게도, 교인에게도 준비하지 않은 장수는 저주가 될 수 있다.

다가오는 고령화 시대, 이것을 준비하라!

고령화 시대에 한국 교회가 준비해야 할 전략은 무엇일까? 크게는 두 가지를 준비해야 한다. 하나는 은퇴 후 50년을 살아가기 위한 새로운 삶의 목표 설계이고, 다른 하나는 은퇴 후 50년을 살아가는 데 필요한 최소한의 경제적 준비이다. 이 두 가지는 국가가 해결해 줄 수 없다.

전자는 교회가 준비를 해 주어야 한다. 교회가 은퇴 후 새로운 50년을 위한 새로운 비전(사명)을 찾도록 도와주어야 한다. 후자는 개인이 스스로 준비를 하도록 목회자가 격려해야 한다. 예로부터, "가난은 나라님도 못 당한다"고 했다. 나라의 지도자이건 교회의 지도자이건 근거 없는 막연한 낙관주의와 긍정의 힘을 가지고 새로운 50년을 살면 된다고 근거 없는 희망, 무책임한 기대, 비성경적 조언을 해서는 절대 안 된다. 성경은 지혜롭게 미래를 준비하라고 가르친다. 요셉의 지혜를 가지고 풍년의 시기에 다가올 은퇴를 준비하는 마음으로 곡식의 1/5을 저장해 두어야 한다고 가르친다.

고령화의 여파로, 2028년 이후면 주변 인구 구성이 고령화로 바뀌고 있는 교회가 속출할 것이다. 이럴 때 그들의 필요를 채우는 아름다운 노년기 목회를 하나님이 주신 새로운 시대적 소명으로 받아들여야 한다. 아쉽더라도 '아름다운 노년기'를 준비해야 하는 것과 같은 이치다. 그래야 그들과 함께 아름답고 행복한 목회를 재창조할 수 있다. 이를 위해서는 교회 성장과 건강도에 대한 새로운 연구와 해석이 필요하다.

| 글쓴이 | 최윤식 원장은 전문 미래학자로 한국뉴욕주립대학교 미래연구원장이자, 세계전문 미래학자협회 정회원, 은혜의숲 대표 목사이다. |

저출산과 출산장려운동
: 소리 없는 재앙, 저출산과 미래사회

대한민국의 총인구는 2012년 처음으로 5,000만 명대에 진입했다. 1인당 국민소득 2만 달러 이상, 인구 5,000만 명 이상인 나라는 일본·미국·프랑스·이탈리아·독일·영국·한국까지 전 세계에 일곱 나라뿐이다. 우리나라의 인구는 2030년이면 5,216만 명으로 정점에 이를 것으로 추정된다. 하지만 2030년 이후 인구가 감소세로 접어들어 2045년에는 다시 4,000만 명대로 떨어질 것으로 예상된다. 인구 5,000만 명 시대는 약 33년에 불과하다는 이야기이다.

한국과 OECD 평균 합계출산율 연도별 추이

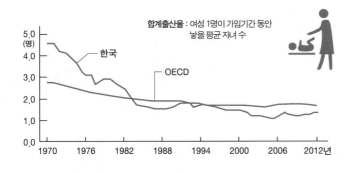

〈출처: 한국보건사회연구원〉

출산율을 1.2명과 2.1명으로 가정해 추산한 우리나라 미래 인구 분포 미국 중앙정보국(CIA)의 월드팩트북(The World Factbook)에 따르면, 우리나라의 2014년 합계 출산율은 1.25명에 그쳐 분석 대상 224국 중 219위이다. 합계 출산율은 여성 1명이 평생 낳을 것으로 예상하는 평균 출생아 수를 뜻한다. OECD 회원국 중에서는 한국이 꼴찌이다. 인구 1천 명당 출생아 수를 나타내는 조출생률도 비슷한 상황이다. 우리나라의 조출생률은 8.26명으로 세계 224개 국 중 220위를 차지했다.

통상 15세부터 64세까지 연령대를 생산 가능 인구라고 하는데 이 계층이 두터워야 생산 효율이 높아지고 경제성장률도 높아진다. 경제활동의 주축인 생산 가능 인구(15-64세)는 2016년을 기점으로 줄어들기 시작할 것으로 보인다. 보건사회연구원에 따르면, 저출산으로 인해 생산 가능 인구는 2010년 3,598만 명에서 2016년 3,722만 명으로 정점에 도달한 후 2050년 2,421명, 2100년 984만 명으로 급감할 것으로 추산되었다. 반면 평균 수명이 연장됨에 따라 총인구 대비 노인 인구(65세 이상)의 비율은 2010년 11.0%에서 2050년 39.4%, 2100년에는 절반에 가까운 48.2%에 이를 것으로 전망되었다.

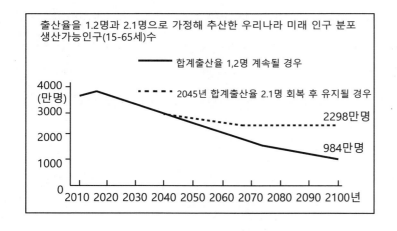

〈출처: 한국보건사회연구원〉

이는 세계 최저 수준의 출산율, 최고 수준의 고령화 속도이다. 그야말로 대한민국은 '인구 위기'에 봉착한 것이다.

저출산·고령화 시대가 된다면

인구와 경제는 아주 밀접한 관계가 있다. 『유엔 미래 보고서 2040』에서는 "인구 감소가 이미 시작된 선진국은 예외 없이 국력 감소가 나타났다"고 경고한다. 그리고 일본의 인구 감소와 경기 침체를 사례로 들었다. 일본의 '잃어버린 10년'은 2005년 2만 5,000명의 실질적인 인구 감소가 나타나기 10년 전부터 시작되었다. 우리나라는 2020년 노동 생산 인구가 처음으로 감소하게 된다. 인구 감소 시기로 예측되는 2020년의 10년 전인 2010년부터 한국 경제는 일본의 잃어버린 10년을 닮아가는 모양새다.

우리나라의 경우 생산 가능 인구가 급속히 감소함에 따라 노년 부양비(생산 가능 인구 100명 당 노인 인구 비율)는 2010년 15.2%에서 2050년 75.4%, 2080년 101.9%로 지속적으로 상승하게 된다. 지금의 초저출산이 계속될 경우 2080년즈음부터 생산 가능 인구 1명이 노인 인구 1명 이상을 부양해야 하는 셈이다. 삼성경제연구소에 따르면, 2020년에는 전체 진료비에서 노인 진료비가 차지하는 비중이 45.6%에 달할 것으로 예상된다.

노인 부양 부담의 증가에 따라 노인복지에 대한 국가의 역할이 점차 강조되고 있다. 하지만 이미 고령사회를 경험하고 있는 서구 선진 국가의 교훈에서 알 수 있듯이 국가복지의 증대는 복지 수요의 증가에 따른 과다한 사회적 비용과 그로 인한 높은 조세 부담을 가져온다. 하지만 생산 가능 인구는 점차 줄어들기 때문에 국가 재정수지는 나빠질 수밖에 없다.

저출산과 고령화는 국가의 잠재성장률까지 하락시킨다. OECD에 따르면, 잠재성장률에 영향을 미치는 잠재 고용 증가율의 경우, 우리나라는 2010-2011년 연평균 0.8%에서 2012-2025년 -0.4%로 역성장할 것으로 전망된다. 반면 같은 기간 OECD 전체 회원국의 잠재 고용 증가율은 연평균 0.1%에서 0.4%로 높아질 것으로 예측된다.

생산 가능 인구 1명이 노인 1명을 부양해야 할 만큼 젊은 세대의 부담이 커지고, 사회 보장 재원 때문에 재정수지도 나빠져서 인구 위기가 결국 경제·사회 위기로 이어지게 된다.

정부의 정책과 현장 반응

경제성장률 향상에 큰 영향을 미치는 생산 가능 인구를 증대시키려면 여성의 사회 참여를 적극 확대해야 한다. 여성 경제활동 참가율을 높여 노동 공급량을 확대해야 고령화에 따른 부정적 영향을 상쇄할 수 있기 때문이다. 지난해, 우리나라 15-64세 여성의 경제활동 참가율은 55.6%로 남성의 77.6%보다 22% 낮았다. 한국 여성의 경제 참가율은 OECD 가입국 가운데 최하위 수준이다. IMF의 "경제 성장 촉진을 위한 한국 노동시장 개혁 전략" 보고서에 따르면, 맞벌이 가구와 시간제 근로자의 세금 부담을 줄여 주면 한국 여성의 경제활동 참가율을 2.5% 끌어올릴 수 있다. 더불어 사회 전반의 실업률을 낮추는 정책을 시행하면 1.4%, 보육 지원금을 선진국 수준으로 늘리면 4% 끌어올릴 수 있다. 결과적으로 이런 정책을 복합적으로 시행하면 참가율이 최대 8% 올라갈 것으로 예상된다.

정부는 맞벌이 가구가 직장과 가정생활을 병행할 수 있도록 지원하는 것을 최우선적인 정책 목표로 삼고 있다. 육아휴직 급여 정률제를 도입하여 휴직에 따른 임금 손실 부담을 경감하였다. 또한 직장 보육시설을 보다 쉽게 설치할 수 있도록 요건을 완화하였고, 가족친화 기업 인증 제도를 도입해 일·가정 양립이 가능한 사회환경을 조성하고 있다. 가족친화 인증을 받은 기업에게는 금리우대, 물품구매 적격 심사 시 가점 부여, 포상 등의 인센티브를 제공하고 있다.

그러나 이러한 정부의 노력에도 노동 현장에서는 가족친화적인 사회환경이 피부에 와 닿지 않는다. 한국 남성의 집안일 기여도는 OECD 주요 29개 국 가운데 최저 수준이다. 가정에서는 여전히 남성은 경제활동, 여성은 육아활동을 해야 한다는 성역할이 고정되어 있다. 여성의 사회참여는 점진적으로 증가하고 있지만 남성이 집안일에 투입하는 시간의 증가세는 이에 미치지 못하고 있다.

가정뿐만 아니라 사회에서도 일·가정 양립의 중요성을 비중 있게 다루고 있지 않는 실정이다. 대한상공회의소가 대기업과 중소기업 308개사를 대상으로 "일·가정 양립제도 관련 기업 의견"을 조사한 결과 72.4%가 부담된다고 답했다. 기업 입장에서는 대체인력을 구하기 어렵고, 인력을 구하더라도 숙련도가 낮아 인력 운용에 부담을 느낀다고 한다. 일·가정 양립 정책별로 살펴보면, 육아휴직 1개월 이상 사용 의무화는 86.1%, 배우자 출산시 30일 육아휴직 허용 의무화는 84.7%, 육아휴직 가능 연령 만 8세 이하로 상향 조정은 74.4%, 임신 초기·후기 여직원 1일 6시간 근무제에 대해서는 68.9%가 부담을 느낀다고 한다. 이러한 이유 때문인지 여전히 출산·육아휴직 기간 동안 여직원을 해고하는 사례가 빈번하게 발생하고 있다. 기업은 여성 근로자의 출산은 퇴사라는 고정관념에 사로잡혀 있고, 직원들은 상사의 눈치가 보여서 혹은 인사상 불이익을 받을까 봐 육아관련 복지정책을 전혀 활용하지 못하고 있는 실정이다.

저출산·고령화를 극복하려면 어떻게 해야 할까?

저출산과 고령화를 극복할 수 있는 일·가정 양립 제도의 성공적인 정착을 위해서는 이미 선진화된 복지정책을 시행하고 있는 해외 사례에서 교훈을 얻을 수 있다. 특히 프랑스와 스웨덴, 덴마크는 성공적인 가족 정책 사례로 손꼽힌다.

프랑스는 저출산·고령화를 정책의 힘으로 극복한 대표적 사례이자 이미 선진국에 진입한 나라 가운데 독보적으로 출산율을 끌어올린 사례이다. 프랑스의 경우 임신 8개월이 되면 출산 준비 비용 890유로(약 130만 원)를 받는다. 출산휴가는 둘째 아이까지 16주, 셋째 아이는 무려 26주까지 쓸 수 있다. 육아휴직을 할 경우 일을 못해서 손해 보는 비용까지 정부가 보전해 준다. 아이가 만 3세가 될 때까지 월 560유로(약 81만 원)를 지급하고, 아이를 탁아소에 맡기는 비용 역시 전액 지원한다. 탁아소에 맡기지 않고 베이비시터를 고용할 경우에도 지원하고 있다. 특히 다양한 가족 구성에 따라 '맞춤형 지원'을 하는 점이 프랑스의 특징이다. 한부모 가정에는 100유로의 가족수당과 600유로의 최저생계비를 지원한다.

스웨덴은 부부가 480일(16개월)에 달하는 육아휴직을 쓸 수 있다. 특이한 점은 남편과 아내가 각각 의무적으로 2개월씩을 써야 한다는 점이다. 나머지 12개월은 부모 중 어느 쪽이나 쓸 수 있다. 특히 남편이 육아휴직을 신청할 경우 장려금을 지급해 여성의 일방적인 가사 희생을 막고, 부부가 절반씩 육아휴직을 사용할 경우 세금을 감면해 주고 있

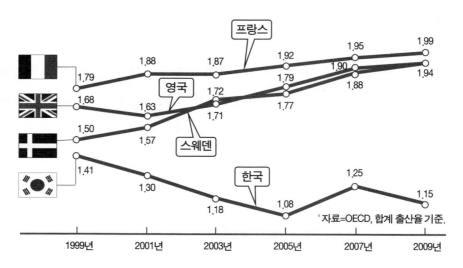

엇갈리는 출산율 흐름 (단위=명)

프랑스

1.79 1.88 1.87 1.92 1.95 1.99

영국

1.68 1.63 1.72 1.79 1.90 1.94
1.71 1.77 1.88

스웨덴

1.50 1.57

한국

1.41 1.30 1.18 1.08 1.25 1.15

' 자료=OECD, 합계 출산율 기준.

1999년　　2001년　　2003년　　2005년　　2007년　　2009년

다. 그러자 남성의 육아휴직 비율이 급격히 상승했다. 덴마크는 출산휴가를 6개월로 연장한 데 이어 주당 법정 근로 시간을 39시간으로 줄였다. 또 아이들과 많은 시간을 보낼 수 있도록 2002년에는 "부모 휴가제도"를 도입했다. 스웨덴과 덴마크는 한때 합계 출산율이 1.5명까지 내려갔지만, 최근 인구 수준을 유지할 수 있는 1.9명까지 회복했다.

기업에서도 친가족 정책의 긍정적 효과를 찾아볼 수 있다. 세계적인 기업 IBM은 일과 가정을 병행할 수 있도록 육아·가사를 위해 3개월-1년간 재택근무, 1일 10시간 근무하는 경우 주 4일 근무, 근로시간에 비례한 급여 제공, 정규직원의 파트타임 근무 전환 등의 사내 정책을 도입했다. 그 결과 재무성과는 45% 성장했고, 고객만족도는 24%, 주식가격은 21%, 시장점유율은 20%나 높아졌다.

이처럼 일과 삶의 조화를 실현하기 위한 노력은 인구 감소 시대에 기업의 활력과 경쟁력의 원천이라고 할 수 있다. 가족 친화 정책은 여성 직원의 이직률과 결근율을 감소시킬 뿐만 아니라 생산성 증가, 불만 감소, 사기제고, 기업 이미지 향상에 큰 효과를 보여 주고 있다. 모성보호제도 프로그램을 하나 더 추가할수록 1인당 생산성은 103만 원 증가하고 연간 이직률은 0.9% 감소한다.

이제 출산은 '취업-결혼-육아' 등 생활환과 관련된 문제로 장기적인 관점에서 투자해야 하는 이슈이다. 우리 사회에 일·가정 양립이 안정적으로 정착되기 위해서는 재정적인

지원뿐만 아니라 가족친화적인 사고를 가지려고 노력해야 할 것이다. 이러한 노력은 '비용'이 아닌 '내일을 위한 투자'이다.

글쓴이	박윤옥 의원은 이화여자대학교 교육학과를 졸업한 후 10여 년 이상을 한자녀더갖기운동연합을 전국적으로 전개하며 출산 장려 운동을 전개하는 19대 현역 국회의원이다.

11-3 한국의 종교와 개신교의 미래

이 글에서는 우선 최근 세계화, 정보화, 포스트모더니즘의 영향을 받아 급속한 변동이 일어나고 있는 한국 사회 안에 존재하는 주요 종교들의 지형과 그 변화상에 대해서 개괄적으로 살펴본 다음, 이와 관련해서 개신교의 현실과 쟁점을 간략히 밝히고, 그로부터 개신교의 미래를 전망해 보고자 한다.

오늘날 사회과학의 대표적 기초학문으로 일컬어지는 사회학은 인간의 내면세계에 초점을 모으는 심리학과 달리 인간의 사고와 행동을 집단, 제도, 사회구조 등과 관련해서 체계적으로 설명하고자 한다. 종교사회학은 사회학의 한 분과 학문으로서 종교와 사회의 상호관계에 주목한다. 그런데 최근 들어 종교사회학은 종교적 교리, 조직, 집단, 제도 등을 연구하던 경향에서 벗어나 사회 내 개인들의 종교적 경험과 영성(spirituality) 같은 종교만이 갖고 있는 고유한 특성과 그것들이 자아내는 다양한 영향과 결과를 탐구하는 쪽으로 점차 관심이 옮아가고 있다. 이 같은 종교사회학 연구의 새로운 패러다임을 수용한 바탕 위에서 한국 개신교에 대한 연구와 분석을 수행해 오고 있음을 밝힌다.

세계화, 정보화, 포스트모더니즘

오늘의 한국 사회의 종교에 영향을 미치고 있는 많은 외적인 세력들 중 세 가지-세계화, 정보화, 포스트모더니즘-가 중요하다고 본다.

우선 1970년대 이래 통신과 교통의 발달이 초래한 세계화는 사람들을 '지구촌'에 살도록 만들어 주었다. 그 결과 예전보다 사람들이 한층 더 '공동운명체'라는 의식을 뚜렷이 갖게 되었고, 세속화론자나 일반의 예상을 깨고 공동체를 추구하는 종교에 대한 관심이 증가하고 있다. 이것은 지난 1979년 이란혁명 이래 지구촌에서 나타나고 있는 종교의 부흥 현상이 잘 말해 준다.

한편 세계화가 동반하는 정보화는 그동안 종교적 지식을 독점한 종교적 엘리트의 권위가 도전받게 되는 중요한 요인이 되고 있다. 그런데 이 같은 측면은 세계에서 IT(정보통신) 강국으로 자타가 공인하는 오늘의 한국의 상황에서 한층 뚜렷이 나타나고 있다고볼 수 있다. 그리고 상대주의와 다원주의를 표방하는 최신의 포스트모던의 문화적 영향속에서 사람들은 경직된 집단주의나 권위주의보다 개성을 존중하는 개인주의와 민주주의로 가치관이 변화되고 있다. 그 결과, 최근 서구 선진국을 중심으로 제도적 종교보다개인적 영성을 추구하는 쪽으로 일대 변화가 나타나고 있다. 종교사회학자들은 이것을이른바 "Believing without Belonging"(종교적 소속은 없지만 여전히 믿는 것)이라고 말한다. 이는 최근 총체적 위기에 처한 한국 개신교에서 특히 청장년층을 중심으로 증가 일로에 있는 이른바 '가나안 성도'('안나가'라는 말을 거꾸로 쓴 것으로서 결국 교회에 출석하지 않는 낙담자를 가리키는 말) 현상과 맥을 같이 한다고 볼 수 있다.

그리고 신자유주의적 세계화가 초래한 자본주의의 확장 속에서 종교 역시 한층 상품화되는 가운데 예전보다 선택의 폭이 넓어지고 다양해진 개인들은 종교적 시장에서 스스로 '영적인 재화'를 합리적으로 선택하는 경향이 증가하고 있다. 이런 맥락에서 한국개신교계 역시 미국의 상황과 비슷하게 현재 놀랍게도 언론과 대중의 비판과 논란의 대상이 종종 되는 대형 및 초대형 교회에 더 많은 사람들이 몰리는 반면 중형과 소형 교회는 점차 축소되고 고사되는 이른바 '종교적 집중' 현상이 뚜렷이 나타나고 있다.

한국의 종교 지형과 최근 변화

통계청의 조사에 따르면, 2005년을 기준으로 다종교 사회인 한국에서 대표적 3대 종교(불교, 개신교, 천주교) 중 하나를 가지고 있다고 답한 인구는 전체의 절반이 조금 넘는 52.1%로 나타났다(아래 대한민국 종교 인구 통계 표 참조). 기독교는 오랜 역사를 지닌 천주교와 16세기 말 루터의 종교개혁 이후 등장한 개신교가 중요한 두 분파이다.

대한민국 종교 인구 통계(1985년-2005년)					
전체 국민 비율 %					
항목					
연도	무교	불교	개신교	천주교	기타
1985	57.4	19.9	16	4.6	2.1
1995	49.3	23.2	19.7	6.6	1.2
2005	46.9	22.8	18.3	10.9	1

출처 : 통계청(인구주택총조사 1985, 1995, 2005)

2005년 다음에 인구주택총조사가 실시될 시기는 2015년으로서 이때 가서야 한층 정확한 종교인구 비율이 나타나게 될 것이다. 그렇지만 현 시점에서 필자의 주목을 끄는 것은 한국에서 3대 종교인구가 1985년에는 40.5%, 1995년에는 49.5%, 2005년에는 52.1%로 계속 조금씩 증가하고 있는 사실이다. 반면에 자신은 종교가 없다고 답한 무교의 비율은 1985년 57.4%, 1995년 49.3%, 2005년 46.9%로 계속 감소하고 있다. 그리고 기타 종교를 가지고 있다고 답한 비율은 1985년에 2.1%, 1995년에 1.2%, 2005년에 1%로 이것 역시 완만히 감소 추세에 있다. 일반 통계들 중 특히 종교 통계가 부정확한 경우가 많아 신뢰하기 어렵다는 말에도 어느 정도 일리가 있다. 그러나 통계청이 조사한 결과인 대한민국 종교 인구 통계를 통해 알 수 있는 것은 크게 보아 한국에서 주요한 3대 종교의 신봉자의 비율이 조금씩 늘어나고 있다는 점이다. 참고로 세계의 인구들 중 종교를 가지고 있는 인구 비율은 무려 80%가 넘고 무교의 비율은 16% 전후밖에 되지 않는다고 알려져 있다. 인구의 약 절반이 무교인 한국과 이웃한 일본의 경우 무교 비율은 57%이고 중국은 52% 가량이다. 이로써 지구촌 전체를 통틀어서 특히 신에 대한 관념이 불확실하며 일종의 윤리적 종교라 할 수 있는 유교가 지배적인 동아시아 지역이 종교 인구 비율 면에서 세계 총 종교 인구 비율보다 현저하게 낮은 지역이라고 볼 수 있다.

최근에 세계 종교의 다양한 현상을 연구한 필자의 경험적 관찰을 통해서 한 가지 확실하게 말할 수 있는 것은 오늘의 글로벌 사회가 뉴에이지, 파룬궁 같은 신종교들보다는 여전히 전통적인 '세계 종교'(World Religions)를 더 선호하고 있다는 사실이다. 지구촌의 수많은 종교들 중에서 대중에게 폭넓게 인정되는 정체성과 한층 정교한 형식을 갖고 있는 '세계 종교'(기독교, 이슬람교, 불교, 힌두교 순)가 글로벌 사회 속에서 현재 가장 두드러진 종교들이다. 이런 측면에서 최근 세계화의 흐름 속에 한국에 들어온 동남아 노동자들과 혼인 이주자들의 종교인 이슬람교와 힌두교 등의 유입에도 한국 사회에서는 대표적 종교인 불교, 개신교, 천주교의 신봉자가 줄어들지 않고 오히려 양적으로 늘어나고 있는 것을 중시할 수 있다.

다음으로, 한국의 종교 지형에서 지난 1995년 이후 2005년까지 10년간에 일어난 다른 중요한 변화는 바로 3대 종교들 중 불교는 현상 유지(23.2% → 22.8%), 개신교는 침체와 저하(19.7% → 18.3%)인 반면에 천주교만은 뚜렷하게 증가(6.6% → 10.9%)를 나타낸 것이다(p.462의 대한민국 종교 인구 통계 표 참조). 천주교는 현재 서울, 인천 등 주로 대도시에서 고학력 전문 관리직에 종사하는 중간 계급을 중심으로 교세가 계속 커져 가고 있다. 한국에서 천주교가 최근 급성장한 현상은 세속화로 인해 종교의 감소를 겪고 있는 유럽은 물론 전 세계의 학자들에게 주목을 끌고 있다. 수년 전 전 국민이 애도한 김수환 추기경의 선종을 계기로 또한 최근인 2014년 8월 '복음의 기쁨'을 강조하는 프란체스코 교황의 방한의 영향 속에서 한국 천주교는 한층 양적으로 성장할 것으로 예상된다.

현 한국 사회에서 일어나고 있는 개신교의 감소와 천주교의 증가 현상을 어떻게 보아야 할 것인가? 여기서 필자는 한국의 3대 종교들 중에서 서로 이질적인 불교와 기독교 간에 신자들의 이동이 이루어지는 것보다는 같은 기독교 안에서 한 방향으로 이동, 곧 개신교에서 천주교로의 이동이 현저하게 일어나고 있는 사실에 주목한다.

이런 측면에서 본래 개신교 신자였으나 전통 불교보다는 같은 기독교인 천주교로 이동하는 사람들이 최근 계속적으로 현저하게 증가하게 된 일차적 원인이 바로 교계 안팎으로 드러난 한국 교회의 제반 문제적 현실에 있다고 보아 아래에서 이것을 구체적으로 밝혀 보고자 한다.

한국 교회의 현실과 쟁점

역사적으로 볼 때, 천주교가 한반도에 들어온 뒤 약 백 년이 지난 1884년에 처음 들어온 개신교는 20세기 중반까지는 점진적인 성장을 보였으나, 남한에서 산업화가 시작된 1960년대부터 1980년대 말까지 약 30년 동안 유례를 찾아볼 수 없는 급속한 성장이 이루어졌다. 한국의 압축적 근대화 시기에 개신교가 경제적 영역에서 이루어진 발전과 유사한 스타일로 발전을 하게 되었다. 이로부터 성공의 복음을 지지하는 많은 개신교인들은 지난 30여 년의 시기 중 달성한 한국의 성공과 번영을 신의 축복의 징표로 믿으면서 기독교(개신교)가 국가의 경제발전의 중요한 한 요인이었다고 생각한다. 그런데 88올림픽이 갖다 준 개방과 민주화의 물결 이래 1990년 이후 한국 개신교는 예전과 달리 전반적으로 성장이 침체된 상황에서 지난 2000년부터 수도권을 중심으로 이른바 '초대형 교회'(megachurch)를 경쟁하듯 세우는 경향이 나타났다. 그중 성전 건축, 부자(父子) 세습 등에서 과도한 개교회주의를 표방하는 몇몇 초대형 교회들은 현재 사회적 논란의 대상이 되고 있다.

이런 측면에서 최근 발표한 한 논문(김성건, 2013)을 통해서 현재 총체적 위기에 놓여 있는 한국 교회가 안고 있는 문제점을 세 가지로 지적한 바 있다. 첫째는 보수와 진보진영 간의 갈등 증가, 둘째는 영국의 성공회 신부 존 스토트가 말하는 '깊이 없는 성장'의 문제, 셋째는 주일예배에 참석하는 성인 신도수가 1만 명을 넘는 초대형 교회들을 비롯하여 최근 일부 교회들에서 나타난 제반 문제(무리한 성전 건축, 양 도둑질 논란, 기업형 교회 논란, 양극화, 세습 문제, 성직자의 성 추문, 재정 문제, 목적 전치 현상, 사유화 문제 등)이다. 이 같은 고질적인 문제들에 더해서 지난 2007년 샘물교회 성도들의 아프가니스탄 피랍 사태를 계기로 불거진 '공격적 선교' 논란과 소망교회 장로 출신 이명박 대통령의 잘못된 인사로 비판을 받은 이른바 '고소영' 사태, 2014년 박근혜 정부에서 국무총리 후보로 한 때 지명되었으나 청문회 전에 여론에 밀려 사퇴하게 된 온누리교회 장로 문창극 사태와 심지어 최근에 세월호 사건 이후 국내외 언론과 전 국민의 폭발적 관심을 불러일으킨 침례교를 자칭한 구원파 유병언 사태 등이 더해져서 한국 개신교의 사회적 공신력은 잇달아 실추되었다.

이상과 같은 요인들이 한데 모아져서 초래된 너무도 자연스런 결과로써, 현재 수많은 여론 조사에서 3대 종교의 성직자들 중에서 천주교의 신부가 대중들로부터 제일 존경을 많이 받는 것과 대조적으로 개신교의 목사가 상대적으로 가장 신뢰를 받지 못하고 있다. 그래서 최근 한국 개신교의 존경받는 목회자 중 한 사람인 손인웅 목사(덕수교회 원로목사)는 현재 이렇듯 급속히 추락하고 있는 한국 교회의 가장 중요한 문제는 무엇보다도 목회자들 중의 적지 않은 수가 성직자로서 질적으로나 인격적으로 문제가 있기 때문이라고 공개적으로 질타한 바 있다. 이미 앞에서 최근 인터넷의 발달로 인한 온갖 정보의 공개를 자아내는 '정보화'는 지금까지 종교적 지식을 거의 독점했던 종교 엘리트의 권위를 상대적으로 약화시키고 있다고 보았다. 그런데 이것은 3대 종교들 중 특히 종교적 지식에 기초한 설교가 중요한 자리를 차지하는 개신교의 목사들에게서 한층 뚜렷이 나타나고 있다고 판단된다. 그 결과, 한국 교회의 성직자들 중에서 인격이나 자질 측면에서 개인적 문제를 드러내는 것에 더해서 심지어 설교 짜깁기와 표절 논란까지 일으키는 목사들이 역설적으로 과도한 교권적 권위를 누리는 모순적 현실에 대해서 고학력의 신자들의 비판은 증가할 수밖에 없다. 그럼에도 이들의 비판을 수용하지 않고 오히려 이들을 공격하는 교권주의에 빠져 있는 한국 교회의 억압적, 권위주의적 분위기는 결국 이들로 하여금 상대적으로 대중적 신뢰를 받고 있는 신부들이 사역하는 천주교 쪽으로 이동하는 선택을 하도록 부추기고 있다고 말할 수 있다.

한국 개신교의 친자본주의적 성격과 미래 전망

이제 이상의 논의를 바탕으로 한국 개신교의 미래를 크게 전망해 보고자 한다. 사회과학자가 미래를 전망하는 작업은 종종 불완전하며 예측이 빗나가는 일이 빈번하다는 것을 인정하면서도 한국의 종교적 지형의 최근 변화를 주목하면서 개신교의 미래를 예측해 보는 일은 필요하다고 생각한다.

한국의 대표적 3대 종교인 불교, 개신교, 천주교 중에서 자본주의에 상대적으로 친화성을 가졌고 현재까지도 이 같은 특성이 현저하게 드러나는 것은 단연 개신교라 볼 수 있다. 일찍이 독일의 사회학자 막스 베버가 강조한 개신교가 자본주의와 갖고 있는 역사적, 본질적 친화성이 긍정적 측면과 부정적 측면 모두를 갖는 '양날의 검'이라고 생각한다. '한강의 기적'으로 불리는 압축적 근대화 시기 동안 여러 종교들 중 특히 개신교가 폭발적으로 성장한 데는 전통적으로 운명을 강조하는 불교나 산업사회보다 농업 사회와 친화성을 갖는 천주교와는 달리 개신교는 선교 초기부터 자립을 강조한 개교회주의 속에서 교회 성장과 적극적 사고를 지향하는 등 친자본주의적 성격이 강한 데서 일정 부분 기인하였다고 볼 수 있을 것이다.

개신교의 친자본주의적 성격이 갖는 부정적 측면과 관련하여, 최근 '가난의 영성'을 강조하면서 바티칸의 일대 개혁을 추구하는 프란체스코 교황의 방한을 전후하여 국내에서 한동안 교황 관련 서적이 봇물을 이루고 대중적 인기를 모은 것이 세인들로부터 한국의 기업을 닮아 가고 있다는 비판을 받고 있는 오늘의 한국 교회에 주는 메시지는 분명하다고 할 것이다. 이런 측면에서 심지어 '종교 재벌'이라고 대중의 비판을 받는 초대형 교회들이 먼저 교회의 운영 원리와 재정 사용 등에서 '깊이 없는 성장'을 극복하는 방향으로 일대 개혁이 있어야 할 것이다.

참고자료

김성건, "고도성장 이후의 한국 교회: 종교사회학적 고찰",「한국 기독교와 역사」제38호(한국기독교역사연구소, 2013), pp. 5-45.

노치준,『한국 개신교 사회학: 한국 교회의 위기와 전망』(서울: 한울아카데미, 1998)

이원규,『한국교회의 사회학적 이해』(서울: 성서연구사, 1992)

이 철,『욕망과 환상: 한국 교회와 사회에 관한 문화사회학적 탐구』(서울: 시대와 창, 2014).

정재영, "가나안 성도, 그들은 누구인가?" 실천신학대학원 목회사회학연구소 주최 "갈 길 잃은 현대인의 영성" 세미나 발표 논문, 서울 명동 청어람(2013년 4월 25일).

최현종,『한국 종교인구변동에 관한 연구』(서울: 서울신학대학교출판부, 2011).

| 글쓴이 | 김성건 교수는 현재 서원대학교 사범대학 사회교육과 교수이며, 대전 성남장로교회(통합) 시무장로이다. |

11-4   새로운 미래의 교회들: 해체인가, 재건인가?

2014년 8월에 미국에서 출시된 "하나님이 건물을 떠나실 때"(When God Left the Building) 라는 화제의 다큐멘터리는 미국 주요 교단과 교회들의 쇠퇴를 생생하게 묘사하고 있다. 그러나 이 필름은 기존 교회들의 쇠락이 매우 다른 교회들의 부상을 불러오고 있다는 희망 섞인 전망도 내놓는다. 과거의 제도와 교단, 위계적 직제를 벗어난 새로운 모델들이 사람들의 미래적 영성을 담아내고 있다는 것이다. 서구 기독교의 충실한 담지자이자 20세기의 유례없는 교회 성장을 경험했던 한국 교회도 이러한 기독교 위기의 현실에서 예외가 아니다. 물론 새로운 미래 교회들의 전망과 비전도 포함하고 있다. 교회 됨이란 무엇인가에 대한 새로운 모색은 우중충한 뾰족탑 형태의 건물에서 산뜻하고 밝은 문화센터와 같은 형태로의 변화와 같은 하드웨어적 차원뿐 아니라 언제, 어디서, 어떻게 믿음의 공동체를 형성할 것인가에 대한 소프트웨어적 차원에서도 이루어지고 있다.

새로운 미래 교회들의 신학적 배경

최근 영향력 있는 신학자들이 잇달아 교회의 미래 변화를 진중하게 진단하고 있다.

하버드 대학교의 하비 콕스(Harvey Cox)는 그의 최근 저서인『종교의 미래』(문예출판사, 2010)에서 세계 기독교회의 궤적이 지난 1,700년의 패턴에서 초기 300년의 전통으로 회귀하는 조짐을 보인다고 분석한다. 지난 1,700년 동안 서구 중심의 기독교 세계는 제도와 교리로 추동되어 왔다면, 최근의 양상은 인격적 신실함과 공동체적 헌신을 수반하는 초대교회의 원형을 모색하는 움직임이라는 것이다. 하비 콕스는 여기서 신앙(faith)과 믿음(belief)을 구분하는데, 후자가 교리 체계에 대한 신념이라면 전자는 그리스도의 길을 가는 실천적 헌신이라고 한다. 그는 이러한 기독교 신앙의 미래는 종교 조직보다는 공동체를, 바른 교리보다는 바른 실천에 더욱 초점을 맞출 것이라고 전망한다. 이와 같은 진단에 현대 교회사가인 다이애나 버틀러 배스(Diana Butler Bass)도 동조한다. 미국 교계에 화제가 되었던 그녀의 저서『종교 이후의 기독교: 교회의 종말과 새로운 영적 각성의 탄생』(Christianity After Religion: The End of Church and the Birth of a New Spiritual Awakening)은 중앙 통제에 의해서 표준화되고 규칙화된 종교 형태의 기독교는 쇠퇴하는 반면, 훨씬 더 유연한 형태의 창의성과 인격성을 중심으로 하는 신앙공동체들이 출현하고 있다고 전망한다. 전통 교단들의 교세 약화 이면에는, 관습적 종교의 틀을 넘어서는 영성과 관계 중심의 신앙 재편이 이미 시작되었다는 것이다.

하비 콕스와 다이애나 배스의 전망은 최근에 서구 기독교를 중심으로 가장 주목받고 있는 교회 운동들인 이머징 교회(Emerging Churches)와 선교적 교회(Missional Churches) 현상과도 맥을 같이한다. 이 두 운동은 거의 비슷한 시기에 발흥하였고, 지금은 이 두 운동을 반영하는 많은 실험 모델들이 속속 선을 보이며 왕성한 연구와 문서활동이 이루어지고 있다. 이머징 교회는 1990년대 후반부터 2000년 후반까지 선풍적인 관심의 대상이었다가 최근 잠잠해진 반면, 선교적 교회는 이머징 교회보다 더 일찍 착상과 모색의 과정을 거쳐 현재의 새로운 교회운동을 주도한다. 이머징 교회가 포스트모던 시대의 환경에서 예수의 삶을 구현하는 공동체를 세우겠다는 젊은 세대의 동시다발적 대응이었던 반면, 선교적 교회는 탈기독교 세계(post-Christendom)라는 더욱 큰 시대적, 문명적 전환에 대응하면서 신학자와 목회자들이 공동으로 교회의 본질을 모색하기 때문인 것으로 보인다. 미래 교회의 유형들은 대부분 이 두 교회 운동을 기점으로 형성되고 있다 해도 과언이 아니다. 왜냐하면 이들은 우리 시대에 교회와 연관되어 일어나는 가장 큰 문명사적 전환(포스트모던 문화와 탈기독교세계 현상)을 반영하고 있기 때문이다.

포스트모던 문화는 표준화하고 정형화된 가치보다는 상황적이고 인격적인 가치를 옹호한다. 이머징 교회는 교리와 제도를 넘어서는 영성과 공동체를 추구하는 모습을 보인다. 이를 위해서 고대 수도원의 예전을 그들의 예배에 복원시키기도 한다. 정답찾기형 성경 공부보다 내면 깊이 말씀을 묵상하는 렉시오디비나를 하며, 떠들썩한 찬양집회보다 떼제 성가와 같은 관조적 음악을 선호한다. 또한 위계적인 교회의 조직보다 유기적인 공동체를 지향하는 것도 포스트모던에 상응한다. 이머징 교회가 신앙의 표현과 내용에서 새로운 길을 모색한다면, 선교적 교회는 세상 속에서 교회의 위치에 대해 더 깊은 통찰을 한다. 교회가 더 이상 세상의 중심부가 아닌 주변부로 밀려났음을 철저하게, 이 지점에서부터 교회의 선교적 정체성을 재발견하려고 한다. 그렇다고 교회가 세상 속에서 문화적 지배력을 행사하던 과거의 기독교 세계를 동경하지 않는다. 오히려 초월적인 하나님 나라를 증언하는 공동체의 확립을 모색한다. 형태적으로는 계속해서 주변부에 머무를 수 있으나, 소비주의적이고 개인주의적인 사회 속에서 대안적이고 차별적인 삶을 공유하는 신앙공동체를 세우겠다는 것이다.

교회 됨의 새로운 방식들

이머징 교회와 선교적 교회의 부상은 새로운 교회 됨을 모색하는 신앙공동체들로 하여금 성·속 이원론을 극복하고, 주일성수, 건물, 직제, 종교활동에 편중되었던 신앙의 양식(forms of faith)에서 벗어나게 해 주었다.

첫째로, 탈시간적 교회가 되었다. 기독교 세계 시대에는 '주일'이라고 하는 예배를 위해 구별된 기독교판 안식일이 확고하게 자리 잡았다. 그러나 기독교가 공적 생활을 규제할 수 없는 탈 기독교 세계 시대에는 이러한 관행이 효력을 잃었다. 더군다나 현대사회의 산업구조에서 서비스업의 비중이 급속도로 높아지고 주말 여행과 레저가 보편화되면서 일요일을 오롯이 종교생활로만 보내기는 어려워지고 있다. 운송업이나 요식업을 포함한 서비스 업종에 종사하는 많은 이들이 일요일에도 일을 해야 하며, 개인의 쉼과 재충전을 위한 주말 활용은 보편화되었다. 이러한 상황에서 교회는 주일성수라는 시간의 기반을 절대적으로 고수해야 하는가? 최근 불가피하게 일요일에 교회에 올 수 없는 이들을 위한 신앙공동체의 등장은 흥미롭다. 소위 '주중 교회'(mid-week church)라는 형태다. 주일학교가 거의 활성화되지 못한 영국의 한 전통 교회에서는 월요일 오후에 아이들이 참여하는 예배 공동체가 형성되었고, 주중 아침에 노인들을 위한 커피 친교 모임이 사회적 교제를 넘어서 성경공부와 성찬으로 정례화 된 사례도 있다.

둘째로, 탈공간적 교회가 되었다. 오랫동안 교회는 건물로 인식되어 왔고, '교회당'이라는 전형적인 형태의 건물이 교회의 이미지로 각인되었다. 그러나 교회는 건물이 아니라 믿는 이들의 공동체라는 새로운, 아니, 성경적인 사고가 확산되면서 건물에서 자유로운 교회가 생겨나고 있다. 또한 높은 땅값과 임대비라는 현실적 이유도 크게 작용했다. 새로운 교회관이 현실적 사회구조의 한계에서 탈 공간적 교회들을 일으키고 있다. 가정 교회는 가장 보편적인 탈 공간적 형태다. 중국에서와 같은 지하 교회 형태의 가정 교회가 아니라 기성 교회로부터 거리를 둔 그러나 건물 형태의 회중이 아닌 가정 중심의 교회들은 많이 찾아볼 수 있다. 가정교회가 친족이나 지인관계의 공동체로 머무를 수 있는 반면, 좀 더 진화된 탈공간적 교회는 카페나 학원 같은 주중 비즈니스 공간을 일요일에 예배 처소로 전환시키는 형태다. 사이버 교회는 탈공간 성향의 대표격으로 보인다. 그러나 본질상 육체로 존재하는 인간이 가상 세계에서 교회라는 그리스도의 몸 된 공동체를 이룬다는 것은 모순이다. 탈 공간이라는 의미는 교회를 위한 구별된 공간을 유지하는 데서 자유롭다는 의미이다. 필자가 아는 한 목회자는 주중에 학원을 운영하다가 교회를 개척했는데, 자신의 학원을 교회 공간으로 삼았다. 그런데 학원 내 강의실에서 예배를 드리는 것이 아니라 한 강의실을 지정하여 그곳을 오직 예배만을 위한 공간으로 제한시켰다. 이는 엄밀한 의미에서 탈공간이 아니다. 탈공간적 교회는 구별된 종교적 공간이라는 고정관념에서 자유로운 형태라 할 수 있다.

셋째로, 자생적 교회가 되었다. 교회의 독특한 표지는 말씀이 선포되고 성찬이 시행된다는 것이다. 그리고 이 말씀과 성찬의 실행은 오직 신학 교육을 받고 정통 교단에서 안수 받은 성직자에게 귀속되어 왔다. 그런데 최근 흥미로운 기독교 공동체들의 특징은 교단과 성직자가 주도해서 이루어지는 교회가 아니라 소위 '평신도'들에 의해서 형성되는 신앙 모임이 증가한다는 것이다. 전통적인 교리교육과 교회 시스템에서 영적 갈증을 해소하지 못하는 이들이 비전문 영적 지도자와 함께 공동체형 교회를 시작한다. 이러한 유형의 교회들은 동질성을 바탕으로 이루어지는 경우가 많다. 예를 들어, 성장과정의 트라우마에 시달리는 고학력 여성들만의 교회나 방송인들로 이루어진 교회와 같은 형태다. 이곳의 영적 리더는 안수나 신학교육과 같은 제도적 권위가 아닌 공감, 체험, 은사를 토대로 공동체를 이끌어 가곤 한다. 그러다 보니 이러한 자생적 교회들은 위에서 기준으로 삼은 시간(주일성수)과 공간(별도의 예배 공간)에 있어서는 상당히 전통적인 형태를 따를 수도 있다.

넷째로, 일터 교회가 나타났다. 일터 교회는 탈시간과 탈공간의 요소를 모두 포함할 뿐 아니라, 교회와 일터를 성·속으로 구분하는 이원론도 극복한다. 일터 교회는 단순히 기업 내 기독교 신자들을 위한 신우회나 전도를 목적으로 하는 선교회가 아니라 그 자체가 의미 있는 영적 공동체로서 예배와 관계가 이루어지는 곳이다. 우선은 사내 채플이나 그리스도인 동호회의 형태로 시작되었다가 새로운 신자들이 유입되거나 기존 교회에서 신앙과 삶의 갈등을 해결하지 못한 이들이 모여 정례화 된 영적 교제가 될 수도 있다. 영국이나 미국에서는 일터를 기반으로 한 네트워크 교회들이 일어나고 있는데, 한국에서도 일터 내 소그룹 모임이나 직장인 예배가 연장되면서 교회로 발전하는 현상들이 일어난다. 아직 교회라는 이름을 붙이기는 어렵지만, 일터에서 형성된 관계가 새로운 교회 개척의 기반이 되는 경우는 어렵지 않게 목격할 수 있다. 앞으로는 일터 자체가 선교적 공동체의 현장이 될 가능성이 매우 높으리라 전망된다.

다섯째로, 단순한 교회가 나타났다. 현대인은 시간의 횡포와 선택의 과잉 속에서 살고 있다. 현대인의 생활 영역에서 교회 활동의 점유율은 갈수록 축소되고 있다. 과거와 같이 "교회에서 살아라!"는 권면은 현실적으로 감응을 일으키기 힘들다. 교회의 집회와 프로그램들이 점차 줄어들 수밖에 없다. 이는 사람들에게서 교회가 사소하게 여겨지는 위기일 수도 있지만, 신앙의 본질에 집중하게 해 주는 기회가 될 수도 있다. 과거와 같이 성·속 이원론에서 벗어나, 진정한 그리스도인은 교회 일을 많이 하는 자가 아니라 세상과 일상에서 그리스도의 사랑과 공의를 증언하는 자라는 경각심을 줄 수 있다. 이를 위해서 필요한 것은 교회의 생활과 모임이 단순하면서도 핵심에 집중해야 할 필요가 있다. 교회가 단순하게 구조 조정되는 것은 쉽고 편안하게 신앙생활하는 미지근한 그리스도인을 양산하려는 것이 아니다. 사람들을 교회로 과도하게 끌어 모으려는 각종 프로그램과 이벤트들을 정리해야 한다. 대신, 교회는 그들이 자신들의 삶의 현장으로 부름 받은 제자라는 명료한 소명 의식을 체화시킬 수 있도록 구비해 주어야 한다. 단순 지향적 교회는 주중 프로그램을 최소화시키는 주말교회의 형태를 띨 수도 있고, 혹은 혼탁한 세상에서 자기를 재발견, 재충전할 수 있게 해 주는 영성훈련을 겸비한 전원 교회의 유형으로 발전할 수도 있다. 단순한 교회의 범위는 무척 다양하고, 기성 교회에도 충분히 적용될 수 있는 모델이다.

미래 교회들의 건강한 양성화

위와 같은 미래의 변화된 교회 형태들은 필자의 조사와 경험으로 볼 때, 이미 도래했거나 임박했다. 영미권에서도 제도권 교회, 성직 중심의 교회가 퇴조하면서 창의성과 상상력을 바탕으로 한 신앙공동체들이 속속 등장하고 있다. 교계에서는 다변화된 교회 유형에 대해 열린 자세로 대안적 가능성을 모색하는 시각이 있는 반면, 이를 교회의 본질에 역행하는 것으로 보는 의심스러운 시각도 있다. 필자는 이 두 가지 시각의 공존과 균형이 필요하다고 본다. 적당한 양비-양시론을 펴는 것이 아니라 모든 역사의 발전은 정반합의 역동적 과정을 통해서만 대안으로 나아갈 수 있기 때문이다. 필자의 제안은 이러한 비정형화 된 교회의 출현을 새로운 교회를 모색하는 '과정'이라는 관점에서 보자는 것이다. 이를 예비적 교회(pre-church) 혹은 기초 신앙공동체(base faith community)라 불러도 상관없다. 이러한 교회 유형들을 제한시키려는 의도가 아니라 21세기의 새로운 신학적 인식과 문화적 환경 속에서 그리스도의 증인 된 교회로 나아가기 위한 협력자로 보자는 것이다. 이러한 다양한 신앙공동체들이 신학적으로 더욱 온전해지고, 교회의 역사적 전통을 존중하며 진화할 수 있도록 양성화하는 노력이 필요하다.

교회는 본질적으로 그리스도의 몸이며 교회의 머리는 그리스도다. 따라서 진정한 교회에는 그리스도께서 함께하신다. 복음서에서 예수께서 함께하시겠다고 약속하신 두 가지의 대표적 정황이 있는데, 하나는 "두세 사람이 내 이름으로 모인 곳…"(마 18:20)이며, 다른 하나는 대위임명령과 더불어 "…세상 끝날까지 너희와 항상 함께 있으리라."(마 28:20)이다. 즉, 함께하시겠다는 것이었다. 미래의 새로운 교회들을 관찰해야 할 중요한 질문은 바로 여기에 있다. 즉, "그들이 비록 소수라 할지라도 그리스도의 이름으로 모여 용서와 치유의 관계를 세우며, 그리스도의 주 되심을 증언하는 공동체인가?"라는 질문이다.

참고자료

하비 콕스 저, 김창락 역,『종교의 미래』(문예출판사, 2010)

마이클 프로스트·앨런 허쉬 저, 지성근 역,『새로운 교회가 온다』(IVP, 2009)

에디 깁스·라이언 볼 저, 김도훈 역,『이머징 교회』(쿰란, 2008)

짐 벨처 저, 전의우 역,『깊이 있는 교회』(포이에마, 2011)

정재영,『한국 교회, 10년의 미래』(SFC, 2012)

글쓴이 | 김선일 교수는 현재 경기도 용인에 위치한 웨스트민스터신학대학원 대학교의 실천신학 교수로 재직하고 있으며, 주된 연구와 강의 주제는 전도, 회심, 선교적 교회, 현대 목회의 패러다임 등이다.

11-5 탈현대와 새로운 기독교인의 출현

오늘날의 사회를 가리켜 탈현대사회라고 말한다. 이제까지 당시대를 표현하는 '현대'라는 말로는 설명할 수 없는 새로운 사회가 등장했기 때문이다. 과학혁명을 통한 기술의 발달로 대규모 공장 중심의 산업사회를 이룩한 이래, '현대'와 '비현대'를 구분하는 기준은 산업화였다. 그러나 오늘날의 사회는 이러한 산업화에 크게 의존하지 않고 지식과 정보를 중요시하는 새로운 사회로 이행하고 있다. 탈현대성의 관점에서는 역사에 대한 인식이나 사회현상에 대한 관점도 다양화되고 상대화 된다. 이러한 점에서 탈현대의 세계는 고도로 다원화된 세계라고 할 수 있다.

이러한 탈현대사회에서는 집단보다는 개인이 중시된다. '우리'라는 집단에 매몰되기보다는 자신을 찾고 느끼려는 경향이 강해진다. 이러한 변화에 따라 탈현대사회에서는 종교성도 바뀌게 된다. 탈현대시대의 사람들은 제도 종교의 의례, 가르침, 계율은 따르지 않으면서 개인적인 신앙생활을 선호하는 경향이 강해진다. 영성은 추구하지만, 더 이상 제도 종교에 소속되어 강요당하기를 원하지 않는 '영적이지만 종교적이지는 않은'(spiritual but not religious) 특성을 나타내는 것이다. 최근 이러한 현상이 한국 교계에서도 나타나고 있는데 이들을 일명 '가나안 성도'라고 부르고 있다. 여기에서는 가나안 성도들의 출현 배경과 목회적 대응에 대하여 살펴보도록 하겠다.

가나안 성도의 출현

한국 교계에서는 이미 20여 년 전부터 '가나안 성도'라는 말이 쓰이기 시작했다고 파악된다. 이 '가나안 성도'라는 말은 기독교인으로서의 정체성은 가지고 있지만 현재 교회에 출석하지 않으면서 이스라엘 백성들이 가나안 땅을 찾아다녔듯이 '새로운' 교회를 찾아다니는 사람들을 일컫는 말이다. 그리고 '가나안'이라는 말을 거꾸로 읽으면 '안나가'인 것과 같이 교회를 나가지 않는 또는 의도적으로 '기성' 교회를 거부하는 사람들을 가리키기도 한다.

이들에 대한 정확한 통계는 없으나 수천 명의 회원을 보유하고 있는 한 개신교 인터넷 동호회 게시판에는 현재 교회에 출석하지 않는다고 밝히면서 좋은 교회를 찾는다는 게시물이 잇따라 올라오고, 서울에 어느 지역에는 교회에 출석하지 않으면서 소그룹으로 모이는 일종의 신우회들이 상당히 활성화되어 있다고 한다. 이들 중에는 아예 제도 교회에 나가기를 거부하고 신학교에서 교육을 받은 목회자 없이 자신들끼리 모여서 예배를 드리는 일종의 대안 교회 운동을 하는 사람들도 있는 것으로 알려져 있다.

현재 이러한 가나안 성도의 숫자가 얼마나 되는지 정확하게 추정하기는 매우 어렵다. 그러나 2004년 한국갤럽의 조사 결과로 추정해 본다면, 개신교 신앙을 가지고 있다가 교회를 떠난 사람들의 수가 무려 758만 명에 이르고, 이 중에서 다른 종교로 개종한 198만 명을 제외한 560만 명이 개신교를 믿다가 무종교인이 된 수라는 점을 감안할 때 가나안 성도의 수가 결코 적지 않을 것임을 미루어 짐작할 수 있다. 보다 구체적으로는 "한국기독교목회자협의회"에서 조사한 결과에서 10.5%가 교회에 출석하지 않는 것으로 나타난 것에 주목할 필요가 있다. 이것을 2005년 인구센서스 결과에 나온 개신교 인구 862만 명에 대입하면 86만 명이 교회에 출석하지 않는다는 의미이다. 그리고 교회에 출석하기는 하지만 한 달에 한 번이나 그 이하로 출석하는 사람들 중에도 상당수의 가나안 성도가 포함돼 있을 것이라고 본다면 대략 100만 명에 가까운 가나안 성도가 있을 것으로 추정된다.

가나안 성도가 출현하는 이유에 대해서는 두 가지로 생각해 볼 수 있다. 하나는 앞에서 살펴본 바와 같이 사회의 변화이다. 근대 사회에서 개인은 제도와 집단을 통해서 정체성을 형성했지만, 오늘날의 개인들은 이러한 제도화를 거부하는 경향이 강하다. 이들은 사회 역할을 부과하는 획일적이고 상투적인 규범에 의존하지 않고 자신의 욕망대로 살겠다는 의지를 지니고 있다. 성 해방 운동, 가족적 풍속의 해방, 이혼과 독신 생활의 증가는 모두 강요된 소속 의식을 대신하여 개인의 독립을 내세우는 개인주의 혁명의 또 다른 모습이기도 하다. 이러한 경향이 종교성에 영향을 미친 결과가 가나안 성도의 등장인 것이다. 이러한 경향은 우리 사회에서만 나타나는 것이 아니다. 서구에서는 이미 20년 전에 '소속되지 않은 신앙'(believing without belonging)이라는 개념으로 이러한 문제가 제기된 바 있다.

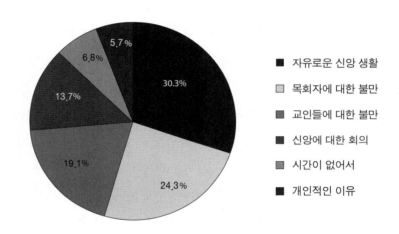

두 번째로 생각해 볼 수 있는 것은 결국 이들을 교회로부터 떠나게 하는 요인이 무엇인가 하는 것이다. 필자가 실시한 조사에서는 교회를 떠난 이유에 대해서, "자유로운 신앙생활을 원해서"가 30.3%로 가장 많았고, 다음으로 "목회자에 대한 불만"이 24.3%, "교인들에 대한 불만"이 19.1%, "신앙에 대한 회의"가 13.7%로 나왔고, "시간이 없어서"라는 단순 이유는 6.8%에 불과한 것으로 나타났다. 특히 고학력자, 교회에 다녔을 때 직분이 있었던 사람, 구원의 확신이 있었던 사람들에게서 상대적으로 목회자의 불만 때문에 교회를 떠났다는 응답이 많은 것이 특징적이었다. 이 결과로 볼 때 가나안 성도들이 교회를 떠난 것은 자유로운 신앙생활을 원하는 탈현대인들의 특징과 함께 기성 교회에 불만도 함께 작용하고 있다는 사실을 알 수 있다.

가나안 성도의 특징

가나안 성도라고 하면 흔히 '선데이 크리스천'과 같이 기독교인으로서의 정체성이 약하고 교회에도 정착하지 못한 이름뿐인(명목적인) 기독교인이라고 생각하기 쉽다. 그러나 조사 결과에서는 교회 출석 당시에 서리집사 이상의 직분을 받은 사람이 26.7%를 차지하였고, 교회 다닌 기간이 평균은 14.2년으로 나와 이들이 평균 10년 이상 교회를 다닌 사람들이었다는 것을 보여 주었다. 또한 교회에 다니던 당시에 구원의 확신이 분명했다는 응답이 48.1%였고, 전체 응답자에서 네 명 중 한 명 꼴로 지금도 구원의 확신이 있다고 응답했다. 또한 교회활동에도 "매우 적극적으로 참여했다"(36.9%)와 "어느 정도 적극적으로 참여했다"(53.4%)를 합하여 90% 이상이 적극적으로 교회활동을 한 사람이라는 것을 알 수 있었다.

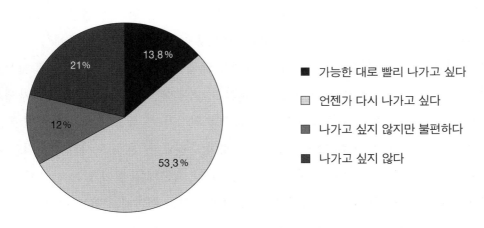

- ■ 가능한 대로 빨리 나가고 싶다
- ☐ 언젠가 다시 나가고 싶다
- ■ 나가고 싶지 않지만 불편하다
- ■ 나가고 싶지 않다

그리고 응답자의 70.7%가 한 번 옮겼거나 옮긴 적이 없는 사람들이었다. 이것은 "한목협" 조사 결과에서 기독교인들이 평균 2.7개 교회를 옮겨 다닌 것과 비교해 보면 이들이 매우 낮은 교회 이동 경험을 가진 것을 알 수 있다. 이러한 조사 결과로 볼 때 가나안 성도들은 본래 교회를 자주 옮겨 다니던 이른바 '교회 쇼핑족'들이 교회를 떠난 것이 아니라 대부분 한두 교회에 10년 이상 정착해서 다니던 사람들이었으며, 절반가량이 구원의 확신도 가지고 있었던 진지한 기독교인이었다가 교회를 떠난 것임을 알 수 있다.

또한 이들이 교회를 떠난 후 경과 시간은 평균은 9.3년으로 비교적 오래되었고,

25.2%는 여전히 구원의 확신을 가지고 있는 분명한 기독교인이다. 특히 세 명 중 두 명은 교회에 다시 나가고 싶다는 입장이나 신앙모임에는 91.8%가 참여하지 않는 상황임을 고려할 때 이들이 신앙을 잃지 않고 교회로 돌아올 수 있는 방안 마련이 시급한 실정이다.

가나안 성도에 대한 목회적 대안

위에서 살펴본 가나안 성도들은 교회라는 제도 자체를 거부하는 탈제도화의 경향도 있기는 하지만 기존 교회에 대한 불만, 특히 교회가 지나치게 제도화 또는 관료제화 되는 것에 대한 저항으로 교회를 떠난 것으로 이해하는 것이 적절하다. 최근에 이들 중의 일부가 모여서 만든 신앙 모임이 늘고 있다는 것이 그 방증이다. 이러한 현상은 새로운 종교 욕구를 반영한다. 이러한 욕구는 이미 2005년에 실시한 인구센서스 결과에서도 그 단면이 드러났는데, 이 조사 결과에서 천주교 인구가 괄목할 만한 성장을 한 반면에 개신교 인구는 소폭 감소한 것으로 나타난 것은 잘 알려진 사실이다. 그런데 그 내용을 자세히 살펴보면, 서울을 비롯한 수도권 신도시에서 천주교 인구가 큰 폭으로 증가한 반면에 개신교 인구는 같은 곳에서 큰 폭으로 감소했다는 것이 드러난다. 흔히 도시의 합리적인 지성인들에게 설득력이 있는 종교로 여겨져 온 개신교가 최근에는 깊이 있는 사고를 하기보다는 비합리적이고 '덮어놓고' 믿는 식의 감정적인 종교로 여겨지고 있는 것이다.

자신에게 납득이 되고 이치에 맞아야 믿는 이른바 '사고하는 기독교인들'(thinking christian)은 이런 식의 신앙을 받아들이지 않는다. 이것은 최근 젊은이들이 교회를 떠나고 있다는 사실과도 무관하지 않다. 젊은이들은 그들의 부모 세대와 같이 충성도가 높지 않고 개교회에 대한 애착심도 그다지 깊지 않아서 과거와 같이 '모교회'에 대한 개념도 모호할 정도이다. 오히려 자신의 신앙관을 인정받을 수 있고, 실제로 자신의 신앙발달에 도움을 받을 수 있는 교회로 옮기기를 선호한다. 이러한 젊은이들은 한 사회 안에서 언제나 기성세대에 도전하고 새로운 사회의 변화를 가장 첨단에서 수용하는 이들이라는 점을 상기해야 한다. 따라서 이들이 교회를 떠난다는 말은 교회가 시대의 변화에 대응하지 못하고 미래 사회를 대비하지 못하고 있다는 것을 의미하는 것이다. 교회는 과거의 영광에 안주하기보다 새로운 세대에게 설득력을 줄 수 있는 모습으로 갱신되어야 한다.

가나안 성도는 그들이 의도하든 의도하지 않든 기성 교회에 큰 도전이 되고 있다. 그 것은 이들이 기성교회에 대해 뚜렷한 불만을 가지고 떠난 사람들이고 그들 중에 일부는 기성교회와 차별성을 갖는 대안적인 교회를 세우고 있기 때문이다. 이들을 섣불리 교화하려고 하거나 제도권으로 흡수하려고 한다면 자칫 더 큰 갈등을 야기할 수도 있다. 이들이 기성 교회를 떠난 이유가 바로 그러한 강압적인 분위기였기 때문이다. 기성 교회가 '제도화의 딜레마'를 극복하고 보다 수용성 있는 공동체 환경으로 전환되는 것이 교회를 떠나는 이들을 보다 근본적으로 줄이는 방안이 될 수 있을 것이다.

이를 위해 교회는 본질을 훼손하지 않으면서도 사회의 변화에 민감하고 시대의 욕구를 충족시켜 줄 수 있어야 한다. 교회 조직은 보다 탄력 있고 자율성을 발휘할 수 있는 형태로 재구조화될 필요가 있고, 교회 구성원은 보다 주체성을 가지고 각자의 전문성에 따라 다양한 영역에서 역량을 발휘할 수 있어야 한다. 그리고 교회 지도자는 교회 구성원들의 다양한 요구를 수렴하여 의사 결정을 하고 교회가 현대사회에서 적실성을 갖는 사역을 할 수 있도록 리더십을 발휘할 필요가 있다. 이를 통해서 한국 교회가 '헬라인이나 유대인이나 할례당과 무할례당이나 야만인이나 스구디아인이나 종이나 자유인이 분별' 없이 서로 다른 부류와 다양한 계층의 사람들이 하나 되는 공동체를 이룰 수 있기를 기대한다.

참고자료

이원규, 『한국교회의 위기와 희망』 (서울: KMC, 2010)

정재영, "'소속 없는 신앙인'에 대한 연구", 「현상과 인식」 2013년 겨울호.

정재영, "세속화의 한 측면으로서 소속 없는 신앙인에 대한 연구", 「신학과 실천」 2014년 여름호.

한국기독교목회자협의회, 『한국기독교 분석리포트: 2013 한국인의 종교생활과 의식조사 보고서』 (서울: 도서출판 URD, 2013)

Davie, Grace, *Religion in Britain since 1945: Believing without belonging*. Oxford: Oxford University Press, 1994.

글쓴이　정재영 교수는 현재 실천신학대학원대학교 종교사회학 교수로, 목회사회학연구소 부소장을 맡고 있으며, 미래목회포럼의 정책위원으로 참여하고 있다.

11-6 종교인구 변동과 한국 교회의 미래

2005년의 인구센서스 결과는 종교인들, 특히 급격한 변화의 당사자인 개신교인과 천주교인들에게 많은 놀라움을 안겨 주었다. 나름대로 각자의 입장에서 이러한 변화의 원인을 찾기 위해 노력하였지만, 인구센서스 자체에 대한 분석은 거의 이루어지지 않은 것이 사실이다. 이 글은 1985-2005년의 3차에 걸친 인구센서스 자료를 분석하고, 특히 1995-2005년간에 이루어진 이러한 변화, 개신교의 감소와 천주교의 급격한 성장의 원천을 찾고자 시도하였으며, 또한 센서스 이외의 자료들을 통하여 이를 보충하고, 한국 개신교의 나아갈 바에 대해 생각해 보고자 한다.

종교 인구 변동의 배경, 원인, 경과, 쟁점

1985년 이후의 인구센서스에 의한 주요 종교 및 전체 종교 인구에 대한 조사 결과는 〈표 1〉과 같다.

<표 1> 1985-2005년 인구센서스에 따른 종교 인구 변동

구 분	1985		1995		2005	
	인 구	비율(%)	인 구	비율(%)	인 구	비율(%)
불 교	8,059,624	19.9	10,321,012	23.2	10,726,463	22.9
개신교	6,489,282	16.1	8,760,336	19.7	8,616,438	18.3
천주교	1,865,397	4.6	2,950,730	6.6	5,146,147	11.0
기 타	788,993	2.0	565,746	1.3	481,718	1.0
전 체	17,203,296	42.6	22,597,824	50.7	24,970,766	53.3

〈표 1〉에 따르면, 1985-95년에는 개신교(3.6%)를 필두로 하여 불교(3.3%), 천주교 (2.0%) 모두 고르게 성장하였는데, 1995-2005년에는 천주교만이 4.3% 성장하였을 뿐, 불교(-0.4%)와 개신교(-1.4%)는 감소하였다. 다만 불교는 비율은 감소하였으나 성도 수 (405,451명)에 있어서는 증가하여, 주요 종교 중 개신교만이 순수 감소를 기록하였다. 이 러한 개신교의 감소는 1960-80년대의 놀라운 성장과 비교할 때 더욱 충격적이다.[1]

인구센서스 자료를 좀 더 면밀히 분석해 보면, 이러한 변화는 연령에 있어서는 10-40 대(1995년 기준) → 20-50대(2005년 기준), 지역적으로는 수도권, 특히 서울에서 두드러진 다. 1995년과 2005년을 비교하여 볼 때, 개신교는 연령적으로 10대 → 20대는 -4.6%, 20 대 → 30대는 -2.0%, 30대 → 40대는 -2.3%, 40대 → 50대는 -2.2% 감소하였다. 반면 불 교의 동일세대들은 조금씩 증가하였다. 천주교의 경우는 증가세가 전 연령층에 걸쳐 고 르게 나타나고, 이것은 비교의 대상인 10-40대(1995년 기준) → 20-50대(2005년 기준)에서 도 4% 내외로 동일하게 나타난다. 즉, 개신교에서만 이 세대의 감소가 두드러진다. 또 한 지역적으로 서울에서의 개신교 인구 비율의 감소는 -3.4%로 전국 평균 -1.4%를 상회 하며, 반면 천주교의 서울에서의 증가는 5.5%로, 전국 평균 4.3%를 넘어선다. 또한 경 기와 인천에서의 감소 및 증가도 서울에는 미치지 못하지만 전국 평균을 넘어서고 있 다. 이러한 수도권의 변화는 수도권 지역의 전체 인구의 크기를 감안할 때 그 파급 효과 가 매우 크다고 할 수 있다. 한편 인구센서스 자료는 계층별 종교 인구의 증감은 제시하 고 있지 않지만, 성남 지역을 분당과 비분당 지역으로 구분하여 분석해 보았을 때, 중산 층 이상이 보다 밀집한 분당 지역에서 개신교 인구의 감소와 천주교 인구의 증가가 더욱 두드러졌다.

그렇다면 한국 개신교의 쇠퇴 원인은 무엇일까? 쇠퇴 원인을 알아보기 위해서는 먼저 성장 배경을 살펴봐야 한다.

한국 개신교는 1960년대 이전에도 꾸준한 성장을 유지하고 있지만, 그 추세는 1960년대 이후, 특히 1970년대에 이르러 급속하게 나타난다. 그렇다면 1960-70년대의 한국 개신교의 성장을 가져온 요인은 무엇일까? 여러 학자들이 지적하는 바처럼 경제개발과 그에 따르는 급격한 사회 변동이 그중요한 원인으로 지적될 수 있다. 경제개발은 전통적 가치의 붕괴, 농촌에서 도시로의 인구 이동, 그에 따른 생활양식의 변화와 이에 따르는 사회적, 심리적 불안을 야기시켰다. 이는 새로운 가치 체계 및 안정을 위한 연계망을 필요로 하는데, 이 시기에 개신교가 바로 이러한 필요를 채워 준 것으로 보인다. 개신교는 급격한 변동의 시기에 불안을 겪는 이들에게, 특히 도시로 이주하여 뿌리를 잃고 새로운 정체성을 필요로 하는 이들에게 정체성과 공동체성의 새로운 뿌리를 제공할 수 있었다. 이에 더하여 경제 성장의 역할 모델로서의 미국과 개신교의 역할 또한 개신교의 성장에 중요한 기여를 한 것으로 보이며, 한국 개신교의 몇 가지 특징, 특히 '축복'의 교리와 구역을 중심으로 한 특유의 소집단 조직 또한 그 급격한 성장을 촉진한 것으로 볼 수 있다.

하지만 1980년대 중반 이후 이러한 근대화, 산업화와 연관된 사회 변동은 어느 정도 누그러들기 시작한다. 산업사회로서의 틀은 어느 정도 갖추어졌고, 그와 함께 경제적 풍요도 조금은 누릴 수 있게 되었다. 부가적 요인이지만 정치적 상황도 1987년 대통령 직선제 개헌 이후 점점 안정되어 갔고, 사회적 불안정의 많은 요소들이 사회복지제도를 통하여 흡수되었다. 개신교의 성장이 둔화된 것이 바로 이 시점이라는 것은 결코 우연이 아닐 것이다.

이러한 개신교의 성장과 쇠퇴를 설명할 수 있는 이론 중 하나가 R. 잉엘하트(R. Inglehart)의 가치변화 이론이라고 할 수 있다. 잉엘하트는 가치 유형을 물질주의자(Materialist, 이하 M)와 탈물질주의자(Postmaterialist, 이하 PM) 그리고 혼합형으로 구분한다. 그리고 이러한 가치 유형의 분포는 그 사회의 경제적 요인에 크게 의존한다. 즉, 어느 사회이든 M 유형과 PM 유형이 공존하지만, 사회가 경제적으로 발전할수록 PM 유형이 증가한다는 것이 잉엘하트의 기본적 주장이다. 잉엘하트의 이론에 따르면 경제 성장은 가치의 변화를 동반하고, 변화된 가치를 지닌 사람들은 예전과는 다른 종교적 욕구를 지닌다. M 유형의 사람들이 물질적 가치에 토대한 축복의 교리에서 만족을 얻었다면, 이제 PM 유형의 사람들은 그와는 다른 인생의 의미와 관련된 대답을 얻기를 바라고 있는 것이다. 필자의 '종교적 욕구' 연구에 따르면, 조사항목 중 '축복'과 '가정생활의 행복'은 물질주의형에서, '삶의 의미와 목적'은 탈물질주의형에서 상대적으로 높게 평가되었다.[2] 일반적으로 '물질주의'에서 '탈물질주의'로 사회가 변화한다는 잉엘하트의 모델이 맞다면, 이러한 결과는 '축복'형에서 '의미'형으로 한국의 종교 지형이 변화하는 것으로 볼 수 있다. 이러한 변화 과정을 도식화하면 아래의 〈표 2〉와 같다.

〈표 2〉 사회경제적 변화에 따른 종교 지형의 변화 과정

위에 언급한 가치관의 변화와 함께 생각해 볼 수 있는 한국 종교에 있어서의 또 하나의 주요한 경향은 '종교의 주변화'이다. 갤럽의 종교 의식 조사에 의하면 개인 생활 속에서 '종교가 중요하다'고 평가한 비율은 67.7%(1984년), 65.4%(1989년), 61.6%(1997년), 55.7% (2004)로 지속적으로 감소하였다.[3]

그런데 일반적으로 주변적 종교를 갖는 사람들과 중심적 종교를 갖는 사람들이 종교를 통하여 얻고자 하는 것에는 차이가 있다. 앞서 언급한 필자의 연구에 따르면, '구원과 영생', '삶의 의미와 목적', '영적 성숙과 헌신', '거룩함과 정화의 체험' 항목은 종교가 중요한 집단에서, '마음의 평안과 위로', '축복', '도덕적 문제에 대한 해답', '사회 봉사와 구제'의 항목은 종교가 덜 중요한 집단에서 높게 나타난다.[4] 이러한 욕구의 분포를 G. 올포트(G. Allport)의 종교성 분류와 연관해서 본다면, 전자의 그룹은 내재적(intrinsic) 종교성과 후자의 그룹은 외재적(extrinsic) 종교성과 어느 정도 일치한다.[5] 즉, 종교가 중요하다고 답한 사람일수록 내재적 종교성의 경향을, 중교가 중요하지 않은 사람은 외재적 종교성의 경향을 보인다는 것이다. '종교의 주변화' 현상을 종교 지형의 변화와 관련하여

도식화하면 다음의 〈표 3〉과 같다.

〈표 3〉 종교의 중요도 변화에 따른 종교 지형의 변화 과정

또 한 가지 언급해야 할 중요한 사실은 종교생활에 있어서 종교 및 성직자의 신뢰도와 이미지가 차지하는 비중이다. 필자의 다른 연구들에 의하면, '종교 및 성직자의 신뢰도와 이미지'는 '종교적 욕구의 만족'보다도 한국인의 종교생활에 있어서 더 중요하게 작용하는 것으로 나타났다.[6] 최근 가장 높은 증가율을 보이고 있는 가톨릭의 선택 이유에 있어서도 가톨릭의 '종교적 성스러움'의 이미지와 '신뢰성 및 청렴성'이 가장 중요한 이유로 평가되었다.[7] 그러나 한국 3대 종교의 이미지 평가에서 개신교는 가장 낮게 나타나며,[8] 종교별 이미지 형성 요인에 대한 기술에서도, 가톨릭의 성직자 이미지는 긍정적 요인에 포함된 데 반해, 개신교의 성직자 이미지는 부정적 이미지의 형성 요인으로 평가되어[9] 이에 대한 개선이 시급한 실정이다.

대안은 무엇인가?

본문에서 한국 종교의 주요한 변화의 방향과 관련하여 개신교가 취할 전략으로 의미형 종교의 구축, 종교의 주변화에 대한 대책(종교적 욕구와 관련) 수립, 이미지 및 신뢰도 개선 등을 열거하였다. 이러한 대안들과 함께 마지막으로 독일의 사회학자 N. 루만(N. Luhmann)의 분석 도식을 통해 한 가지 제언을 첨가하고자 한다. 앞서 언급한 바처럼 한국의 개신교는 전통적으로 축복을 강조하였고, 이러한 강조는 1960년대 경제개발에 뒤따른 사회변동의 상황에서 개신교가 성장하는 중요한 요인으로 작용하였다. 하지만 사회 안정 혹은 기능적 분화가 어느 정도 이루어진 시점에서 이러한 문제는 더 이상 종교

가 아닌 다른 사회 체계들에 의해 해결될 수 있다. 부의 문제는 경제 시스템에 의해, 진리의 발견 및 전달 문제는 각각 과학 시스템[10]과 교육 시스템에 의해, 질병의 문제는 의료 시스템에 의해, 노후생활의 문제는 복지 시스템에 의해 해결이 가능하다. 어떤 의미에서 과거 종교에 의존해야만 했던 '나머지 문제들'(restprobleme, residual problems)은 이제 시스템에 의해 해결이 가능해지고, 그에 따라 종교에 있어서는 다시 현실의 축복이 아닌 우리의 내재적 삶의 영역의 의미를 제공하는 '기능'의 문제가 중요하게 대두된다. 이러한 변화가 최근의 한국 종교 지형의 변화에 영향을 미치는 것으로 생각할 수 있다. 즉, 개신교의 지나친 현세적 경향은 반대급부로 그 초월성의 상실로 인식되고, 이는 많은 종교 소비자들로 하여금 내재적 영역을 해석할 힘을 상실한 종교로서 간주하게 만들 수 있는 것이다. 이제 이러한 역작용을 어떻게 극복하고, 종교다움을 회복하는가에 한국 개신교의 미래가 달려 있다고도 할 수 있다.

주

1   센서스와 같은 공신력 있는 자료는 없지만, 여타 통계자료에 의하면 1957-60년 사이 개신교 비율 은 3.7-5.0%에 그친다. 이에 대하여는 최현종,『한국 종교인구변동에 관한 연구』(부천: 서울신학 대학교출판부, 2011), pp.30-31 참조.

2   최현종, 앞의 책, pp.84-85.

3   한국갤럽,『한국인의 종교와 종교의식 제4차 비교조사』(서울, 한국갤럽조사연구소, 2004), p.71.

4   최현종, 앞의 책, p.77.

5   올포트는 종교를 다른 목표를 이루기 위한 도움의 수단으로서 생각하는 경향을 '외재적' 종 교성으로, 종교 자체를 목적으로 하는 경향을 '내재적' 종교성으로 구분하였다. 이에 대하여 는 Gordon W. Allport, "Religious Context of Prejudice," *Journal for the Scientific Study of Religion* 5 (1966), pp.447-57 참조.

6   최현종, 앞의 책, pp.119-20.

7   위의 책, pp.53-54.

8   위의 책, p.94.

9   위의 책, p.95.

10   여기서 과학은 자연과학에 국한되지 않고, 근대적 의미의 모든 학문체계를 포괄한다.

참고자료

최현종,『한국 종교인구변동에 관한 연구』(부천: 서울신학대학교출판부, 2011)

_____. "제도화된 영성과 한국 종교 지형의 변화: 가톨릭과 개신교를 중심으로."「종교와 문화」 22, 2012.

Norris, Pippa and Inglehart, Ronald. *Sacred and Secular*. 2nd ed. New York: Cambridge Univ. Press, 2011.

Luhmann, Niklas. *Die Religion der Gesellschaft*. F.a.M.: Suhrkamp, 2002.

글쓴이	최현종 교수는 서울신학대학교 교양학부 조교수이며,『한국 종교인구변동에 관한 연구』외 다수의 저서와 논문이 있다.

우리 사회의 핫이슈들에 대한 기독교적 대안

김인환 목사(성은감리교회 담임목사/서울남연회 감독)

　'기독교의 정치 참여, 어떻게 봐야 할까?', '교회는 환경운동에 대해 어떻게 접근해야 하지?', '사형제도 찬반 논쟁에서 우리의 선택은 어떠해야 할까?', '자살하면 어떻게 될까?', '요즘 동성애 논란이 심각한데 기독교인으로 어떻게 바라봐야 할까?', '교회의 양극화 현상을 극복하려면?', '사회적 기업과 협동조합이 대세라는데!', '이슬람과 수쿠크법', '종교개혁 500주년을 맞으며 한국 교회는 무엇을 개혁해야 하지?', '북한 인권을 제대로 알려면?', '이산가족 상봉의 현실', '안티 기독교', 고령화과 저출산' 등 우리 사회에서 논란과 핫이슈가 되었던 문제들을 심층 깊게 다루어 미래목회포럼에서 『이슈&미래』를 출간하였다.

　『이슈&미래』라는 본 서는 미래목회포럼이 수년간 준비한 역작이다. 내가 미래목회포럼 대표로 섬길 때 모든 교파가 연합하여 '기독교인의 교리와 생활 지침서'를 만들려 했다. 그런데 여러 가지 어려움으로 인하여, 교리에 관한 문제를 하나로 만든다는 것이 너무 어려웠다. 그래서 기독교인의 생활에서 부딪히는 이슈에 관한 것부터 만들기로 하고 이번에 이 책이 출간되었다. 앞으로 '기독교 예문'에 관한 것도 만들었으면 한다. 중국에 있는 조선족 교회들의 목회자들은 그들이 속한 교파가 없다. 그러므로 어떤 예문을 사용해야 할지 선택의 어려움을 겪고 있다. 러시아의 고려인 교회들도 마찬가지다. 코리안 디아스포라 교회들을 위해서도 하나 된 '기독교 예문'이 시급하다. 그리고 '기독교인의 교리'에 관한 책도 약속한 대로 만들어 출판하려고 한다.

이번에 먼저 나온 『이슈&미래』는 깊이가 있고 대안이 있다. 한국 교회의 공과 그리고 근현대사의 고민과 관련 핫이슈를 제공하고 대안까지 두루 살펴볼 수 있다. 2003년부터 꾸준히 포럼과 심포지엄을 통하여 각계 전문가 그룹을 형성하며 한국 교회 싱크탱크로 자리매김한 미래목회포럼이 한국 기독교 선교 130주년과 광복 70주년 기념행사의 일환으로 백서를 발간한 것이다. 본 서는 미래목회포럼이 추구하는 방향성과 일치하며 미래목회포럼만이 할 수 있는 역작이다.

또한 『이슈&미래』는 통전적이며, 미래지향적이다. 진보와 보수학자 모두가 함께 참여하여 집필하여, 보수나 진보 어느 한쪽에 치우치지 않았다고 평가할 만하다. 과거와 현재, 그리고 미래의 균형 감각을 가지고 쓰여졌다는 점을 높이 평가하면서 이 책을 통하여 한국 교회가 한걸음 더 전진했다고 보면 될 것이다.

『이슈&미래』는 기독교와 공공정책, 기독교와 사회 문제, 기독교와 생명윤리, 기독교와 선교전략, 교회와 사역, 교육과 양육, 기독교와 경제, 한국 교회 연합운동, 통일운동, 미디어와 문화, 미래전략 등 각 분야를 통한 핫이슈와 내용을 11개 주제별로 구성하였다.

1장에서는 "한국 근대문화와 기독교의 역할"을 일곱 가지로 상세히 조명하고 있다. 근대사로 끝나는 것이 아니라 근대문화를 어떻게 진흥시켜야 하는지에 대한 언급이 결언 부분에서 조금 더 추가되었으면 좋지 않았겠나 싶다. 더 나아가 교과서 기술문제에 대한 접근을 다루고 있는데 역사교육은 미션스쿨에서부터 실천되었으면 한다. 더 나아가 최근 논란의 중심이 되는 "종교인에 대한 소득세 과세 여부"를 균형 있게 다루었다. 교회는 면세로, 목회자는 납세로 가는 메뉴얼이 추가되었더라면 하는 아쉬움이 크다. 일부 종단에 국민의 세금을 지원하는 종교편향적인 문화 정책을 되심어 본 것도 의미가 크다 하겠다. 특히 광복 70주년을 맞으며 건국절 논란과 더불어 한경직 목사가 주창했던 "기독교 입국론"도 시의적절하다고 하겠다. 김명일 사무총장의 글에서 18대 대통령 선거에서 한국 교회가 한 목소리로 정책 검증에 나선 것을 소개한 것은 한국 교회와 본서의 수준을 한단계 업그레이드하기에 충분했다.

2장, "기독교와 사회문제"에서는 "복음 전도와 사회적 책임"에 있어 교회가 공공신학을 어떻게 정립하느냐는 과제는 앞으로 계속 논의해야 할 주제일 것이다. 기독교의 정치 참여는 진보적 시각이지만 마무리에서 하나님의 정치를 구현하자는 취지에 공감하게 된다. "성경적 관점에서 조명하는 환경운동"에서 기독교가 환경운동에 앞장서야 한다는 구호가 아니라 성경적 근거를 제시하므로 운동의 역동성을 확보할 수 있어 좋았다. 사회봉사도 현장 실무자가 집필하므로 구체적이었고 현장성을 확보하였다. '동성애' 부분은 조금 지나친 감이 없지 않지만 핫이슈라는 점에서 차별금지법까지 언급하였으면 좋았을 걸 하는 아쉬움이 남는다.

3장, "혼전 순결의 의미와 순결 서약"에서는 순결 서약식에 대한 문제에 국한하고 있어 조금 협소하지 않았나 싶다. "생명문화를 일구는 한국 교회"는 한국 사회의 자살의 현황과 이유, 교회가 해야 할 일을 잘 다루었다. 죽음의 문화를 극복하는 것이 교회가 나서야 할 일일 것이다. "품위 있는 죽음"에서는 일반적인 이론에서 안락사나 존엄사, 낙태 등 실제적인 언급이 필요했다 하겠다. "생명윤리의 위기"는 유전자 조작의 실질적인 문제를 다루고 있어 흥미롭게 읽을 수 있었다. 교회의 발 빠른 대처가 요청된다 하겠다. 또한 김봉준 목사의 "사형제도와 인간의 존엄성, 어느 것이 중요한가"에서 사형제의 찬반 논리를 소개하면서도 치우치지 않고 인간의 존엄에 대한 기독교적 관점으로 다룬 점은 탁월하다.

4장, "기독교의 선교전략"은 선교전략의 정책적인 면과 이슬람 이해, 750만 디아스포라 등에 이르기까지 언급하였고 젊은이 선교의 황금어장이라 불리는 군선교와 캠퍼스 선교를 다루었다. 또한 분쟁 지역 선교의 예로 아프가니스탄 피랍사건을 다루며 교훈을 주고 있다.

5장, "교회와 사역"에서는 한국 교회가 잃어버린 순교 신앙, 영성, 이단 침투와 예방, 양극화극복 대안으로서 작은 교회 살리기, 소그룹 사역의 실제와 평신도 운동을 깊이 있게 조명하였다.

6장, "교육과 양육"에서는 미션스쿨에 대한 진단과 대안, 대안학교, 공교육, 입시 사교육, 교회학교 갱신, 가정교육과 신앙 계승, 다음 세대를 위한 전략 등에 대해 최고의 집필진이 집필하였다.

7장, "기독교와 경제"에서는 기독교와 경제 정의에서는 경제 불균형을 가져오는 매카니즘과 기독교의 기업 경영, 요즘 대세라는 사회적 기업과 협동조합, 경제 전문가로 다

년간 스쿠크를 다루고 활동한 이혜훈 교수의 이슬람에 의한 수쿠크법에 대한 대처의 글은 읽을 만한 내용이자 추천할 만하다.

8장, "한국 교회의 연합운동"에서는 주요 교단 분열과 한기총, 한교연 출범 등 연합운동의 현실을 잘 조명하였다. 그리고 정성진 목사의 '종교개혁 500주년'을 앞둔 한국 교회가 어떤 개혁과제를 가지고 나가야 하는지를 명쾌한 대안과 함께 제시한 부분과 동로마교회의 사례를 소개한 것은 인상적이었다.

9장, "통일운동"은 통일을 위한 교회의 역할과 이어지는 북한 인권 문제, 이산가족 상봉, 3만여 명에 이르는 탈북 새터민 문제와 통일을 준비하는 교회의 전략적 접근을 잘 다루고 있어 통일 준비에 좋은 교과서가 될 것으로 여겨진다.

10장, "미디어와 문화"에서는 스마트 시대와 영적 전쟁, 안티 기독교 문화, 영화·영상 트렌드, 게임 중독, 기독교 저작권 바로 알기, 기독교와 언론 등은 문화적 접근을 가능케 하고 있다.

11장, "미래전략"은 『이슈&미래』의 클라이막스이다. 고령화 시대, 저출산과 출산장려, 개신교의 미래, 새로운 미래 교회, 탈현대와 새로운 기독교인의 출현, 종교 인구 변동 등은 탁월한 진단과 대안이었다.

『이슈&미래』 집필진 70인은 해당 분야에서 최고의 전문이자 베테랑으로 글을 통하여 깊이 있게 만날 수 있었다. 총신대학교 이상원 교수, 호남신학대학교 노영상 총장, 서울시립대학교 박훈 교수, 연세대학교 양혁승 교수, 안양 샘병원 박상은 원장, 아세아연합신학대학교 정홍호 교수, 장로회신학대학교 임희국 교수, 명지대학교 김재구 교수, 이화여자대학교 장윤재 교수, 북한연구소 안찬일 소장, 통일준비위원회 제성호 위원, 평화한국 허문영 대표, 고신대학교 강진구 교수, 한국 뉴욕대학교 최윤식 교수, 윤용근 변호사 등 각계 해당 분야에서는 최고의 전문가로 통하는 이들로 핫이슈에 접근하고 대안을 모색하였다는 점에서 2015년 출간된 기독교 서적으로는 최고의 권위 있는 품격과 도서로 높이 평가받을 만하다.

넘쳐나는 정보홍수 속에서 전문 정보에 대한 기독교적 시각에서 목마름을 해갈해 줄 만한 다양한 이슈들을 담고 있어 교계와 학계, 제3세계 선교권, 각 교단 총회 및 목회자, 신학생, 평신도 등 모두에게 필독서가 될 것으로 예상한다.

한국 교회의 미래를 여는 밑거름이 되기를 바라며

정성진 대회장(거룩한빛광성교회 담임목사/한국 기독교 선교 130주년 대회장)

『로마인 이야기』를 쓴 시오노 나나미는 이 책을 쓰기 위해 30년 동안 준비했고 15년 동안 매년 한 권씩 책을 집필했습니다. 그리고 이 책은 세계인에게 감동을 주는 베스트셀러가 되었습니다. 이처럼 평생에 남을 만한 책 한 권을 낸다는 것은 쉬운 일이 아닙니다. 백서를 만들기 위해서는 기획과 집필, 편집, 교정, 출판에 이르기까지 여러 사람의 수고와 세심한 작업을 거쳐야 합니다.

『이슈&미래』는 지금 한국 교회가 고민하는 이슈들이 앞으로 다가오는 한국의 미래 교회와 사회에 미치는 영향이 어떠할 것인가 하는 진지한 고민을 가지고 기획했습니다. 향후 10년 또는 20년 후 한국 사회와 한국 교회를 생각하며 목회자들과 교수진들이 마음을 모았습니다.

『이슈&미래』를 기획하면서 130년을 지나온 한국 교회의 역사를 재조명하고 한국 사회와 교회가 고민하는 문제들을 11분과의 70개 주제들로 선정하였고, 각계 전문가들이 집필에 참여하였습니다. 그리고 수차례의 집필회의와 분과별 토론 등 수정 작업과 감수, 서평, 추천의 글 등을 다듬어 예영커뮤니케이션에서 출판하기에 이르렀습니다.

책이 나오기까지 수차례의 집필 토론에 먼 곳에서 빠지지 않고 참석하여 회의를 주재한 오정호 이사장의 헌신과 고명진 전 대표의 격려가 큰 힘이 되었습니다. 또한 마무리 작업에서 감수를 맡아 준 주승중 목사의 노고와 추천사를 써 주신 각 교계 지도자분들과

서평을 써 주신 김인환 목사님께 감사드립니다. 특히 일 년 동안 변함없는 열정으로 수고해 주신 이효상 사무총장에게 감사를 드립니다.

『이슈&미래』는 내일의 한국 교회를 여는 밑거름이 될 것이라 확신합니다. 미래목회포럼 석학들이 함께 만든 이 값진 결실이 미래 한국 교회의 자산이 될 것입니다.

『이슈&미래』를 통하여 책을 읽는 즐거움과 심오한 통찰력, 영감까지 두루 얻게 되기를 바라며, 향후 10년 또는 20년 후 한국 교회와 사회의 대안과 희망이 되기를 간절히 바랍니다.

미래목회포럼을 섬기시는 분들

■ 이 사 회

이 사 장: 오정호 목사(새로남교회)

부이사장: 고명진 목사(수원중앙교회), 주승중 목사(주안장로교회)

상임이사: 최이우 목사(종교교회), 정성진 목사(거룩한빛광성교회)

이　　사: 주서택 목사(주님의교회), 이영훈 목사(여의도순복음교회), 이윤재 목사(한신교회),
　　　　　진희근 목사(승리교회), 박경배 목사(송촌장로교회), 이상대 목사(서광교회)

감　　사: 양인순 목사(성지교회), 정승룡 목사(늘사랑교회)

■ 포럼 대표

대　　표: 이윤재 목사(한신교회)

부대표: 진희근 목사(승리교회), 김봉준 목사(구로순복음교회), 박경배 목사(송촌장로교회)

■ 지도 위원

손인웅 목사(덕수교회), 이정익 목사(신촌교회), 원팔연 목사(전주바울교회), 지용수 목사(양곡교회), 정연철 목사(양산삼양교회), 이성희 목사(연동교회), 김인환 목사(성은교회), 김희태 목사(동광교회)

■ 자문 위원

유석성 총장(서울신대), 현종익 교수(제주대), 장영일 전총장(장신대), 주삼식 총장(성결대), 김병철 전 총장(고려대), 노영상 총장(호남신대), 신민규 총장(나사렛대), 양인평 변호사(로고스), 김관상 원장(KTV), 연규홍 신대원장(한신대)

■ 한국 기독교 선교 130주년 대회 / 광복 70주년 준비위원회

대회장: 정성진 목사(거룩한빛광성교회)　　준비위원장: 소강석 목사(새에덴교회)

■ 총무단

집행위원장: 이상대 목사(서광교회)　　　사 무 총 장: 이효상 목사(미래목회포럼)

포 럼 좌 장: 김대동 목사(분당구미교회)　　포럼 부좌장: 김관선 목사(산정현교회)

교 육 원 장: 서길원 목사(상계교회)　　　교육 부원장: 양인순 목사(성지교회)

정 책 의 장: 최석원 목사(오산평화교회)　　정책 부의장: 주대준 교수(카이스트)

서　　　기: 신용수 목사(용인비전교회)　　회　　　계: 김희수 목사(구리성광교회)

■ 교단 회장

백석: 유만석 목사(수원명성교회)　　　　고신: 신상현 목사(울산미포교회)

합동: 이승희 목사(반야월교회)　　　　　개혁: 배창돈 목사(평택대광교회)

통합: 김권수 목사(동신교회)　　　　　　감리: 장학일 목사(예수마을교회)

합신: 조봉희 목사(지구촌교회)　　　　　성결: 김종웅 목사(부평성결교회)

침례: 진재혁 목사(지구촌교회)

■ 지역 대표

서울: 송태근 목사(삼일교회)　　　　　　경기: 소강석 목사(새에덴교회)

강원: 김한호 목사(춘천동부교회)　　　　인천: 이건영 목사(인천제2교회)

경북: 김승학 목사(안동교회)　　　　　　부산: 윤성진 목사(영락교회)

광주: 김재영 목사(광주성안교회)　　　　전북: 오주환 목사(예안교회)

제주: 류정길 목사(제주성안교회)　　　　경남: 조희완 목사(산창교회)

충북: 이동규 목사(청주순복음교회)

■ 실무 회장

박정식 목사(은혜의교회), 박인용 목사(월드와이드교회), 박성규 목사(부전교회), 한홍 목사(새로운교회), 손문수 목사(동탄순복음교회), 이재훈 목사(온누리교회), 임동헌 목사(광주첨단교회), 김승욱 목사(할렐루야교회), 김병삼 목사(만나교회)

■ 사역위원장

미래기획위원회: 양혁승 교수(연세대)　　　　영성위원회: 서정오 목사(동숭교회)

청년·신학생위원회: 홍민기 목사(호산나교회)　언론·출판위원회: 임만호 목사(군산드림교회)

전도위원회: 유정기 목사(동백사랑의교회)　　남북통일위원회: 화종부 목사(남서울교회)

국제협력위원회: 유기성 목사(선한목자교회)　이단·사이비대책위원회: 장봉생 목사(서대문교회)

교회발전위원회: 이현식 목사(진관교회)　　　사회인권위원회: 이규호 목사(큰은혜교회)

복지·장애인위원회: 김양원 목사(신망애교회)　재해·재난구조위원회: 조현삼 목사(광염교회)

국제협력위원회: 유기성 목사(선한목자교회)　안티 기독교대책위원회: 안종배 교수(한세대)

환경보전위원회: 국명호 목사(여의도침례교회)　연합과 일치위원회: 손진락 목사(등촌제일교회)

■ 정책위원

제성호 교수(중앙대), 허문영 교수(통일연구원), 김성건 교수(서원대), 김선욱 교수(숭실대), 박용규 교수(총신대), 임희국 교수(장신대), 김운용 교수(장신대), 박명수 교수(서울신대), 김승욱 교수(중앙대), 문병호 교수(총신대), 김순환 교수(서울신대), 이덕주 교수(감신대), 강웅산 교수(총신대), 엄창섭 박사(고대의대), 이상억 교수(장신대), 조기연 교수(서울신대), 최윤식 교수(뉴욕대), 조성돈 교수(실천신대), 안덕원 교수(햇불트리니티대), 이장형 교수(백석대), 배본철 교수(성결대), 하도균 교수(서울신대), 왕대일 교수(감신대), 이원규 교수(감신대), 이성철 원장(방송문화원), 정종훈 원목(세브란스 병원), 임창호 교수(고신대), 마수현 목사(북기총), 김창훈 교수(총신대), 이홍정 목사(예장 통합), 김승호 교수(영남신대), 문시영 교수(남서울대), 정재영 교수(실천신대), 이재명 교수(웨스트민스터대), 박태현 교수(총신대), 장형준 국장(기독교연합신문), 박현신 교수(총신대), 이상규 교수(고신대)